《辞源》研究论文集

史建桥　乔永　徐从权　编

商务印书馆
2009年·北京

图书在版编目（CIP）数据

《辞源》研究论文集/史建桥等编. —北京：商务印书馆，2009
ISBN 978-7-100-06082-0

Ⅰ. 辞… Ⅱ. ①史… ②乔… ③徐… Ⅲ. 辞源—研究—文集
Ⅳ. H164-53

中国版本图书馆 CIP 数据核字（2008）第 155652 号

所有权利保留。
未经许可，不得以任何方式使用。

CÍYUÁN YÁNJIŪ LÙNWÉNJÍ
《辞源》研究论文集
史建桥　乔永　徐从权　编

商务印书馆出版
（北京王府井大街36号　邮政编码 100710）
商务印书馆发行
北京瑞古冠中印刷厂印刷
ISBN 978-7-100-06082-0

2009年9月第1版　　开本 787×1092　1/16
2009年9月北京第1次印刷　　印张 22
定价：38.00元

目 录

序 …………………………………………………………… 曹先擢 1

《辞源》说略 ……………………………………………… 陆尔奎 1
《辞源》续编说例 ………………………………………… 方　毅 5
《新字典》序 ……………………………………………… 蔡元培 8
《新字典》书后 …………………………………………… 吴敬恒 9
《新字典》缘起 …………………………………………… 高凤谦 11
《辞源》简评 ……………………………………………… 丁霄汉 13

《辞源》修订本问世抒怀 ………………………………… 陈　原 29
《辞源》修订本 1976—1983——回顾和前瞻 …………… 吴泽炎 38
《辞源》的历程 …………………………………………… 刘叶秋 45
《辞源》修订史略 ………………………………………… 沈岳如 49
《辞源》八十年 …………………………………………… 许振生 60

《辞源》修订本与其前后 ………………………… 吴泽炎　刘叶秋 64
一辈人接一辈人的事业——谈《辞源》的修订 ………… 吴泽炎 71
商务印书馆《辞源》组诸老 ……………………………… 刘叶秋 75
《辞源》忆旧 ……………………………………………… 舒宝璋 79
穷经据典溯根源　踏破铁鞋觅辞真——说说修订《辞源》的甘苦
　………………………………………………………… 顾绍柏 85

对修订《辞源》的回忆 …………………………………………… 张弦生 90

略谈辞书体例的创新——《辞源》修订例话 ………………… 刘叶秋 95
《辞源》《辞海》的开创性 ……………………………………… 汪家熔 102
《辞源》注音审读记略 …………………………………………… 邵荣芬 115
《辞源》的单字注音 ……………………………………………… 许振生 124
谈《辞源》释义 …………………………………………………… 赵克勤 128
《辞源》地名条目的编写 ………………………………………… 郭庆山 135
"语词为主,百科为辅"原则的体现——略谈《辞源》知识性
　条目的处理 ……………………………………………………… 苑育新 139
《辞源》(修订本)与新《辞海》 ………………………………… 周行健 145
前进的脚印——《辞源》修订工作的实践 …………………… 舒宝璋 151

《辞源》修订本简评 ……………………………………………… 郭良夫 162
20世纪中国第一部新型大词典——《辞源》编纂体制说略 …… 杨文全 166
简评修订本《辞源》(第一册) ………………………………… 艾荫范 176
试评《辞源》的典故条目 ………………………………………… 徐成志 184
浩浩乎大哉,《辞源》 …………………………………………… 田忠侠 192
试评《辞源》修订本 ……………………………………………… 骆伟里 196
《辞源》与《辞海》的比较 ……………………………………… 李　俊 203

《辞源》(修订本)注音疑误举例 ……………………………… 唐作藩 212
《辞源》《辞海》注音商榷 ……………………………………… 裘锡圭 220
新版《辞源》近代语词若干条目释义商兑 …………………… 王　锳 238
《辞源》训释术语商榷 …………………………………………… 毛远明 250
《辞源》(修订本)书证刍议 …………………………………… 董志翘 262
修订本《辞源》疏误举例 ………………………………………… 李步嘉 271

《辞源》(修订本)补证 ·················· 张喆生 276
《辞源》"内部失调"举隅 ·················· 伍宗文 288
《辞源》修订三议 ·················· 史建桥 295

附录 ·················· 302
  《辞源》之评语(一) ·················· 302
  《辞源》之评语(二) ·················· 308

  《辞源》研究论文目录(1915—2008) ·················· 315
  《辞源》编纂修订百年记事 ·················· 乔永 331

跋 ·················· 史建桥 340

序

曹先擢

《辞源》的再修订工作已经开始,主事者史建桥编审要我为《〈辞源〉研究论文集》写序,我想在这里谈谈对《辞源》的认识,对修订之举的祝贺。谈四个问题。

(一)风向标

我国的辞书可分为古代辞书和现代辞书。古代辞书肇始于汉代,西汉的《尔雅》是训诂的雅书之祖,东汉的《说文解字》是字书之祖。魏晋南北朝至隋,为发展时期。《玉篇》是第一部楷书字书,《切韵》(后来修订本为《广韵》)是韵书之祖。我国传统辞书的三大门类(训诂类,即《尔雅》类、字书、韵书)至此已齐备。唐至宋元,是繁荣时期。有字样书(《干禄字书》等)、音义书(《经典释文》、《一切经音义》等)、类书(《太平御览》、《册府元龟》等),韵书中有反映北方话音系的《中原音韵》,标志民族共同语的语音由中古《切韵》为代表的中原音系,转为近代北方音系,就是后来的北京音。明清是古代辞书成熟时期。有规模极大的类书《永乐大典》、《古今图书集成》,实用的字书如《正字通》、《字汇》等,专业辞书如《本草纲目》、《农政全书》、《天工开物》等,有各种语文专类辞书,不烦胪举。《康熙字典》是字书的集大成者,字典的名称由此流行开来。19世纪末,西学东渐,欧洲现代文明或直接或通过日本传来我国。清末废科举,兴学校,西洋文化涌入,声学、光学、电子学,以及生物学、天文学、矿物学等,使国人眼界大开;求新知、开民智,成为时代的要求。传统辞书不能满足社会各界的求知要求,于是现代辞书就应运而生了。

《辞源》是现代辞书的风向标。现代辞书在体制、内容、检索、版式、注释等方面都与传统辞书判然有别。体制上现代辞书分字典、词典(因为我们使用的是汉字,故收单字的为字典,复字的为词典。字典、词典在外语中是一个词:Dictionary)。字典,在以往称字书,后称字典。词典,在传统辞书中没有完全对得上茬儿的门类,与其相关的有雅书、类书和各种专业辞书等。词典的特点是以字领词、词组和各种复字条目,只要是复字的,其内容包括语词和各个学科门类,以形式统内容,这样做词典才能成为综合的。而传统辞书是不可能做到的。到清代,雅书基本上还是两千年前《尔雅》的格局,不便应用。试想,什么是"糖尿病"、"文选"、"兵工厂"等经常可能遇到的词,你到哪种雅书里去找呢？晚清有《石雅》,专门收集石油方面的词,《佛雅》专门收集佛教方面的词,其内容不可谓不新,但是一般读者如果遇到一个佛教词,石油方面的词,要分别去查《佛雅》、《石雅》,很是不便的。上面提到的"糖尿病"、"文选"、"兵工厂"等,《辞源》收列,循字查词,展卷即得,方便使用,不言而喻。此外在内容、检索、版式、注释、注音以及附录等方面,《辞源》对传统辞书有继承的一面,更有改进革新的一面。《辞源》在内容上,增加了现代社会科学、自然科学等词语,不是点缀式的,而是比较系统的,例如有关医学的有"细菌"、"消毒"、"化验"、"皮肤"、"卫生"等,这是表层的,从条目可直接得知的;还有深层的,即在释义上的对传统辞书的纠误和补充,例如"鲸"《正字通》、《康熙字典》注为"海大鱼",《辞源》则是"海兽名,外形如鱼"(今一般注为:在海洋里的哺乳动物。注为海兽也没有错。今有"海兽"一词,词典注为"生活在海洋中的哺乳动物")。又如"海马"传统辞书释为"虾",《辞源》做了纠正:"Hippocampug。硬骨鱼类,侧而视之,头略似马"。《辞源》(以及后来1935年的《辞海》)在相关条目里注出西文,是一个很好的做法,可惜上世纪50年代后,这种传统中断了。词典要注音,《辞源》采用《音韵阐微》的改良反切,如:

  嫂 苏老切 s(u) + (l) ǎo → sǎo
    思袄切 s(i) + ǎo → sǎo

汉字注音是辞书里最不易解决的课题。反切注音是古代常用的,不易掌握,改良反切,就是反切上字采用没有辅音韵尾的字,下字采用元音开头的字,拼切方便。"嫂"的思袄切,较苏老切容易拼,改进虽小,用心良苦。

吴泽炎先生说:"《辞源》出版,为商务印书馆提高了声誉,使它在一个相当长的时期中保持辞书出版工作的首席地位。"(见本论文集)

辨章学术,考镜源流。以上是从辞书史的角度谈《辞源》的地位,下面从文化史角度看《辞源》的作用。

(二) 知识库

陆尔奎在《辞源》卷首有《〈辞源〉说略》,说明《辞源》编纂的缘起,说"癸卯、甲辰(1903、1904年)之际,海上译籍初行,社会口语骤变。报纸鼓吹文明,法学哲理名辞。稠叠盈幅……及游学(即留学)少年,续续返国,欲知国家之掌故,乡土之旧闻,则典籍志乘,浩如烟海(指传统典籍,包括雅书、类书等),反不如寄居异国(指日本)。其国之政教礼俗可以展卷即得(指日本的现代辞书。因日本使用汉字,自然联想到我国辞书)"。这是从社会需要、市场需要考虑的。陆主编难能可贵的是,还从发展文化来考虑,见解高,视野广,提出"国无辞书,无文化之可言也",真是振聋发聩,"尤具卓识"(吴泽炎、刘叶秋语。见本论文集)。《辞源》在编纂时非常注重词典的知识性、学术性、客观性。方毅在《〈辞源〉续编说例》介绍说:"各科系统,皆经科学专家严格审查,分别去取,而学说有新旧,试验方法有简繁,皆取最新最通行之学说。于排校时损益改纂,往往一条易稿数次,并由各专家负责签字,以期尽善。"这样《辞源》在当时就成了社会各界可方便利用的"知识库"(后来还有《辞海》)。我们看在"海"字下所收的条目:海人 海口 海子 海女 海内 海井 海月 海牛 海王 海牙 海市 海古 海术(读 zhu,不是術的简化字) 海石 海舌 海丞 海行 海宇 海州 海地 海西 海曲 海老 海岔 海甸 海防 海里 海角 海伯 海芋 海姑 海味 海奈(即海涅) 海岱 海昌 海昏 海松 海河 海狗 海拔 海股 海青 海虎 海门 海南 海客 海星 海苔 海若 海红 海食 海军 海原 海伦 海病 海唑(即海啸) 海站 海城 海峡 海捕 海师 海扇 海

桐 海流 海狸 海珠 海粉 海马 海豹 海康 海带 海货 海参等,这里列出的为73条,还有182条省略没有列出,共计收255条,可见《辞源》收词的广泛。作为"知识库"要有如下的条件:1.广收常用常要查的语词和各个方面的知识性条目;2.注释准确、简明、实用;3.努力反映当时学术发展的水平;4.特别注意吸纳新词。这四点《辞源》都是做得比较好的。

（三）转型为古汉语词典

1957年领导决定,历史上有名的两部词典《辞源》、《辞海》进行修订。《辞海》仍为语词兼百科的词典,《辞源》改为古汉语词典。从目前看到的材料,似乎没有经过什么论证。陈原说:"无论如何,《辞源》是近代中国第一部大型的'现代化'辞书。在它出版之前,我国有各种字书和类书,但没有'现代'意义的辞书;我国有音韵训诂以至于名物汇编一类的工具书,但没有被称为'百科辞典'（ENCYCLOPAEDIC DICTIONARY）的类书,应当说在我国始于《辞源》——也就是后来读书界常常提到的'语词为主,兼及百科'这样的独特的工具书。"（见论文集）告别过去,难以挥去惋惜之情。这是重大的调整,要理性对待。商务印书馆的表现非常令人敬佩,他们以饱满的热情,理解和支持领导的决定。《辞源》修订主编吴泽炎先生说:"（老）《辞源》收录的语词条目数量较多,扬长避短,将修订成为一部以收录语词为主,兼收有关词章典故以及史地文物制度等百科性知识条目的古汉语词典。这个决定实事求是,切实可行,具有远见,十分及时。"1966年至1976年因"文革"修订工作中断,此后工作恢复,1979年出版第一分册,1980年出版第二分册,1981年出版第三分册,1983年出版第四分册,修订工作全部完成。全书共收单字复词97023条,总字数1200万,这个速度是相当快的。工作中有许多可贵的创造,如采用"参阅"、"参见"的形式,或者把相关条目结成一片,或者介绍相关书目、研究成果,从而大大丰富了词典内容。

（四）向新的高度前进

《辞源》再修订，是学术界翘首以盼的事，意义非常重大，难度也很大。充分掌握古代文献资料，是做好修订工作的基础。史建桥同志在《〈辞源〉修订三议》中讲得很好，很充分。我有时利用电脑查古文献资料，觉得资料获取非常方便，但是带来一个新问题：归纳和分析的难度大了。《辞源》修订之难，这是其中之一，好在参加修订的诸位时贤，既有很好的国学修养和词典编纂的经验，且年富力强，胜任愉快，是可以圆满完成任务的。建桥同志再次重申《辞源》性质是阅读古籍的工具书和古典文史研究者的参考书，我认为很正确。我有一个想法：应该努力把"参阅"、"参见"这个内容做好，这是《辞源》的一个亮点，以前打了很好的基础，今日拓展的空间是很大的，做好了，可以更好地实现我们的目标，更好地形成《辞源》的特色。再修订工作已经开始，谨以这篇水平不高的"序"，表示我热烈的祝贺。

曹先擢 2008 年岁杪

《辞源》说略

陆尔奎

辞书之与字书 积点画以成形体。有音有义者谓之字。用以标识事物。可名可言者谓之辞。古谓一字曰一言。辞书与字书。体用虽异。非二物也。此书与新字典同时编纂。其旨一以应用为主。故未有此书。则姑目新字典为字书。既有此书。则以新字典并入而目为辞书。凡读书而有疑问。其所指者字也。其所问者皆辞也。如一之为一。既识其字矣。而其义则因辞而变。一名一物之一。不可通于一朝一夕之一。一德一心之一。不可通于一手一足之一。非胪举而尽列之。无以见其义。亦无以尽其用。故有字书不可无辞书。有单辞不可无复辞。此书仍以新字典之单字提纲。下列复辞。虽与新字典同一意向。而于应用上或为较备。至与字书之性质。则迥乎不侔也。

辞书之与类书 凡翻检参考之书。率皆分类。以字为类者。如骈字类编。如佩文韵府。皆与辞书相似者也。然决不能谓之辞书。类编取便对偶。韵府取便押韵。供作者之用。非以供读者之用。故所重在出处。不重在诠释。且以辞章为范围。选辞必求雅驯。知古而不知今。尤非类书任其责矣。辞书以补助知识为职志。凡成一名辞。为知识所应有。文字所能达者。皆辞书所当载也。举其出处。释其意义。辨其异同。订其讹谬。凡为检查者所欲知。皆辞书所当详也。供一般社会之用。非徒为文人学士之用。故其性质适与类书相反。吾国旧籍。如方言释名小学训诂之书。如白虎通古今注杂家考订之书。皆辞书也。然以供记诵而不便检查。欲为适用之辞书。固不得不分别部居。此书以字为类。而字隶于部。部分仍依字汇字典

---

* 选自《东方杂志》1915年第12卷第4号,标点仍其旧。

之旧。从社会之所习。亦辞书之通例也。

普通辞书之与专门辞书 辞书种类綦繁。而大别为普通专门两类。吾国编纂辞书。普通必急于专门。且分为数种。亦不如合为一种。社会所需之常识。纷错繁赜。非可以学术门类。为之区分。如阅一报纸。俄而国家政闻。俄而里巷琐语。俄而为匡时之论。俄而为戏谑之辞。文之体裁不同。而遣辞斯异。且人所与为周旋交际者。必不止一种社会。故此为恒言。彼为术语。此则尽人可解。彼则毕世罕闻。所业不同。言辞又异。因一辞不得其解。而求之专门辞书。虽罗书数十种。有未足备其应用者。此书编辑之时。皆分类选辞。至脱稿以后。始分字排比。就学术一方面而论。谓之百科辞书。亦无不可。惟其程度。皆以普通为限。枫窗小牍讥册府元龟。谓开卷皆目所常见。无罕觏异闻。此则普通辞书所不免。可引为此书解嘲者也。

辞书之注释 普通辞书。注释必以简明为主。然辞有引伸假借。有沿革变迁。举甲不能遗乙。有委不能无源。往往一辞而有数义。一义而有数说。且法律名辞。科学名辞。各家著书。率自标定义。因范围之广狭。遂生术语之异同。欲调停众说。即难免辞费。至形容实物。并及其性质功用。叙述故事。并及其因革源流。窃谓辞书既以解释疑义。必使阅者疑义尽释。方为尽职。人之怀疑而来者。原因不同。若所疑在此。所释在彼。则负阅者之意。无异有问不答。或答非所问。故与其失之漏略。无宁病其繁冗。至羌无故实。望文生义之辞。非有疑问。即无待诠释。如此者概从芟薙。不以充篇幅。其音读则悉从音韵阐微。改用合声。以其取音较易。而又为最近之韵书。不至如天读为汀。明读为茫。古音今音之相枘凿也。

辞书之图表 图表以助诠释。辞书中自不能少。然吾国名物。大率于公名之上。缀以专名。图其专名。则不可枚举。图其公名。则同名而异物。博古诸图。一名数十器。方圆弇侈。器各异形。觚之不觚。遂不知所谓觚者何若。礼图因经师之说。由想像而成。人异其说。谱异其图。纠纷牴牾。更可勿论。至虫鱼草木。若本草图尔雅图等。往往取验实物而不类。以此书与彼书相校。或原图与原书相校。又均之不类。画工粗略。传刻湮讹。率尔摹绘。反滋疑义。慎择约取。

其可助辞书之诠释者。盖百不逮一也。他国辞书。莫不有图。且分体合体。平面剖面。图因说立。图愈详。说愈明显。吾国有骤难仿效者。百工技艺所执之器。不能称以雅言。记以文字。虽摹绘为图。何裨学术。若正名辨物。则又别为一事。非辞书所能任其责矣。外国图谱。所可规仿者。惟理化博物科学器具。其名见于译籍。其理详于教科。图与说相济以成美。则为辞书所能载。若工业美术。于彼虽极精详。于我宁从阙略。盖其事根于一国之文化学术。虽欲矫饰为工。固有所不能耳。故此书所载。仅六百余图。关于礼器者。皆经学家所论定。或摹吉金古器以证明之。夸多斗靡。固非绘图之本意也。至表之为用。约繁者而使简。综散者而使聚。横直相参。易资比较。尤便检查。此书凡遇有纲有目。数列多项者。皆为列表。其尤繁者。则载于附录。固辞书所同然。亦诠释之一助也。

编纂此书之缘起 癸卯甲辰之际。海上译籍初行。社会口语骤变。报纸鼓吹文明。法学哲理名辞。稠叠盈幅。然行之内地。则积极消极。内籀外籀。皆不知为何语。由是缙绅先生。摒绝勿观。率以新学相诟病。及游学少年。续续返国。欲知国家之掌故。乡土之旧闻。则典籍志乘。浩如烟海。征文考献。反不如寄居异国。其国之政教礼俗。可以展卷即得。由是欲毁弃一切。以言革新。又竞以旧学为迂阔。新旧扞格。文化弗进。友人有久居欧美。周知四国者。尝与言教育事。因纵论及于辞书。谓一国之文化。常与其辞书相比例。吾国博物院图书馆。未能遍设。所以充补知识者。莫急于此。且言人之智力。因蓄疑而不得其解。则必疲钝萎缩。甚至穿凿附会。养成似是而非之学术。古以好问为美德。安得好学之士。有疑必问。又安得宏雅之儒。有问必答。国无辞书。无文化之可言也。其语至为明切。戊申之春。遂决意编纂此书。其初同志五六人。旋增至数十人。罗书十余万卷。历八年而始竣事。当始事之际。固未知其劳费一至于此也。

编纂此书之经历 吾国辞书。方当草创。编者任事。素乏经验。着手之际。意在速成。最初之预算。本期以两年蒇事。及任事稍久。困难渐见。始知欲速不达。进行之程序。编制之方法。皆当改弦更张。盖一书包举万类。非特愧其学识之不足。即汇集众长。欲其精神贯彻。亦殆难言之。举此而遗彼。顾后而忘前。偶一整理。瑕眚迭见。于是分别部类。重加校订。迨民国初元。全稿略具。然一辞见于此类。又见于彼类。或各为系统。两不相蒙。或数义并呈。而同出一母。至此欲别其同异。观其会通。遂涉考订蹊径。往往因一字之疑滞。而旁皇终日。经数人之参酌。而解决无从。甚至驰书万里。博访通人。其或得或失。亦难预料。穷搜冥索。所用以自劳者。惟流分派别。忽逢其源。则骍然尽解。理得而心安。始知沿流以溯源。不如由源以竟委。虽吾国古籍。半多散佚。唐宋以来。所发生之名辞。不能尽知其依据。然知识浅短。失之目前。亦所在皆是。同人以此自励。源之一字。遂日在心目。当此书刊布预告之际。方考订日有所获。因遂以名其书。譬之咳名其子。贤不肖不可知。而祝之以义方。则人情之常也。

此书之所希望 世界演进。凡事之后胜于前者。非独改良之易而创始之难也。苟为社会所需。则经众人之监督。即得众人之辅助。任其事者。以寸心之得失。更参以局外之毁誉。朝斯夕斯。所以补苴润饰者。亦较易为力。故逸而功倍耳。韦勃斯德辞典。世界所最著名之辞书矣。今以其最初之本。校通行之本。原稿之所存者。已十不二三。盖无岁不改易增广。以求适于社会之用。凡编纂辞书者。固为当然之职务也。惟是耳目所未周。心思所未及。则不得不借他山之助。今纽约最新出之二十世纪大辞典。有吾国闻人。署名于著作者之列。而摄影其上者。盖知识之交换。辞书尤足为之绍介。海内外宏达。苟有以裨益此书。又岂独此书之幸欤。

（《东方杂志》1915年第12卷第4号）

《辞源》续编说例*

方　毅

　　辞源一书。自民国四年出版。不觉转瞬已十余年。此十余年中。世界之演进。政局之变革。在科学上名物上自有不少之新名辞发生。所受各界要求校正增补之函。不下数千通。有决非将原书挖改一二语。勘误若干条所能餍望者。

　　若照外国百科全书及各大辞典之例。每隔数年。增订一次。新著出版。旧者当然作废。然我国学者购书。物力维艰。辞源出版以来。销行达数十万册。大半皆在学者之手。故重订与增补。均为著作人应负之责。而应付一时之需要。尤以增补为急务。

　　并且当辞源付印时。已发觉有少数重要辞类。漏未列入。因制版已就。无法增加。嗣后叠版时虽略有挖改移补。未能尽量加入。亦惧先购者之向隅也。故所积应补之辞。与年俱增。加以文体丕变。报章杂志。多文言语体兼用。在昔日不甚习用之语句。后来成为常言。是不独新发见之事物。月异而岁不同。即旧有之文物宪章。因时世推移。不能不变更去取之目的。

　　当辞源出版时。公司当局。拟即着手编纂专门辞典二十种。相辅而行。嗣后陆续出版或将近出版者。有人名、地名、动物、植物、哲学、医学、教育、数学、矿物等各大辞典。故辞源所取材料。均以普通应用为原则。各科术语及人地名等。或因切于实用。或因习于见闻。均视同故事成语。不涉专门范围。今所增补。仍用此例。于人地名所增綦少。不外与政治掌故有关系者。始行列入。其余宁缺毋滥。以各有专书在也。惟现在科学时代。杂志中各科论文日多。虽专门之学。多为学

---

* 选自《〈辞源〉续编》，商务印书馆，1933年初版，标点仍其旧。

生应知之普通常识。且各科自有系统。不能取甲舍乙。故所收较多。将正续两编性质比较。一则注重古言。一则广收新名。正书为研究书学之渊薮。此编为融贯新旧之津梁。正可互救其偏。

辞源引书不下数百种。除本事与传纪题目有关系外。多不注明篇目。因断章取义。已可证明辞之来源。因亦须乎篇目也。间亦有本书难得。即沿用类书转引之辞。清代学者。多根据类书证补经子佚文。则类书亦自有其价值。近年以来。因校订各书。发见类函韵府所引与原书歧异者甚多。即最有价值之经籍纂诂。亦且闹出以人名作义训之笑话。（纂诂寘韵季字下有至也一训。引国语周语叔迁季伐注。按原文。今却伯之语犯。叔迁季伐。韦昭注。伯、锜也。叔、仇也。季、至也。至谓却至。）故本编于类书中可疑之辞。多不敢引用。所采经史子各条。不仅补列篇目。并一一校对原书。版本不同者。同时或参校数本。其佚文佚书未能对证原书者。则指明某类书引某书。以存其真。

各科系统。皆经科学专家严格审查。分别去取。而学说有新旧。试验方法有繁简。皆取最新最通行之学说。于排校时随时损益改纂。往往一条易稿数次。并由各专家负责签字以期尽善。其他叙述西史。如要重之战争和会、著名之种族系统。皆据确切之记载。新名辞如第三国际、不合作运动等。皆详其源委。不加论断。

此外略例之可言者。

（一）单字之增补　凡与辞类有关系之单字而正篇所无者。均尽量补入。惟辞章家习用之骈语。仅取形声无独立之意义者。则在本条下注明读音。不另列单字。如山部之岘岈、崷嶙。水部之濩渀、瀴溟等。

（二）意义之补充　正编原有各条。意义尚未赅备者。本编重行列入。而以阴文❶以下之数码注明之。如子集一介条所补为第三义。三宫条所补为第二第三两义等。

（三）译名之审慎　西文迻译汉名。凡正编原有者。悉依正编译名。正编所无者。均依本馆所出外国人名地名译音表为标准。使归一律。惟报章或通俗习用之译名。出于上二例以外者。多复见以便读者。如地名维丹补出凡尔登。物名华摄林补出凡士林之异译等。

（四）正续之互见　正编中两辞类互相关系。或详略不同。多于行末具参看某条详见某条等字样。本编仍沿此例。间有与正编各条关涉者。则于条目右上角加星号以指明之。如丑集史案下详私史狱条。大苏打下详轻养化钠条之类。指明私史狱、轻养化钠两条均在正编也。

（五）附录之增改　正编所附各表。有与现在时代不合者。（甲）行政区域地名。近多更改。兹重编最新行政区域表附入。（乙）世界大事表。止于民国四年。兹重编民国纪元以来世界大事年表。备载最近革命事业之成功及训政时期之建设。其他如商埠表、铁路表、度量衡币表、化学元素表等。皆重行改编。可见此十余年间事业学说之进步。

其余各例。多沿正编、不再赘述。

本书自辞源出版日。即拟着手进行。而主任陆尔奎先生以目眚离馆。各旧同事亦多他就者。致此事受一大打击。毅以浅学肩兹重责。幸高梦旦先生及陆先生以去职之身。仍关怀兹事。俾得时时请益于私室。而傅运森先生尤能始终相助。拾遗订误。获益最多。王岫庐何柏丞两所长暨同馆各专门学者。均随时予以校订。往往一批排稿。分向各方商榷。删改满纸。为手民拒绝。辍而复作者屡。故本书成分止及正编之半。而所需时功。或且过之。编校诸同事。昕夕黾俛。荏苒数载。始底于成。然舛谬之端。诚知难免。当代学者。当有以督责教诲之也。民国二十年九月武进方毅。

（《〈辞源〉续编》，商务印书馆，1933年）

《新字典》序

蔡 元 培

人类所以轶出于他动物者。由其有应变无穷之语言。语言之所以能应变而无穷者。由其有文字以为之记载。文字之记载。所以能互相通晓而无误。则字典之功也。吾国诸书。以易为最古。说者谓即古代之字典。其后卜筮家用之以判人事之吉凶。系辞者本之以籀哲理之终始。又如说文解字。亦一字典耳。而清世汉学家。至据以为微言大义之渊薮。非皆以其包罗众有。直凑单微故欤。方今书图浩博。识职分功。科学释名。类有专籍。我国作者。且别出辞书于字典之外。则字典之范围。狭于往者。然要其影响于语言思想者。固未尝不重且大也。近世我国所习用者。有康熙字典。即同文之邻国。亦仍用之。其书行世已二百余年。未加增改。不特科学界新出之字。概未收入。即市井通用者。亦间或不具。其释义则直录古代字书。而不必适周乎世用。忻合乎学理。且往昔文字之用。每喜沿袭成语。而正名百物。初不求其甚解。故全书不附一图。是皆其缺点之最大者。商务印书馆诸君有鉴于此。爰有新字典之编辑。五年而书成。适为中华民国成立之岁。于是重加订正。以求适用于民国。如历史年代。率以民国纪元前若干年为标纪。其一例也。吾虽未暇卒读其全书。然以所翻阅之数卷核之。于吾前举康熙字典诸缺点。既皆矫正。而于民国成立之始。得此适用之新字典。其于国民之语言及思想。不无革新之影响。此则吾所敢断言者也。

中华民国元年八月十四日蔡元培序

(《新字典》,商务印书馆,1914年)

---

* 选自《新字典》,商务印书馆,1914年初版,2007年影印,标点仍其旧。

《新字典》书后*

吴敬恒

　　武进陆炜士先生。吾朋友中莫不以师礼事之。先生道德学问。自少见重于乡里。彼之审察时变。善治名物之学。超于其侪辈。戊戌以前。先生正有声于所谓国粹丈人之林。忽受聘主北洋学堂等之讲席。大学校教师。在今日为最礼重之秩位。但于二十年前先生为之。乡先生则群起而短之曰。陆某士夫也。竟与若辈周旋乎。然先生留心于教育者。日益笃。且旋弃所谓大学者。专从事于中小学之普及教育。远赴粤桂间。彼中大吏兴建学校。莫不延先生创立规程。乃五六年前。敬恒方傲居伦敦。忽闻先生弃学校。辞征辟。挈全家居上海。编辑字典。先生重视字典。议论已有素。向时每剧谈。辄谓非有一适当之新字典者。学校儿童及普通国民。皆受困殊甚。为阻于教育之前途者隐且深。然敬恒虽唯唯。颇未以为至重要也。及闻先生置百务为之。尤深疑怪。吾意若曰。以先生之能力。手巨蠹一。用誊写者两人。材料多多益善。部居而条附之。鬻预约券。半年成书矣。何郑重若此。先生既任编辑字典。不惟不就他职务。且与亲友亦少通书翰。以朝以夕。并力于搜讨。故自先生居上海。敬恒在伦敦。三年中止得彼之一短书。泊张菊生先生作环球之游。相见于伦敦市楼。语次。彼言君有挚友陆炜士。今正领我商务馆之字典事。著手已数年矣。定稿尚未得半也。敬恒漫应之。而心益疑怪。以为康熙字典实官书。开馆分职。务为繁费。然成书亦止五年。今则其事发起于印刷局。为营业性质。得康熙字典等为蓝本。又有若海外输入之日本大词典等者救其贫陋。汇成巨观。至易易也。胡为濡滞不欲急就。以耗重廪。顾知先生必不

---

*　选自《新字典》，商务印书馆，1914年初版，2007年影印，标点仍其旧。

若是。是必委其事于先生一人。句斟而字酌之。欲速而未能。当时南阁祭酒为说文解字。仅十三万余字耳。稿之既定。乃历二十有二年。今则一手一足之烈同也。虽古今取材之法不同。纂集自有难易。然字数则数倍加之。时间则数倍减之。不能莃年再稔而成书。亦意中事。张先生归国者。又逾一年。民国肇建。敬恒亦东还。旬日中必与陆先生相见数次。方知所谓新字典者。非委先生一人独手为之。竭日夜之劳力。数年共相探讨于一室者。共一二十人。闳雅如高梦旦先生。通博如傅伟平先生。与吾乡名流若蔡松如先生类者。穷年相聚。止治此一事。敬恒乃大骇。于此承教于先生者数十次。始知旧日字书之舛误复杂。非意料所及。需订正者。若何繁重。方言俗诂。寻索其源流。不能拘于寻常之记载者。若何曲折。下一定义。增一短解。斟酌于古今学术之殊异。欲调和于义训之习惯与科学之定理者。若何困难。每有一条。而经历数十易。一语而思索数十日。犹以为未可。稿成而毁弃者屡。板就而阁置者又屡。乌乎。此固非书贾巨擘之业。乃名山著作之事。然就营业之常识讨论之。世人取求之报偿。或不应于劳费。则将奈何。先生笑而不答。余乃悟曰。营业者两利之事。职兼贸利与改良。二者完。即营业之道德也。西方商品之改良。月异而岁不同者。以单纯贸利之品物。扶持营业道德者所勿善。故不登于市场。然其得果。品物日良。而营业亦益利。皆道德最后之报偿。印刷业为文化之媒介。印刷之品改良。尤重于物物。商务馆愿以改良之品物。不计贸利之微薄。补助于文化。斯重营业之道德。以求营业之发达者与。先生复笑而不答。适新字典出版有日。即拉杂以书其后。

民国元年八月十五日吴敬恒

（《新字典》，商务印书馆，1914年）

《新字典》缘起

高凤谦

余早岁训蒙。日抱经典。强聒不舍。舌敝唇焦。竟无术使之领会。间投以子史说部之有兴趣者。则手舞足蹈。迎刃而解。于是悉心采集。冥搜故纸中。往往穷终夕之力。始得供一朝之用。临渴掘井。劳而鲜功。复以人生必需之智识。不可无以语童蒙也。乃又取材于译籍。当是时。余于科学智识。未曾梦见。恒以一二术语之不可通。应用材料。因而废置。欲求适当字书。足以兼赅今古。借资探讨。竟不可得。会仲兄子益。欧游东归。诉以所苦。仲兄为余言欧洲训蒙之书。乃依学生之年龄。特别编辑。材料如何完具。程度如何适合。其所谓字书者。则合单字成语而成。种类如何繁伙。检查如何便利。余闻而私慕之。发愤欲习欧语。年已蹉跎。迄无成就。久之稍稍以汉读法学习和文。始得窥所谓教科书者。所谓辞书者。平日与二三同志论议。谋从事编辑。各以事牵。因循者又有年。壬寅游日本。见彼都人士。教育之普及。常识之备具。教科书辞书之功为多。既归国。遇张君菊生于海上。纵谈及此。时张君方主商务印书馆。以编辑教科书为己任。因要余襄其事。乃得与蒋君竹庄庄君百俞辈。朝夕共铅椠。致力于所谓教科书者。既历有年所矣。自教育革新以来。普通学校。科目既繁。专门学校。分析尤微。承学之子。以余力治文词。殆不及往昔之十一。常见聪颖儿童。入学三数年。执笔成文。朗朗可诵。及授以稍典雅之书翰。与夫报章论说。则满纸荆棘。不能卒读。以古来相传之成语故事。多非素习故耳。欧风东渐。学术进步。百科常识。非一人之学力可以兼赅。而社交日用之需要。时又不可或缺。夫文词如是

---

* 选自《新字典》，商务印书馆，1914年初版，2007年影印，标点仍其旧。

其浩博也。学术如是其繁赜也。辞书之应用。较教科书为尤普。余之入商务馆也。既屡以为言矣。顾馆中方专意教科书。无暇兼营。以余之不学。又岂能以一身两役。戊申游广州。与陆君炜士谈辞书之关系。所论大洽。归以语张君。乃要陆君主其事。又得傅君伟平蔡君松如方君叔远辈相赞助。至今年而脱稿。命之曰辞源。又刺取其单辞。先付手民。命之曰新字典。呜呼。生平所怀之愿望。日萦回于梦寐间者。止此而已。乃幸得追随我同人后。蒐讨编纂。历时十年。仅而有就。而此十年中。因人事之牵帅。几至中辍者屡。勉强自持。得有今日。草创经始。百孔千疮。同人雠校。朝更一字。暮易一义。执卷靳靳。既成犹责虽靡己。而余辄沾沾自喜。若忘四方督责之严。与其寸心之所内疚。良念往岁训蒙所苦。积为疢痏。聊借此苟合苟完者。以偿昔日之愿望也。自兹以往。且将公之于世。大雅宏达。必有匡其不逮纠其刺谬者。吾侪朝斯夕斯。掇拾而补苴之。安知今日之愿望。不又取偿于将来乎。既以此慰我同人。因书其缘起如此。

中华民国元年九月十八日高凤谦志

（《新字典》，商务印书馆，1914年）

《辞源》简评

丁霄汉

正　编

上下二册　编者　陆尔奎等　出版者　商务印书馆
据二十二年一月印行　国难后第八版戊种本

吾人欲解答学术上知识上之疑问，端赖师友之帮助。然我们之师友未必万能；即万能矣，而又有时间空间之限，今日同处一地，一堂聚首，明日或许劳燕分飞，千里远别。是以不间于时间，不限于地域，而可以为我们通古今中外之邮，作恒久之导师者，厥为工具书。

工具书说来实多，如字书，类书，辞书……等皆是也。但就我们普通写作，阅读的情形言之，要以辞书为急切。辞书对于我们，恰似工人手中的斧头，恰似开门入室的钥匙；我们有了好辞书，可以无师的摸索一切，可以自动的钻研种种；它虽是一言不语，一声不发的被置在案头，然而它对于自修人们的补助，往往强于十几位高明的良师。

在我国的古籍中，如《方言》，《释名》，《白虎通》，《古今注》，也都是很有名的辞书；不过这些书，多是供人记诵而作，不便检查；而且其中的内容也只限于中国古名辞的一部。所以在欧风美雨的狂潮袭进我们这古旧的国度后，一般社会人士不期然而然的同感到有另出新辞书的必要。应着这种要求首先做书的，是上海国学扶轮社。他们在宣统三年就刊行一部普通百科新大辞典；惟此书乃系草创，编制不精，印刷恶劣，购者甚少。迨民国四年十月间，《辞源》一出，才在中国读书界，正式的开了一条新辞书的路。

《辞源》纯粹是中外文化交媾的结晶。它包含了中国经典中最古的名辞；同时又掇取欧美日本诸国舶来的各种科学上的术语。在社会的需要上说，这类的辞书，的确是极应时的产物。若就其本身的内容详加检讨，它实在有许多地方令人难已于言。

一 诠释方面

一部伟大的辞书，是社会一般人们求智的宝库，读书的南针。它不仅当把许多的材料，广征博引的搜罗来；同时对于一名辞的各种意义，都该有条有理，源源本本的详为注明。这才能使读者应用无穷，才不违作者所谓"辞书既以解释疑义，必使阅者疑义尽释方为尽职"①的原意。事实上怎样呢？只要一翻《辞源》，在诠释方面你就可发现下列几种弊端：

(a) 解释的错误 《辞源》在每辞之下，所下注释，多抄自古今人之成语，照理是不易有错误的。无如编者眼高手低，抄袭亦往往多谬，如：

【古韵】下注："谓六经及汉魏文字所叶之韵也。……"（丑集P五）

看来好像没错，但当我们察觉编者把"魏"也拉入古韵的时期中，却不免要诧疑了。因为中国许多有名的音韵学家，虽然对音韵沿革的分期，略有不同，从来把魏朝列入今韵时期是没有异议的（以魏朝已入韵书的初期。）而《辞源》的作者谓魏朝的文字叶古韵；并列入古韵时期，未知何所依据。又如：

【文选】下注："书名，梁昭明太子萧统选录秦汉三国以下各朝之诗文，凡六十卷。唐显庆中，李善受曹宪文选之学，为之作注，至开元六年，吕延祚复集吕延济，刘良，张铣，吕白（愚按白应为向），李周翰五人共为之注。

---

① 见于《辞源正编说略》。

进于朝,故世传有李善注,五臣注二本。南宋以后多合刻之。称六臣注文选。"(卯集P一七一)

在编者或许以为这样的注释是极详了;其实里边包含了两大错误:第一,是误解了《文选》中作品的时代——我们知道梁萧统的《文选》,并不尽是"秦汉三国以下各朝之诗文",就是先秦的作品如诗序,屈原的《离骚》,宋玉的赋,也被选入了的。故萧统自己在《文选序》说:"事出于沉思,义归乎翰藻,故与夫篇什杂而集之,远自周室,迄于圣代,都为三十卷名曰《文选》云尔。"而《辞源》谓选自"秦汉以下各朝之诗文",完全是盲目的胡说,我们纵不以《诗序》责之(因《诗序》的著者尚未定论),要问他们怎样处置屈宋的时代呢?是把屈宋放在秦?抑或放在汉?第二,是误解了《文选》的卷数——梁萧统之《文选》原为三十卷(前引文中已言之)经唐李善作注始成六十卷,今行世之《文选》所云六十卷乃李善注本之卷数;而《辞源》不之审,以此六十卷之注本,为萧氏原本之卷数,岂不错的可笑?又如:

【鎼】下注:"子母环也。谓一环贯二者,【诗】卢重鎼。"(戌集P三三)

按"子母环"在《毛诗卢令》中是《毛传》给"重环"二字下的解释。作者今把"鎼"字亦解作"子母环",并把子母环与"一环贯二者"的"重环"混为一物,这就错了。须知,重环与重鎼不同,孔颖达《卢令疏》中已明言之:"上言重环,谓环相重,故知子母环谓一大环贯一小环也。重鎼与重环别,则与子母之环文当异,故知一环贯二谓二小环也。"又如:

【陶宗仪】下注:"元天台人……"(戌集P一二五)

及在【说郛】下又注云:"……明陶宗仪编……"(酉三八)固然,陶宗仪生在元末明初间;说他是元人也可,说他是明人也可;但是编者既有一处注作明代,就该一律注作明代。假使同是一人,在此处注成元,在彼处又注作明,那叫无判断能力的读者,如何适从呢?又如:

【烈烈】这在《毛诗·小雅·采薇》中,本是形容一个人心中忧愁的程度的,故《毛传》已训作"忧貌"。

《辞源》则注为:

"❶忧也,【诗】忧心烈烈。"(巳集P一八一)

我们如以"忧也"的意思解释"忧心烈烈",在文法上实在难以解得通。

(b) 所列辞义太简例证太少　　一个名辞,每有几个不同的解释,以一义而赅括一切,固不可能;以用于表甲辞之义而释乙辞,则尤有未当。故在辞书之中,关于名辞之诠释,最好应多列辞义,繁举例证,庶不愧于陆氏所说:"人之怀疑而来者,原因不同,若所疑在此,所释在彼,则负阅者之意,无异有问不答,或答非所问。"①但这种作法是最繁重的事情,做起来颇非易易,所以《辞源》的编者虽标榜"与其失之陋略,无宁病其繁冗",②结果还是弄的辞义太简,例证寥寥。如:

【问津】下注:"【论语】'长沮桀溺耦而耕,孔子过之使子路问津焉。'今谓请求指示学问之门径者,曰问津。而于未尝学问者,则自谦为未尝问津。"(丑集 P 七五)

然若以此处所释"问津"之义,而解陶渊明《桃花源记》中的"问津",则扞格不通矣。又如:

【玄黄】只注:"【易】夫玄黄者,天地之杂也,天玄而地黄。【扬雄文】'玄黄剖判'玄黄,谓天地也。"(午集 P 二)

而不知"玄黄"二字,尚有别种解释。如《毛诗·周南·卷耳》:"陟彼高冈,我马玄黄。"孙炎云:"马更黄色之病。"孔颖达疏谓:"玄黄者,病之变色。"又如:

【绝尘】下注:"言奔走极速,超轶乎尘埃之上也。【庄子】'颜渊问于仲尼曰:夫子步亦步,夫子趋亦趋。夫子奔轶绝尘,而回瞠乎后矣。'喻进德之速也。"(未集 P 六三)

然黄黎洲之《原君》有云:"许由务光非绝尘也。"若以上列之义释之,则决难通顺。又如:

【雝雝】只注:"言和乐也,【诗】雝雝在宫。"(戌集 P 一五五)

这"和乐"二字的注释,也只可用在"雝雝在宫";若以之解《诗·大雅·卷阿》中的"雝雝喈喈",《邶风·匏有苦叶》中的"雝雝鸣雁",《小雅·蓼萧》中的"和鸾雝雝",则有未洽。又如:

---

① 见于《辞源正编说略》。
② 见于《辞源正编说略》。

【商搉】只注:"审慎校订之意,搉亦作榷。【韩愈诗】圣籍饱商搉。"(丑集 P 七四)

按商搉或作"商校",亦作"商敲"。欧阳修文有云:"商搉其人才能贤否,及时事之得失,皆有条理。"韩愈文有云:"商校人士。"《战国策》有云:"观其地形险阻,人民贤不肖,商敲为资,未可豫陈也。"此三者皆与"审慎校订"之义不同。又如:

【大明】在《辞源》中只有二义:"㊀谓日也,【礼】大明生于东,㊁年号……"(丑集 P 一九八)

至在《诗经》中充篇名的解释,则略之。又如:

【朴樕】只注"小木也,【诗】林有朴樕。"(辰集 P 一七二)

若以"小木"之义,解释侯朝宗《卢告文》中的"手爪朴樕"则难通。盖侯文中的"朴樕"有短陋意,即《木兰辞》中"扑朔"是也。又如:

【物色】只注:"㊀【礼】'仲秋之月,命宰祝察物色',言察牺牲之毛色也。㊁察访人物亦曰物色。【后汉书严光传】帝思其贤,乃令以物色访之。【注】以其形貌求之。"(巳集 P 二三四)

以其中所释二义,解《旧五代史·周太祖纪》中"旧来所进羡余物色……"则谬之千里。(按此处所谓物,是工物,色是诸色税。)又如:

【卷耳】也只是用植物学家的眼光加以注释:"一年生草,生于园圃道旁等处。茎叶皆有微毛……"(子集 P 四〇一)

竟没一字提到它是《诗经·周南》中的篇①名。又如:

【三国】只注:"汉之后,魏蜀吴分立号为三国。"(子集 P 二九)

我们如以此义而释《左传·昭公二十三年》中的"三国夺","三国争之","三国败","三国乱",则永不得其真意。

(c) 该诠释而不诠释 有的名辞如"九门","九通","九流","九卿","九逸","十家"等,只要把它的出处引出就可了然时,自然不必加以诠释了,但有些地方明明须加诠释不可。而《辞源》的作者往往一字不加,实令我们不敢赞成。如:

---

① 编者注:"字"下十一字原稿残缺,据文意补。

【兜揽】只注:"【杨慈湖遗书】'此身乃天地间一物,不必兜揽为己。'俗语兜揽本此。"(子集P二五七)

【两美】只引:"【楚辞】曰两美其必合兮,孰信修而慕之。"(子集P二六六)

【威德】只引:"【后汉书】光武过颖阳,王霸率宾客上谒曰……贪慕威德,愿充行伍①。"(■②)

【口是心非】只引:"【云笈七签】道教五戒……三者不得口是心非。"(丑集P三)

【楼罗】只引:"【宋史】张思钧质状小而精悍,太宗尝称其楼罗,自是人目为小楼罗。"(辰集P一六九)

【书痴】只引:"【旧唐书】窦威家世勋贵,诸昆弟并尚武艺,而威耽玩文史,介然自守,诸兄谓为书痴。"(辰集P五四)

关于它们的辞义则不附加一字的说明。作者虽是很苦很苦的在每辞之下,引了一段文章,但读者仍不明何谓"楼罗",何谓"两美"。

二 引文方面

引文是辞书中最重要的工夫,作者在从事编纂之际,应罗列群书,审慎的去作才是。尤其这书既名"辞源",关于每辞之出处,沿革,异同,谬误,更当加倍用力,寻求例证,以应读者的需要。奈作者不图内容真实,只知杂凑乱钞,所以竟会错误百出。

(a) 所引各书不注篇目　援引各书,详载某书某篇,不特表明作者的根据确凿,且读者欲检对原书,亦可一查即得。《辞源》则不如此,所引各书只注书名,不列篇目,即有一二处注明者,也多属"沿用类书转引之辞"。③ 在作者以为"……断章

---

① 编者注:"威"下五字,原稿残缺,据文献补。

② 编者注:此处原稿残缺。

③ 见《续编说例》。

取义已可证明辞之来源"。① 那知读者每引为憾事。如：

【七情】下引："【礼】何谓人情，喜怒哀惧爱恶欲七者勿学而能。"

【七祀】下引："【礼】王为群姓立七祀，曰司命，曰中霤……"（上见子集Ｐ一六）

【口泽】下引："【礼】母没而杯圈不能饮焉……"（丑集Ｐ二）

【七教】下引："【礼】明七教以兴民德。"（子集Ｐ一六）

我们固可知这些名辞出自《礼记》了。然《礼记》的内容并非一篇，其中有《檀弓》，有《王制》，有《月令》，有《礼运》，有《礼器》……而《檀弓》又有上下之分；今作者只注明出自《礼记》，若问出自《礼记》的何篇？不还是瞠目无以答？又如：

【俊乂】下引："【书】俊乂在官。"

【俊民】下引："【书】俊民用章。"

【俊德】下引："【书】克明俊德以亲九族。"（上见子集Ｐ二〇〇）

我们看到也很可知道这些名辞出于《书经》，要知，《书经》分有《虞书》，《夏书》，《商书》，《周书》。《虞书》中分有《尧典》，《舜典》……。《夏书》中分有《禹贡》，《甘誓》……。《商书》中分有《汤誓》，《汤诰》……。《周书》中分有《泰誓》，《牧誓》……。而《辞源》只注明某辞出自《书经》，究竟它是出自《书经》中的何书，何书的某篇？我们还无从得知。

此外如所引《左传》，《史记》，《诗经》，《易经》，《楚辞》等书亦全如此。这是最大的失处。因为作者既负起探询辞源的责任，就该忠实的告诉读者一种根源。今作者引书只列书名，不详篇目，这究属是一种缺憾。

（b）所引之源非真源　此书既注重辞的源流，所引各书自应以时代最古而比较可靠者为准。但其中竟有许多地方不引较古著述，而独取晚出之记载，这不能不说作者是舍本求末。如：

【千乘】下引："【孟子】万乘之国，弑其君者，必千乘之家，千乘之国，弑其君者必百乘之家。……"（子集Ｐ三七六）

殊不知此二字早已见诸《左传》《论语》。《左传·哀公十四年》有"千乘之国"，

---

① 见《续编说例》。

《论语·学而篇》有"道千乘之国",又《先进篇》亦有"千乘之国"。作者不引《左传》《论语》而引《孟子》,岂非舍本逐末?又如:

【三苗】(子集P二六)　　这在《尚书》《孟子》中皆有明文。《尚书·虞书·舜典》有云:"窜三苗于三危。"《禹贡》有云:"三苗丕叙。"《孟子·万章》有云:"杀三苗于三危。"而《辞源》则只引"【史记注】吴起曰,三苗之国,左洞庭而右彭蠡。"又如:

【戎马】(卯集P六四)　　早见于《左传》《周礼》二书。《左传·昭公三年》云:"戎马不驾。"《周礼·夏官人》云:"戎马一物。"《辞源》舍此二者不引,而引庾信文,《北史》。又如:

【三宿】(子集P二九)　　《左传·文公十六年》已有"三宿而逸"之句。而《辞源》则引《孟子》,《后汉书》,元好问诗。又如:

【书空】(辰集P五二)　　此辞本出自《世说新语·黜免》。文云:"殷中军被废,在信安终日恒书空作字。"《辞源》不引《世说》而引《晋书·殷浩传》,并不知《晋书》本自《世说》。又如:

【忘怀】(卯集P七)　　在《世说新语》已载之:"谢灵运好戴曲柄笠,孔隐士谓曰:卿欲希心高远,何不能遗曲盖之貌?谢答曰:将不畏影者未能忘怀。"《辞源》则只引骆宾王文。又如:

【简阅】(未集P二五)　　在《毛诗传》中已见到了。《小雅·六月》有"六月栖栖"句。《毛传》:"简阅貌。"《辞源》在"简阅"之下只引《尚书·注疏》:"简阅在天心,言天简阅其善恶也。……"又如:

【瓜分】(午集P四三)　　此辞在《战国策》中已有之:"楼缓曰:天下将因秦之怒,乘赵之敝,而瓜分之。"而《辞源》则引《汉书》:"高皇帝瓜分天下以王功臣。"又如:

【菩萨蛮】(申集P四三)　　此三字在唐苏鹗《杜阳杂编》已详及之。而《辞源》则注云:"曲调名,唐大中初女蛮国入贡,其人危髻金冠,璎珞被体,人谓之菩萨蛮。当时……见【唐音癸籖】"(按《唐音癸籖》乃明人所作。)

(c)根本不注出处　　作辞书不怕钞袭,也不怕采取前人的意见。但一定要注明所钞何书,所本何书以存其真。倘若明是钞某书原文,袭自某书成意;而不注出

处,那与"辞源"之命名大相径庭的。如:

【三字狱】下引:"宋秦桧诬岳飞罪而杀之。韩世忠诣桧曰,飞罪不分明,桧曰:莫须有。世忠曰:莫须有三字,何以服天下?世谓之三字狱。"(子集P三六)

这段注文中,除"世谓之三字狱"外,纯出自《宋史·岳飞传》,作者略增减数字,泯其出处,实有忘祖之意。又如:

【艾艾】下注:"谓口吃也,魏将邓艾口吃,晋文帝戏艾曰卿每称艾艾,不知有几艾?艾答曰:假如孔子曰:凤兮凤兮,亦只一凤。"(申集P一)

按此乃《世说新语·德行》文。而《辞源》则不注所本。又如:

【乐不思蜀】下注:"蜀汉既亡,刘禅举家迁洛阳,司马文王与刘禅宴,为之作故蜀技,旁人皆为之感怆,而禅喜笑自若,他日王问禅曰:'颇思蜀否?禅曰:此间乐,不思蜀也。"(辰集P一六七)

按此注文,十之七八,本自裴松之注《三国志》(《后主刘禅传》)所引《汉晋春秋》文。《辞源》作者似不应不注明其出处。又如:

【三害】此与"三横"之故事同。其事见于《世说新语》,其辞则载于《晋书》五十八卷《周处传》。而《辞源》不言出处,仅注曰:"晋周处,膂力绝人,不修细行,众言南山白额虎,长桥蛟并子为三害,处乃射虎杀蛟,从陆机陆云学。……"(子集P二七)又如:

【狁狁】(巳集P二六〇) 此二字在《诗经》中凡数见。如《小雅·采薇》有:"靡室靡家,狁狁之故。""不遑启居,狁狁之故",《出车》亦有:"狁狁于襄","狁狁于夷"……毛在《采薇》传云:"北狄也,"郑笺云:"北狄,今匈奴也。"而《辞源》不详出处,只在"狁狁"下注:"北狄名,周宣时入寇,逼近京邑,王命尹吉甫伐之。逐之太原而归。按即秦汉之匈奴。……"又如:

【三家】(子集P二七) 其出处在古书中极易寻得。如《左传·定公十三年》有"三家未睦",《论语·八佾》有:"三家者以雍彻",《礼记》亦有"三家视桓楹"。而《辞源》只注:"春秋时鲁之权臣,孟孙,叔孙,季孙三家也。"又如:

【三军】(子集P二七) 其辞义虽有不同,而其出处则极易见。如《论语·子罕》有"三军可夺帅也"。《左传·僖公·二十二年》有"三军以利用也",又《公羊传·

襄公十一年》亦有"三军者何"。而《辞源》却只注:"万二千五百人为军,国制,天子六军,诸侯大国三军,次国二军,小国一军,春秋时又以为军队之通称。"又如:

【注意】(巳集P六五)　这在中国古书中也屡有记载的。如:《史记·田完世家》有"易之为术,幽明远矣,非通人达才,孰能注意焉"。又《陆贾传》亦有"天下安注意相,天下危注意将"。又《儒林·王式传》亦有"皆注意高仰之"。《辞源》则把它当作纯新的名辞,注云:"心理学名词,谓意识作用集注于一事物,而愈觉明察者也。……"

编者还幸亏口口声声说,"源之一字日在心目"咧,若要不"在心目",我们真不知将会编到何种田地?

(d) 引文的错讹　编辞书不应光依类书中的记载,就令有时参考它,也只可借它作线索;最后自己仍得费工夫找原书参阅。讵知,《辞源》的作者计不出此,一味贪便当;以致许多的引文都有了错讹。如:

【市井】注㈠下引:"【毛诗疏】市井者,白虎通言,因井为市,故曰市井。风俗通言人至市有所鬻卖者,当于井上洗濯令洁,乃到市也。"(寅集P一六八)

按孔《疏》原文如次:

"……此实歌舞于市,而谓之市井者。白虎通:因井为市,故曰市井。应劭通俗(按应作风俗通)云:市恃也,养赡老少,恃以不匮也。俗说市井谓至市者,当于井上洗濯其物香洁,及至严饰乃到市也。"

《辞源》所引者与原文颇有出入。又如:

【启处】下引:"(诗) 不遑启处犹狁之故。【笺】启跪也。"(丑集P七七)

按《小雅》中只有"王事靡盬,不遑启处",①有"不遑启居,犹狁之故。"②并没"不遑启处"与"犹狁之故"相连之处。想《辞源》的引文,一定是把"不遑启居"误作"不遑启处"了。又如:

【徂暑】下引:"【诗】六月徂暑,【传】暑盛而往也。【郑笺】以徂为始,六月始暑也。"(寅集P二四五)

---

① 仝见《诗经·小雅·采薇·四牡》。
② 见《诗·小雅·采薇》。

其中所引郑《笺》并非郑《笺》,简是作者的口吻。按郑《笺》原文为:"徂犹始也,四月立夏矣,至六月乃始盛暑。"又如:

【完卵】下列:"【世说】孔融被收,中外惶怖,时,融儿大者九岁,小者八岁,融谓使者曰……。"(寅集P三八)

按各本原文在"小者八岁"下,皆有"二儿故琢钉戏,了无遽容"二句。又如:

【属毛离里】下引:"【诗】不属于毛,不离(按原书为罹)于里。【传】毛以言父,里以言母。……"(寅集P一二九)

其中所引传文亦与原书不同,按原书传文是:"毛在外,阳以言父。里在内,阴以言母。"又如:

【胡床】下引:"【世说】庾亮便据胡床,与诸贤士谈咏竟夕。"(未集P一五五)

与原书对照,亦不相符。按原书为:"庾太尉……因便据胡床。与诸人咏谑,竟坐,甚得任乐。"又如:

【肉屏风】下引:"【天宝遗事】杨国忠冬月设酒令妓女围之,名肉屏风,亦曰肉阵。"(未集P一四七)

按《开元天宝遗事》原文为:"杨国忠于冬月常选婢妾肥大者行列于前令遮风,盖借人之气相暖,故谓之肉阵。"又如:

【属妇】下引:"【书】至于属妇。【注】属妇,妾之事妻也。……"(寅集P一二九)

按所引"妾之事妻也"句,乃陆德明之音义。作者不明何人所说,盲目的引来赐给它一个"注"字的头衔。

《辞源》是资本家眼中的一种商品,它所以坏的主因,自是由于出版者急于赚钱;然以其编纂的实情论之,则有下列三端:

(1)成书太快　编一部兼包中外古今的辞书,是极伟大的工作,非一朝一夕所可奏功,尤非少数人之精力所能及。如英国之《牛津辞典》(*Oxford Dictionary*),那还是只限一国的辞书。其第一册之一部分,于一千八百八十四年开始出版,直到一千九百二十五年全书才出齐。计此书自规划之日起,以至蒇事,前后凡六十余年。从事编纂,校读者一千五百余人。而《辞源》呢?所有编者才五十人之多,所需时间仅八年之久,试想它怎会有好的成绩?

（2）好吃成饭　《辞源》的编者是雇佣性质,他们只知为着得报酬而替人作工,并没有忠实贡献于社会的存心。他们为着省力气,免麻烦,处处只就前人之类书而加以钞录,类书中有的,他们就尽量的钞,没有的,他们才肯翻翻其他的书。至于所钞的对否,或是与此书之主旨合否,他们一概不管。

（3）没有通盘的编辑计划　编《辞源》的动机,是在营利,是在投机,他们对于此书如何编法,费时若干岁月,以及用人多少诸问题,并没有通盘的计划。所以在这书编完以后,陆尔奎竟会说出这种可怜的话来:

"……戊申之春,遂决意编纂此书,其初同志五六人,旋增至数十人。罗书十余万卷,历八年而始竣事,当始事之际,固未知其劳费一至于此也。"（见《辞源说略》）

他们在先是想着速成,预备以最少数的人,最短的时光而编一部包括古今中外的大辞书,结果,阻碍太多,才迫得他们放弃原有的空想。陆氏说:

"着手之际,意在速成,最初之预算,本期以两年蒇事,及任事稍久,困难渐见,始知欲速不达,进行之程序,编制之方法皆当改弦更张。"（见仝上）

这就是他们作者不打自招的供状。

知识是活的,是随着时代增长、蜕变的。辞书既是知识的渊薮,就该依着时代的进展,把它的内容加以重订、增补。苟能如此,纵令最初是一部不能尽惬人意的辞书,将来也会有达到尽美尽善之日。像《辞源》这书,经过十余年的不胫而走,是千该万该增补,订正的了。但是作者不舍得把自己的丑迹毁灭,不舍得这目前的一笔利钱,所以虽在读者极端指摘之下,虽在"所受各界要求校正,增补之函,不下数千通"①之际,而作者也只聊以塞责,出这部挽救《辞源》正编销路的"续编",至于"订正"的工作则置之脑后。这在编者,就是:

"若照外国百科全书及大辞典之例,每隔数年增订一次,新著出版,旧者当然作废。然我国学者购书,物力维艰,《辞源》出版以来,销行达数十万册,大半皆在学者之手,故重订与增补,均为著作人应负之责;而应付一时之需要,尤以增补为急务。"

---

① 见《续编说例》。

(见《续编说例》）

要知重订与增补实是一事，增补重要，重订亦重要，增补是求其量增，重订在求其质精，二者宜相辅而行，不当有缓急之分。而作者不求质精，只求量增，显然是所谓"还有他们主要的经营商业的目的"①在，而美其名曰为"我国学者购书物力维艰"，岂非掩耳盗铃之计？

且人之求智，贵乎"真"，《辞源》既在补助人之知识，自应尽力照"真"处作，始可免得读者"因蓄疑而不得其解，则必疲钝萎缩，甚至穿凿附会养成似是而非之学术。"②今作者明知其中内容某处该"挖改"，某处欠"勘误"，而事实上并不动手，是何异故意引人入迷，导人以错？夫一人教书有错，其错仅及于一二堂弟子，而《辞源》已出二十年之久，销行全国达数十万余册，其误人何可能言？此本作者早应从事之工作，而犹曰："应付一时之需要，尤以增补为急务"，是急非其所当急也。

《续编》出在《正编》十余年后，它比《正编》改善的地方并不多，据我们见到的也只有两点：

(1) 从前《正编》所引各书，不注篇目，此编则改正之。

(2)《正编》中所附各表(如《世界大事表》，《行政区域表》……)此编则改编之，增补之。

此外举凡正编所有之缺陷，而此编皆存有之。

(a) 不注出处——这是正编中最大的惯病，此编仍不时发现。如：

【封发】下注："唐贾直言坐事贬岭南，妻董引绳束发，封以帛，使直言署曰，非君手不解。直言贬二十年乃还，署帛宛然，及汤沐，发堕无余。"(寅集P三三)

按此注文，抄自《唐书·列女传·董氏传》。作者竟不言出处。又如：

【姗姗来迟】这本出自《前汉书·外戚传·李夫人传》，文云："上(武帝)思念李夫人不已，方士齐人少翁言③能致其神，乃夜张灯烛，设帷幔陈酒肉，而令上居他帐，遥望见好女如李夫人之貌，还幄坐而步，又不得就视，上愈益相思悲感，为诗曰：

---

① 见《辞通·刘序》。
② 见于《辞源正编说略》。
③ 编者注："已"下七字，原稿残缺，据文献补。

'是邪,非邪?立而望之,翩何姗姗其来迟?'"而《续编》亦不详出处,只在下注云:"汉武帝李夫人既死,使方士召其魂,恍若有见,帝益感伤,作赋曰:是邪,非邪?立而望之,翩何姗姗其来迟。今言妇女缓步,多用此语。"(丑集P一三六)

再如"关马郑白",(戌四二)"黑沙地狱"(亥六三)……诸辞,《续编》也只是略注它们的辞义,关于各辞的出处也从未提及。

(b)引文与原书不符——《续编》中在引文方面,与原书不符的地方,颇不乏例。如:

【土蛊】下引:"【酉阳杂俎】度古似书带,长二尺余,首如铲,背上有黑黄襕,尝趁蚓,蚓不动……"(丑集P六八)

按原书在"背上有黑黄襕"下有"稍触则断"一句。又如:

【婆那娑】下引:"【酉阳杂俎】婆那娑树出婆斯国,亦出拂林。呼为阿蔀弹树,(蔀字原书作蕃)无花结实。其实从树茎出。大如冬瓜,核如枣,一实有数百枚。"(丑集P一四一)

以引文与原书相较,陋略实多,而作者既未加以删节号,殊属非是。又如:

【奔䱑】下引:"【酉阳杂俎】奔䱑一名灛,非鱼非蛟,大如船,长二三丈,色如鲇,有两乳在腹下,雌雄阴阳类人。顶上有孔通头……"(丑集P一二六)

按原书在"雌雄阴阳类人"下有"取其子着岸上,声如婴儿啼"二句。

(c)音读的因袭——《辞源》每单字的音读,据编者说本自《音韵阐微》,今就《续编》所用情形观之,约有三法:

(一)反切独用法——如:

【朏】普没切(辰一〇)

【籚】笼都切(未一八)

(二)直音独用法——如:

【颲】音列(戌一〇五)

【袀】音均(申八六)

(三)反切与直音合用法——如:

【㬐】奚岳切音学(巳八〇)

【瀷】移力切音弋(巳八四)

这三种注音的方法都有缺陷。第一种的缺陷有二:(1)反切之上下字如系生僻字则有困难。如【鷗】:"隐㦿切",(亥四〇)其中所用反切之下字"㦿",非常生僻。我们连反切用的字都不能认得,又怎样去切字呢?(2)读者非通音学,有时不能直接得音。如上所列之"簹"字,为"笼都切",若以直接拼音之法,决求不到读音。第二种的缺陷也有两种:(1)所音之音只能相近,并不能完全如一。(2)所音之字往往比原字还难认如"簹"字。第三种是比前二者完善,但遇有反切之上下字不行切音,而直音之字又生解时,亦难得正确的音读。如"笣":"张瓜切音挝"(未一七)"张瓜"旣难切音,而直音之"挝",亦颇不易识。

总之,反切直音都不是读音的良法,在《辞源》正编出书时,因为没有比较适当的注音法,一时采取了反切直音,当然可以原谅,今《续编》处在国音字母通行全国的时候,而仍因袭前书之旧,实在是一大错误。

(d) 新名辞的贫乏——编者在《说例》上说此书"广收新语",我们相信一定收的新语不少。及至把此书详加翻阅,马上又觉到,它不但收的不"广",甚至连许多应知的最普通的新名辞也摈弃了。如:"工业革命"(亦曰产业革命),"生产工具","九国公约","家族主义","北伐","世界大同","天下为公","国民革命","拆白党","全民政治","文盲",……这类的新名辞不算不重要吧;然而我们在《续编》中从头翻到尾都找不着,它们不被列入《正编》,我们不怪它所谓"广收新语"的《续编》仍无之,岂不是笑话? 还有些旧名辞如"箟簵","诸许","世中人","黯黯","不可救药"……等,也都是很重要的。既不见于《正编》,而《续编》仍未把它们列入;我们真不晓得到第几次的《续编》才把它们补上。

(e) 注释的不当——《续编》中的注释,不当处颇多。如:

【文艺】只注:"谓文章之事【大戴礼文王官人】有隐于知理者,有隐于文艺者。【吴志华覈传】迁东观令左国史,覈上疏辞让,皓答曰,得表以东观儒林之府,当校文艺。处定疑难。汉时皆学硕儒乃任其职。"(卯一〇四)

而对于今日所谓文艺的解释,毫没提及。这岂能算是广收新语的辞书应有的情形? 又如:

【国民党】下注:"为孙文所创。初名中国革民同盟会,于一九〇五年成立于日本东京,提倡三民主义,至民国元年始于国内组织中国国民党。……"(丑集P六〇)

其中注文殊与史实不合。按"国民党"三字为今日"中国国民党"之简称。初名原为兴中会。一九〇五年与黄兴所领之华兴会,章太炎等所领之光复会在东京合组为中国革命同盟会。民国元年,宋教仁等为扩大组织,复联合统一共和党国民共进会,……合组为国民党。孙总理以国民党分子复杂,民国三年在日本又成立中华革命党。后以革命党党员不努力工作,遂于民国八年将革命党改为中国国民党。此时之中国国民党才是十三年改组后以直到现在的国民党。而与民国元年之国民党有别,作者不察,遂致歪曲史实。又如:

【共产党】下注:"此党以为社会病源,胚胎于私有财产制,故为生产方法计,宜废此不健全之社会制度。……其起源虽早如希腊迈诺斯 Minos 李考格 Lycurgus 之所记载,柏拉图共和论中之所述,以及初代基督教徒之所记,均与今日之所谓共产主义不相同。此实近世纪之产物。"(子集P一六五)

这是多末长的一段迷离恍惚的注释啊!我想作者是在作共产主义起源的考证,而忘掉了替"共产党"作注释。假使要记得自己是替"共产党"作注释,就共产党的主义,沿革,组织也足够说的了。那又用着往别处胡扯?

《续编》在各方面看,是与《正编》同样的恶劣,凡是《正编》有的弊端,《续编》差不多皆有之。因为它的错证,我们没法一一援引,也只有在每节之中略举一二。

这篇小文是我数年来读书之际,从翻阅《辞源》中得来的一点积蓄,初稿二万言,所得例证四百余条。因限制篇幅,曾大加芟削,四易草稿,才成如今的样子。我发表它的用意很简单:(一)使读者知道《辞源》这书是不可靠的辞书,万勿过于依重它。(二)盼望好的辞书快快出来,救我国读书界的贫困。

五月二十六日写于北平图书馆

(《文化建设月刊》1935,1(10),127—140)

《辞源》修订本问世抒怀

陈 原

1 那是二十六年前的事了。

一九五七年冬,舒老(新城)匆匆飞到北京,汇报他接受毛主席委托修订《辞海》的经过和设想。那年不平常的夏季风暴刚刚过去,遍地还是残枝碎叶——忽地提出这样的任务来,如果不说令人惊讶,至少可以说是感到突然。那时人们从心底里赞成这个倡议,或者都意识到或感觉到这是一项基础工程。舒老充满了激情和自豪,叙述了(毋宁说是赞赏了)中华书局和商务印书馆出版《辞海》(1936)和《辞源》(正编1915,续编1931)对启蒙运动的贡献;使我久久不能忘怀的是,舒老当时也坦率地提到前人不无挖苦的八字评语:

"《辞海》非海,

《辞源》无源!"

舒老说,这八个字虽则过份尖刻,也许多少有点道理,现在是改变这种观感的时候了!

这样,就在这次汇报会上,领导同志猛然提出了同时分别在京沪修订《辞海》和《辞源》的计划;这计划将使这两部大书尽量做到既有海又有源。随后,第二年(1958)三月,在上海召开了"意气风发"的出版跃进会议——如今,差不多一个世代的岁月过去了,回头一望,这个跃进会议尽管充满着浮夸、大话和空话,可是它毕竟迸发出我们这一代人良好的愿望和天真的激情,五十年代的自豪和信心——;其时,领导上决定让金灿然去主持中华,陈翰伯主持商务的工作。这样,就产生了1958年夏的另一次汇报会,《辞海》仍然修订成原来的包括百科用语的语文辞书,而《辞源》则修订成古汉语包括古代人、地、器物、典章、制度的辞书。虽则京地(《辞源》)的实力大大不如沪滨(《辞海》)，但就精神而论，两地参加修订工作的人们，都是兴奋地、默默地、认真地进行工作的。在那艰辛的岁月里，我同两地勤奋的不知疲倦的"无名英雄"们有过频繁的接触，我被他们的工作精神深深感动了。时下的读者决不能想象那艰辛的历程，只有那些踏着沉实的脚步(有时却又是蹒跚的脚步)走过这段途程的、不求名利、不怕风雨的人们，才尝到其中的甘苦。努力没有白费，熬过七八年的岁月，终于给我们的读书界献出了《辞源》修订稿第一分册(1964)，和《辞海》未定稿上下(1965)。稿本出来了，印乎不印乎？公开乎内部乎？真有点像宾扬(John Bunyan)在《天路历程》①开篇自白那样的矛盾。好在时间不长，倏忽之间一场更大的暴风雨就把这矛盾的心情一扫而光，暂时谁也无需考虑这一切了。

2 无论如何，《辞源》是近代中国第一部大型的"现代化"辞书。在它出版之前，我国有各种字书和类书，但没有"现代"意义的辞书；我国有音韵训诂以至于名物汇编一类的工具书，但没有收录新名词即欧美资产阶级以及前资本主义社会的用语的类书。被称为"百科辞典"(encyclopaedic dictionary)的类书，应当说，在我国始于《辞源》——也就是后来我国读书界常常提到的"语词为主，兼及百科"这样的独特的工具书。

《辞源》初版于1915年——据主编陆尔奎撰写的《辞源说略》所记，由戊申(清光绪三十四年)即1908年春开始工作，"其初同志五六人，旋增至数十人；罗书十余万卷，历八年而始竣"。有一句话讲得真切——"事当始事之际，固未知其劳费一至于此也。"凡编词典在开始时都以为很快可以竣工，这就是说，没有编过辞书的，决不领会这是一种"艰辛的历程"，千头万绪，一延再延，然后顿时醒悟，原来编纂辞书是一件需要毅力、耐力、认真、不怕麻烦而又艰辛的一项劳动。可惜我们手头保

---

① 我指的是英国人宾扬(John Bunyan，1628—1688)在《Pilgrim's Progress》一书 Apology 中的那段著名的话："有人说，'约翰，把它印出来'；有人说，'可别。'/有人说，'印出来有好处'；有人说，'不见得。'"

存的菊老（张元济）作为商务印书馆编译所所长（1903—1918）时写的馆事日记①，独缺 1905—1911 年的各册，也缺《辞源》问世那一年（1915）的一册，因此其中沧桑甘苦已无第一手材料可以查考。陆尔奎上举文有一段还是值得在这里引用的：

"编纂此书之缘起。癸卯甲辰之际（按：即 1903—1904——引用者），海上译籍初行，社会口语骤变（按：重点是我加的，下同——引用者）。报纸鼓吹文明，法学哲理名辞稠叠盈幅。然行之内地，则积极消极、内籀外籀，皆不知为何语。由是缙绅先生摒绝勿观，率以新学相诟病。及游学少年续续返国，欲知国家之掌故，乡土之旧闻，则典籍志乘，浩如烟海。征文考献，反不如寄居异国，其国之政教礼俗可以展卷即得。由是欲毁弃一切，以言革新。义竟以旧学为迂阔，新旧扞格，文化弗进。友人有久居欧美，周知四国者，尝与言教育事，因纵论及于辞书，谓一国之文化常与其辞书相比例。吾国博物院图书馆未能遍设，所以充补知识者，莫急于此。且言人之智力因蓄疑而不得其解，则必疲钝萎缩，甚至穿凿附会，养成似是而非之学术。古以好问为美德，安得好学之士有疑必问？又安得宏雅之儒有问必答？国无辞书，无文化之可言也！其语至为明切。"

善哉斯言：——"国无辞书，无文化之可言也"！去年秋天我在莫斯科书展②看见引用列宁的一句名言："没有书就没有知识，没有知识则不会有共产主义。"占有全人类最优秀的知识和文化，才能建成社会主义共产主义精神文明，而辞书则是一种不可或缺的求知工具。由此可知，《辞源》在七十年前揭出这样的警句，不能不认为是有识之士的前瞻呵。

书成后十六年，出版了由方毅主编的《辞源·续编》（1931），对此不拟多所论列，因为它仅增补名词三万余条，不是开山之作，而当时所揭示的续编"概要"却已带着浓厚的自吹自擂的市侩气息，不足为训了：

"已备辞源者必不可不备续编。因两书合为一书有相互补充作用。

---

① 见《张元济日记》（商务，1981.），第一本 1912.5.22—1913.7.21，第二本 1916.2.23—1916.4.15。其前无 1908 的，其间无 1915 的。

② 指去年九月举行的莫斯科第四届国际书展。

未备辞源者亦不可不备续编。因续编本身即一崭新之百科辞书。"

关于《辞源》出刊的社会背景,我在七五年八月十三日(请注意那是"四人帮"所大肆攻击的"七、八、九月",我本人已被通知调离当时的中华书局商务印书馆[联合企业],成为"无业游民"了)向筹备修订《辞源》的同志们所作的汇报提纲中有一段话,虽不十分确切,却也表达了我那时对这问题的认识,提纲中说:

《辞源》是中国近代史上第一部百科性的词典,也是第一部新式的启蒙工具书。它开始编纂于二十世纪初(1905 或 1908),约莫编了十年,到 1915 年正式出版。那是在甲午战争中国被日本打败以后,"那时,求进步的中国人,只要是西方的新道理,什么书也看。"当时中国革新派的知识分子主张废除科举,兴办学校。《辞源》是资产阶级民主革命的启蒙运动的产物:它的正编(1915)偏重于所谓"旧学",兼收"新学"(即资产阶级民主主义文化),正所谓"中学为体,西学为用";而它的《续编》则"广收新名"——所有这一切正反映了当时革新派要救国,"只有维新,要维新,只有学外国"的心理。《辞源》作为工具书提供了学习外国的方便。

我那时强调的"提供了学习外国的方便",不完全说到点子上,但确实有这么一点客观的社会效果。

3 《辞源》的正续合订本(1939)和改编本(1951)是一种正常的、经常的出版活动,无须多记。只是上面提到 1958 年开始的修订工作,却是另一段艰辛历程的开始。

在 1958 到 1964 那样动荡的日子里,投入那样少的人力(仅仅几个人!),去实现大幅度修订的宏图,那种胆识和毅力是值得称赞的。把《辞源》改编成"阅读一般古籍用的工具书","成为古典文史研究工作者用的参考书",除了删除科学术语之外,值得注意的工作方针有两点[①]:

其一,"利用平日积累的材料,抽换原有的书证,尽可能使之接近语源。"

这就是说,要用艰巨的实际行动来改变"辞源无源"的观感。这是艰难的,也是

---

① 两点加引号的话均见 1964 年版《辞源》修订稿第一分册。《辞源》编辑部于 1964 年 12 月印有《辞源编辑手册》,内分为八个部分,我以为还可以作为资料印出来供参考的。

切合书名的,而且在学术上是有所贡献的——但只能"尽可能",也许达到鹄的还要依赖更多专门家今后的努力,可无论怎么说,这也算是迈开了第一步了。

其二,"检查涉及立场、观点的问题,加以必要的改正。一般知识性的条目,以提供知识为限,不一一批判。"

所谓涉及立场、观点的问题,实际上是涉外政策问题以及有关民族、宗教项目的若干实质性或策略性问题。那时我们是斗胆的,敢于在广征意见后承担责任。具体的做法——现在看起来是可怜的甚至觉得可笑的——是,翰伯把编辑部提出的有关这类词目和释义的卡片加以遴选,将不好解决的那一部分卡片送到我手上,我那时在文化部工作,我就运用了我职务上的方便和渠道以及运用了我个人在学术界的联系,该请示的请示,该商榷的商榷,实在一时无法解决的予以删除,就这样,来一批解决一批,终于能付排了。回头一望,有点狂妄,也有点后怕,但毕竟我们不久就见到样书了,如果那时不采取这样迹近荒唐的做法,恐怕是印不成书的。

至于"不一一批判"这五个字在其后的十年间不知挨过多少次大批判!任何一部辞书,从总体上说,谁也不会反对要批判地检验过它所要处理的一切材料;但是如果把这理解为每一词目都要进行无休无止的,甚至千篇一律的"大批判",那就是无知的胡言乱语了。当然在实际生活中那也是不可能做到的。《辞源》修订工作中所树立的这一条,经历了严峻的考验,粉碎"四人帮"以后,我们就按照这样的意思做了。在我们走过的艰辛历程中,这五个字给当事者留下多么深刻的印象和引起多少沉思呵!

4 《辞源》修订本四个分册共 3620 页(正文)＋123 页(索引)[①],从 1975 年发动(如果不把 1964 年的第一分册修订稿计算在内的话),到 1983 年底出齐,历时九个年头。这可以说真是一段艰辛的历程!包括修订《辞源》在内的我国第一个辞书编印长期规划是在 1975 年夏不寻常的日子里制定的——尔后又是身患重病的周总理在医院中批准的。凡是参加过那次在广州举行的会议(1975.5.

---

① 台湾省商务印书馆 1979 年 4 月印行《增修辞源》,上下两册,共 2464 页(正文)＋284 页(索引),规模与旧《辞源》同,增修前合订本 89,944 条,补编 8,700 条,合计 98,644 条;增修本补充了 29,430 条,合 128,074 条,仍是"语词为主,兼及百科",与现在出版的《辞源》修订本不同。

23)的人都留下不能磨灭的印象。会上争论着诸如"无产阶级专政一定要落实到每一个词条"那样的现在看来多少有点滑稽的命题。然而在代表们中真正赞成这个"悖论"的,确实是寥寥无几,我不是代表,作为会议秘书处工作人员,没有资格去引导或领导这场争论,但我受到了启发,感受了人心所向,看出了希望——我之所以能在其后一段最黑暗的日子里仍然千方百计去协助实现这个包括修订《辞源》在内的规划,这人心和这希望就是支撑我的力量。按照规划的意图,最后商定《辞源》由四个省区(广西、广东、湖南、河南)在商务印书馆编辑部的参与下共同编纂。谁来挂帅?这个问题不好解决。此时杨奇(当时是主持广东的出版工作)挺身而出,他来"牵头"。"牵头"是那动乱十年中创始的用语,不是领导,不是指导,可是几个旗鼓相当的单位总得有个"头"("头"或"头头"也是那个十年里兴起的社会用语),他不过是"牵"个"头",不是"头",而是"牵头"——彼此是平等的,不过总得有个登高一呼"跟我走"(follow me!)那样的人,杨奇是勇敢的,坚定的,而且是热心肠的,善于做组织工作的出版家和学问家。他不仅"牵头",而且"牵"出了一只"头羊",那就是黄秋耘。这个出身清华,正所谓"学贯中西"的文学家,居然肯跳进火海[辞书的火海],这是我始料所不及的。有人说黄秋耘那时"遁入空门",因为他主持《辞源》修订工作达数年之久,认真严肃,乐此不疲;我则以为毋宁说称他跳进火海。这就有了(1975)八月汇报会(北京),"牵头"的杨奇,"跳进火海"的黄秋耘,还有商务印书馆本来已在火海中挣扎的吴泽炎,都是这次汇报会的主角。没有他们那份热心、勇气、毅力和执着,在那样的日子里发动如此大规模的行动(它将对相当长时期的中国文化建设起着重要的作用)是不可想象的。然后就是 1976 年 1 月 13 日(周总理逝世后不几天)的广州会议,接着开郑州会议、桂林会议、长沙会议——那已是粉碎"四人帮"之后的 1977 年了。在最后一次《辞源》会议上,我作了整整一天的报告,后来归纳整理而为关于词典编写工作的几个界限的论文①,总结了这一个时期的词典工作方面的种种争论。这已不属于《辞源》修订工作本身,但这在很大程度上是由《辞源》修订的实践给我的教育和启示。这是在成千人参加实践所提供

---

① 陈原:《关于词典工作中的若干是非界限》,见《中国语文》一九七八年第一期。

的背景上总结的,我不过是这许多同志的一个代言人(也许还不是一个高明的代言人)。每当我回想起那几次会议的火热的日子,我便感觉到这个"火海"绝非"空门"。每次会上都争论得面红耳赤,为一个提法,为一个词例,为细则中的一条规定,为别人一句不甜不咸的话,为说者无意甚至出发点是好意而听者却多心的完全无信息量的废话,甚至为去不去什么处所访问,吵呵吵呵——然而工作都是认真的,水平有高低,但工作起来却是那么顶真。我深深受到教育,我以这几年同这许许多多自我牺牲的"无名英雄"们在一起从事一项基础工程而感到自豪。随后定稿工作移到北京,由商务印书馆编辑部以及各省区派出的学者们一个词目一个词目的查证,争论,修改,增补,定稿。两个人从头到尾"看"了一遍,先是辞典界外的学者黄秋耘,然后是辞典界内的里手吴泽炎(后来参加了刘叶秋),此时,我被其他事务缠身;况且作为一个组织者,一个宣传鼓动者的任务已经完成了,我没有再做什么工作了。如果我不提一下这些年一直在关心和支持我们的许多热心人的名字,我将觉得很遗憾,他们是樊道远、贺亦然、方厚枢(他参加了所有会议)以及陈翰伯(他参加了开头的几次会),许力以(他参加了长沙会议),石西民(他参加了桂林会议),他们的名字同许多参与过工作的热心人一样,没有记录在书中,当他们看见了这几千页的大书问世时,一定会同样感到高兴的。

《辞源》的封面装帧(作者姜樑),用了深褐色分格花草图案来表达一种深沉的、坚实的、代表着几千年累积下来丰富的语言与灿烂的文化——中嵌"辞源"(叶圣陶题)两个金字,显得大方朴素而同书的内容配合。辞书的封面应当有一种特别风格,应当同小说诗歌不同。可以说,《辞源》的装帧是有风格的。可惜包封颜色太嫩:有点像乡下姑娘进城的打扮。港版包封古雅沉着,一望而知是古汉语的类书,比京版包封要吸引人。版面设计(设计者季元)是动了脑筋的,符合辞书的要求:版面清晰,悦目,容易查找词目而望上去不觉得密麻麻一大片,同时还注意纸张利用率,一点也不浪费,这里用的空铅和字体字号都经过考虑,使查阅者感到清新如意,这是不容易的。著名出版家黄洛峰生前曾写信给我,建议《辞源》词目改用黑体字排,取消月牙号(【 】),每个词目上空两字,但词目释义则向左移两个空位,顶至隔开三栏的光线,他说这可以更节省纸张——我同季元商议了多次;我们虽感谢洛峰的好意,却认为那样虽可提高一点点纸张利用率(我们计算过,提高很少),但照此排起来有"压迫感",所以仍其旧(1964年版就是她设计的)。顺带提一下,辞书的版面设计是很重要的,它比一般专著更要讲究。

《辞源》问世了,艰辛的历程远没有停止。例如第一分册出书后,由于我的建议,组织专人检查了一遍,列出54处由于种种原因引起的误植,印成第一分册第一次印刷正误表附在第二分册送给读者——不料1981年5月引起首都某报公开批评,认为这证明"编校质量低劣","极不负责",简直不可容忍。为此,上级领导机关两次着令商务印书馆"作出像样的检查"。这样的批评令我十分惊讶,始作俑者是我,我以为做了一件应当做的,对人民极端负责的好事,谁知竟导致编辑部一片不愉快。我不以为这批评是对的。我同语言学界前辈聚会时将这事提出请教他们,我不知错在何处,他们的反映是极强烈的,他们认为我们在第二分册附第一分册正误表说明我们极端负责认真严肃的态度。我同编辑部讨论多次,终于在1981年7月9日写出一个报告,其中一段说:

"(二)《辞源》是一部四卷本一千四百万言的古汉语词典,由四个省与我馆合编,编审过程长达六年,估计还要两年才能完成附有正误表的四个分册,再有两三年努力,才可以合订出版。《辞源》编辑审订质量还有待进一步提高,此处暂不论列;至于校对工作,我们认为是认真对待的,一般书稿只校三次,《辞源》安排六次校对(其中四次各校两遍,合计即校十遍,编辑部看长条及清样还不计算在内)。为了对读者认真负责,我们安排了在下一分册进行生产时,将上一分册出书后所发现的错误(包括误植、疏漏、付印后发现新的书证以及其他情况)作出正误表,在下一分册出版时附送。我们认为这种安排是严肃认真的,而且是国外大型词典所经常采取的措施。我们今后仍然准备这样办。"

不过我引以为憾的是,"今后我们"没有这样办——我的三寸不烂之舌已无法使我的同事们恢复他们每印一分册即列出正误表下次附送的积极性,唉唉,还是四个分册出来以后"算总账"吧,到印合订本时再挖改吧,或者第二次印时悄悄地挖改罢。

书出了,艰辛的历程决非终止,路正长,要修正的太多了,要做的事也太多了,我相信《辞源》编辑部的同志们正在休整,准备迎接新的战斗,开始新的一段艰辛历程。

(《辞书研究》1984年第2期)

《辞源》修订本 1976—1983

——回顾和前瞻——

吴泽炎

一　旧《辞源》

辞源编纂工作,开始于公元 1908 年(光绪三十四年),前后经过八年,于 1915 年出版,是我国现代第一部语文兼收百科的中型词典。在商务同年出版的一本名为《语文源流》的教科书的书后,刊登了一则标语式广告。内容说:"新旧名辞,中外典故,无不详备。编辑者数十人,历时七八载。四百万字,三千余页,得此一书,胜他万卷。"还列有一张定价表:

（定价表）

略　号	册　数	定　价	轮船火车 已通邮费	轮船火车 未通邮费	外国邮费另计
甲种大本	十二册	二十元	八　角	八　角	
乙种大本	二　册	二十元	一　元	二　元	
丙种大本	二　册	十四元	八　角	二　元	
丁种中本	二　册	七　元	四　角	四　角	
戊种小本	二　册	五　元	三　角	三　角	

既称广告,难免夸张。一部三千页的大书,同时用五种版式(包括用线装印订的《辞源》甲种本)印发,那种脚踏实地、锲而不舍的韧劲和敢于创新、有所作为的气概,应该说是十分可贵的,在今天仍有一定的借鉴作用。

《辞源》是一本推陈出新的词典。关于它的编纂方针、任务、读者对象、编写原则等，在旧《辞源》书前的《说略》中都有明确的规定。它是在十九世纪下半叶我国出现的"三千年一大变局"、"新旧扞格、文化弗进"的时代背景下着手编写的。以旧有的字书、韵书、类书为基础，吸收现代辞书的特点；一方面从语词的角度，收集单字、复词、成语、熟语等，另一方面又从实用的角度，选辑古籍中常见的词章典故及制度、史地有关条目，再加现代自然科学、社会科学、应用技术等新词，融旧知新学于一炉。它的特点一是把读者面从少数文人雅士扩大到了有一定文化水平而又有求知欲的广大知识分子；一是着重记录语词，提供知识，强调实用，用今天的话说，即要使它起解决求知道路上的拦路虎的作用。应该感谢老一辈《辞源》编纂者辛勤的创造性的努力，创立了这种以语词为主兼收百科的综合性辞书的格局。《辞源》以后所出的大型辞书，在不同方面都有所发展，但大体上仍保持这个格局，今天在编写中的几部大型辞书，也继承发扬了旧《辞源》的一些特点。

《辞源》出版，为商务印书馆提高了声誉，使它在一个相当长的时期中保持辞书出版工作的首席地位。从《辞源》产生的社会效果来看，它对于我国辞书出版工作的发展，起了促进推动的作用。由于提供一本在当时说来，内容比较充实、体裁比较新颖的工具书，从而对于提高学术界的研究水平，起了有益的影响。它在一定程度上满足了相当一部分知识分子博采新知、贯通典故的要求。1936年中华书局出版同类型的《辞海》，在某些方面，特别是它采录大量较新的百科知识条目，质量有所提高。但由于《辞源》具有所收旧词语数量较多等长处，加上人们可能有一种相信"老牌"的习惯势力，在解放以前仍能和《辞海》维持平分秋色的地位。

二 《辞源》修订的历程

1949年全国解放，我国进入一个新的社会主义历史时期，从经济基础到上层建筑都发生了翻天覆地的变化。社会主义革命和社会主义建设对辞书工作提出了新的要求，旧《辞源》和旧《辞海》都已经不能满足新时代的需要。解放初期，原有的辞书,停止印行,在全国通行的汉语语文词典,只有一部商务编辑部在很短时间内仓促编成的《四角号码新词典》。针对这种情况,出版领导部门作出决定,指定有关单位分头负责着手编辑《新华字典》和《现代汉语词典》,重编《辞海》,修订《辞源》,尽快改变词典工具书方面青黄不接的状况。对同一类型的旧《辞海》、《辞源》又作了分工:为发挥《辞海》原有的百科知识的特点,经过改编将成为一部兼收语词的中型百科词典;《辞源》收录的语词条目数量较多,扬长避短,将修订成为一部以收录语词为主,兼收有关词章典故以及史地文物制度等百科性知识条目的古汉语词典。这个决定实事求是,切实可行,具有远见,十分及时。后来的实践也证明它确实结出了成果,取得了实效。《新华》、《现汉》、新《辞海》已先后出版,现在《辞源》修订本全部出版,终于使这个决定得到了全面的落实。

《辞源》的修订过程,可分为两个阶段:

第一阶段(1958—1965) 在这个阶段中,商务印书馆编辑部承担全部修订责任,1964年出版修订稿第一分册;第二册的定稿工作完成一半,第三册完成初步加工。第一册出书不久,我国政治生活中出现了山雨欲来的非常形势,修订工作受到影响,工作进度放慢下来,到1966年"文化大革命"开始,修订工作全部中断。

第二阶段(1976—1983) 1975年全国辞书出版工作座谈会在广州举行,会上提出了一个全国辞书出版的总规划。在决定要先后上马的几十种中外文各类大小型辞书中,也包括要出版《辞源》修订本。当时商务编辑部的大部分人员还在干校,无力担任全部修订工作,会议对修订工作的组织形式重新作了安排,指定广东、广西、河南、湖南四省(区)分别建立《辞源》修订小组,和商务编辑部协作进行。由商务提供在前一阶段中已经出版的修订稿第一册和其他三册的草稿、商务历年累积的卡片资料,由四省分片包干,写出第一稿。第一稿分批写出后,四省(区)各自推派1—3名同志到北京与商务编辑部共同定稿。写稿、审订和定稿三套工序交叉进行,设计插图和出版技术工作由商务单独负责。这种协作方式是在特定的历史条件下采取的一种措施,有它的局限性,但它对加快修订的速度还是起了作用的。

修订工作,一开始时,由于极左思潮的冲击,曾走过一段弯路,但时间不过一年左右,整个修订过程还比较正常。1976年10月揪出"四人帮",党中央拨乱反正,万象更新,全国各项工作陆续走向正轨。参加《辞源》修订工作的人员重新根据1958年修订方针统一了认识,从此工作按部就班,顺利进行。1979年出版第一分册,1980年出版第二分册,1981年出版第三分册,1983年出版第四分册,至此,修订工作全部完成。全书共收单字复词九万七千〇二十四条,全部字数一千二百万。根据当前的编辑出版条件看,这个进度还是比较快的。

三 《辞源》修订三个方面

历时十年的修订工作,主要是从三个方面入手的,一曰改造,二曰充实,三曰创新。

(一)改造:旧《辞源》本是一部兼收古今中外语词和知识性条目的百科全书式辞书,为了使它成为一部解决读者研读一般古籍用的专门词典,我们进行了较大的"手术",即删去了内容为现代自然科学、社会科学、应用技术的全部条目,并把收条的下限定至鸦片战争为止。在删词的同时,又根据修订过程中陆续累积的六十万张卡片材料,增补了古籍中常见而旧《辞源》未收的新条目。下面举几个字为例:

	旧《辞源》条	新《辞源》条	删新词条	实际增减
地	181	110	61	－10
草	87	93	13	＋7
行	171	167	22	＋26
护	21	35	8	－6
路	25	30	8	＋3
朝	79	108	5	＋29
总计	564	543		

经过删和补,大体保持了旧《辞源》正续编的原有篇幅。

(二)充实:旧《辞源》特别是正编部分,编写的质量不低,写作的态度也相当严谨。《辞源》书前的《说略》曾道:"往往因一字之疑滞而旁皇终日,经数人之参酌而解决无从",充分表现了老一辈辞书编纂者苦心孤诣的谨严学风和认真的精神。但一本辞书只能在一定程度内反映一个时代的学术水平。《辞源》从初编到现在已经半个多世纪,在此期间,我们积累了更加丰富的语言材料,汉语研究水平也已大大提高,以今天的观点来看,旧《辞源》的编写方针和内容(音、形、义、释文、书证、体例)都有很多缺陷。因此我们在这次修订中,强调以马克思主义的立场、观点、方法为指导方针,对释文的政治思想性问题作了慎重的处理;对已发现的错误和缺点加以纠正。修订工作一个重要项目,是覆核全部书证,逐条查对引文,加注篇目,更换更为接近语源的书证,从而提高书证的从属地位,使《辞源》原有的"沿流溯源""由源竟委"的特点,更鲜明突出。

以第三册"生"字为例,旧《辞源》词头下共收复词138条,修订本删去其中新词35条,另补语词,增删后为111条。每条书证全部或一部抽换者达半数以上。修订本所花的工作量是很大的。第一条"生人"可以说明:

旧《辞源》【生人】谓人民也。〔白居易诗〕"柱国勋成私自问,有何功德及生人"唐避太宗讳,故称生民曰生人。

新修订本【生人】㈠活人。《庄子·至乐》:"视子所言,皆生人之累也,死则无此矣。"㈡养育人。汉王符《潜夫论·本训》:"天地壹郁,万物化淳,和气生人,以统理之。"㈢生民。唐人以太宗讳,避"民"字;于古籍"民"字往往改作"人"。《文选》三国魏孙子荆(楚)《为石仲容与孙晧书》:"豺狼抗爪牙之毒,生人陷荼炭之艰。"唐白居易《长庆集》十九《初加朝散大夫又转上柱国》诗:"柱国勋成私自问,有何功德及生人。"㈣不熟识的人。明陆灼《艾子后语》:"艾子畜羊两头于圈,羊牡者好斗,每遇生人,则逐而触之。"

(三)创新:词典工具书应当按本身的编辑意图,选择语言或知识性的材料,列成条目,再用最为精炼的文字,加以解释。它不可能也不必像写文章那样旁征博引,加以发挥。词典作为工具书,是供读者查询,而不是供阅读的。这个特点,由辞书本身的性质所决定。但是,通过修订、审读、定稿的长期实践,我们感到像《辞源》这一类以语词为主兼收百科的辞书,除了备读者随时查检、解决学习中的拦路虎问题以外,是否能做到既保持辞书的现有排列格式,又能对一个条目的有关方面提供比较系统的知识,这是一个既牵涉到理论,也是要由实践来检验的问题。修订工作中，在体例方面我们有一种改进和一点设想。所谓改进，就是大规模地采用"参见"、"参阅"的形式，把一个词目涉及的有关条目，结成一片，为读者提供比较完整的知识信息。但由于修订工作分工由五个单位负责，修订本四册又是分年出版，很难做到统筹兼顾，很不完善。因此我们在这方面的努力还只是一种尝试而已。本专辑刘叶秋同志《略谈辞书体例的创新》，对修订本的这个尝试有详细的说明。所谓设想，就是把《辞源》的全部条目，加以分类，把互相涉及的条目制成一个综合索引，通过这个索引，进一步增加《辞源》的可读性①。这种做法在汉语词典中尚无先例，而且工程浩大，不是一年半载所能编制出来的，只有待今后修订中加以处理了。

瞻　　望

现在《辞源》四册已全部成书，这部以高中以上文化水平读者为对象，为阅读一般古籍、同时为古典文史研究工作服务的大型工具参考书，已经出现在读者面前。作为修订工作的实际参加者，我们认为，一方面经过四省《辞源》修订组和商务编辑部的努力，在现有的人力条件下，本书在求精、求细、求实方面，都做了很大的努力，质量较旧《辞源》有了显著的提高。我们相信它在当前以及今后一个相当长的时期内，对阅读古籍的广大读者能够提供切实的帮助；在更广泛的范围内，对贯彻古为今用方针、研究古代文化遗产方面也可以发挥一定的作用。但在另一方面，无论以选词、定形、注音、释义、溯源以至技术性的装帧设计以及用纸来看，都还存在着这样那样的问题。全书的质量要达到作为语文典范的标准，还有很大的一段距离。

---

① 1.关于死，汉语中有许多不同的用语，如逝、卒、殁、薨、崩、殇、殂、落、大行、仙逝、上宾、仙游、羽化、迁化、升遐、升天、去世、西归、涅槃、晏驾、千秋万岁、宫车晏出等等。如果有个分类索引，把所有属于死的同义或有关条目汇在一起，读者就会对语词的死的用法、修辞、语感有全面的认识。

2.涉及"巫山"一条的，起码有巫峡、神女、高堂、云雨、阳台、宋玉巫山十二峰等。这些条目分散在其他部首里，如用分类索引的方法，把这些有关的条目合为一个单元，对读者应该很有用。今后再修订时，就可以利用这个分类索引，重新调整各条释义的轻重详略，增补缺漏，从而提高全书的质量。

所以它也和别的词典一样有一个再修订的问题。再修订时间的距离不宜过短,也不宜过长,因此需要有一个周密的规划。需要强调的一点是《辞源》有它的特色,今后修订的目标,应当是进一步提高质量,而不是求多求全。《辞源》现有的中型规模和篇幅是比较合适的,应该保持不变。

(《辞书研究》1984 年第 2 期)

《辞源》的历程

刘叶秋

一

公元1915年,商务印书馆编的《辞源》,作为我国第一部新型的百科全书式的词典出版了。这部书在旧字书、类书、韵书的基础上,兼取当代外国辞书的长处和特点,适应由清末到五四以前"钻研旧学,博采新知"的时代要求而产生,新旧兼包,内容丰富,深受当时知识界的欢迎。它参酌《佩文韵府》收录字词的方式,略加改变,以单字为词头,下列词语,一直为后出的词典沿用的体例。就在几十年后的今天,仍有一定的参考价值。

《辞源》虽起了不小的作用,但也存在着许多缺点。其旧词部分:(1) 很大程度上照录古类书、字书的材料,未经整理核对,每沿其误;(2) 对"穷源竟委"的工作,无论为源为委,全作得很差;(3) 解释往往不够确切,而且错误不少;(4) 引书没有卷次、篇目,不便复查原文;(5) 辑入的词语,远远不足供读者查阅之用。新词部分,所收门类很广,而缺漏甚多。全书各种条目的质量,也不平衡。1931年出续编,对正编的新旧词语都作了一些补充,单册发行。1939年再行增补,把正编、续编合订一册出版。可是这只解决了一部分问题。因于1939年复加增订,在查补引文出处与篇目,换较早的书证和增收新词三方面,又用了一番工夫。至1949年完成初稿,只把资料写在卡片上,并未排印出书,质量也不很高。至此连前共增订三次,都不过是修修补补,改动的幅度,总的说来不大。

二

解放后,全国的形势发生了天翻地覆的变化,读者需要有一部思想性科学性统一的能满足研究文化遗产和解决阅读古籍疑难问题的工具书。1958年决定对旧《辞源》进行彻底的修订,根据新的方针,删去原有的现代自然科学、社会科学和应用技术的词语。自1958年8月开始,除去动乱的十年外,修订工作一直未停。1964年出版了第一分册修订稿,1979年正式出版第一分册,1980年和1981年续出了第二、第三两个分册,至1983年第四分册的出版,《辞源》的修订工作,全部完成。

新《辞源》和旧《辞源》,有继承关系,但新《辞源》又是一本新书。既是一本古汉语工具书,又是一本提供文史哲多方面常识的书;既可供查检,也可供阅读;专家可用,一般读者也可以用。充实内容,改善体例,同时在不改变辞典格式的前提下,尽可能地增强《辞源》的可读性,为我们这次修订的一个努力方向。

新《辞源》以语词为主,兼收百科;以常见为主,注重实用。除去保留原有的单字和古汉语语词外,于艺文、故实、典章、制度、人名、地名、书名以及天文星象、医卜技术、花鸟虫鱼等等,无所不包,涉及的范围非常广泛。因此加工定稿,就需要注意多方面的问题。

概括说来,修订工作,主要是三方面:(1)纠谬补缺;(2)充实内容;(3)改善体例。

(1)纠谬补缺:校正旧《辞源》注音、释义和书证的错误,查对全书的引文,加注卷数、篇目。如"举将"一条,说是"旧时所举之将";"孤僻"一条的第二义,说是"所居荒远",俱属望文生义,与书证不符。"追风"一条,引文出北齐刘昼的《刘子·知人》,误作《扬子》;"朱波"一条出处是《新唐书·南蛮传》,误作《新唐书·西域传》;"鸣轧"一条引杜牧诗"鸣轧江楼角",实际这是一句七言诗"鸣轧江楼角一声"。诸如此类的各种错误,都经订正。

（2）充实内容：包括两方面，一是增加新的，二是补充旧的。单字如"刽"，古籍常见，旧《辞源》未收，此次增入，并加"刽子"、"刽记"、"刽青"诸条。词语如"在莒"、"潘舆"、"掣鲸"、"渭川千亩"、"杀君马者路傍儿"等，修订新收，除"在莒"仅见于《佩文韵府》外，都是其他旧辞书所未有。"不忘在莒"、"杀君马者路傍儿"，在当代书刊上还有时出现，很多人不知含义，新《辞源》提供的出处和说明，可以解答这两个问题。又"陋室"一条，旧《辞源》只云刘禹锡有《陋室铭》，新本则指出唐崔沔有《陋室铭》，刘禹锡作，本集不载，交代清楚，较旧本详实。

（3）改善体例：于多音多义的单字分别注音，并在第二音以次各词头之下，以2、3、4、5等序号标明其读第几音。如"侥"字有两个读音，第一音念 yáo，第二音念 jiǎo。"侥幸"的"侥"应念 jiǎo，就标明"侥₂幸"。还注"参见"以联系内容有关的条目；注"参阅"以附列本条参考书目。如"掣鲸"一条，后注"参见'任公子'"，使读者由此及彼，并看详略互见的两条，得到较全面的理解。又"如愿"与"乞如愿"叙同一故事，可以彼此补充，即在"如愿"后注"参见'乞如愿'"，又在"乞如愿"末尾"参阅"下举出几种书名，为读者提供进一步研究的线索。词头标音和"参见"、"参阅"是新《辞源》体例创新的尝试，为以往的辞书所未有。

三

解释是词典的中心，书证是词目的重要组成部分。我们努力要求解释的确切、具体、简洁、扼要，尽可能交代构词的过程和词义的变迁。注意引文的上下连贯，保持意思的完整，提早书证的时代。于单字的义项排列，顾及其科学性。于成语、典故，注出处，说用法，着重溯源。作知识性条目，多叙清其始末原由与发展演变。既用旧注，兼采新说，有异议的，取正确的结论；难断是非的，举通行的说法，附列其他，以供研究参考。

对不同性质的条目，作不同的处理，是我们提高修订质量的一个方面。例如人名条目，有多种类型与作法，像张敞、刘伶，为实有的历史人物；王乔、李八百，是传说中的神仙；前者重史实，后者重故事，叙述就要有虚有实，不能一律；而从语词的角度，录及一些成为典故的花絮，也就为一本语文词典所应有。作古地名条目，每指出今地何处，有无历史事迹，古人诗文名著中曾否提到，也有异于《地名词典》的作法。另外介绍人物经历，如中进士在某朝某年，凡能查到，一律注明，以符合词典的要明确具体的要求。凡此种种，以及上面提到的以"参见"、"参阅"的方式，使词条之间产生有机的联系等等，都是我们企图充实新《辞源》的内容，增加其可读性的措施。

四

我们对旧本的词目，或删或增，删的要有理由，即照抄古类书毫无意义的去掉；增的要有把握，即说不清楚的，虽新不取。对全书内容和文字的要求是：有错必纠，不通必改，宁缺毋滥。

多年来，为了修订《辞源》，我们在不断积累资料，现在已有资料卡和索引卡60万张，提高新本的内容质量，这是一部分主要依据。我们准备把这部分资料，用"辞源资料编"的名义出书，公之于众。

我们修订《辞源》，经过四道工序：①初审：据旧《辞源》条目，审阅解释，核对书证，作初步的改动；②复审：复核初稿，再定舍取；③定稿：据复审之件，修改调整，更作加工，然后发排；④看排样：这是定稿加工的继续，把出书的末一关，作最后一次的订正。一再推敲，多次加工，是希望尽量把修订工作作好。

总起来说，旧《辞源》和新《辞源》是两个不同时代、不同社会的产物。1915年《辞源》的出版，标志着旧中国词典的编撰进入了一个承先启后的阶段；1983年新《辞源》修订的完成，显示了新中国词典的编撰又有突破，展开了更新的一页。从1915年到1983年，是《辞源》适应时代要求而出现并且不断改革、精益求精的历程，是一代人接一代人的班不断前进的历程。

（《中国出版》1983年第10期）

《辞源》修订史略

沈岳如

中日甲午战争之后，西方文化渐为国人重视，"海上译籍初行，社会口语骤变"，报纸亦多新语。有识之士认为："古以好问为美德。安得好学之士有疑必问？又安得宏雅之儒有问必答？国无辞书，无文化之可言也！"（见陆尔奎《辞源说略》）为诠注国学，又应国人查考新知、宏扬学术之需，商务印书馆遂于清光绪三十四年（1908）决意编纂《辞源》，请陆尔奎先生主持编务，并有方毅、杜亚泉、孙毓珍、张元济、傅运森等共50人先后参与，共同编校。终于在1915年分甲、乙、丙、丁、戊五种版式出版。到1931年，该书已"销行达数十万册，大半皆在学者之手"，但"此十余年中，世界之演进，政局之变更，在科学上、名物上自有不少之新名词发生，所受各界要求校正增补之函不下数千通"（以上所引均见方毅《辞源续编说例》），"商务"前此即已请方毅、傅运森为编辑主任，及正编之编者方宾观、钱智修等10人和新手何元、杜其堡等16人合作编辑《辞源》续编，于1931年出版。

"商务"之所以编了《辞源》正编又编"续编"，虽说主要是为了增补新名词，但另一方面也是为了"校正"旧词。这除了经验不足等主观因素外，也深受客观条件的制约。我国有几千年的文化积淀，语言文字演变繁复，典籍志乘又浩如烟海，加以时世推移，语言材料代有积累，汉语研究水平日渐提高，客观要求随之变异，势成必然。而编纂以语词为主兼及百科的大中型辞典，在缺乏当代先进的科学技术条件下，就更难毕全功于一役。因此，非经多次修订，难成佳构。

自1937年间开始，"商务"将《辞源》正、续编合编为《辞源正续编合订本》（主持编务者为傅运森先生），于1939年6月问世。

在合订本启动之前，即约1937年初春，商务印书馆在上海设置了"《辞源》增订处"，首次开始全面增订《辞源》，此事仍由傅运森先生主持编务（一说后来由丁毂音先生主持），先后参加增订工作的人员，除参加合编合订本的王君复、周云青等10余人外，尚有周建人、冯宾符、杨荫深等先生。在傅的主持下，曾制订《增订〈辞源〉工作计划》，当为后来全部增订工作的张本。但增订处成立后，在1937年3月至10月间，曾有一部分人员被调去参加王云五主编的《中山大辞典》的编纂工作，后因抗日战争爆发，王云五赴香港而停止。另有一部分人则先合编《辞源正续编合订本》。约到1937年末，增订工作的准备工作才启动。先是有人把《辞源》正、续编上的词条逐一剪下，分别贴在一页长15厘米、宽11厘米的道林纸的右上角，留下较多的空白稿面备增订者增订之用。当时未有任务的编辑人员则开始分头阅读各种书籍，从中选词，抄下书证，或摘录材料，制成卡片，以备增订时参考使用。经过这个阶段之后，才正式开始增订，仍本新旧学兼容的百科辞书的目标进行，但其成书后的规模要求大于旧本，计划由3册扩为4册。

增订时，仍以部首、笔画为序，各人依次取若干条增订，随完随取，但单字仍由王君复先生专职增补，周云青先生则改管书名条目，其他尚有若干类专业辞条各有专人专管或兼管。

这次增订工作，对旧《辞源》的各个方面都有不少增益。笔者随手从这份增订稿（因其原稿系剪贴而成，后来"商务"辞源组同人即简称它为贴稿，下文一般就称贴稿）中检出木部单字4画至5画的部分条目，与解放后重新修订、于1983年出齐的《辞源》修订本核对比较，可以发现，其增订成果有一部分为修订本所保留或吸收，现约略将情况分述如下：

增补辞条。贴稿新增的条目甚多，虽所增以当时流行的各科新词语居多，但其所增古汉语词语仍有部分为修订本所采纳增补。如以"果"字为例，旧本原收单字和复词共27条，贴稿新增18条，其中有6条偶见于古籍，但有4条不合修订本收词原则，未予收录，余下2条"果子局"、"果蠃"，修订本都采纳增补了。

增补义项。贴稿为旧《辞源》的部分条目增补了义项。其所增补的部分义项也为修订本所增补。例如为"枝干"补本义："木之主体曰干，附着于干而旁出者曰枝，因以为主从之喻。"修订本参照补义："枝条和树干，常喻主次或大宗和旁支。"两者书证相同。

增订释文。贴稿对旧《辞源》中部分只引书证未曾释义,或虽有注释而欠正确的条目分别增订,其中有些补释或与之类似的释文也见之于修订本。例如"枯城"条,原来只引《太玄经》及《注》:"枯城者,亡国之象也。"无释文,较费解,傅运森先生补释为"犹故墟",就好懂了。修订本也补释为:"故墟,指旧城的遗址。"就更清楚明白,但"故墟"二字显然从贴稿留用。

增补书证。贴稿为旧本的不少条目增补了书证,其中部分书证也为修订本所用。例如为"林壑"条加引《文选》南朝宋谢灵运诗(按为《石壁精舍还湖中作》诗),为"林薄"加引《楚辞·九章·涉江》例等,这些书证也全为修订本所补用。

为书证补篇名、题名。贴稿为旧《辞源》辞条中的书证加补篇名、题名甚至书名的,为数就更多。如为"枯肠"引卢仝诗补题名《谢寄新茶诗》(按:应为唐卢仝《玉川子集·二·走笔谢孟谏议新茶》诗)等等,其所补的篇、题名,无疑为后来的再修订工作提供了方便。

此外,贴稿在审订字音、整理义项、订正书证引文、调整体例、修饰文字等方面也都做了程度不等的工作。总之,这次增订,先后历时约 10 年,经数十位增订者的努力,作出了不少成绩。这份贴稿因当时物价飞涨,人们购买力萎缩而未能出版,但它在某些方面或其中部分条目为人们提供了一个较旧《辞源》为好的基础。"商务"于 1964 年出版的《辞源》修订稿第一册的《辞源修订稿序例》中曾对它有所叙说:"本来早自 1937 年起,曾先后由傅运森、丁毂音等主持,就正、续编进行增订,历时十年左右。这次修订即以旧《辞源》为基础,并参考这份增订稿。"但在 1979—1983 年先后分册出版的《辞源》修订本的《出版说明》里,却只字没有就参考贴稿的事作交代,这不能不说是一大缺憾。

在肯定贴稿有一定的成绩时,不等于说它已较为完善。完成于 40 年代的贴稿,它的增订要求较侧重于新词新义的增补,并没有顾及补救旧《辞源》所存在的全部欠缺,特别是不可能清除旧《辞源》的某些时代烙印和一些原则性错误;已有的增订要求也不尽恰当或欠明确具体;执行时又不甚严格,时常因人而异等等。因此,它必然还保留着旧《辞源》中所存在的不少问题。不过,正因为它并不完善,建国后才决定再行全面修订。

《辞源》正、续编及其合订本先后问世以后,都深受知识界的欢迎,在建国前,共印行各种版式的《辞源》暨合订本190万部。因此,进一步完善此书,更好服务于学人,成为当务之事。

1957年秋,毛主席提出修订《辞海》的动议,并把这个任务交给了上海。与此同时,各有关方面也开始酝酿修订《辞源》事宜。这次修订,继往开来,明确了方针任务,进行了基本建设,也积累了修订经验,较为重要。它的修订成品叫作《辞源》修订稿。笔者亲历其事,可记的事就比较多些。

一 《辞源》修订的方针、任务

利用旧《辞源》修订出新版,必先明确其方针、任务。经酝酿期间和修订工作起步阶段上下结合、反复研讨,逐渐明确以下三条:

1. 是修订,不是重编

当年,从中宣部、文化部等领导机关,文化学术界人士,到商务印书馆编辑部,形成了共识:即《辞源》收词较多,较常见实用,又重在溯源,收录的材料较为丰富,只要作必要的修订,仍可以发挥积极的作用。但是旧《辞源》毕竟编纂于几十年之前,除了存在着原则性的错误外,在收词、注音、释义、引证等方面也有不少的缺点或差错,必须再次加以全面的修订。既然是修订,就不是撇开旧《辞源》,另起炉灶新编一本辞书,这是不言而喻的。

2. 修订的具体任务

确定修订意向后,就要进一步明确《辞源》应修订成一部什么类型的汉语工具书。商务印书馆于1958年春先提出修订《辞源》的初步设想。国务院科学规划委员会于同年2月成立了古籍整理出版规划小组以后,该小组就着手拟订《中国古籍整理和出版的计划要点》,曾将"《辞源》修订本"列为长远规划中关于词典工具书的一种。这年的秋冬之交,"商务"开始修订《辞源》。1959年6月,中共中央宣传部为了避免重复类同等问题特召集有关部门及《辞源》、《辞海》、《现代汉语词典》三家,相互协商,作了明确分工。不久,中宣部曾在部长办公会议上研究了修订《辞源》的方针任务;还向中共中央作了《关于修订〈辞海〉〈辞源〉问题的请示报告》,经过这个过程之后,"商务"所承担的修订任务才日渐明确具体。那就是把原来的这部综合性辞书修订成为一部思想性和科学性较强、内容充实、较切合实用的古汉语辞典,以供具有高中以上文化水平的读者用作阅读古籍的工具书,和古典文学与史学研究工作者的参考书。

3. 以马克思主义为指针和不一一批判

怎样修订《辞源》?当时确定的基本方针是以马克思主义为指针和不一一批判。这就是说必须用马克思主义检验辞书的内容,遇有立场、观点上的错误,应作必要的改正;对一般知识性条目,以提供知识为限,不一一批判。1959年6月,中宣部在为《辞源》等三部辞书分工而召开的会议上,就"曾对修订《辞源》的体裁和对某些条目的内容是否须加批判的问题,交换了意见",随后,又在中宣部部长办公会议上研究修订《辞源》的方针任务,认为:"修订《辞源》的工作只要把词条解释清楚,使读者获得正确的知识,就算达到目的;对各词条不必一一批判。"

上述三条,就是《辞源》修订工作的主要方针和任务,后来虽经过曲折,实际上也为《辞源》修订本所继承。

二 修订稿的三道工序

"商务"在编辑部内设置了"辞源组",由吴泽炎先生兼任组长。修订工作以贴稿为对象,分三个工序进行,由两班人马分别完成。第一道工序为校订贴稿上的书证,由"商务"组织社会力量完成。第二道工序为编辑加工,第三道工序为决审定稿和审阅三校样、清样,这两道工序基本上由辞源组的编辑人员完成。现分别简介于下:

1. 校订书证

校订书证的任务较单一,同人习惯称之为"查书"。其人员由"商务"从社会上的退休或无业人员中物色。

查书时,先顺序取贴稿逐一誊录在专用稿纸上,然后对书证逐条校订;要求使用规定的版本,一般多为质量较好的通行本。校核时,遇引文脱漏讹误,即用红笔增补订正,并补出书名、卷次、篇名、题目和作者及其时代等,并在稿面天头上用铅笔注明用书版本、页码,以便下一工序复核。

查书工作十分艰苦。旧《辞源》正编中的书证,依照当时的体例,对所引的经、史、子书,一般只列书名,对引自集部或史籍中的辞赋诗文,有的只列篇名。《辞源》续篇有所改进,对所引经、史、子书的多数书证加了篇目,但对引用诗文多数仍沿用正编旧例,只写某某文、某某诗。

虽说贴稿已为许多书证补了书名、篇名,但是古籍的篇章也往往篇幅甚大,要从中找出书证中引用的片言只语或一、二行短文,不费点工夫是很难发现的。如旧本卯集手部4画"技"字下有辞条"技击",引《汉书》:"齐愍以技击强。"《注》:"兵家之技巧者。"(按:"者"字为衍文)又引《荀子》:"齐人隆技击。"《注》:"以勇力击斩敌人也。"贴稿分别为两个书证补了篇名《刑法志》和《议兵》。但《汉书·刑法志》照"中华"点校本的版面字数计算,也足足有2万字。《荀子·议兵》短些,照铅印本版面字数计算也有5000字之多。老先生们要从中搜觅目标,也是很费眼神和工夫的。如果遇贴稿漏补书名、卷次、篇目的书证,查找就更加麻烦些。如旧本辰集木部6画"根"字的第2义引"庾信文:'云出山根。'"再引"苏轼诗:'舌根遗味轻浮齿。'"第4义引"苏轼文:'游谈无根。'"查书者就得分别为之查补,连引文的内容也得照规定的规格补充完整,这是很化力气的。因为北周庾信的《庾子山集》有16卷,宋人苏轼的《分类东坡诗》有25卷,《经进东坡文集事略》则多达60卷,要分别从如此规模的别集找片言只语,一般只好先从可能有关的篇章中探索,如果索而未得,就得剔除若干无关的部分,如《分类东坡诗》中的五言诗(因所引为七言),通读全书。如果查索的是陆游诗,存世之作就达万首左右,其别集篇幅更为浩繁,如果事先不掌握点线索,没头没脑地通读查找,就更为繁难了。

2. 编辑加工

《辞源》修订稿第1册在卷首的《辞源修订稿序例》中将编辑修订内容概括为7

项主要工作:删去全部新词;检查和改正立场、观点上的问题;在单字下加注汉语拼音、注音符号,并加注《广韵》的反切,标出声纽;单字见于《说文解字》的加引《说文解字》;修改解释;复核或抽换书证,尽力使之正确和接近语源;增补较常见的词目和删去一些不成词或过于冷僻的词目。这7项主要工作,也是编辑加工的主要工作。

这些工作,繁简的程度不一。但即使看来是最简单的事项,如第一项删去全部新词,也还有个掌握分寸的问题。分寸掌握不当,就会该删的不删,把不该删的删了。例如贴稿的植物条目,当年经周建人先生等增订,多冠以"植物学名词"字样,还增注了英译名。编者粗粗一看,以为属新词,在该删之列。其实许多植物能入药,常见于医书药典,也时见于古人的诗文,所以不能一见"植物学名词"就删。

再如处理单字时,凡遇为《说文解字》所收录者,除新附字外一律加引《说文》,此事就事论事,只要按照引用原则,知道取《说文》的什么和不取什么,还知道遇异体字、古今字如何处理等,还较为简单。但许慎的《说文解字》除了《辞源》的单字需要引用外,还因为它是我国最早一部以小篆为主体的字典,用"六书"条例来解释字的形义,保存了大部分的先秦字体以及汉代和以前的不少文字训诂,反映了上古汉语词汇的面貌,是当时修订《辞源》的重要参考书之一,尤其是在处理单字时,大家常把近人丁福保编的《说文解字诂林》等书置于案头,在审订字音、字形,斟酌字义,确定本义,分列义项及其次序,乃至探索书证材料时都常参考比较。所以在引用《说文》时参考《说文》,其意义远较引用本身为大。

对字义、词义的解释是《辞源》的主体部分,在编辑加工时较为重视。同人们在实践中对旧《辞源》的面貌日渐有了更深入的了解,认为它的解释,整个错了的所占的比例不高,但绝对数量并不很少,而存在着不确切等各式各样毛病的则为数较多。因此,在编辑加工时就提出了各种针对性的要求。例如当年对单字解释就有文字要简明浅近的要求。如"库"字的本义,不要像旧《辞源》那样照搬《说文》而释成"兵车藏也",可改释为:藏兵甲战车的处所。另外,解释也不要硬搬古书的注疏作为义项。如旧《辞源》"土"部"墨"字释为:"㈠黑也。《孟子》:'面深墨。'㈡气色下也。《左传》:'今吴王有墨。'谓气色晦暗也。"其实"气色下"还是"黑"的意思,把上列两证对照着看,意思就很清楚,它的毛病就出在《左传》的《注》里有"墨,气色下"一语,编者未加细察,就搬来与"黑"并立为义项。解释时还要尽可能少用单字释单字,更不要以多音多义的单字作解释。如"俊"字,释作"长也"。长,可读 cháng,有与短相对、长久、经常(如细水长流)、长处(如一技之长)等义,也可读 zhǎng,有与幼相对、年岁大、辈分高(如长辈)、位高(如尊长)、排行居首位(如长子)、生长(如君子道长、揠苗助长)、抚养(如长我育我)等义;又可读 zhàng,作剩余、多余讲。所以不具体指明"长"的何义,就等于没有解释。解释时还要避免用冷僻字、词去解释普通字,如把"厕"字解释为"围溷也",就反而深晦费解。再是解释必须和单字的词类保持一致,如"场"字,旧《辞源》释作"除地为场。谓就空地而辟除之也",就误把名词解释成动词了。单字的各项解释,除个别情况外,一般要求涵盖所有复合词的含义,而旧《辞源》对此则颇多疏漏。当年对复合词的解释,也同样根据旧《辞源》所存在的各种问题有一些针对性的要求。不过这些要求与对解释单字的要求一样,多着眼于消极防范解释上重蹈旧《辞源》的覆辙。这对提高解释质量虽说也不无作用,但是更重要的还是当年大家经常积极探索辞目的含义和相关联的方面,力争做到确实有较为清晰的了解之后,才动笔修订的这种认真态度。这里仍以处理单字的解释为例,说一点当年的做法。为了求得对单字的字义有较为完整、清楚的概念,同人们常参照旧《辞源》的解释,先查明它的本义是什么,属于什么词类?再研究它有无引申、比喻、假借等用法,词类有无变化?一方面根据字书、韵书的解释和资料卡片寻求书证;一方面利用各种书证来印证字书、韵书的解说。经过这样反复参校,然后再确定自己怎样注解音义、分列义项;既不把字义解释得过于狭隘,也不能过于宽泛;既不轻信旧《辞源》的某一说法,或个别书证的含义,就保留或新增义项,以免失之片面,也不盲目跟着古字书走,以免失于繁复。字义的分项也不宜过多。字义的排列则要求一般按本、引、转、喻、借为先后次序。

《辞源》的复合词为数较多,与单字约为九与一之比。对复合词中语词的解释,通常也从搜集和查对书证,通读上下文和查检名家注释,相互反复参证比较,以理解和区分词义入手,落笔时,或亦吸收前人、现当代人的研究成果。对各类知识性词目各有不同的要求和体例,唯一般都不引书证,只叙述其内容、源流、变革、经历等等，也时而甚费查考。

　　编辑加工时处理书证也是一项吃重的工作。在修订加工时，要求力争引证正确，无论作者、书名、篇名、引文都不要像旧《辞源》那样时有差错或缺漏。如把"顽"字下所引《宋诗钞·江湖长翁诗钞·田家谣》的作者陈造错成陈迨，又漏加书名；把"奄迟"所引书证《淮南子·兵略》漏掉书名，写成《兵略》；当年都曾使查书的老先生们大费周折，既未查得《田家谣》的"作者"陈迨，也未找到《兵略》其"书"，只好注明"经查未得"、"经查无书"。还有误引引文的，如"夷愉"条引《宋史》："内外夷愉"，实本于《宋史·李侗传》"闺门内外，夷愉肃穆，若无人声"，旧《辞源》引文有脱漏，又将文句上下误属。旧《辞源》中有的书证直接抄自古辞书、类书等。如"意田"条引唐刘禹锡《广禅师碑》："花座踊于意田，宝月悬于眼界。"老先生查《刘梦得文集》无此碑文。编辑加工时始发现出于唐吕温《吕和叔文集·六·南岳大师远公塔铭记》。可能是因为吕书书前有刘禹锡序，致使《佩文韵府》误为刘文，旧《辞源》照样钞录，以致以讹传讹。对古籍的讹误，编辑加工时也作了认真校勘。如旧《辞源》"客馆"条引《左传·僖三三年》"郑穆公使视客馆"，本无误，可老先生细查十三经注疏本（即阮刻《附释音春秋左传注疏》缩印本），就是未见此7字传文，后来经编辑加工者认真查阅阮元《校勘记》，知石经、宋本、淳熙本、岳本、纂图本、监本、毛本都有此传文，只有十三经注疏本与闽本并脱，才放心引用了。又如《四部丛刊》本的《玉台新咏集》把吴均误作吴筠，经同事们细加分析，前者为南朝梁人，后者为唐人，而该集由南朝陈徐陵所辑，则"筠"字为误字无疑，因为南朝的徐陵是不可能涉及唐人的；何况查《玉台新咏考异》和《四部备要》本都作吴均。旧本中的书证有时还有证不对义、甚至证不对词或内容不甚健康等谬误，加工时都得逐一抽换改正。

　　加工者除了要力求引证正确外，因为书证用以印证解释，也显示词语的源流演变、古今异同，所以更要刻意穷源竟委。何况本书以"辞源"为名，早年却曾有人讥为"《辞源》无源"。此说虽较极端，但也不能否认旧《辞源》暨贴稿在词语的沿流溯源和穷源竟委方面，确实存在着不足。辞源组同人为了力争做到词语有源或接近语源，每次面对书证，总要结合释义检验其是否已能表明词语最早见于书面的时代，总是多方面探索构成词语的来源。大家还经常先取组内自制的资料卡片进行选择、比较;同时,也从各种类书、辞书中求索;或从《十三经索引》、《庄子引得》、《战国策通检》等各种索引、引得、通检中探索;如有所得,再查原书。有时也常从各有相承关系的著作中探索,如遇《礼记·乐记》则追查《荀子·乐论》,《礼记·月令》则追索《吕氏春秋》、《逸周书》,汉刘向《新序》、《说苑》及三国魏王肃伪作的《孔子家语》均探索汉韩婴《韩诗外传》,《史记》的前汉部分常索查《战国策》,《汉书·武帝纪》以前部分则追查《史记》,《晋书》追查《世说新语》,《资治通鉴》的内容则常从正史的有关各史中查得。如果直接引用类书、总集、辑本,同人常择用为时较早的书籍,如同见于《山堂肆考》与《初学记》的用《初学记》,同见于《国秀集》、《文苑英华》、《全唐诗》的,则首选唐人芮挺章《国秀集》,不用成书于清康熙四十五年的《全唐诗》。编辑除了尽力穷源,还常用心竟委,遇词语有所流变,就要结合释文,增补对口的书证。下面试举一例,以见在穷源竟委方面所作的努力。"启蒙",旧《辞源》:"启发儿童之蒙昧也。朱子有《易学启蒙》。"据当时组内所掌握的资料,此词已见于汉代著作,词义也有所流变,因即修改如下:"同'发蒙'。谓使昏昧无知而达于开明贯通。汉应劭《风俗通·皇霸六国》:'每辄挫衄,亦足以祛蔽启蒙矣。'后来内容浅近示人门径之书,多有取启蒙为名者。如《隋书·经籍志》小学有晋顾恺之《启蒙记》三卷,今不存;宋朱熹有《易学启蒙》四卷,皆取开发为义。"所举书证的时代早于后说甚多,可能接近语源,词义上的流变关系也较显明。

大家在处理书证工作时,十分注意资料的积累,如上述"启蒙"这一词条的修订稿,在涉及词义的流变时,尚缺教导初学的意思,其原因之一就在于资料短缺,待到制成龚自珍《哭郑八丈诗》"论交两世文,问字两儿趋"自《注》"余两幼儿曰橙、曰陶,丈为启蒙,设皋比焉"这一资料卡片时,已是本条所在的修订稿第一册出版以后的事了。

3. 决审定稿

《辞源》修订稿的决审定稿工作由组长吴泽炎承担。他在具体主持《辞源》的修订工作和决审定稿中往往能够抓准要害,牵住牛鼻子。他在修订实践中时常总觉得头绪多,效率不高,对质量也少保障。因此主张还是要从资料工作这一基本建设做起。他自己带头系统阅读古籍,从中采择词语,摘录资料,制作卡片。同事们也随着仿效。资料卡片日积月累,越积越多。大家处理书稿时,查检卡片,既可有助于词目的增删、解释和穷源竟委,也有益于校勘、抽换和增补书证,有时还有助于审音。决审定稿时,更能对稿件内容的审核、修改驰骋自如。所以说他抓做资料卡片这个举动是牵住了修订工作的牛鼻子。具体运用在决审定稿中,有时就能见他人所未见,说他人所未说,对稿件内容的判断和提高,甚见功效。

定稿工作到1966年也因动乱而中止。

修订稿的三个工序所获得的成果,虽然只出版了第一册,接近完成第二册,但是它积累的经验却为以后的修订工作奠定了坚实的基础。

(《辞书研究》1996年第4期)

《辞源》八十年

许振生

在旧中国有两部盛行全国,兼有字典和百科全书性质的词书:一是商务印书馆1915年出版的《辞源》,一是中华书局1936年出版的《辞海》。这两部词书销数都曾在百万册以上,对当时的文化教育事业的进步和发展,起到了一定的积极作用。全国解放后,根据出版部门的全面规划,对这两部词书都进行了全面的修订。新的《辞海》已成为一本中型的百科全书。新的《辞源》业已成为一部较大型的古汉语专门词典和供古典文史研究工作者使用的参考书。本文拟就《辞源》成书的历史及其演变的过程作一简略的回顾。

商务印书馆创立于1897年(清光绪二十三年),起初以经营印刷业务为主。到1901年(清光绪二十七年),中国近代出版事业的开拓者——张元济先生参加商务工作,第二年设置编译所,逐步改以出版为主。他矢志"一生开发民智、培育人才",为配合全国学制的改革,开始汇集专家学者编写教材,开我国教科书的先河,同时加强了引进、介绍西方文化学术思想的著译出版工作。几年以后,商务编译所提出了《辞源》的编纂计划。

在这之前,我国没有现代意义的词书,仅有的是:以《尔雅》为代表的训诂的书;以《说文解字》为代表的形体的字书;以《广韵》为代表的音韵的书及各式名物汇编一类的类书。这些书的编纂目的和使用范围都不超出对古典文化传统的经传注疏。

19世纪中叶,中国出现了"三千年一大变局",由闭关自守而被迫门户洞开,政治、经济、社会、文化制度都受到了极大的震撼。在这种新形势下,旧有的字书、韵书、类书已不能满足社会求知的需要,而急需有一部融旧知新学于一炉,门类广泛,内容翔实可信而又便于查检的工具书。1905年,《辞源》的编纂工作开始了。

关于《辞源》编纂的情况,《辞源》主编陆尔奎先生在正编篇首留下了一篇文章——《辞源说略》,其中的一段话,可以帮助读者了解当时意图及编纂过程之梗概。

"编纂此书之缘起:癸卯、甲辰之际(1903—1904年),海上译籍初行,社会口语骤变。报纸鼓吹文明,法学哲理名辞,稠叠盈幅,然行之内地,则积极消极、内籀外籀,皆不知为何语。由是缙绅先生摒绝勿观,率以新学相诟病。及游学少年续续返国,欲知国家之掌故,乡土之旧闻,则典籍志乘,浩如烟海,征文考献,反不如寄居异国,其国之政教礼欲可以展卷即得。由是欲毁弃一切,以言革新,又竞以旧学为迂阔,新旧扞格,文化弗进。友人有久居欧美,周知四国者,尝与言教育事,因纵论及于辞书,谓一国之文化常与其辞书相比例。吾国博物院图书馆未能遍设,所以充补知识者,莫急于此。且言人之智力因蓄疑而不得其解,则必疲钝萎缩,甚至穿凿附会,养成似是而非之学术。古以好问为美德,安得好学之士有疑必问,又安得宏雅之儒有问必答。国无辞书,无文化之可言也。其语至为明切。……其初同志五六人,旋增至数十人,罗书十余万卷,历八年而始竣。"

这样,我国第一部语文兼收百科的现代模式的词典出现了。1915年,《辞源》以甲乙丙丁戊五种版式正式出版。

十五年后(1931年),《辞源》续编出版。《辞源·续编说例》所记如下:"《辞源》一书,……不觉转瞬已十余年,此十余年中,世界之演进,政局之变革,在科学上、名物上自有不少之新名词发生。所受各界要求校正增补之函,不下数千通,有决非将原书挖改一二语,勘误若干条所能餍望者。"于是,"广收新名",增补新词三万余条,使正书(正编)"为研究旧学之渊薮";续编"为融贯新旧之津梁",互相补充。1939年,又将正续编合为一册印行,称《辞源》合订本。

《辞源》的特点,是继承了旧有字书、韵书、类书在解字、释词、训诂等方面的传统,吸收现代词书的特点,系统地搜集词语和百科性条目。中外古今,兼收并蓄,创造了一种"以语词为主,兼收百科"的综合性辞典的新格局,性质在语文词典和百科全书之间。由于它新旧兼包和强调实用,能在一定程度上满足当时的读书界钻研旧学、博采新知的要求。

建国后，商务印书馆由陈翰伯同志主持，接受了修订《辞源》的任务，于1958年8月开始工作。当时确定把《辞源》修订成为阅读一般古籍用的工具书和为古典文史研究工作者用的、以具有高中以上文化水平的读者为对象的参考书。经过7年的苦干，终于在1964年贡献出了《辞源》修订稿第一分册。正当第二分册大部分已有初稿，第三、四分册已有初步资料的时候，由于"文化大革命"的到来，《辞源》修订工作被迫中断。

1975年，出版《辞源》修订本列入了词书出版规划，指定由广东、广西、河南、湖南四省（区）分别成立修订机构，和商务印书馆编辑部协作担任修订工作。打倒"四人帮"以后，参加修订工作的人员又重新根据1958年的修订方针统一了认识。由商务印书馆提供已出版的《辞源》修订稿第一册和其他三册的草稿、商务历年累积的卡片资料，由四省（区）分片包干，写出第一稿。第一稿分批写出后，由商务总其成，并由三位编纂——著名学者商务老编辑吴泽炎、学贯中西的文学家黄秋耘和学识渊博的刘叶秋审订和定稿。1979年—1983年陆续出版了第一、二、三、四分册。修订出版工作全部完成。

《辞源》修订本全书共收单字12890个，复词84134条，总计97024条，总字数1200万字。主要特点是：

一、改变旧《辞源》结构。旧《辞源》本是一部兼收古今中外语词和知识性条目的百科全书式的辞书。根据修订方针，要把它修订成为一部读者研读一般古籍用的古汉语专门词典。于是删去了旧《辞源》中现代自然科学、社会科学、应用技术方面的全部词条；增补古籍中常见而旧《辞源》未收的词目。经过删和补，大体上保持了旧《辞源》正续编的原有篇幅。

二、充实新内容。《辞源》从初编到现在已经半个多世纪，在此期间我们积累了丰富的语言材料，汉语研究的水平也已大大提高。从今天的学术水平来看，旧《辞源》的内容（音、形、义、释文、书证、体例）有很多的缺陷，修订中纠正了已发现的错误和缺点，并根据条件，吸收了半个世纪以来语文学家和古典文史学者的研究成果。此外，单字下注汉语拼音和注音字母，并加注《广韵》的反切，标出声纽（声母）。《广韵》不收的字，采用《集韵》或其它韵书、字书的反切。释文义项一般按本义、引申、比喻、通假排列。注意词语的来源和语词在使用过程中的发展演变。复核全部书证，逐条查对引文，加注篇名，更换更为接近语源的书证，从而提高了书证的从属地位，使《辞源》原有的"沿流溯源""由源竟委"的特点，更鲜明突出。

三、创新体例。《辞源》修订本既保持了辞书现有的排列格式，又对某些条目的有关方面提供较系统的知识。修订本比较多地采用"参见""参阅"的形式。标注"参见"的目的是使内容有关的条目发生联系。至于"参阅"，是因为词条的解说和书证，材料虽丰，但容量有限，无法尽量录入，为补充这个缺欠而设。一般知识性条目，撮述事实，未必见于一书；词语解释，时有异说，参酌考证，往往只取结论；典制的原委变迁等，均非词典的概括说明所能完全包括。因此，在"参阅"下列出有关书目，为读者指出材料来源，提供较完整的知识信息。

词典编撰是须要一辈人接一辈人前后相继的事业。修订本《辞源》还存在着这样或那样的问题，甚至是错误，要达到语文典范的标准，还需要下很大的功夫。如何使这部书在质量上百尺竿头更进一步，这是新一代词书编纂工作者面临的一项任务。

(《求是》1989 年第 2 期)

《辞源》修订本与其前后

吴泽炎　刘叶秋

一

　　《辞源》修订本的最后一册第四分册已经出版。《辞源》的修订，从一九五八年八月开始，除动乱的十年中断外，到一九八三年底，经历了悠长的岁月，终于大功告成。这四册书，凝聚着广西、广东、湖南、河南四省《辞源》修订组和商务印书馆编辑部许多同志的心血，包括校对、出版设计与工厂等各部门同志的辛勤劳动，真是得来不易！相传宋司马光等的《资治通鉴》编成，只有王胜之（益柔）曾读过一遍[①]。以现在通行本的排印本论，《资治通鉴》连正文带附录才六百万字。修订本《辞源》全书四册共收词近十万条，综计解说约一千二百万字，较《资治通鉴》几乎超出一倍。我们两个人，一个作为全稿的第一个读者，一个作为排样的第一个读者，为了对词条作最后的订正，全把这一千余万字，通读不只一次，也在力所能及的范围内，作了全面的加工，和王胜之的仅限于读的不同。丹铅点勘，文字推敲，倏忽二十余年，不觉双鬓已斑，垂垂老矣。当看到《辞源》的最后一册摆在案头的时候，欣慰之余，也感到了前所未有的惭愧。《水浒》叙武松在景阳冈打死了那只凶猛的老虎，可

---

　　① 元胡三省《新注资治通鉴序》云司马光自言："修《通鉴》成，惟王胜之借一读。他人读未尽一纸，已欠伸思睡。"

是面对死虎"就血泊里双手来提时,那里提得动,原来使尽了力气,手脚都酥软了。"我们也是因为卸下重担,松了一口气,反而觉得累了,虽然《辞源》这只猛虎是大家打的。

二

既谈修订,就得从旧《辞源》说起。我国老一辈的辞书编纂者,鉴于光绪癸卯、甲辰(一九〇三——一九〇四年)之际,上海的翻译书籍刚刚问世,报纸也在鼓吹维新,新名词大量出现,人不知为何语;在外留学的少年,回国以后要考征文献,又感到古籍浩如烟海,无从着手;编一部新型的辞书以解决这两方面的问题,就成为当务之急。一九一五年商务印书馆出版的《辞源》,即缘此而产生。这部书在旧字书、类书、韵书的基础上,兼取国外辞书的长处,突破旧的《尔雅》派词典按内容分类的藩篱,脱离经传注疏的范围,以单字为词头,下列词语,为体例上的首创;适应由清末到五四以前"钻研旧学,博采新知"的要求,既有古语,也录新词,在一定范围内反映世界思潮、学术动态,为内容上的革新;所以深受当时知识界的欢迎,承先启后,起了不小的作用。卷首的《辞源说略》一文,论述辞书的类别和作用,多发前人之所未发,特别是其中指出"国无辞书,无文化之可言"尤具卓识。没有这些高明的编者,奠定了现代新型辞书的基础,今天就谈不到进一步的提高。从一九五八年开始对《辞源》进行修订,删去新词,专收古语,是根据实际需要和与其他词典分工的原则决定的。当时齐燕铭同志主持的古籍规划小组,强调修订,不主张另起炉灶,这个方针实事求是,实践证明是有远见、有成效的。尽管十年动乱之后,修订工作重新上马,开头曾走过一些弯路,出现过"立足于改"的议论;但终于统一认识,对旧本的优缺点,作出了恰当的评价,仍按一九五八年的方针,加工定稿,使修订工作比较顺利地完成。

三

编词典是苦差事,"好汉子不干,赖汉子干不了",这话不假。十六世纪法国语言学家斯卡尔格曾经说过几句近乎顺口溜的话:"谁若被判作苦工,忧心忡忡愁满容。不需令其抡铁锤,不需令其当矿工。不妨令其编词典,管教终日诉苦情。"下过功夫,用过心思的编词典的人,都会有同感。不过个中甘苦,大有深沉,非局外人所能了解。读者从词典中查检要找的条目,翻开一看,也许只有寥寥的三、五行字,看了之后,不觉它有什么好处,以为词典解释本应如此,不会设想编者究竟做了点什么。例如"郑牛"一条,旧《辞源》的解释是:"白居易《双鹦鹉》诗:'郑牛识字吾常叹,丁鹤能歌尔亦知。'自注:'谚云郑康成家牛,触墙成八字。'"修订本改为:"东汉郑玄兼通今古文,为当时大儒。古谚有'郑玄家牛,触墙成八字。'唐白居易《长庆集》五六《双鹦鹉》诗:'郑牛识字吾常叹,丁鹤能歌尔亦知。'"还是原来的那些材料,经过修订,加上说明,调整了引文的次序,就比较明白易懂了,查补白居易诗的卷次,自然也得用不少时间。如果不把这两条对照来看,就很难分出优劣,当然不能体会编者的用心和所下的功夫。

新《辞源》的特点是以语词为主,兼收百科知识性的条目;以常见为主,强调实用;结合书证,重在溯源。除去保留原有的单字和古汉语语词外,于艺文、故实、典章、制度、人名、地名、书名以及天文星象、医卜技术、花鸟虫鱼等等,也兼收并蓄,内容非常广泛。

修订工作主要有三个方面:

(一)纠谬补缺:旧《辞源》的古汉语部分,在很大程度上照抄古字书、类书的材料,没有经过仔细的整理核对,以讹传误的情况不少;对"穷源竟委"的工作,做得很差;解释常不确切,讲错了的也不在少数;引书多不写时代、作者,没有卷次、篇目,不便复查原文。因此纠谬补缺,校正旧《辞源》注音、释义和书证的错误,查对所有的引文,加注时代、作者、卷数、篇目,就成为这次修订首先要解决的问题。如"举将"一条,释义为"旧时所举之将",接着引《三国志》:"吴郡太守朱治,孙权举将也。"按照这个解释,朱治就成了孙权举荐出来的将领,实际朱治是孙权的父亲孙坚的老部下,为孙权的长辈,年龄比孙权大得多,不可能被孙权荐为大将;恰恰相反,孙权作孝廉倒是朱治举荐的。原来"举将"与"举主"同义,即"举荐人"的意思。旧本这个解释,错得可笑。"孤僻"一条的第二义,引苏轼诗"我生孤僻本无邻";本指性情古怪,难与人合,解释作"所居荒远",纯属望文生义。"追风"一条,引文出自北齐刘昼的《刘子·知人》,误作《扬子》;"朱波"一条,出处是《新唐书·南蛮传》,误作《新唐书·西域传》;"鸣轧"一条,引杜牧诗"鸣轧江楼角",把原诗"鸣轧江楼角一声"的七言句,腰斩成了五言,是照抄《佩文韵府》的。诸如此类的错误,都作了订正。

(二) 充实内容:旧《辞源》辑入的词语,远远不足读者查检之用,加之书证不早,所探非源,或内容过于简单等等,需要增加条目,更换书证,充实内容。此次修订所加条目,如"刽"和"刽子"、"刽记"、"刽青"等因古籍常见而增入;"在莒"、"潘舆"、"掣鲸"、"渭川千亩"、"杀君马者路傍儿"等,因其他词典不载而新收。于一般语词,注意提早书证的时代。如"一口"第一义"一人",原引《后汉书》,今改《汉书·王莽传》;第四义"一言",原引晋左思赋,现在增加了解释和《韩非子·孤愤》的引文。于典故、成语,皆注出处,析源流,谈用法。如"人面桃花"一条,先引崔护诗,后注崔与少女相恋的故事出于孟棨《本事诗》,说明此语的用法,比旧《辞源》线索清楚得多。于知识性条目,尽量说清其始末原由、发展演变以及各种不同的说法。如"副榜"一条,旧《辞源》内容比较简单,修订本于元明清三代副榜的情况,各作扼要说明,能给读者以较完整的知识。"嫦娥"一条,旧《辞源》只说:"一作姮娥,古之仙人。《搜神记》羿请不死之药于西王母,嫦娥窃之以奔月。"修订本列举了有关嫦娥的许多不同的传说,一一注明出处,可供研究神话传说者参考。"陋室"一条,指出唐崔沔有《陋室铭》,刘禹锡所作,本集不载,考证确实,也下了工夫。对单字的义项排列,都顾及其科学性。如"坐"字的义项次第和解说,曾得到语言学者的称道。这些都比旧《辞源》的内容质量提高。

(三) 改善体例:为了更好地分别多音多义词的读音,《辞源》修订本在第二音以次各词头之下,以 2、3、4、5 等序号标明读第几音。如"要"字有三个读音,第一音读 yāo,是"腰"的本字,"要功"、"要求"的"要"都读 yāo,即不标号。第二音读 yào, "要人"、"要目"的"要"应念 yào,就标明"要₂人"、"要₂目";第三音读 yǎo,"要裹"的 "要"应念 yǎo,就标明"要₃裹";使读者一望而知,无须再费思考。另外还注"参见" 以联系内容有关的条目;注"参阅"以附列本条的参考书目。如"掣鲸"一条,因杜甫 诗"或看翡翠兰苕上,未掣鲸鱼碧海中"两句而立目,杜诗语意出于《庄子·外物》任 公子钓大鱼事,"任公子"另有专条,就在"掣鲸"之后注出"参见'任公子'",使读者 由此及彼,并看详略互见的两条。"乞如愿"一条,叙述南北朝以来流传的湖神婢女 故事,末尾"参阅"之下列出两部书名,目的是为读者提供进一步研究的线索。这种 于词头标音和注"参见"、"参阅"的方式,都是新《辞源》在改善体例方面的尝试。

读者查检词目,大概总希望词典内容丰富,应有尽有。所以这次修订,就多从 读者方面着想,在旧《辞源》的基础上,尽可能搜辑材料,增加一些新条目,以补新旧 辞书之缺。如"蝇栖笔"一条:

> 晋时前秦苻坚将大赦境内,自为赦文,有大苍蝇集于笔端。见《晋书·苻 坚载记》。后因以蝇栖笔为议赦之典。唐刘禹锡《刘梦得集》外集七《浙西李大 夫述梦四十韵并浙东元相公酬和斐然继声》诗:"议赦蝇栖笔,邀歌蚁泛醪。"

苻坚事为词目的出处,刘禹锡诗为用典的书证,中间一句说明用法,源流俱在, 解释比较清楚。又如"勿忘在莒"一语,有一个时期,经常出现于报刊。这是什么意 思,许多读者不懂。《辞源》据汉刘向《新序·杂事》增收了"在莒"一条,说齐桓公在 作公子时,以齐国内乱,流亡莒国,后来返齐为君,与群臣饮宴,鲍叔祝酒说:"祝吾 君勿忘其出而在莒也。"后来遂以"在莒"指离开故土,流亡在外,并引元虞俦的"飘 然倘遂归田赋,食蘖勿忘在莒时"两句诗为证,这样,"在莒"的含义就很明白了。 《辞源》作为一本"重在溯源"的古汉语词典,似乎条条全应该作到这样,有源有流。 但如果材料不现成,只有出典,而没有后人用典的书证,也就无法说得圆满。

"杀君马者路傍儿"一语,见于汉应劭的《风俗通》佚文,略谓观众夸奖马跑迅 速,于是骑者更加鞭策,以致马力竭尽而死。蔡元培先生当初要辞去北京大学校 长,或加挽留,蔡先生引此为喻,是要表示"爱之适以害之"的意思。我们因有人询 问其出处和寓意而增收此条,照引《风俗通》原文,加上了解释。其他如"潘舆"、"闻笛"、"渭川千亩"等等,都试图为新旧辞书填补空白,排除读者阅读的障碍。其他如引书皆注卷数、篇目;介绍人物,凡有功名的,注科举的年份;评价书籍,兼及版本;叙地理,侧重取名原由;引文多注意上下语意的完整,尽量征引流传众口的名句作书证等等;俱为读者省翻检查考之劳而着想。尤其是核对全书的引证,为修订《辞源》一项工程浩大的事情。如旧《辞源》的"阮囊"一条述晋阮孚事,只说见《类函》,新本查出此见宋阴时夫《韵府群玉》十阳韵,也比旧本详确。像"管晏"、"管葛"、"艮狱"、"管城子"、"算经十书"、"牛录章京"等等,其内容胜过旧本,也是和认真查核材料分不开的。

四

旧《辞源》在内容和形式上都起了承先启后的作用;新《辞源》继往开来,保持了我国出版事业中的优良传统,又有一定程度的创新。它既可供检查,也可供阅读;一般读者可用,专家也可以用。例如一个太平天国史的研究专家,无须从《辞源》中翻"太平天国"一条,但因太平天国有女状元,他也许要查查"状元"作为一种制度的沿革始末;对宋诗有深造的学者,未必记得起"春梦婆"的诗题,得由《辞源》内寻检。诸如此类,足见偏重实用的词典,人人需要。

修订《辞源》,当然不可能尽美尽善,毕其功于一役。有的解释,几经改动,终不惬意;有的材料,多方搜索,仍无踪迹。严复在《天演论序》中云:"一名之立,旬月踟蹰;知我罪我,是在明哲",他是就翻译说的。《辞源说略》中云:"往往因一字之疑滞,而旁皇终日;经数人之参酌,而解决无从";这是就编词典说的。前者为公元一八九八年的话,后者为公元一九一五年的话,今天看来,仍旧深有同感,特别切合我们《辞源》修订者的心境。例如"婆心"一条,修订本和旧《辞源》一样,只引《景德传灯录》的"老婆心切"一语,没找到"婆心"两字的书证;"抛砖引玉"一条,修订本只指出旧《辞源》所引常建先题诗于灵岩寺壁以待赵嘏补成的说法之谬,而不详所出;都是一时"解决无从"的。书内的其他疏舛,也在所难免。我们打算根据新《辞源》的内容,再一分为五,出《辞源简编》、《辞源语词编》、《辞源成语熟语编》、《辞源订补编》、《辞源资料编》,和《辞源》相辅而行。最后是再加修订,精益求精,永无止境。这里还用我们曾经讲过的一段话作为结尾:旧《辞源》和新《辞源》是两个不同时代、不同社会的产物。一九一五年《辞源》的出版,标志着旧中国词典的编撰进入了一个承先启后的阶段;一九八三年新《辞源》修订的完成,显示了新中国的词典编撰又有突破,在推陈出新方面,迈出了一步。我们相信,长江后浪推前浪,后人一定会在新《辞源》现有的基础上把它的内容质量作进一步提高。

(《读书》1984 年第 4 期)

一辈人接一辈人的事业

——谈《辞源》的修订

吴泽炎

公元1898年商务印书馆创立。两年以后,张菊生(元济)先生参加商务,建立编译所。在他的倡导下,于1905年开始《辞源》的编纂工作。前后经过十年,1915年正式出书。以后1931年出版续编,1939年将正续编合为一册印行,称为《辞源修订本》,1949年又出版了简编。

中国词书的编撰,采用类书和字典的形式,有悠久的历史。但从鸦片战争以来,废科举,兴学校,教育制度起了根本性的变化。在出现"三千年一大变局"的新形势下,旧有的词书已不能满足社会求知的要求。于是就需要有一部融旧知新学于一炉,门类广泛、翔实可信而又便于检查的工具书。用《辞源》主编陆尔奎先生的原话:"古以好问为美德,安得好学之士,有疑必问;又安得宏雅之儒,有问必答。"《辞源》的编撰,即试图在问答方面作出贡献,对我国词典的领域来一个突破。《辞源》的出书正是这一批辞书前辈为满足这个时代要求而努力得来的成果。

《辞源》继承旧有字书、韵书、类书、解字、释词、诂训、广知的传统,吸取现代辞书的特点,系统地搜集语词和百科性条目,中外古今,兼收并蓄,创造了一种"以语文为主兼收百科"的综合性辞典的新格局,性质在语文词典和百科全书之间,由于它的新旧兼包和强调实用,能在一定程度上满足当时的读书界钻研旧学,博采新知的要求,使它成为受人欢迎的书。据商务的资料,直到解放前夕,这部书以各种版式前后一共印行了一百九十万册。它与中华书局1936年出版的《辞海》,标志旧中国词典的编撰进入了一个承先启后的新阶段。

修订的设想和实践

1949年全国解放,中国进入新的社会主义历史时期。万象更新,百废待举。新的时代产生了新的需要。旧《辞源》《辞海》已经不能满足新的要求。根据当时对词典出版专业分工的部署,商务印书馆接受了修订《辞源》的任务,并于1958年八月开始着手工作。我们的出发点是:

1. 旧《辞源》代表前辈人的努力,质量有一定的水平,因此有修订的基础。
2. 根据新的历史需要,按照国家规定的几本篇幅较大的辞书的分工,确定把《辞源》修订为一本阅读古籍用的工具书。
3. 由商务编辑部主持,当时没有可能,因而不作扩大编制的部署。
4. 争取在十年之内把全书出版。

领导同意这个意见,并在力所能及的条件下,给予支持。我们的工作大体上就是根据这些方针进行的。

唯一的大变动,是关于修订班子的调整。由于十年浩劫的非常局面,1975年在广州举行的辞书出版工作座谈会,对全国辞书出版作了初步全面规划,为了加快《辞源》的出书,确定由广东、广西、河南、湖南四省分别成立《辞源》修订小组和商务编辑部协作修订,协作定稿。

新的修订本共分四册,估计约为1400万字,分四册出版。第一、二册已分别于1979年、1980年出书;第三册今年年内出书;第四册定今年下半年开始分批发排。四册出齐以后,准备再用几年的时间,作一些小幅度的调整,以改正已经发现的错误为重点,出版合订本。

我们做了点什么

以修订为立足点,根据我们的具体条件,在这二十年左右里(不包括"文化大革命"的十年多)我们做了下面几项主要工作:

1. 删去属于现代自然科学、社会科学、应用技术的全部条目。确定收词的范围和时限。

2. 校正我们已经发现旧《辞源》中的注音、释义、书证方面的错误。

3. 对全书用的书证,逐一核对原书,彻底复查,加注篇目,提高书证的从属地位,使它成为全书主体的一部分。

4. 为了使书证进一步接近语源,在修订进程中不断累积资料,在没有专职工作人员的情况下,现在已有资料卡、索引卡共计八十万张。

5. 注意解释文字的通俗化。作了各种技术上的改进,全部使用新式标点。

在实践过程中,我们也作了一些革新的尝试,吸收前人、今人的研究成果。例如用"参阅"的形式,为读者提供参考资料;尽可能以合适的散文,抽换韵文诗词,来进一步排除《佩文韵府》一类旧工具书留在现在词书中的痕迹;把古典文学创作中一些名句用恰当的方式吸收在我们的书证中,以加强这本书的实用功能,扩大书证的作用;使词典不单供查,在一定程度内也可供阅读;以"参见"的形式,把全书的有关条目,恰当的联系起来,以求既可缩小篇幅,又能增加读者理解的广度、深度等等。这些工作,有的作得多一点,有的作得少一点。

经验、想法

我们是个小班子,从一个人,半间房子起家,扩大到十六个人,四间房子。所以我们的经验并无普遍的意义。但有几点卑之无甚高论的想法:

1. 要一个常设的编辑班子

我们认为词典编撰是一种终身的事业,是须要一辈人接一辈人前后相继的事业。经过几辈人的努力,才能达到真正成为"典",而且还要继续按照时代需要,继续修改,其命维新。因此规模不管大小,总要有一个常设的班子。只有从长期的实践中,才能培养锻炼出一支有知识有才能有事业心的专业队伍。打散工,恐怕建立不起一个骨干的力量,很难在辞典编撰领域内出现后浪推前浪、人才辈出的局面。协作是一种非常(在某些条件下也许是可取的甚至是必要的)形式。不顾人力,不计财力,不算成本,未必是适合社会主义国情的最好方式。

2. 要保持特点

我们认为词典不管局面大小,都有一个保持特点,发挥优势,提高质量,树立风格的问题。领导通过反复讨论,根据可能和实践而提出的"以语词为主,兼收百科;以常见为主,强调实用;结合书证,重在溯源"的方针,也就是要把《辞源》与同类词书的特点区别开来。它统一了思想,提供了奋斗的目标。至少可以不致东张西望,一心以为鸿鹄将至,从而少走弯路。

3. 要进一步有计划的积累资料,以便不断地修改、充实、丰富内容。人和物,是一切建设工作的命根子,编撰辞典,尤不能例外

我们水平不高,书里的问题很多,欢迎批评和指教。

(《辞书研究》1981 年第 4 期)

商务印书馆《辞源》组诸老

刘 叶 秋

《辞源》的修订,和几位老先生有关,应该表而出之,这里写的就是诸老的一些琐事。为了眉目清楚,我把修订的时间和地点,分作三段来谈:

第一段是1958年8月,《辞源》修订工作开始。那时商务印书馆设在北京东单北面的东总布胡同十号,四编室分为辞源和工具书两组,《辞源》组占着一个四合院的北房两间,外面一间办公,里面一间堆书,外间周围也有许多书架,但屋宇高敞,颇为豁亮。到了夏天,古木浓阴,布满庭院,又十分凉爽,环境是很幽静的。

我于8月中旬到《辞源》组,修订工作刚开始几天,室主任吴泽炎向我一一介绍在座的诸人,除赵守俨、周云青是本组的编辑外,其他几位老先生都是由外面聘请来的,有吴玉如、张子厚、夏松生、王庚龄、陈丙炎和一位姓康的老先生,已记不起名字了。其中吴先生和我早就认识,余人俱为初会。我当时虽只四十出头,但亦属"客卿",所以也被排入了诸老的行列。

我和诸老的工作,最初全是查书,核对旧《辞源》书证的引文,这使我很感兴趣,竟日东翻西捡,知道了许多书名,得到不少常识,是我以前上大学与教大学时都缺乏的常识。诸老也各有所长,能为人解答疑难。比如吴玉如先生工词章与书法,能背诵的古文诗词很多,遇到古人诗文不知谁作或缺少篇目不好查找的,可以向他请教。张子厚先生是看古董的行家,尤精于鉴别瓷器,《辞源》涉及古瓷的条目,多请他审订。夏松生先生自少时即好读佛经,熟于释典,碰见难查的佛经条目,请他寻检,往往一索便得,事半功倍。王庚龄先生以钢笔作行书,遒劲有力,查书抄写,均甚迅速。陈丙炎先生在诸老中岁数最大,当时已逾七旬,但人极谦和,不耻下问。惜工作时间不长,年余即病逝。康老先生则《易经》特熟,能背能讲,连注疏的大意,有的全记得,查《易经》自然是没有比他再快的了。到1959年初,又来了两位老先生:张企留和陈德彝,苍髯古貌,仪观均伟。张先生善写钟鼎文,颇有朴拙之致。陈先生性情憨厚,喜欢评点古文,尤好作诗,整天坐得直溜溜地在查书,过几天就拿出几首诗来,请人和作。别人有时拿他开玩笑,他也毫不在意,装作不懂;康老先生病重时,他屡次不怕路远地去探望、问候,康老逝世,他又前往唁问,我曾次韵其七律一首相赠云:"危坐观书又一春,苍髯古貌足精神。评文展卷丹黄满,搜句呕心藻绘新。不计微词矜雅量,时开笑口见天真。几番病榻探僚友,巨伯深情出朴淳。"诗虽浅薄,却可略见其人的生平。

第二段是1961年初,商务印书馆移至复兴门外翠微路,《辞源》组设在办公大楼的二楼,占四间屋,地方更大了,可是我总觉得不如东总布胡同的四合院的可爱。

移居之后,张子厚先生不再来上班,康老先生病情恶化,不久即逝;王庚龄去东北某文化馆工作;组内诸老,只剩下夏松生、张企留、陈德彝三位。但随后陈叔通先生就介绍另外两位老先生来补缺,一位是邵伯絅(章)先生的哲嗣邵茗生,另一位是夏闰枝(孙桐)先生的哲嗣夏纬寿,这两人都是名父之子,书底不错。夏纬寿作事非常认真。他有时为了核对一条书证的引文,不惜费一天的工夫去仔细查阅原书,从不为计较稿酬而追求数量。邵茗生则对碑帖很有研究,于许多碑帖的刻拓源流,流传端绪以及现在存亡和藏于何处等等,皆能了如指掌。从此组内又多了一位碑帖专家,已出版的《辞源》第一分册内的全部碑帖条目,俱经他手修订;第二分册中的部分碑帖条目,也用的是他撰的旧稿。另外,常有一些书须要查对,而馆内没有,大家就把材料集中起来,交给茗生到科学院图书馆去查,他总是逐条检阅原书,改正引文,并注明所据书籍的版本和页数,作得相当仔细。这样的"外查",每隔一两周即得有一次,茗生于此,也作出了一定的贡献。

第三段是从1974年研究恢复1966年以来中断的《辞源》修订工作开始到现在。商务印书馆已于1971年搬至灯市口原文联大楼办公。《辞源》的修订,改由广东、广西、湖南、河南四省和商务编辑部共同担任,最后由商务定稿发排。现已出版了三个分册,待第四分册续出,即全部完成。到此,馆址业经"三迁",《辞源》的修订,也经历了三个阶段。赵守俨同志于1958年底即调到中华书局工作,现任该局的副总编辑。商务、中华现仍同在一座楼内办公,我们还能时常见面。可是当初参与查书协作的诸老,如陈德彝、邵茗生、夏纬寿以及商务的周云青,俱作古人,张企留最近亦逝,夏松生老病不能出户。风流云散,回首惘然。前两年我看《辞源》第一分册的校样,特别注意"始兴忠武王碑"一条,因为这是邵茗生作的。其中的"全文约三千余字,大部残损,可辨者仅三之一",以及指出王昶《金石萃编》误以萧憺兄《萧秀西碑》阴为此碑碑阴之误,都是茗生的研究心得,曾被不知者删去,我把它恢复了,不仅是保证内容质量,也有怀念故友的意思。

周云青是丁福保的学生,熟于版本目录之学,协助丁福保编的书很多。如《四部总录》的《天文编》、《算法编》、《医药编》等,都经云青整理出版,他为《辞源》出力亦多。别人撰稿,遇到生僻的书名,一请教他,大都能找到线索,查出眉目。他对于汉字的笔画特别熟悉,常有人问他某字多少画,他不假思索,立即答出。他还有一个好习惯,就是喜欢在标题下没有页码的书上,注明页码。凡是他查过的书,大都用紫色笔注上了篇目的页数,这真是为别人造福的好事。现在我一看到书面的紫色毛笔字,就不禁怀念这位勤恳的老编辑。

这里还要特别提一下吴泽炎,他是《辞源》的主编。从1958年8月开始参加修订《辞源》工作的,现在只剩了他和我两个人。他今年七十整,我也离七十不远,都已由中年进入老境,可是他的干劲不仅不减当年,而且是老当益壮,虽然上半天班,但午后在家照常工作,往往到晚十一二点才就寝,加工定稿每天五六十条,多时达到每天作一百条,每条上全有他改动的笔迹,即星期日和任何节日、假日,也不休息。为了提高《辞源》内容的质量,二十多年来他积累了近一千万字的资料卡片,皆由平日读书随手摘录而来,其恒心毅力是惊人的。他的夫人汪家祯女士曾经说他:"你上次闹脑血栓,瘫了一条腿,现在还这样拼命,再来一次血栓,你就完了。"人家说的是实话,他听了并不在意,依然昼夜不停地干他的活儿。最近为了赶出《辞源》第四分册,提早完成全部修订任务,他请老同事沈岳如为他精打细算地订一个计划,算好他每天要定稿多少条,到年底才能出书。岳如为他算完,他很高兴,岳如却说:"计划是订得很具体了,如果真这样作,你每天的工作量太大了,岂不要了你的老命!"他回答不要紧,还是照旧干。这个人对修订《辞源》已经入了迷,他把半生的心血完全倾注在这上面了。《辞源》就是他的生命。如果没有吴泽炎的渊博知识和拼命精神,《辞源》修订本,要在短短的几年内全部出齐,想来是不可能的!

记得在翠微路上班时,每天总在午饭后和茗生、纬寿二人海阔天空地畅谈一番。所谈以当代文人的传说、轶事为多,二人对我说:"以后你把我们所谈的记下来,就叫作《当代世说新语》吧!"言犹在耳,二友皆逝,现在写这篇小文,想到这段话,把它当作结尾,即视为《当代世说新语》之一篇或《辞源修订史》之一页可也。

(《辞书研究》1983 年第 4 期)

《辞源》忆旧

舒 宝 璋

我第一次知道中国有《辞源》这部书,是在1943年秋,我上初中三年级的时候。课馀读鲁迅的《而已集》,第一篇《黄花节的杂感》就提到了《辞源》。鲁迅查阅了《辞源》"黄花冈"条的释文,感到不满足,认为并不能于他有所裨益。而在我看来,在一个十四岁的少年看来,却觉得很新鲜,很满意,很受用。我很快从父亲的遗书中找出了一套《辞源》的戊种本,从此便喜欢上了《辞源》,并结为终生伙伴。

1979年4月,我从江西南昌市湾里一中借调到商务印书馆,参加《辞源》(修订本)的审订定稿工作,这是我做梦都没有想到的事。"借调"二字,后来还印在了《辞源》(修订本)的署名页上我姓名的后边,为中国出版物上所仅见。

《辞源》出版于1915年,《辞源》续编于1931年出版。1936年,中华书局出版了《辞海》一书。毛泽东在延安时期,在转战陕北期间直到建国后的岁月,始终没有离开过《辞源》《辞海》。他在1957年提出了组织人力修订《辞源》《辞海》的要求,为这两部书的新生吹响了号角。

《辞源》的修订工作开始于1958年,修订稿第一册于1964年出版,后因故中辍。1976年,经国家统一规划,由广东、广西、河南、湖南四省区协作担任《辞源》的全面修订工作。我到商务时,《辞源》(修订本)已进入审定阶段。

这时商务印书馆的辞源组由二十馀人组成,其中商务与外地人士约各占一半左右。记得来自四省区的有:广东的黄秋耘、黎敏子和谢拼,广西的盛九畴和顾绍柏,河南的张桁和王鸿芦,湖南的刘晴波、张应德和胡昭镕。他们是代表四省区赴京参加《辞源》(修订本)扫尾工程的。他们旅京的时间长短不一,其中历时最长的是黄秋耘、顾绍柏和王鸿芦三位。

辞源组坐落在王府井大街36号四楼,有五间办公室,每间约十五平方米。书多人众,跻跻跄跄。藏书最富的一间办公室,两排书架之间,宽不盈尺,人在其内,只能面对一边,如欲取身后之书,须侧身而出向后转,再侧身而进才行,此之谓"拳打方寸之地"。人数最多的一间办公室,有五套桌椅,三架书,外带一张单人床,剩下的空间就不多了。坐在临窗的人进出时,邻座的人须起身避让,而仍目不转睛于百家之文。王鸿芦女士即下榻于此。她黎明即起,将办公室义务洒扫揩抹得一尘不染,每天给大家一片清新。她长年如此,不露声色,像行云流水那样自然,以至于感谢的话我们一句都不曾说过。来自河南出版界的王大姐,审订《辞源》时目光炯炯,灼见迭出,同时亦不忘组稿。几年后,即有多部书稿在河南相继出版,其中包括刘叶秋先生的《孔尚任诗和桃花扇》与《学海纷葩录》,赵克勤先生的《古汉语词汇问题》,顾绍柏先生的《谢灵运集校注》以及我的《庾信选集》和《唐才子传》校注本,此是后话。

辞源组的办公桌椅,大约不满二十套,因此有的人审稿,有时就只能见缝插针打游击了。相对年轻的张桁先生。性格爽朗,声如洪钟,工作勤谨,作风特艰苦朴素。他面对一些词条,就是坐在一只上架取书时垫脚用的小木箱子上,以膝盖为桌子,那样进行审改的。每次我入室查书看到他,都会联想到一幅油画上列宁当年在西伯利亚时坐在低处俯身写作的壮丽场景。

那时的王府井新华书店,离商务印书馆仅一站之遥。邮局则只有半站路,故买书寄书都很方便。来自广州师范学院的黎敏子老先生,20世纪30年代在《新诗》月刊上发表过不少诗作,还翻译过惠特曼的《草叶集》。他博览群书,厚积薄发,审稿时卓越深沉,如老吏断狱,举重若轻。他交游广阔,受信甚多,几乎每天晚上都忙于回信;代友人买书寄书,两三日必有一次。来自广西农学院的顾绍柏先生,当时正值盛年,体格壮实,工作时虎虎有生气,心细如发丝。他买书毫不手软,在他床前方桌上,新买的古典文学书常堆积如山。他后来转入广西社会科学院文学所,以研究刘宋山水诗人谢灵运著称。我受他们的影响,在借调期间,亦颇买了一些书,满载而归,至今受用。

供辞源组就近参阅的古籍资料,堪称猗欤盛哉!人与书为邻,书与人为伴,相视而僖,相得益彰。典籍凡经史诸子,应有尽有;集部书、类书、丛书、工具书,大体具备。部头大者如《古今图书集成》《学津讨原》《四部丛刊》《百衲本二十四史》《丛书集成初编》《说文解字诂林》和日本《大正新修大藏经》,小至各种单行本,皆令人如醉如痴。还有配套成龙的引得和通检,以及商务自编的名家诗句索引卡,并陈列待用,尤使人倍感亲切。山高海阔,此乐何极! 辞源组诸人徜徉于其内,吸纳着书香如兰,另有天地非人间,彼此相处特融洽。

1979年7月,作为献礼书之一,《辞源》(修订本)第一册正式出版发行。9月27日,商务印书馆假建国门外国际俱乐部召开《辞源》(修订本)第一册出版座谈会,会上陈列着《辞源》(修订本)第一册及早期《辞源》的甲乙丙丁戊种本。座谈会由商务印书馆总编辑兼总经理陈原主持,他幽默风趣,雍容大度,彬彬有礼,同四个月前在北京大学主持英国牛津大学出版社词典部总编辑伯奇菲尔德博士的演讲会时一样受到普遍的欢迎。出席座谈会的有学术教育界人士约三十多人,看上去都有一把年纪了。会上有叶圣陶、张友渔、胡愈之、白寿彝、王力、吕叔湘、陈翰伯、任继愈、王子野、吴泽炎、黄秋耘等相继发言,洋溢着一股浓浓的学术空气。

叶圣老须眉皆白,由长子叶至善陪侍着,与吕叔湘先生一同坐在一张位于会议厅上首的长沙发上。叶老直言无讳地以"三从四德"为例,说明《辞源》的词条应讲究源流并重,脉络分明。他慢条斯理地说:"三从四德"这一条先作了一些解说,然后举《元曲选》的两句为书证,总觉得言不尽意。格末"三从"是何时开始出现的?格末"四德"又始见于何时? 都需要查查清楚,写出来。格末"三从四德"四个字连用,是不是直到元朝时才正式开始? 能不能再提前一些? 也需要查查清楚,写出来。总之,把源流理顺就好了。

王力教授充分肯定了新《辞源》的体例比旧《辞源》详审多了;同时轻言细语地指出,新《辞源》体例亦尚有可商之处,例如"某,通某"的格式,就还值得推敲。新《辞源》中"某,通某"这一格式,其实包含着两种不同的情况。一种是"亡,通无","佛,通弼","坑,通冈"之类,这是可以成立的,因为二者是通假关系。另一种是"共,通供","反,通返","大,通太"之类,这恐怕难以成立,因为二者是古今字的关系。古今字不是一个平面上的东西,当着"共、反、大"等古字通行之际,"供、返、太"

等今字（后起字）尚未产生。既然其时后者尚未产生，前者又怎么可能跟它相通呢？

这次盛会，丁声树先生、魏建功先生因故未能出席。丁先生身体欠适，几天后便住了院。魏先生未能成行，据说是由于北大以为商务会派车子接，商务以为北大会派车子送的缘故。

陈原总编辑对《辞源》修订工作非常重视和关心。他的一些个人想法，对于辞源组来说，既是兴奋剂，又是镇静剂。他认为：编词典的工作不是人干的，是神干的；没有"我不入地狱，谁入地狱"的精神，谁肯来编词典；编词典最终还是要依靠专家；不排除"左"的干扰，不去掉紧箍咒，词典的质量就没有保证。词典光图快不行，欲速则不达。

经常具体负责《辞源》修订工作的，是三位年高德劭的前辈。

一位是商务印书馆副总编辑、编辑出版家吴泽炎先生。吴老因患脑血栓，名义上只上半天班，实际上远不止此。他每天上午都是提前上班，推晚下班。中午时，我们从四楼到一楼排队买好饭重新上楼的途中，才见他拎着草篮，拄着拐杖，下楼而去。草篮中装满着待审的《辞源》修订稿，那便是他下午和晚上在家要干的活计。如春风化雨，吴老每隔三五天左右，便要发一次"通报"，让大家传阅。"通报"由《辞源》某一词条修订稿的审改原件和关于何以要如此审改的文字说明组成，其中有情况，有分析，有见解，有过程，有结果，真正是专把金针度与人，使大家看了以后，在潜移默化中领悟到哪一类条目该怎么审改，这比什么规定条文都管用。吴老一辈子勤于读书，勤于札记。在他那坐落于骑河楼的寓所中，书房里的书架上，摆满了历代要籍和许多卡片屉。卡片屉是用旧木板组合而成，卡片全部是利用印刷厂印制书籍封面时切剩下来的边料，比一般卡片要小。张张卡片上娟秀整齐的字迹，皆吴老亲笔所书。有一家编辑单位，专程来拜访吴老，关注到这些卡片。这些卡片已用于《辞源》修订者为数甚少，大多数尚未开发利用，可谓养在深闺人未识。但吴老以为，学术者社会之公器，因此毫不迟疑地便把全部资料卡片无偿地提供了出来，让他们拍照以去。

另一位是广东出版事业管理局副局长、作家、文艺批评家黄秋耘先生。辞源组在四楼，黄老在五楼办公，经常会下来同大家交谈工作和生活上的问题，并及时设法解决。黄老审读《辞源》，多从宏观上把握，所改动之处多为关键性词语。在一次座谈会上，黄老曾平心静气地笑称，让他来编《辞源》，是历史的误会。我们却觉得，这是时代的需要和历史的巧合，《辞源》修订稿正需要有一位像黄老这样的宏达之士，从政治、社会、文化等角度，对全部词条进行通盘的审视和掂掇，以提高其整体质量和文化品位，而这对我们来说，则是心有所欲为而力有所不足的。黄老经常会收到赠阅的文艺期刊，业馀时随心浏览，对文艺新人特别留意，喜著文予以介绍，女作家张洁就是由于有黄老著文赞誉其作品而开始蜚声文坛的。

还有一位是商务印书馆编审、字词典专家刘叶秋先生。刘老在商务用的是本名刘桐良，叶秋乃其字。当我到商务不久后获悉刘桐良即刘叶秋时，联想到十多年前阅读过的两本书《中国的字典》与《中国古代的字典》的署名，一股由衷的敬佩之情便油然而生，同时又倍感亲切。刘老学问淹博，腹笥极丰，非常人所能及。为纪念"五四运动"六十周年，媒体重新发表了蔡元培1919年5月8日辞去北大校长，次日离开北京时留下的启事，其中有"杀君马者道旁儿"一语，许多人都不理解，是刘老及时查到此语乃出于东汉·应劭《风俗通》，满足了各界的喁喁之望，并随即编成词条，补入《辞源》（修订本）第二册。旧《辞源》[气楼]条引《十国春秋·卢绛传》："更跃仓檐，自气楼入仓中盗米。"修订稿将出处增益为：清·吴任臣《十国春秋·五代南唐·卢绛传》。稿纸边上，却注了"无书未查"四字。按《十国春秋》一书，此时商务亦无法找到。《四库全书》及《四库全书荟要》中有之，则尤为难找。当大家无计可施之际，是刘老及时提醒：是否可试查一下马令或陆游的《南唐书》？结果在陆书中查到了这句话，不但核实了书证，而且将书证从清朝提前到南宋。刘老常乐于帮助和扶掖后辈，辞源组诸人多受其益。我的一篇论文《前进的脚印——〈辞源〉修订工作的实践》，就是在吴老的通盘计划下，经刘老从容点拨后，撰写而成的。

《辞源》修订的成功，也是社会大协作的结果。在定稿过程中，凡涉及民族、宗教、外交等方面的条目，皆随时由专人分送各有关部委审阅认可或酌情改动，以期在政策上与中央保持一致。在定稿过程中，还注意广泛征求和吸纳学术教育界专家的意见,以期能集思广益。语言研究所丁声树先生除对部分条目用红铅笔标记当改之处外,并对字形、字音、书证的校勘和断句诸方面提出了概括性的意见,具有普遍的指导意义;孙德宣先生对部分条目是用铅笔改的,并声明"如认为不妥,请擦掉";邵荣芬先生的意见集中在注音反切上。北京大学魏建功先生对所阅条目的意见总是用红色铅笔写在另外的纸上,每条少则数句,多则数页,滔滔汩汩,热情洋溢,感人至深。

《辞源》(修订本)第二、第三、第四册相继于1980年、1981年、1983年问世。先后参与其事者甚多,临末正式署名者仅112人。吴老当初是不主张署名的。他曾说:"《渊鉴类函》《佩文韵府》《康熙字典》署了那么多名字,外带一大堆官衔,可我们现在有谁认识他们或记得他们呢?"后来鉴于部分参与修订者的呼声,署名有助于职称评定,始同意酌予署名,但务必实事求是,不搞一刀切。

1993年,《辞源》(修订本)获第一届国家图书奖荣誉奖。我们不认为,这是《辞源》的终结。吴老早就说过:"《辞源》是一辈人接一辈人的事业。"往者已矣,来日方长,更上一层楼,是所望于来哲。

2002年6月

(《栖庐丛稿》,江西人民出版社,2002年)

穷经据典溯根源　踏破铁鞋觅辞真

——说说修订《辞源》的甘苦

顾绍柏

　　大约是在1976年,香港有一个人从"文化大革命"前修订的《辞海》未定稿中挑毛病,搞了一份《〈辞海〉错误一百例》,将它奚落一通。这篇东西发表在香港的一家报纸上。我们暂且撇开这位先生的深层用意不谈,单说他这种"攻其一点,不及其余"的做法就值得商榷。就算这所谓一百条错误都是事实,那也不值得大惊小怪。古往今来,任何一部工具书都不可能没有毛病,尤其是一部大型工具书,要从中挑出上百条,甚至上千条毛病,并非难事。例如《康熙字典》,在《辞源》、《辞海》问世以前,它几乎是流传最广的,直到今天,也仍未失去其存在价值。中华书局将它重印后,它依然受到广大读者欢迎。但是一般人都知道,它的错误是很多的,仅引用书籍字句方面的讹误,清代王引之就给它找出了2588条。

　　我这里并不是说,对工具书的缺点错误不应该批评,也不是鼓励粗制滥造;我只是主张,对一部工具书,也应该像对待一部小说、一部电影那样,作出公正评价。1965年的《辞海》未定稿,尽管有很多不妥当之处,但同旧版《辞海》相比,无论是思想性或科学性,都大大前进了一步。就是说,成绩是主要的,而它的缺点和错误只居于次要地位。对事物全盘否定,不是一种科学态度。

　　说句实话,编一部工具书,特别是像《辞海》、《辞源》、《汉语大词典》、《汉语大字典》这样的大型工具书,那是很难的,不亲自参加这一工作的人,不会有实际体会。这正如没有当过编辑的人,不知道编辑工作的艰难辛苦一样。当然其他各行各业的情况也是如此。

　　我搞过五年的《辞源》修订工作,前三年是在广西,后两年在商务印书馆,自己没有作出多少贡献,但尝到了一些甘苦,自己认为多少了解《辞源》得失之所在。下面我想就推敲释义和查找书证谈一点情况。

古人有诗曰:"吟安一个字,拈断数茎须。"这里讲的是作诗之苦和推敲之细。修订《辞源》又何尝不是这样。当然,我们都不留胡子,不会有"断须"之虞;但为了几个字的释义而搔首抓腮,冥思苦想,不是常有的事吗?例如"磊落"一词,一般都释为"胸怀坦白"或"光明正大";而编辑部的同志结合书证进行推敲,发现以上训释不尽妥当,前者是根据今天的用法,与书证不合;后者是因为"光明磊落"连用,误将"光明"义传给了"磊落"。南朝梁刘勰《文心雕龙·明诗》:"慷慨以任气,磊落以使才。"唐韩愈《昌黎集》十七《与于襄阳书》:"世之龊龊者既不足以语之,磊落奇伟之人又不能听焉。"最后决定根据这两个书证,重拟释义;为了稳妥起见,议论一番,最后敲定成如下释义:"错落分明,引申指人洒脱不拘,直率任情。"这种为了对读者负责,互相切磋、反复推敲的情况是常有的。

又如"眉来眼去"这一词,一般人只知道它的通常义是"以眉目示意或传情",但后来从辛弃疾词中发现了新义:"落日苍茫,风才定,片帆无力。还记得眉来眼去,水光山色。"(《满江红·赣州席上呈太守陈季陵侍郎》)这里的"眉来眼去"显然不是眉目传情的意思。舒宝璋同志查邓广铭的《稼轩词编年笺注》,又发现了旁证,王观《卜算子·送鲍浩然之浙东》:"水是眼波横,山是眉峰聚。欲问行人去那边,眉眼盈盈处。"我也从这里受到启发,在宋元人的词曲中,除了以眉眼喻山水外,还有以山水喻眉眼的。如《西厢记》三本二折:"望穿他盈盈秋水,蹙损他淡淡春山。"——语本宋左誉《眼儿媚》词。又四本三折:"泪添九曲黄河溢,恨压三峰华岳低。"辞书如果把"山水"和"眉眼"的相互比喻关系都作交代,可能更好一些。

以上例子说明,《辞源》推敲释义,也同创作一样要煞费苦心;不仅如此,而且常常要"踏破铁鞋",查书觅证。

修订《辞源》成天就是同古籍打交道。这里得首先感谢商务印书馆汉语编辑室和资料室的同志,他们为《辞源》审稿调集了一大批急需的图书,如丛书集成、四部丛刊缩编及续编、四部备要(部分)、万有文库(部分)、国学基本丛书(部分)、四库全书珍本初集、汉魏丛书、笔记小说大观、古本戏曲丛刊、学津讨原、格致丛书、说郛(商务)、诸子集成、《汉魏六朝百三名家集》、《全上古三代秦汉三国六朝文》、《全汉三国晋南北朝诗》等丛书和总集,《古今图书集成》、《册府元龟》、《太平御览》、《艺文类聚》、《文苑英华》、《初学记》等类书,还有像《大藏经》、《武备志》这样的稀世图书以及百衲本和开明版二十四史这样的善本书,还有解放前后整理出版的二十四史、《全唐诗》、《全宋词》、《全金元词》、《全元散曲》、《元曲选》、《词谱》、《文选》等以及杂说、别集、古典小说、诗文选注之类,其余如古今字书、韵书、辞书、索引等亦较齐全。估计以上图书不下万册,分放在四楼辞源组的三个办公室(细分是五间),如果将三室看成三点,用线连接起来,正好成一个直角三角形。我们外省的和商务印书馆辞源组的同志共十几个人,为了查书,就这样沿着直角三角形的边线作穿梭运动,每人每天少则走几次,多则走十几次、几十次,脑子手脚来一个同时并举。而这对于我们外省的同志来说,已经算不了什么。我感到在商务印书馆工作比在下面方便多了。下面的图书资料没有商务印书馆的齐全,我们常常要远征到外单位去查书。一般说来,作家们正式进入创作阶段,是不会有这种奔波之苦的。有时为了弄清一个词条,要花上半天、一天,甚至几天时间,要翻阅十几种、几十种图书资料,弄得头晕脑涨;当然一旦问题获得解决,心里也是很兴奋、很激动的。这就叫苦中有乐。例如,河南的张珩同志在审改"饭牛歌"这一条时,曾花了很大气力。旧辞书和修订初稿只介绍了春秋宁戚在齐国东门外喂牛,待桓公出,扣角唱《饭牛歌》,桓公闻之,知其贤,因授以政;引《淮南子》为参阅书目,而对《饭牛歌》的具体内容完全不提。当然,在宁戚生活的那个时代,不可能产生这样的七言歌诗,是后人伪托无疑;但这首歌既然如此有名,历来为人传诵,读者很可能要了解一下它的具体内容和出处,如果我们的《辞源》能解决这个问题,岂非一件功德。老张查了《淮南子·主术训》,找不到《饭牛歌》的具体内容。再查清人沈德潜编的《古诗源》,有具体内容而没有出处,题解也只是引《淮南子》。他又根据宁戚与齐桓公的关系,查《史记·齐太公世家》,里面连宁戚的名字也找不到。我们建议他利用旧辞书查"长夜"、"漫漫"、"曼曼"等词,看能否发现线索,结果也是令人失望,虽有歌词内容而无出处,仅说明是"宁戚《饭牛歌》"。我们又建议他查《太平御览》。《太平御览》引《史记》,里面有歌词内容,但没有注明出自哪一篇。这时我们才提醒他查《史记人名索引》,他也恍然大悟。据索引,《史记》中仅有一处提到宁戚,那就是卷八三《邹阳传》狱中上书中的两句话："宁戚饭牛车下，而桓公任之以国。"再没有别的内容，但是他从这两句的注中发现了出乎意料的材料，《集解》引应劭："齐桓公夜出迎客，而宁戚疾击其牛角商歌曰：'南山矸，白石烂，生不遭尧与舜禅。短布单衣适至骭，从昏饭牛薄夜半，长夜曼曼何时旦？'公召与语，说之，以为大夫。"这是至目前为止，我们所能找到的最早的依据。新《辞海》也引了歌词内容，提供的材料来源是《三齐记》(见《离骚》"宁戚之讴歌兮"宋洪兴祖补注)。《三齐记》是晋伏琛所作，远不如东汉应劭注早。《辞源》要讲求源，所以引应劭注，而不用《三齐记》。

以上所举《饭牛歌》，是一个典型的"无头案"。应该说，旧辞书和索引给我们留下的"无头案"是很多的。随便举一个例子，《佩文韵府》收了欧阳修的两句诗："寒暑借天势，豪忽肆陵轹。"漏列了篇名。如果《辞源》要引用，那就得把《文忠集》中的诗歌部分从头到尾查一遍，有时一遍查不到，还得查第二遍。万一碰到张冠李戴的情况，那就更苦。例如，王鸿芦同志审改"重重叠叠"这一条时，想引"重重叠叠上瑶台，几度呼童扫不开"这样的名句(《辞源》想把流传很广的名句吸纳在有关字或词之下)。要引就得按体例规定标上朝代、作者、别集、卷次、篇名。孩提时读过《千家诗》的人都记得，这是苏轼的《花影》诗句(《千家诗》就是这样标的)。但她和舒宝璋同志查遍了苏诗也没有找到，最后通过查《古今图书集成》，方弄清楚此诗的作者是宋末的谢枋得，而不是苏轼。再查谢氏的《叠山集》，果然在第一卷中。

像这样费时费力地解决"无头案"，我们都经历过，并且不止一次。一般读者大概是难以想象的。读者将会发现，修订后的《辞源》不仅没有留下"无头案"(张冠李戴的情形可能还有)，而且基本上做到了每个词条提供详细出处或参阅书目。对此，著名学者白寿彝先生很欣赏，他曾在庆祝《辞源》出版座谈会上说，这是功德无量的事。词条提供详细出处或参阅书目，工作量是很大的，没有捷径可走，恐怕没有窍门可言。例如高诱，大家都知道他是东汉有名的训诂学家，但是《后汉书》没有他的传，也不见有什么野史提到他，《人名大辞典》仅有几个字的介绍："东汉(人)。著有《战国策注》。"我们这次做"高诱"条，不仅对他的生平介绍得比较详细，而且将材料来源一一列出，这就给读者提供了方便。再如"乃翁"这一条，我们引陆游诗"王师北定中原日，家祭无忘告乃翁"为例证。这两句几乎人人会背诵，而且知道诗题名《示儿》。如果其他工具书要引用,完全用不着查书;然而《辞源》却不能这样省事。因为按体例规定,它既要注明篇名,也要注明书名和卷次,这就逼着我们非去查《剑南诗稿》不可。我们知道这部书有八十五卷,收诗九千多首,其中以《示儿》为题的诗就有好几首,查起来要费时间。当然,我们多少还有点常识,知道这部书是按年代顺序编的,而且知道《示儿》("死去原知万事空")是他晚年的作品,所以不会从前面往后面查,而是从后往前查,这样就容易找到,它是第八十五卷的最后一首。这就告诉我们,即使是最容易的书证,《辞源》也不可能信手拈来。至于《剑南诗稿》中的《书怀》《书愤》《自嘲》《解嘲》《书感》《书叹》《示客》《喜雨》《即事》《感怀》等等,都是同一诗题有好多首,散见于各卷,我们即使知道了这些篇名,查起来也是不容易的。还有两部书使用频率较高,查起来也很不方便,一是四部丛刊缩编本《白氏长庆集》,一是国学基本丛书本《东坡集》。前者只有一个粗略分类,没有总目,连分卷目录也没有;即使有篇名,也往往要从头查起。国学基本丛书本《东坡集》书前有总目,然而仅这份总目就抵上一本小册子。里面分前集、后集、续集、奏议集、外制集、内制集、应诏集,同时又分若干册、若干类、若干卷;即使在总目中查到了篇名,也还是不能立即查到原文,因为它尽管是排印洋装本,却没有总页码。凡查这部书的人,没有不喊头疼的。所以查苏轼诗文,我们总是先查丛刊本《分类东坡诗》和《经进东坡文集事略》,如果在这两部书中找不到,那就非查《东坡集》不可了。商务印书馆是有很多无名英雄的,他们为了给《辞源》修订提供方便,编制了很多索引,如《大藏经书目索引》《李太白诗题索引》《杜工部诗题索引》、《音韵阐微索引》等。希望这方面的工作今后继续有人做。

(《中国编辑》2006年第6期)

对修订《辞源》的回忆

张　弦　生

　　1915年10月,《辞源》一书由中国现代第一家大型出版社——商务印书馆出版。它也是我国现代第一部以词语为主、兼收百科的大型汉语语言工具书。不久,中华书局也出版了另一部同类型的工具书——《辞海》。《辞源》和《辞海》这两部辞典成为我国大型汉语工具书的双璧,直到台湾的《中文大辞典》出版以前,无能有出其右者。

　　新中国成立后,商务印书馆出版的《新华字典》以其高质量和实用性成为至今仍然具有无可替代的权威性的小型汉语工具书。它的发行量以亿为计,这在世界上是独一无二的。但是新中国成立二十五年后的1975年,还没有一部新的大型汉语工具书正式出版,更谈不上百科全书的出版了。就连《新华字典》也在"文革"中遭到被胡乱篡改的厄运。以至于小小的圣马利诺国家元首来华访问,向我们赠送他们的百科全书时,我泱泱五千年文明史的中华大国只能以小小的《新华字典》相回赠,这真是中华民族的耻辱。就在这一年,邓小平同志开始主持中央工作,冰冻的中国慢慢有了春意。这时在重病之中的周总理对出版工作作了最后一个批示,要求做好包括《辞源》在内的几种大型工具书和百科全书的编写修订工作。1975年底,为了完成周总理的遗愿,商务印书馆和中南四省区成立了《辞源》修订班子。河南省《辞源》修订组成立了。

　　实际上早在1958年,《辞源》修订工作就已经开始。根据与《辞海》和《现代汉语词典》分工的原则,决定将《辞源》修订成为供阅读古籍用的工具书和古典文史研究人员的参考书。1964年,修订稿的第一分册出版。但在"文革"之初,《辞源》修订工作就遭到批判,修订人员受迫害被遣散,积累的资料也受到很大损失。编纂古汉语工具书首要的工作就是要收集尽可能多的书证。而这就要求查阅尽可能多的古籍，这又恰恰是在重新开始修订《辞源》时以及以后的工作中所遇到的最大困难。如果没有许多图书馆的工作人员，冒着被打成"右倾翻案"的风险和冲破"两个凡是"的禁锢，想方设法为《辞源》修订人员提供方便，修订质量将是无法保证的。

当时河南省的《辞源》修订任务由省组和五市八校，即郑州、开封、洛阳、新乡、焦作市和郑州大学、开封师范学院、新乡师范学院、河南医学院、郑州工学院、洛阳农机学院、河南中医学院、河南农学院共同承担。我起初是在郑州市组参加修订。郑州市委宣传部提出了"三年任务一年完成"，又在一中、四中、七中、九中、十一中、四十中和郑州师专等学校成立了修订小组。除抽调各校的文科教师参加外，还抽调这些学校附近的工厂和商业部门的一些书员参加修订工作。仅郑州市组的人先后就有一百多名。"文革"中，各学校的图书馆都被洗劫一空。1967年初，我还在郑州市博物馆工作时，馆里曾派我以"抢救革命文物"的名义，到造纸厂去回收了一些图书资料。造纸厂原料库的图书直堆积得和房梁一般高，真令人触目惊心。粉碎机旁坐着七八个工人，专门在撕精装书壳，以便于化浆。从书前的印章看，不少是整座图书馆的书都被当废纸卖给这里了。各学校残留的图书少得可怜，根本无法开展工作。为了解决这一问题，市委宣传部指示郑州市图书馆成立了专门的《辞源》修订资料室。由当时的市馆负责人周树德先生任郑州市《辞源》修订组联络员，由现任市馆馆长的张惠民先生主管资料室工作，一些长名、卷次不详的书证，还常常请市馆古籍部主任张万钧先生查找。资料室经常高朋满座，人人手眼不停地披阅翻检，在"文化大革命"之后，能有一群志趣相投的朋友，堂而皇之地坐在这里，毫无禁忌地钻故纸堆，真是天大的幸福！我上小学时就是市图书馆的常客，当时看借阅处后面一排排装满书的架子，心里充满着敬畏，而如今能坐在它的楼上随便翻阅，至今那种满足感仍然记忆犹新。

1977年秋，我又被抽调到省修订组工作。省组除自己承担编写任务外，还负责五市八校所写辞条的初审，书证涉及的典籍就更多了。河南省图书馆古籍部为这些书证的查阅提供了尽可能的方便条件。古籍部的栾星、王玉杰、贾连汉先生不仅热心为我们取书，还教我们如何使用古籍目录，解答疑难，帮助查证；有时还破例让我们进书库直接查找。省图书馆还先后派出蒋霞云、王桂生老师到省组组建和管理资料室。省组资料室的资料来自两处：一是将郑州市古旧书店的古籍全部买了回来，二是向省馆古籍部借来了许多常用的古籍和工具书。蒋霞云老师按正规化要求，不但编写了按四部编排的目录，还编制了按人大法分类的书目卡片。她给编辑们讲古籍分类法和古籍文献学。编辑们大约三分之二的工作时间都是在资料室度过的，由此可见查阅书证工作在《辞源》修订中占有多么重要的分量！蒋霞云和王桂生老师，以及徐式宁老师还陆续购买了许多新出版的古籍图书。《辞源》修订结束后，这个资料室已经颇具规模，现今河南省新闻出版局图书资料馆的古籍资料室就是在省《辞源》组资料室的基础上组建的。

由于修订本《辞源》要从原来的兼收百科的汉语辞典改为专收古汉语的辞典，这使它比《辞海》和旧《辞源》更注重溯源并理清字义的演变，古汉语义项更加齐备，所收的古汉语词汇更多，对古代的文化知识要介绍得更详细。要求在"文革"前修订本《辞源》草稿的基础上再增收 20% 的辞条。旧《辞源》对晚唐五代至明清，特别是宋元时期，属于近代汉语的词汇收录的很少，这次修订要求注意增收。但同时规定，孤证不立，即只有一条书证的不能立辞条，一般要求有不同书里的三条书证证明其已经作为固定的词汇来运用，才可以立条。这样修订人员就必须从大量的典籍中收集尽可能多的书证，加以排比，才能弄清源流，收齐义项，使辞条立得住。按照河南所分的部首，我们各自领受了读书收集书证的任务。我分的是白居易的《白氏长庆集》和臧晋叔的《元曲选》两部书。我从郑州市图书馆借来这十几本书，从中找有关部首的字词，逐一将书证摘出来。这样，自然也就将这两部书通读了一遍，这不仅仅是完成了收集书证的任务，也使我上了难得的古典文学欣赏课。

为了全书的统一，《辞源》修订体例中本着刊刻较早、整理较精的原则，对引用书证的版本作了规定。为了引文的准确，还规定凡是从散见于各种典籍中辑佚而成的辑录本一律不用，要直接从原来的典籍中引用书证。有一些新增的书证要从《佩文韵府》、《花草粹编》等书中找线索，再到某一作品中去找出原始出处，真如大海捞针一般。图书馆的同志每次都不厌其烦地为我们找出各种版本，供我们查阅、比较、取舍。

从参加《辞源》修订后，我更加敬重图书馆工作者。在人类社会进步的道路上，他们是一块块默无声息的路基；他们大象无形地孕化了无数的思想精华，而不留下自己的一点痕迹。在文化的殿堂中，图书馆是一座冷宫——特别是在阶级斗争的年代中，这里是许多有思想者的囚禁地。这里的人常常被另眼相待。记得有一次我去省馆查书证，有一位年轻的公安人员来到古籍部，说"要查一本反动图书叫《福尔摩斯侦探集》"。贾连汉先生告诉他古籍部没有这本书。他马上问另外一个工作人员道："这老头是干什么的？"我在一旁忙向他解释说："这本书不是古籍，可能也不属于反动图书。它是'文化革命'前由公安部的群众出版社出版的。"他这才悻悻离去。就参加修订《辞源》的人员来看，虽然不少人是文科毕业生，但在建国后"左"的思潮影响下，对古籍了解并不多，许多书他们连听说过都没有。如果没有图书馆古籍工作人员的热心辅导和帮助，许多书证的查找根本不知道从何处着手，更不要说追溯源头，理清流变了。

这里我又想起到北京图书馆查书证时的难忘经历。当时的北京图书馆还在文津街。70年代末，说这里门庭若市一点也不夸张，经过十年的禁锢，人们带着求知的渴望，像潮水一般涌向这里。早晨开馆前一个多小时，馆门口就排起了长队。我们住在和平里一家旅馆里，每天早晨6点就要起床往这里赶，稍晚一会儿就可能拿不到座位牌子了。馆里虽然座无虚席，但秩序井然。偌大的阅览室只听到翻书的声音。中央的大案子上，放着各种工具书，供人随时查阅。要借的书从传送带上一盒一盒地从库房里取出来。累了的时候，可以到休息室喝水吃点心。馆里的工作人员得知我们是从河南来为《辞源》查书证的，还特意安排我们到馆里的职工食堂用餐。他们说，前几年"斗批改"的时候，馆里的同志都下放到河南信阳"五七"干校劳动，现在见了河南人就像见了老乡亲一样。河南人很好，可是河南也太穷，你们每天到街上吃饭太花钱。后来我看到萧乾先生的一篇文章，写他30年代在北京图书馆看书的旧事。也谈到他在馆里食堂用餐的情景。原来，北京图书馆安排一些有特殊情况的读者用午餐是有传统的。现在北京图书馆搬到白石桥，设备都很现代化了，借阅的条件也好多了，但我对那种到北京图书馆犹如到家的温馨感觉，仍然记忆犹新。

在修订《辞源》期间,我还到过陕西省图书馆、西北大学图书馆、郑州大学图书馆等处去查资料,每到一个地方都受到热情细致地接待,满载而归,天底下的好人是否都集中到图书馆里来了?

我进《辞源》组时还是一名普通的工人,《辞源》修订结束后我成为一名图书编辑。如果说《辞源》组是我的大学的话,图书馆就是我学习的课堂。现在,《辞源》已经出版20年了。20年来,由我担任责编的图书已经出版了500多种,这其中有很大一部分是由在图书馆工作的师友们撰著的。我永远敬重这些守护着知识的殿堂、开掘着知识的宝藏的图书馆工作者们。

(《河南图书馆学刊》2001年第1期)

略谈辞书体例的创新

——《辞源》修订例话

刘叶秋

一

中国辞书的编撰，我认为大致可以分为六个时期：1. 战国秦汉，是辞书的萌芽与奠基期，这时有《史籀》《苍颉》等识字课本式的读物，显示了辞书的萌芽；有第一部训诂词典《尔雅》、第一部方言词典汉扬雄的《方言》、第一部字典东汉许慎的《说文解字》，为辞书的内容和形式奠定了基础。2. 魏晋南北朝，是辞书的继承与演变期，有三国魏张揖的《广雅》，补充《尔雅》的内容；有南朝梁顾野王的《玉篇》，沿《说文解字》的体例，而收字改用楷体；表现了对传统的继承和内容、形式的演变。3. 唐宋元，是字书的建设与发展期，不仅《说文解字》和《尔雅》的传统仍在延续，而且产生了专释经典文字的辞书——唐陆德明《经典释文》和专释佛经文字的辞书——唐释玄应、慧琳的《一切经音义》；说明了辞书的发展。4. 明清，是辞书的进化与兴盛期，《说文解字》派字典，趋于实用，有明梅膺祚的《字汇》、张自烈的《正字通》、清张玉书等的《康熙字典》；《尔雅》派词典，转向专门，有明朱谋㙔的《骈雅》、清洪亮吉的《比雅》等；讲方言俗语和注释经典训诂以及分析虚词、汇编词藻典故的词典，多种多样，空前兴盛。5. 近代，自辛亥革命后至解放前，是辞书的应时与改革期，有继《康熙字典》而起的新型字典《中华大字典》和首创新体例的词典《辞源》以及续出的

《辞海》，反映了我国近代辞书编纂者为了适应时代要求而进行改革的努力。6.解放后，是辞书的创新与求精期，为了满足广大人民群众学习与研究的需要，增删旧籍，编撰新书，作了有计划的安排，如《辞源》《辞海》的分工修订，《新华字典》《现代汉语词典》等的先后出版，都足以说明我国的辞书编撰进入了一个新纪元。

辞书的由无到有，由少到多，由略到详，由粗到精，由一般到专门，是随着时代社会的发展，有一定的演变过程的。前人创始，后代继承，其内容和体例，必须不断充实，随时改进，才能适应现实的要求。1915年商务印书馆编辑的《辞源》的出现，标志着对《尔雅》以来以解经为目的的词典范围的突破，是内容上的创新；它参酌《佩文韵府》收录字词的方式，略加改变，以单字为词头，下列词语，是体例上的创新，一直为后出的词典所沿用。

二

修订本《辞源》，删去旧本的自然科学、社会科学和应用技术的词语，成为一部专门解决阅读古籍问题的工具书。它和旧《辞源》，既有继承关系，又是一本新书；既是古汉语工具书，也是提供文史哲多方面常识的书；既可供查检，亦可供阅读；一般读者可用，专家也可以用。试图充实内容，改善体例，更作一番创新，尽可能地增强《辞源》的可读性，是我们这次修订的一个努力方向。

什么叫作可读性？大家的看法，容许有异。照我粗浅的体会，就是从满足读者查词的需要出发，进一步引起读者阅读的兴趣，在一定条件下，给读者一个比较完整的概念。因此，在处理词条各方面的问题时，都得把这点考虑进去，大致说来，应该包括：1.收词的针对性和计划性；2.解说的明确性和科学性；3.书证安排的系统性；4.引文的完整性；5.词条之间的联系性；6.提供资料的线索性。以修订《辞源》为例，突出"语文为主，百科为辅"的特点，也是增强可读性的一个重要方面。

由于词典的性质和方针任务各有不同，对于词条的去取，自然各有原则。这部词典不必收的词，那部词典却应该收；这部词典不应有的解释，那部词典却应该有。

如《辞源》的"仙"字下收了"仙禽"、"仙凫"、"仙漏"等许多词条,《辞海》均未列目,作为一部新的百科全书,于此本来可收可不收;《辞源》所说"仙台"指古时的尚书台,《辞海》所说"仙台"指日本的一个城市,即鲁迅曾经学医之处;《辞源》的"土地"一词,只取见于古文献的解说,而不列今天作为现代经济学上"土地"的重要涵义,而讲现代汉语的词典于此却应该录入。这正是各自的性质和方针任务所造成的差别。至于收词立目,最好是按义类作有计划的安排,像关于说"死"的词语,常见的就有逝、卒、殁、薨、崩、大行、仙逝、仙游、升遐、升天、去世、西归、涅槃、晏驾、宫车晚出等等,能举出好多。诸如此类,都先汇集词目,然后分归各部,才不致挂一漏万。不过,作到这一点要下很大的功夫,颇不容易。

　　解说是词典的核心,确切最难。摘录古书的内容作叙述体,也要知所抉择,显示编者的立场,以自己的观点来说话,不能因袭古人的语气来照抄原文。如"锦体谪仙"一条的初稿:"宋李质少不检,文其身,赐号锦体谪仙,后随从北狩。见宋王明清《挥麈录》后录二。"古时天子到诸侯国去,叫作巡狩,是视察地方的意思。宋徽宗(赵佶)、钦宗(赵桓)在靖康二年被金人俘虏北去,李质随行。王明清说"北狩",是一种"为尊者讳"的遮羞话,今天我们提及此事,怎能站在宋人的立场还说"北狩"?定稿在"文其身"以下改为"徽宗(赵佶)赐号锦体谪仙,后随徽宗、钦宗(赵桓)被金人俘虏北去",是必要的。这样,语意明确,使读者一望而知为编者所说,并非鹦鹉学舌,不致误解。另外,性质不同的词条,应有不同的作法,即关于人名、地名以及其他知识性的条目,也要增加其文学成分,充实可读的内容。如"李八百"一条:

　　【李八百】道家传说仙人名。本名脱,蜀郡人,蜀人历代见之,约其往来八百余年,因号李八百。唐时赐号紫阳真人。唐符载有《八百洞》诗:"后世何人来飞升,紫阳真人李八百。"(《全唐诗》四七二)后来也作为仙人的通称,宋苏轼《苏文忠诗合注》二十《与子由同游寒溪西山》诗:"何当一遇李八百,相哀白发分刀圭。"参阅《抱朴子·道意》、《晋书·周札传》、旧题晋葛洪《神仙传》、明曹学佺《蜀中广记》七一引《集仙录》。

　　李八百为传说中的神仙,人在有无之间,事原出于附会。此条虽以人名标目,实际不能照一般真人真事的条目来写;且其既非语词,又不属于知识性条目,只是因为被后人用作典故,写入诗中,才收进词典的。所以像旧《辞源》那样仅列引证,即不合适。修订本于此改成简要叙述,采录唐宋人诗,以为用典之证,在最后注明传说的出处,把它当作文学条目来处理,正是为了突出"语文为主,百科为辅"的特点,以增强可读性。

  书证是词条的血肉,其重要不次于解说。没有恰当的书证,词目难以确立,内容不免空洞;它和解说的关系,是相辅相成,密不可分的。旧辞书如《佩文韵府》,本来专为作诗赋的人查找典故、摘取词藻、对偶而编撰,词目之下没有解说,仅依经史子集为排列引证之次第。像其"良药"一条,先引《晋书》《唐书》《宋史》,后录《家语》《盐铁论》《论衡》《楚辞》等,就完全不顾作品时代的早晚,漫无选择,以多为胜。我们现在编词典,则要从书证中采摘词目,又以书证印证解说,显示词语的古今异同,源流演变,所以安排书证,得按时代研究材料的早出、后起以及意义的本、引、转、喻,使之具有一定的系统性。如"陋室"一条,旧《辞源》只云:"刘禹锡有《陋室铭》,其陋室故址,在今安徽和县。"修订本改动如下:

> 【陋室】狭小简陋的屋子。《韩诗外传》五:"(儒者)虽居穷巷陋室之下,而内不足以充虚,外不足以盖形,无置锥之地,明察足持天下。"唐崔沔俭约自持,尝作《陋室铭》以见志。见《新唐书》一二九本传。清康熙时吴楚材等编选《古文观止》,有唐刘禹锡《陋室铭》。今本《刘梦得集》无此文。

这里先释"陋室"的语词含义,以《韩诗外传》为书证,然后据《新唐书》谓崔沔尝作《陋室铭》;指出刘禹锡铭文,本集不载,仅见清人选本,以澄清旧说。引证简明,体例严谨,实远胜原稿。禹锡作铭,既难确考,则推寻其陋室旧址,不免凭虚,旧《辞源》的说法是不高明的。又"边琐"一条,据《汉书·丙吉传》记驭吏在知道虏入云中、代郡之后,见丙吉言状,请豫视边郡长吏,恐有老病不任兵马者。吉善其言,召东曹案边长吏,琐科条其人。"案边长吏,琐科条其人",本指考察边境长吏,记录其年龄、经历、出身文武等等,看看他们是否能称职,"边琐"二字尚未结合成词。至宋苏轼《送蒋颖叔帅熙河》诗"正坐喜论兵,临老付边琐",始用此语,以"边琐"连文,当作复词,而且由"守边人员经历的记录"引申为"守边的军务"之意,源流俱在,转化显然。不取《汉书》,则此条为无源之水;没有宋诗,则词目难以建立,二者不可缺一。此外如"推敲"一词,源出贾岛故事,后以泛指作诗撰文之斟酌修改,又推广为一般的分析研究之意;"掩耳盗铃"一语,《吕氏春秋》和《淮南子》皆作"盗钟",宋以后才多作"掩耳偷铃"或"掩耳盗铃";这都需要恰当的书证和系统的综合排比,方能表现词语的古今之变,没有丰富的材料,是作不好的。

引文是书证的具体内容,虽限于词典的体例和篇幅,不可能整段抄入,亦应相对地顾及文意的完整。旧《辞源》引书多缺上下文,引诗也往往只采一句,影响读者对词语意义的理解。这次修订,引诗皆录一联,还尽可能地多用名句为书证。如"黄昏"一条引唐李商隐《乐游园》诗"夕阳无限好,只是近黄昏",宋林逋《山园小梅》诗"疏影横斜水清浅,暗香浮动月黄昏",俱属流传众口的名句,读者查词见此,会感到亲切;又因唐许浑的"山雨欲来风满楼",已被后人赋予比喻意义,当作成语来用,故采整句为词目;都是旧《辞源》所无。引文章,也注意前后首尾,使读者从当时的语言环境中,体会词语的含义与情味。如"无何"的第一义是"无几何时,不久",旧《辞源》引《史记·曹参传》只"居无何,使者果召参"二句,没有上文,不知所说何事。新本增引了前面"惠帝二年萧何卒。参闻之,告舍人趣治行:'吾将入相'"数语,下接"居无何,使者果召参",则文意完整,不仅使"无何"词义更显,且能让读者了解一点史实,体会到曹参的自知之明。又"许"字有"允嫁"一义,修订初稿仅引《史记·高祖纪》的"何自妄许与刘季"一句话,所指不明,定稿加录上文"吕媪怒吕公曰:公始常欲奇此女,与贵人。沛公善公,求之不与",下接"何自妄许与刘季",说清了原委,"许"的"允嫁"之意,就不须再讲了。另外,修订本的"烟云过眼"一条,引文稍长,亦属必要:

【烟云过眼】喻转瞬即过,不留痕迹。宋苏轼《东坡集》三二《宝绘堂记》:"见可喜者,虽时复蓄之,然为人取去,亦不复惜也。譬之烟云之过眼,百鸟之感耳,岂不欣然接之,去而不复念也。"……

照一般的作法,引文不过取见词目的一句,"譬之烟云之过眼"以上皆可不录。但苏轼少嗜书画,喜欢收藏,后来乃能看开,不以得失萦怀,上面几句话,表现他对收藏书画的态度,使"烟云过眼"之意,更有着落,读者藉此还能了解这位大文学家豁达的胸襟,可谓一举两得。这里多采上文,不妨说是增加词条的文学意味,满足阅读的要求。有的学者反映,《辞源》引书之自具首尾,对他们非常重要,可免查书之烦和无书可查的苦恼。

在词条后面标注"参见"和"参阅",是修订本《辞源》借鉴国外百科全书的作法首创的新例,为以往的辞书所未有。这对词典的可读性,更能起直接加强的作用。标注"参见"的目的是使内容有关的条目发生联系。如"浮蚁"和"浮蛆",所指本为一物,而语有早出、后起之异,兹录两条原文对照一观:

【浮蚁】浮于酒面上的泡沫。《文选》汉张平子(衡)《南都赋》:"胶敷径寸,浮蚁若萍。"唐刘良注:"酒膏径寸,布于酒上,亦有浮蚁如水萍也。"后作酒的代称。唐李咸用《披沙集》五《送人》诗:"盈耳暮蝉催别骑,数杯浮蚁咽离肠。"

【浮蛆】浮在酒面上的泡沫或膏状物。同"浮蚁"。宋陶毂《清异录·酒浆》:"旧闻李太白好饮玉浮梁,不知其果何物?予得吴婢,使酿酒,因促其功,答曰:尚未熟,但浮梁耳。试取一盏至,则浮蛆酒脂也。乃悟太白所饮盖此耳。"欧阳修《文忠集》十一《招许主客》诗:"楼头破鉴看将满,瓮面浮蛆泼已香。"参见"浮蚁"。

浮蚁见于汉赋,唐人已用以称酒;浮蛆后起,为宋代常语;两条引证虽异,含义实同。在"浮蛆"之末注出"参见浮蚁"让读者由此及彼,再去查"浮蚁"一条,以补充印证"浮蛆"的内容,可见古今词语之变,得到更多的知识。又如"如愿"与"乞如愿"两条,俱述湖神婢女如愿的传说,而叙述的详略主次,各有侧重,可以互相补充,在"如愿"之末注出"参见乞如愿",为的是通过对观,了解这一传说的演进和民俗的形成。"掣鲸"和"任公子"内容也有渊源,不标"参见",一般读者未必知道它们的联系。因此我们说"参见"这种提示的方式,就是兼顾读者的实用和阅读的兴趣而采取的。

词条的解说和书证,容量都有限度,材料虽丰,也无法尽量录入。在词条之末标出"参阅"的书目,即为补充这种缺欠而设,但其作用却多种多样,各因词条的内容而不同。一般知识性条目,撮述事实,未必见于一书;词语解释,时有异说,参酌考证,往往只取结论;事实之来龙去脉,典制之原委变迁,俱非词典的概括说明所能完全包括。因此在"参阅"项下列出有关的书目,为读者指出材料来源,提供研究线索,以备作进一步的探讨,就非常必要。如"准"字一条,谈"准"在古代公文中的用法,并采录传说,溯原考变,末注"参阅宋费衮《梁溪漫志》一《三省勘当避讳》、周必大《二老堂杂志》三《敕用准字》》";"副榜"一条,叙述科举时代取士之制,末注"参阅清俞樾《茶香室四钞副榜》",都是希望读者能由此知道材料的出处,去查阅参考书的。

另外,我们还作了一些看来琐屑而实际有用的工作,如《世说新语》称人多举别名、小字,或称职官、郡望等等,一般读者难知,像丞相指王导,谢公指谢安、平原指陆机,清河指陆云之类,俱为加注。介绍人物经历,如中进士在某朝某年,凡能查到者,也一律写清楚,以符合词典明确具体的要求。

上述种种,是我们修订《辞源》企图革新的一点尝试。通过实践,感到像这样大部头的词典,修订本非易事,加上初稿出于众手,前后相隔,年数又多,各条质量很难平衡。但椎轮为大辂之始,当然不可能希望几个人就毕其功于一役,我们相信有志之士今后会继续努力,精益求精,进一步提高《辞源》的内容和形式的质量,使之成为一部更新、更能解决阅读古籍问题的有典范性的工具书。

(《辞书研究》1984 年第 2 期)

《辞源》《辞海》的开创性

汪 家 熔

提要：1908年商务印书馆在高梦旦的一再建议下，聘请陆尔奎主持编纂以字、词并重的辞书，即《辞源》。《辞源》将词，包括外来语，作为语言里独立的最小单位来研究和释义；收字、收词破除历来字书越滚越多的作法，以一般人实用为标准。经过中华书局7年的诚恳请求，1928年舒新城受聘主持《辞海》编纂。《辞海》编纂的体例设计、收字收词、释义等在《辞源》基础上又有所推进，两书完成了现代辞书的体例。本文具体地叙述了两书的各项创新和编纂者的认真精神。

关键词：辞书编纂　辞源　辞海

据《民国时期总书目》统计，辛亥至1949年，全国共出版图书11万种（不包括线装书）。其中辞书出版品种非常多，但旧版继续被读者在使用，而且被受命修订的，却只有《辞源》、《辞海》两种。1958年，从调节出版资源和该两书的特点出发，中共中央宣传部建议，《辞源》修订成阅读古籍的中型工具书，《辞海》修订成偏重于百科型的案头工具书，奉国务院命令编撰的《现代汉语词典》是中型规范化语文词典。内容全新的新《辞源》、新《辞海》沿用旧名，是建国前出版的11万种书籍中所仅有的，这表明《辞源》、《辞海》已成为名牌。

《辞源》、《辞海》成功的关键是"做得好"，精心编纂。还在于两家都有真正了解市场、能开发市场的策划编辑在开发选题。特别是《辞海》，在《辞源》之后，体例上对《辞源》有所借鉴，但更多的是在《辞源》基础上的创新，《辞源》、《辞海》完成了现代辞书的体例结构和做法。

选题策划，从纯粹经营的角度考虑，必使没有后继者，或使人不能跟随，才能独占市场。而当跟随别人选题时,不亦步亦趋,虽题目相近,如开发边缘市场、重新定位以扩大市场,可使市场所得接近全份额。《辞源》、《辞海》的成功,在这点上是非常突出的,值得我们了解、研究。

一 《辞源》

《辞源》是商务印书馆(下简称"商务")的看家工具书。它的盛誉自 1915 年出版至今经久不衰。它的开创性有三:冶中西学识于一炉,接近生活;接受"词汇"的概念,以"词"而不仅以"字"为释义单位;按近代科学水平解释字词,有时代性。这些都是自《说文解字》以来的字书所没有过的。如"水"字,自《说文》开始说"准也";"火"字,《说文》说"毁也"。经过 800 年,到《康熙字典》还仍是"准也"、"毁也"。直到《辞源》才说"水:氢气氧气化合之液体,无色无臭,在摄氏表百度而沸,冷至零度,则凝为冰";"火:物在空气中,与氧气化合而燃烧,所生光与热之现象"。辞书从辑录训诂到解释字、词,其差别仅仅隔着一层纸,现在这层纸被《辞源》捅破了,因而生意极好。这就可以成为被模仿和抄袭的对象。但并没有。

如果说《辞源》因其篇幅大投入多而未被模仿,那在 1915 年《辞源》出版前的 1912 年,商务曾将其字头,即单字,先抽出成书,名《新字典》。《新字典》是《康熙字典》问世 250 年后最早的、第一本革命性字典,篇幅不大,想"跟随"的难度好像不大。但也没人敢跟。原因极简单:要超过《新字典》非常难,如果照抄,按当时的读者数量不会成功。而且它的书名,使人极难影射。商务叫了"新",其余能冠在"字典"前与之区别又有积极意义的词只有"大"。而叫"大字典"必比《新字典》大才行,而这极难。所以《新字典》、《辞源》出版后相当长时间内没有人模仿。

有人说,中华书局(下简称"中华")有《中华大字典》,又有《辞海》,不是一种仿效吗?从时间上说,《中华大字典》和《辞海》都在《新字典》和《辞源》后,但从内容上讲,不是模仿而是竞争。竞争与仿效的差别在于前者是"争胜",后者是"争利";虽然商业争胜的目的也是为利。中华与商务之间是争胜。争胜就能给读者带来好处,从而再获得自己的经济利益。能给读者带来好处的就值得我们学习。

《辞源》选题的产生经过多年的考虑。产生《辞源》的历史条件,或说客观需要有三个:

自从19世纪"西学"传入后,产生了很多新词新义。有些词的新义和原来意义截然相反。如"民主",原义是指民的主宰者,指帝王或官吏:"天惟时求民主,乃大降显命于成汤。"(《尚书·多方》)当时输入的新义,"民主"则是人民有参与国家管理等权利。这些新词新义并不为大家知道,阻碍了西学的正确传播。需要一部释义辞书辅助西学的推广。这是一方面。

另外,随着废科举和兴学堂,学生所学学科远较科举时多,学生用以学习我国固有文化的时间不及往昔之十一,对稍典雅的文字,则满纸荆棘不能卒读。我国固有文化的语言研究长期沉溺于训诂,语法范畴的研究仅限于虚词。词的观念不强,一直没有词典而只有字典。

第三,商务印书馆编译所高梦旦,戊戌前在他表兄、马尾船厂总办魏瀚处担任他表侄的教师时,就感觉应该有一本囊括中西、包涵古今的词典。后来曾与二三同好议论,想编纂。1902年他受浙江求是大学堂委派,率领留学生去日本。在日本近两年,考察日本教育、文化,深感教科书和辞书与全民文化水平的提高关系极大。(参阅高梦旦《新字典·缘起》,商务,1912年)他奋袂而起,辞掉留学生监督的职位,回国进商务,编小学教科书。他进商务编译所后,多次建议编一部综合性辞书。但当时商务一心在教科书上,不能兼顾。(同上)1908年春,高梦旦到广州,认识了陆尔奎。陆尔奎,武进人,"自少见重于乡里","善治名物之学,超于其侪辈"。(吴敬恒《新字典·书后》)他有"友人有久居欧美,周知四国者。尝与言教育事。因纵论,及于辞书。谓一国之文化常与其辞书相比例……国无辞书,无文化之可言也。其言至为明切"。(陆尔奎《辞源说略·编纂此书之缘起》)他经常讲非有一本新的词典不可,否则学生和一般人都负担太重,对教育的前途决无好处。(吴敬恒《新字典·书后》)他们两位交谈之后引为同调。经夏瑞芳、张元济首肯,陆尔奎被邀请进商务从事辞书编纂。

《辞源》原计划五六人化两年功夫,不久增到常年二三十人,历时8年才出版。

前后参加者近50人,使用的资料10万多卷,耗资13万元。《辞源》在编纂过程中有过两次大返工。开始是收集词汇,按其首字汇总,编写者按字头包干,分别释义。《辞源》是部百科性词语词典,古今中外、数理、技术、历史、地理、人物无所不包,释义者不能门门都通,所以写出的词条质量不高。于是决定进行返工,将词条按类交熟悉该学科的编辑校订或重写。至辛亥下半年,全书基本完稿,各类词目再按首字汇总,并请有关熟悉该科目的编辑审查。如在《蒋维乔日记》中可见到下列记录:"辛亥年,七月初五,阅词典部初篇普通词典样本。""七月初八日,陆炜翁(陆尔奎)以词典样本中关于动植物字,嘱为修改。余允之。"(这是辛亥武昌起义前)"十月十一日,是日校词典。""十月十四日,是日上午会议词典事。午后编词典。"此后自十月十五日至十一月十二日(即公历12月31日),蒋维乔这段时间都在编词典。将稿件印出来让大家可以仔细提意见,将词条按专业汇总,请精于此道的编辑修改,在90年前哪家出版社能做到。这就保证了书稿质量。而高质量书稿是最不能被人"模仿"的。

这时又发现,在分科校订、重定时,发现缺少对词目控制,有重复、疏漏、译名不统一、轻重失调、呼应不够等等毛病;又发现转录类书时照录了类书的疏漏,决定再返工,直接查原书。又经3年多才杀青付排,至1915年10月出书。

《辞源》开创的以下各点,为此后的语词辞书所循守:

1.《辞源》将词作为语言里独立运用的最小单位和释义对象,而不像古字书仅仅以字为释义对象。

《辞源》开天辟地将混入释义的词从义项中剔出,列作词头。并且大量搜集,扩大词的容量。如"一"字,除释单字"一"外,"正一"、"一一"、"天一星"、"太一山"、"三一"、"尺一"、"百一"均作为词不在"字"里解释。此外"一"字下尚收358条词条,极便于一般人使用。当然不仅是便于一般人使用,而是使词典的解释合乎语言学,对词即"语言里最小的、可以自由运用的单位"进行解释。

2. 以字和词作释义对象,而不同以往字书只罗列各家训诂成就而不加释义的做法。

由于我们的汉字是表意文字,一个字等于西方文字的一个词或词根,所以文字十分丰富,并且形成以字作为认知对象的传统。古代字书以字作为释义对象,而不以词为对象,就很正常。字、词经过广泛使用就衍生新义。但字书不对词的衍生义分析、释义,而《辞源》则开创了对词的析义。像一字中"一口"一词,细分至六项:"①一人曰一口。②谓众口一致也。③谓口所容纳也。④谓一言也。⑤谓一孔也。⑥谓物之件数:a.一具也:献剑一口。b.鸟兽之属,一物谓之一口。c.器用之属,一事谓之一口,《酉阳杂俎》有:古锅一口,树生其中。"中文词书分项释词是《辞源》开创。

3. 推广了词儿写定。

我国传统上虽然用的不是语言学意义上的词,但《骈字类编》、《佩文韵府》以词为类编的类书,就以词语为收录对象。以《佩文韵府》为例,收录词汇达527805个之多,但其中有些并不是词,如以韵押"主"的词语中有一条"骨为主",是个不完全句,不是词。说明当时对"能自由运用的最小单位"的观念还陌生。《辞源》收录词语约10万条,每条都严格按"能自由运用的最小单位"的原则划定词儿。由于辞书本身特有的对使用者的无形规范作用,在推广词语的写定上具有历史作用。

4. 外来语只对词汇加以释义,不再对音译用字释义。

5. 注重实用,容纳宗教和日常用语和语义,注意结构平衡。这非常重要,要使辞书能解决人们实际生活中遇到的事物,收录词汇必须均衡。

即以宗教词汇而言,对在我国有重大影响的世界三大宗教,不仅每种宗教都有词条,对其中在我国有影响的支派,也都立有词条。如佛教的天台宗、密宗(以喇嘛教列条)、禅宗、法相宗、华严宗、唯识宗、净土宗、小乘教等,都列有词条。基督教的重要教派天主教、东正教(以希腊教列条)、新教(以耶稣教列条)等,以及伊斯兰教、道教也有相应的词条。特别是近代科学,包括自然科学和社会科学,搜集非常均衡。《辞源》收词条的均衡,包括收字的均衡,为近代辞书开创了典范。为此后略懂规则的辞书编者所普遍遵循。

6. 按近代科学水平解释字词,有时代性。

"云",从《说文》开始到《康熙字典》一直说:"山川气也。"直到《辞源》才说:"地面湿润之气升至甚高处遇冷凝成微细水点,浮游于空中也。""木",一直说"冒也,冒地而生;东方之行"。《辞源》说:"木本植物之通称。枝干长大、可用以构造者,曰乔木;干低枝近地者,曰灌木;介于灌木与草本植物之间者,曰亚灌木。"类似的在在皆是。

7. 注意呼应。

近代辞书由于要在较少的篇幅中容纳更多材料,开创了条目间的呼应。老《辞源》的呼应,请见"三皇"和"伏羲"条。

8. 推源。

《辞源》的名称表明了它的特点是查清每个词最早使用的年代。当然,辞书里每个字的最初产生都是在书面中;而词的发生,最初则可能发生在口语中,也可能是书面的。自然,所有口语都不能留下踪迹,所以所谓"源"只能是最早的文献记录。查清一个词最早的使用,必须附录最早语境,才能掌握该词的本义。《辞源》努力做到每一词条列尽可能早的书证。这对于读者理解词义无疑是重要的。对译自西文的词都注明其外文原文,显然这也是源。

9. 加插图和附图。

二 沈知方的教训

在谈精心编撰时插一段粗制滥造的史实。

有些出版史文章在谈起商务印书馆时,往往说商务出人才,并且举中华书局陆费逵、世界书局沈知方为证。其实,在资本主义社会,劳动力是商品。因而人凡成材,一分是环境机遇,九分是自己努力。商务看上陆费逵,是因为他是人才。沈知方也同样,1901年商务曾"开设沧海山房,同时聘用富有推销能力的人才,俞志贤君,吕子泉君,沈知方君,都于此时进馆。……三君都是老书坊里杰出人才"。(高冯池《本馆创业史》,见《商务印书馆九十五年》)沈知方进商务前就有"书业奇才"之称。他十起十落:十次兴业十次失败,而且其中必然开局就是胜利,但最后依然失败。第十次是办世界书局股份有限公司。世界书局还谈不上对社会有多少文化贡献时,他已经又败了。提倡世界主义的官僚看中"世界"这个招牌,愿出资维持,条件是沈知方完全退出活动,由官僚资本接手,委陆高谊经营。后世界书局也出了些好书,如《莎士比亚全集》、《英汉四用辞典》等等。很多写出版史的人分不清,往往将沈知方和世界书局等同。沈知方十起十败,关键在太急于赚钱,以致人很有能力而败绩累累。极值得给他写一本传,以丰富我国近现代出版史,对大家会有警惕作用。

一个出版选题的提出,应该有针对性明确的文化目的,编撰时才不会摇摆,书才能站住脚。1908年商务开始编纂《辞源》,如前所述其背景是当时青年对传统文化已经很陌生,而有的人对新知识也缺乏了解。《辞源》使新知旧学融于一炉,对人求知有较大帮助。而在辞书体例上又有很大创新。这一选题的成功是显而易见的。将完稿时,沈知方是商务印书馆的重要中层干部,自然会知道《辞源》的情况。他估计词典销路必旺,遂组织"国学扶轮社",请黄慕西抢先编纂一部以词汇为主的辞书。

沈知方虽然知道在编《辞源》(当时还没有起这名),具体情况并不太清楚,所以并不能告诉黄慕西《辞源》的具体要领。黄慕西仅仅从辞藻的观念理解。因为要赶时间,也就毫不研究。将《骈字类编》略作取舍,变更词汇排列方法,名为《文科大辞典》(内封上题《文科大词典》,"词典"一词是他首创。可惜因为这本词典并未流行,不为大家所知),在1911年冬抢先出版。因其粗糙,未能站住。

从《骈字类编》的首字中挑选80%的字,按首字所属部首、笔画排列,再在词藻中挑选约20%成为词条。《文科大辞典》所收的字、词,也有一小部分从《佩文韵府》摘来。对全部词加注词性、词类,并摘录语境:一部分词加以解释。

《文科大辞典》虽然在书名上有创新,但内容称不上一部近代辞书,而是一部用近代字典形式排列的古代类书而已。

首先,人们实用的新词、新语一个都没收。

其次,它收录的不都是"词"。以"千"字为例,其下共列29个"词":千乘、千官*、千室、千福*、千户、千柱*、千秋、千墩、千石、千长、千午、千名、千呼、千门*、千尧*、千虑、千转、千函*、千镘、千和*、千礼、千亿、千雉*、千叶、千人石、千金方、千龄节、千龄寺、千牛备身。至少,后面带"＊"的8个并不是词。"千"有两个义项：一是数字,一表示多。表示多的"千"和其他字结合后只要不是特指,"千"都能和"百"、"万"调换,而仍然是表示多,它就不是固定的、最小的语言单位,就不是词。

第三,不注意呼应。近代辞书开创了内容的呼应,而《文科大辞典》作为近代辞书,未能做到这点。如,有"五夜"条,另有"甲夜"、"乙夜"、"丙夜"、"丁夜",而无"戊夜"。类似的极多。

正是沈知方的急功近利,不能很好从"典"的要求出发,急于在《辞源》问世前将《文科大辞典》推出,结果在辛亥年冬天匆匆出版。虽然我们在上海、北京的报纸上能找到大幅广告,但很难在历史久的图书馆里找到这部大辞典,而且从未见到重印本。当年,一部辞书如果仅仅印一次的话,往往会亏本。同年,国学扶轮社还推出一部《普通百科新大词典》,和《文科大辞典》配套,也由黄慕西编写。一位先生在一年多的时间里炮制共300万字的大编制,很难说会有足够的水平,其发行结果和《文科大辞典》一样惨也就不奇怪了。可惜这么好的两个具有开创性的选题,被白白糟蹋了。从此"国学扶轮社"的招牌就不再出现。

三 《辞海》

商务《辞源》出版后,中华的徐元诰有意顺势而上编大词典。这意见陆费逵和编辑所长范源濂也同意,并且商量好体例,拟好书名叫《辞海》,意在篇幅超过《辞源》。进而徐元诰开始运作。次年洪宪覆没,袁世凯病死,共和再造,范源濂和徐元诰重入政界。这时陆费逵并未勉强继续。后来徐元诰时而去政界作官,时而在中华主持编《辞海》。陆费逵不急于求成,而是细心找寻一位能胜任的主编。到1922年,其感觉舒新城是位能主持词典编撰的好手,在1928年4月和他签约主编《辞海》。

舒新城,生于湖南溆浦一位自耕农家。父慈而母严,自小奉母命舍耕而读。1917年毕业于岳麓高师。1920年受聘于湖南省第一师范学校,与毛泽东相识。不久到上海中国公学任中学部主任。同时从事教育学史料的收集和著述。1922年陆费逵到中国公学讲学，两人相识。此次见面中，陆费逵感觉舒新城足以胜任编辑，约他到中华书局。舒新城正全身心投入于教育史研究，没有答应。当时商务印书馆编译所前后两任所长张元济和高梦旦，张早已将编译业务交高梦旦，张自任监察职务；高梦旦觉得"五四"后自己已赶不上时代，而退居出版部长，所长已换王云五，其余编辑也大量进行了更替。而中华书局编辑所未能更新，编辑所长戴克敦体弱多病，与商务的竞争就显得费力。所谓千军易得，一将难求。陆费逵常挂着这件事，就约舒新城组织编撰一部《中华百科辞典》。见到《中华百科辞典》稿子后，陆费逵罗致舒新城的想法更加急切，后又几次邀请，均被婉却。时间愈久，陆愿望愈切。1928年3月30日，陆费逵写了一封恳切长信，这是他第七次邀请舒新城。从1922年到1928年，七年七次真情相邀，真所谓盛情难却。"纵使铁石心肠也会被软化的"。就是这，舒也经过了"数日之苦思"，才在4月5日复函允应。

"1928年4月23日，舒新城由宁抵沪，正式面晤。双方进行实质性洽谈。陆费逵要求舒新城将其未完成的两部辞典（即《简明文艺辞典》和《人名辞典》）并入《辞海》，以便他本人专心《辞海》工作。舒新城则要求本人除主持《辞海》编辑事务、履行主编职责外，仍要继续他的教育史的撰写工作，直至完成。双方都答应了对方的条件，遂成共识。26日这天，两人签定了合同。"（李春平《辞海纪事》，上海辞书，2000年。）舒新城原来立志从事教育史研究，签订合同时原想编完《辞海》仍回教育界。不料到1930年，陆费逵要他接任中华书局编辑所长。从此这位教育家成为出版人。建国后，有关方面又请他主持《辞海》修订工作。"就连他自己也没想到，主编《辞海》竟成了他的毕生事业。后来他在《我与教育》一书中称这次转折是因为友谊而放弃理想，是'理想的幻灭'。中华书局却因有了他，才使《辞海》编纂工作得以为继，才有了后来的《辞海》。"（同上）

《辞海》是徐元诰编写《中华大字典》后建议的。他原想从字典"顺流而上"变成词典。《中华大字典》收录有大量词汇。所以在决定编纂《辞海》以后的最初阶段，并没有做很多的工作。不过是把已经出版的《中华大字典》等书的词条加以剪贴，并从一些旧的字书、类书（例如《佩文韵府》）中选择一些词目，抄录下来，编成资料卡;这样的条目和资料卡大约有许多万条。舒新城接手后对徐元诰的稿子作了研究,"觉原稿中已死之旧辞太多,流行之新辞太少。乃变更方针",按现在的话叫"重新定位"。提出辞书"自当体察用者之需要,恰如其所需以予之"(《辞海·编辑大纲·要旨》)。这是辞书编纂史上石破天惊的话。"当体察用者之需要",只是一句极简单的话,难在"恰如其所需以予之"。从《辞源》开始,已考虑到当时读者需要,提出了"融中西于一炉"的方针,并打破了辞书收字愈来愈多的传统。但从1915年《辞源》出版到1936年《辞海》出版,中间21年,仅上海出版的字典、词典就无以数计。但真能"当体察用者之需要,恰如其所需以予之"的很少。人往往强调所谓众口难调,很难。其实,辞书的规模就决定了读者的层面。

舒新城接手时社会变化很大,所以"苟非推陈进新,顺时以应,则辞书之用有时而穷"。就推陈出新要求,其重点当在词语而非字。汉语单字,大多是单音词或词素,是语言中的稳定部分,有《辞源》等可资借鉴。词语则是随着社会活动的变化而生成、消失,是语言中最活跃的部分。自《辞源》以来,社会有很大变化。"五四"的出现,使这些变化凸现出来。这段时间新的词语增加很多,外来词译名亦因留学欧美学生归国的增加逐渐添加或变化。《辞海》面临搜集、写定和解释新词汇的任务。此外,对历来被称为"不登大雅之堂"的小说、戏曲中流行的俗词俗语,"沈颐先生在主持辞典部工作以后不久,就作出决定,要求全体编辑人员阅看宋、金、元、明以来的小说、戏曲,搜集流行的俗词俗语(口头词语),做成资料卡,供写稿时选择,作为《辞海》新补充的一部分词目。并指定刘范猷以后逐日阅看各种报纸和新出版的重要杂志、图书,注意搜集新词新语(包括外来语);而且希望其他各编辑也能够同样做"。(周颂棣《老辞海是怎样编成的》,见《回忆中华书局·上》第153页,中华)沈颐在1915年前是商务国文部重要编辑。后来是1928年成立的"中国大辞典编纂处"搜查部白话小说股的成员。1930年舒新城任中华书局编辑所长后,他主持《辞海》。所以说,《辞海》自此从书报杂志中收录《辞源》后的新词新语,又开始收古白话戏曲、小说中的俗词俗语。"中国大辞典编纂处"主要成员黎锦熙后来说:因为历来辞书因其"常"而不收俗语。"因为'常'则必'俗',常俗用字,每为旧时字书所不屑道,近今辞典偶道之而不能探其源……现在读《元曲选》或《水浒》等旧白话小说的,从此才算有了辞典可查。《辞海》总算能担负起一部分的任务了。"(黎锦熙《辞海·序》)这是《辞海》新贡献之一。

《辞海》新贡献之二是,全部使用了新式标点。新式标点在"五四"后大量使用,本是应该。值得提出的是辞书中对引用古籍用新式标点,这是件很难讨好的事。

其三是坚持了《中华大字典》开创的引书不仅注明书名,还注明篇名;引自古代戏曲、小说的,则注折、回数。这看来是件小事,其实费力之多实难想像。语言学家黎锦熙先生说:"这是所谓朴学,是'正名辨物'的基本态度,要办到这个,多少不免要查对一些原书。有这种'不惮烦'的精神,才能够超过类比、罗列而有折衷、归纳之言。……《辞海》对于'正名辨物'的工作,总算有相当的贡献了。"(黎锦熙《辞海·序》)因为古代词书,引书均仅注书名,一则读者不易覆按,二则辗转而抄录,就产生错误。这就不容易对词语作出正确的解释。现加注篇名,就必须查原书,才能辨正。如《康熙字典》"寸"部"寺"字有"宦寺"义项,引《周礼·天官》"寺人掌王之内人"句。《康熙字典》删节失当。"寺人"即"侍臣",宫内之近侍,属于仆役范畴,他怎么能"掌"王之内人呢!查对《周礼》,就知道应增"及女官之戒令":"寺人掌王之内人及女官之戒令",是说内侍在伺候嫔妃和女官时见到她们言语、行为有失时应小心地提醒一下。1815年马礼逊编汉英《字典》,这条就照录《康熙字典》,也跟着错。《辞海》"寺人"条不抄《康熙字典》,而引《周礼·天官》"寺人掌王之内人及女官之戒令",再引《叙官》注"寺之言侍也",贾疏"取亲近侍御之义,此奄人也"。这就正确了,再加贾疏就更明白。这就是加注篇名必须查原书的好处。

其四,条目分类包干和请专家审阅。就收录内容讲,《辞海》接近《韦伯斯特词典》,是语词与百科词汇兼重的综合性辞书。参与编纂诸先生接触稿件有专业分工:"《辞海》的编纂方法,是按词目的性质,各个编辑分类包干。……百科部分则一个人要分许多部门条目的修订编写工作。例如:陈润泉包干数理化以及天文、气象等自然科学的条目;徐嗣同包干政治、经济、法律等社会科学条目以及日本的历史地理、人名地名的条目……也有少数部分的条目,是请编辑所内其他部门的人员帮助修订或审阅的,例如:音乐条目是请教科书部朱稣典先生编写……"。(周颂棣《老辞海是怎样编成的》)虽有分工,究竟太粗。所以最后分类词语,请黎锦熙、彭世芳、徐凌霄、周宪文、武堉干、王祖廉、金兆梓、陆费执等先生审阅,从而保证了质量。(参阅陆费逵《辞海·编印缘起》,黎锦熙《辞海·序》)

其五,开创了"百科性词典"新品种。《辞海》出版于《辞源》、《中华大字典》之后。它包含了后两者的合理部分,又有新添的做法。徐庆凯先生说:"中华书局编纂《辞海》,是为了与商务印书馆的《辞源》竞争,并且明显地取其所长而补其所短,因此收到了后来居上的效果。刘叶秋先生在《中国字典史略》上讲到《辞海》时说:'作为一部综合性的词典,它与《辞源》相同,但出版在后,得以《辞源》为编辑的借鉴,纠正了《辞源》的一些缺点、错误。内容和体例,都比较好:第一是单字的音义分辨较详。……第二是对词语的解释较为确切。……第三是补充引证,丰富了词语的内容。……第四是在每一词条之下,大都先作解释,后列引证,体例较为一致。……第五是收词较为严格,不像《辞源》那样杂滥贪多。……第六是增收了小说词曲中的常用语词,多为《辞源》所未有。……第七是引书大都注出篇目,便于读者查考。此外,对百科性的词条作得较精,也是《辞海》的一个特点。'刘叶秋先生在1958年到商务印书馆参加《辞源》的修订工作,1980年起任商务印书馆编审直至1988年逝世。他的上述评论是中肯的。李开先生在《现代词典学教程》中,称《辞源》'开创了我国现代词典时期',而称《辞海》'是我国又一部开创性现代词典',说它'后出转精,无论在体例、条目的收列、释文等方面都取得了新的成就'。"(徐庆凯《辞海六十年》,《出版史研究》第五辑)

至此应该可以说建国后的辞书做法,除进行分科主编和预定词目框架外,其余做法,到《辞海》为止,已全部创立了。

这方针在时间上比《辞源》晚出13年,舒新城接手编撰又用了8年,自然后来居上,更符合读者的需要。出书又在1936年,《辞源》出版21年之后,这就不能说是"追风"了。《辞海》出版,《辞源》遇一劲敌,读者多了一个选择。如果舒新城不提出重新定位,或提出后陆费逵怕旧稿报废不接受,《辞海》出版就变成不成功的跟风。

《辞海》从1915年创意、启动,前后经4位主编——徐元诰、舒新城、沈颐、张相,署名编辑57位,历时21年,1936年才问世。"各种版本行销在100万部以上。

1947年复有缩印合订本的出版。解放后还继续重印。"(吴铁声《解放前中华书局琐记》,《回忆中华书局》)《辞海》出版后经八年抗战,接着三年解放战争,这11年中人们经济不富裕,一部720万字的辞书,在12年中能销100万部,实在可以给出版界的粗制滥造者以教训。

纯粹原创的选题是极少的,重要的是不作低水平重复,才能对文化有所贡献。《辞源》、《辞海》的历史,或能给我们以启发。

(《辞书研究》2001年第4期)

《辞源》注音审读记略*

邵荣芬

1977年秋，商务印书馆要我审读一下《辞源》修订稿（即由广东、广西、河南、湖南四省区和商务印书馆编辑部共同协作的修订稿）的注音，希望提出一些修改意见，供编辑部参考。由于受修订稿完稿时间的限制，审读工作是断断续续地进行的，延续了好几年。现在《辞源》全书已经出版发行，我觉得如果把我对《辞源》修订稿注音所提的意见，略加说明，也许对《辞源》的读者以及辞典工作者能有一些参考作用。我的意见所涉及的范围不外注音条例和具体字音两方面。现在把这两方面的意见，择其要点，归纳为三个问题，略记如下。不妥之处，还请读者批评指正。

一 古反切和古音系

1.1 《辞源》原稿（即修订稿，下同）每个字头在用拼音字母注上现代读音以后，还加注《广韵》反切。加注的条件是：只要意义相同，有几个反切就注几个反切，而不论是否为今音的来源。这个办法虽然有缺点，比如非今音来源的反切不免与今音相龃龉，但它可以让读者知道一些字的古读与今音有差别，所以还是可行的。

---

* 本文的全文收入中国社会科学院语言研究所古汉语研究室编的《古汉语研究论文集》第三集（1983年）。这里发表的是其摘要。《中国语文》1984年第6期发表了唐作藩同志的《〈辞源〉（修订本）注音疑误举例》一文，指出了《辞源》注音的很多错误。其中凡是因采纳我的意见而致误的，都应当由我负责。欢迎读者继续批评。发表这篇摘要也许能为继续批评提供一些方便。

不过原稿在实际注音中出现了不少错误。例如（下表音标前的数字是该字头的音项号码。后面举例同此表格式时，"原稿""建议稿"字样略去）：

      原稿   建议稿

（1）治 2. chí   2. chí 直之切

（2）邬 wū 哀都切   wū 哀都切 安古切

（3）缥 2. piāo 符霄切 2. piāo 敷召切

（4）审 shěn 式任切   shěn 式荏切

例（1）是《广韵》反切根本漏注之例。例（2）是《广韵》反切没有注全之例。例（3）是《广韵》反切误注之例。"符霄切"是"飘"小韵的音，误注于"缥"下。例（4）是《广韵》误切照录之例。"任"当作"荏"，有《集韵》可证。①

  一个字或一个义项《广韵》有不止一个反切时，原稿对它们的排列大致先依声调为序，声调相同时，依韵目为序。为了便于看出古今音变的关系，我建议把与今音有直接渊源关系的反切放在最前面。例如：

   怒 nù 奴古切 乃故切   nù 乃故切 奴古切

1.2 《广韵》没有收的字或没有收的音，如果《集韵》或其它字书、韵书有，原稿即注《集韵》或其它字书、韵书的音。这个条例也是可行的。不过具体注音中，错误也很多。例如（建议稿一栏如无必要，就只录义项号码，注释从略，下同）：

（1）鼍 tuó 徒河切 《集韵》唐 tuó 徒河切

    河切

（2）猨 yuán 《集韵》于元切   yuán 雨元切

（3）投 2. dòu ⊕通"句读"之 2. dòu 《集韵》大透切⊕。

    "读"。

（4）砈 2. ái 《玉篇》公哀切 2. ái 《集韵》鱼开切㊂。

    ㊂见"砈砈"。

（5）黂 2. kuài 《集韵》苦会切 2. kuài 《集韵》苦怪切㊁。㊂。

---

① 参看周祖谟先生《广韵校勘记》卷3，52页下。商务印书馆，1938年。

㈡菜名。《尔雅释草》："蒉,赤苋。"㈢土块。通"凷"。

(6) 蔯　chén　《集韵》地邻切　chén　《集韵》池邻切

例(1)是已注《广韵》反切,又加注《集韵》同音反切之例。例(2)是《广韵》本有其字,没有查出而注以《集韵》反切之例。例(3)是《广韵》未收的音义见于《集韵》,依例应注《集韵》反切而漏略未注之例。例(4)是《集韵》有与原稿所注音义相合的反切但没有注,而注其它字书、韵书反切之例。例(5)是不注与原稿所注意义相合的《集韵》反切,而注与原稿意义不相合的《集韵》反切之例。"蒉"《集韵》"苦会切",是"凷"的假借字,并无"赤苋"之义。"赤苋"之义见于"苦怪切"下。例(6)是《集韵》误切而原稿照录之例。"池"误"地"有宋本可证。① 这与上述原稿对《广韵》误切一概照录不改,正同。

原稿在一个字的《广韵》反切不是今音来源的时候,也只注《广韵》反切。我建议如果《集韵》这个字有与今音相合的反切,应该把它们加注在《广韵》反切的后面。例如:

廖　liào　力救切　liào　力救切　《集韵》力吊切。

原稿在补注《集韵》反切时,采取跟注《广韵》反切相同的办法,即一个字或一个义项有几个反切就注几个反切,而不论其与今音是否相合。《集韵》以下的字书、韵书则有所限制,即只注与今音相合的反切。为了与其它补充《广韵》的字书、韵书一律起见,我建议把《集韵》反切与今音不合的也都删去。例如:

硡　hōng　《集韵》乎萌切　呼宏切　hōng　《集韵》呼宏切

1.3 原稿在注出《广韵》反切之后,还注明反切所属的声、韵、调。这样就牵涉到了语音系统问题。既然所注反切以《广韵》反切为主,语音系统当然也应该以《广韵》为根据。声调原稿注的是平上去入四声,跟《广韵》相合。韵原稿只注韵目,不注韵类,虽不详尽,终不失为一种注法。惟独声母原稿所注为黄侃考订的四十一类,与《广韵》声母系统不尽相合。第一,照二组缺俟母,俟母并入床母;第二,匣、于两母分立;第三,轻重唇音分立。俟母字少,个别音韵学家还有不同意见,不单出也

---

① 参看方成珪《集韵考证》卷 2,162 页。万有文库本。

可以。匣、于两纽后来的演变差别较大，暂时不加合并，也说得过去。惟独轻唇四母《广韵》反切还没有从重唇分化出来，没有理由把它们分立。因此我建议把它们并入重唇四母。例如：

    (1) 市 fú 分勿切，入，物韵，非。 fú 分勿切，入，物韵，帮。

    (2) 屁 pì 匹寐切，去，至韵，敷。 pì 匹寐切，去，至韵，滂。

例(2)本非轻唇，原稿误标，与例(1)的错误性质不同。

  原稿对所注《集韵》《音韵阐微》的反切也都注明所属的声、韵、调。既然原稿以《广韵》音系作为中古音的代表音系，《集韵》以下各韵书的反切只不过起补充作用，注上它们的音系不仅没有什么必要，而且还容易引起误会。因此我建议对这两部书的反切不注声母，只注韵目和声调，以明出处。

  应该附带指出的是，原稿为补充《广韵》反切而采用的其它字书、韵书的种类是很有限的。由于编辑部没有制备这方面的资料，临时补充，势所难能，只能一仍其旧。

二　古音和今音

  2.1 大多数字的今音可以从古反切按照语音演变规律折合出来，也有少数字的今音不能从古反切折合出来。遇到不能折合的时候，原稿有时在释义的末尾注上"古读某"一类字样，用以说明古今音的区别。例如：

    孪 luán 生患切 所眷切 luán 生患切 所眷切 双生子。

    双生子。古读 shuàn。

原稿这一类对古音的说明，至少有两点不妥当。第一，所谓"古读某"，很容易引起误会。中古音和现代音差别很大。所谓"孪"古读 shuàn 的说法很不准确。实际上不论是"生患切"，还是"所眷切"中古的读音都不是 shuàn。原稿本来的意思是要说明"生患切"和"所眷切"折合为今音读 shuàn，但用了"古读"的字样就很容易引起误会。第二，今读不合规律的字音，也就是《广韵》反切不能解释的字音很多，原稿并没有一一说明古今的不同。比如"打"字《广韵》有"都挺"和"德冷"两个反切，都不能折合为今天的 dǎ 音，可是原稿并没有注上"古读 dǐng 或 zhěng"一类的话。有的注，有的不注，就造成了体例上的不一致。为此，我建议把这一类的注音一律删去，如上例右栏所示。

原稿对另外一些认为今读不规则的字，又采取了相反的做法，就是在字头下注上按规律折合出来的读音，然后在注释中用"今读某"一类字样说明今天的实际读音。例如：

(1) 掸　3. dān　《集韵》唐干　　3. shàn　㊂古国名。
　　　　切　㊂古国名。今读
　　　　shàn。

(2) 汏　dài　徒盖切　㊀淘，　　dài　徒盖切　㊀淘，冲洗。
　　　　冲洗。今吴方言读 dà。

例(1) "掸"作为西南夷国名，原稿据《集韵》"唐干切"注作 tán（原作 dān，折合误），也未始不可。不过《集韵》"掸"字注云："触也，《太玄》：'掸惠其名。'一曰西南夷国名。""西南夷国名"一义根据的是或说，不一定有广泛的基础，所以《广韵》"徒干切"小韵"掸"字下就没有注这个义项。《后汉书·南蛮西南夷列传》"掸国"，李贤注云"掸，音擅"，①也没有提到有寒韵定母的又读。《现代汉语词典》②把"掸"的音定作 shàn，与李贤注相合，应该说还是比较妥当的。原稿把 tán 作为正音，把 shàn 置于附属地位，不免缺乏根据。又使用"今读"一类字眼，好像"掸"字的 tán 音是古读似的，就更不妥当了。例(2) "徒盖切"折合为普通话，读 dài，折合为吴方言大致为 dà（例如无锡、常州、苏州等地。不过声母是浊的。这里作 d- 只是近似）。吴方言 dà 的读法和普通话 dài 的读法都是符合语音发展规律的读法。《辞源》不是方言辞典，不应加注方言读音，更不应把与普通话有对应规律的方音入注。总之，像以上这类附注都应加以删除。

2.2 把古反切折合成今音，必须按照语音的演变规律行事，但也要适当地照

---

① 卷 86，2851 页；中华书局校印本，1965 年。
② 中国社会科学院语言研究所词典编辑室编。商务印书馆 1978 年版。

顾到今天的读音习惯。原稿在这方面往往有处理失当之处。例如：

(1) 疬　lí　郎击切　　　　　lì　郎击切
(2) 諴　xián　巨淹切　　　qián　巨淹切
(3) 譺　mì　兵媚切　　　　bì　兵媚切
(4) 涛　táo　徒刀切　　　　tāo　徒刀切
(5) 驏　zhǎn　《正字通》钮版切，栈上声　zhàn　《正字通》钮版切，栈上声

例(1)是不合语音发展规律之例，来母入声今应变去声。例(2)是受形声偏旁影响之例。例(3)是把"秘"等字的不规则读音加以类推之例。例(4)是用音变规则对不规则的读音强行规范之例。例(5)是《正字通》反切折合错误之例。《正字通》的反切也跟《广韵》一样，不仅有浊上，而且浊平不送气，所以"钮版切"能同于"栈上声"，折合今音，当读去声。

清入声在普通话里的变化不太规则，根据丁声树先生《古今字音对照手册》中所收的611个清入声字按声母分类予以统计，则结果如下：①塞音、塞擦音不送气的变阳平的最多，占本类声母字的46.97％，送气的变去声的最多，占本类声母字的55.63％，擦音和影母也是变去声的最多，分别占本类声母字的54.10％和69.57％。虽然谈不上有严格的规律，但倾向性还是很明显的。在为词典注音时，对一些口语里不说，不太常见的字可以用这种倾向性的规律加以规范，使之一致起来，不过原稿有时对口语里已有固定读音的常用字也用这种倾向性的规律加以规范，就很不合适了。例如：

戚　qì　仓历切　　　qī　仓历切

有时甚至用这种倾向性的规律去改变有规律的读音。例如：

穴　xuè　胡决切　　　xué　胡决切

"穴"是古匣母字，今读阳平，是合乎规律的，原稿也按照清擦音入声多变去声的倾向把它定为去声。这就更不妥当了。

---

① 商务印书馆1981年版。"忽惚"二字属晓母，原文误作见母，今正。

2.3 《辞源》释义及引例的范围一般以古籍为限,普通话中的一些轻读字大多没有涉及。但由于早期白话也在引证之列,有些轻读字,特别是语助词有时仍然不免要碰到。这类字原稿大致采取注本调或附注"读轻声"字样等办法。例如:

  了 liǎo 卢鸟切 ㊀手弯曲。 1. liǎo 卢鸟切 ㊀至㊃。
      …㊃明白。 ㊄助词。   2. le ㊄。

  的 dì 都历切 ㊀鲜明。   1. dì 都历切 ㊀至㊄。
      …㊄莲子。㊅确实,的确。 2. dí ㊅。
    助词。   3. de ㊆。

  吗 mā 助词。   ma 助词。

原稿的注法,除了体例不一致之外,还有两点困难。第一,有些字的本调往往无法确定。例如"吗"字凭什么说它的本调是阴平呢?第二,在释义中附注读轻声字样。碰到多音字时究竟应该附注在哪个音项之下,也无法判断。例如"的"字的轻声读附于 dì 下或 dí 下,都不免缺乏根据。再说,这一类字在普通话里当助词用本来都一律读轻声,现在有的注上本调,有的注上轻声,好像它们今天的实际声调并不相同似的。这样就不仅仅是体例上不一致的问题了。因此我建议把这一类字的助词义项一律另立音项,按轻声注音,并不标调号。

三　一字多音

3.1 一字多音有两种情况:一义多音和多义多音。一义多音是纯粹的又读。这种又读就一部规模不大或规范性的词典来说,应当适当地加以简化。例如:

  (1) 獶 náo yōu 奴刀切   náo 奴刀切 兽名,猿属。同
               "猱"。
     於求切 兽名,猿属。同
     "猱"。

  (2) 蚘 huí yōu 户恢切   huí 户恢切

《集韵》於求切

(3) 剥 bō bāo 北角切　　　　bō　北角切

(4) 鼢 fén fěn 符分切 敷粉切　fén 符分切 敷粉切

(5) 篻 miáo piǎo 弥遥切 敷沼切 piǎo 敷沼切 弥遥切

例(1)是删没有古反切作依据的又音之例。《广韵》"於求切"的"貜"指"貜猱"，与原稿所注意义不合。例(2)是删与"蚘"的或体"蛔"不相合的又音之例。例(3)是删使用范围较窄的白话又音之例。例(4)是删与大徐《说文》音及《辞海》所注音不一致的又音之例。例(5)是删与形声偏旁读音差别大的又音之例。

一字多义而有多音，就存在音与义相配合的问题。原稿在这方面的错误也较多。例如：

(1) 蕃 fán 附袁切 甫烦切　1. fán 附袁切 ㊀至㊂。㊅至㊇。
　　㊀草木茂盛。㊁生息，　2. fān 甫烦切 ㊃至㊄。
　　繁殖。㊂众多。㊃屏障 3. pí ㊈。
　　通"番"。㊅通"繁"。㊆
　　草名，即"蘋"。㊇鸟名。
　　㊈姓。

(2) 羋 1. mǐ 绵婢切 ㊀姓。 mǐ 绵婢切 ㊀。㊁。
　　2. miē ㊁羊叫。

(3) 劄 1. zhā 竹洽切 ㊀刺着。 1. zhā 竹洽切 ㊀。㊂。
　　㊂见"劄子"。 2. zhá ㊁。
　　2. zhá ㊁屯扎。

例(1)是一字多音，音各有义，而原稿只注一音，以统各义之例。例(2)是一字多义，只有一音，而原稿却作多音，以分统各义之例。例(3)是一字多音，音各有义，而原稿音义配合互相错乱之例。

3.2 文字之间的互相通假，是古代汉语中经常出现的现象。这种现象往往使一个字在本音之外，又出现一个或若干个假借音。比如"御"字，《说文》云："使马也。"这是"御"字的本义；《广韵》"牛倨切"，这是"御"字的本音。《诗经·召南·鹊巢》:"百两御之。"这里的"御"字则是"讶"字的假借字,《集韵》"鱼驾切"。这个"鱼驾切"就是"御"字的假借音。假借音是一个字在假借为其它字的时候的临时读音,因此有的词典往往不完全予以标注。不过一方面本音和假借音之间的界限有时很难确定。有的字经常假借来表达某一个意义,因而有了一个与这个意义相应的假借音。如果这个意义从来就没有过本字,那么这个假借音也就算是这个字的一个本音了。比如"夫"字,《说文》云:"丈夫也。"指成年男子而言。这是"夫"字的本义,《广韵》"甫无切",今读阴平,作 fū。"夫"字在古籍中经常假借作语助词,于是这个字就多了一个假借音,《广韵》"防无切",今读阳平,作 fú。由于"语助词"这个意义从来就没有本字,所以假借音 fú 也就应该算是"夫"字的一个本音了。另一方面,一些出现频率比较大的假借音往往被一些权威韵书所收录。这种收录也就是韵书作者对假借音地位的肯定。再说,在一定的上下文里,一个字假借为另一个字的时候,它就得读那个字的音,否则音义不相一致,意义的表达和理解就要受到影响。根据这些理由,我认为假借音在词典里应该一一加以标注。《辞源》原稿也是采取的这种办法,但是往往有漏注的地方。例如:

(1) 爵　jué　即略切　㈠礼器。㈡爵位。㈢通"雀"。　　1. jué　即略切　㈠。㈡。
　　　　　　　　　　　　　　　　　　　　　　　　2. qué　㈢。

(2) 總　zǒng　作孔切　㈠聚合。…㈧车马之饰。㈨量词。丝数名。通"稯"。㈩绢的一种。通"緵"。㈪忽然。通"怱"。㈫连词。即使,纵然。通"纵"。

1. zǒng　作孔切　㈠至㈧。
2. zōng　《集韵》祖丛切　㈨。
3. cōng　㈩。㈪。
4. zòng　㈫。

例(1)是假借音与本音古音相同,今音有别,而原稿没有另立音项之例。例(2)是假借音与本音古今都有差别而原稿没有另立音项之例。

《辞源》的单字注音

许 振 生

积字成句,积句成篇。字是语言文字的基本单位。清戴东原曾说:"经之至者道也,所以明道者词也。所以成词者,字也。由字以通其词,由词以通其道。"①就是说,读书必先识字。古汉语词汇以单音的居多,越是古代,单音词越多。要了解古代的文化科学,必须借助于字典和词典。

我国的字典、词典种类很多。都收有大量的单音词,就其读音来说,不同词典有不同词典的注音方式,主要是根据不同字典词典的性质而决定的。下面就新、旧《辞源》单字注音问题加以简略的叙述,使读者由此获得对此书单字注音的初步了解,便于掌握和使用。

字音的标注,新、旧《辞源》有很大的不同。旧《辞源》的注音基本上采用清代《音韵阐微》的反切。《音韵阐微》产生于清康熙、雍正年间,由李光地等人编著而成。这部书的主要特点是,对反切方法中使人难以掌握的一些弊病,作了一些改进,即把那些反切上字同被反切字不同呼的字,换成与被反切字同呼的字。根据反切上字取声母不管韵母的原则,有些反切上字带辅音韵尾,这样有辅音韵尾在其中,就会造成影响上字与下字相拼时不顺畅,即影响上字的声母与下字韵母的拼合。所以,《音韵阐微》把反切上字换成了没有辅音韵尾的字。再有,根据反切上字取声,下字取韵的原则,下字只取韵母。这样,反切下字中的韵母,也往往有声母的影响。所以,在利用反切相拼时,就必然会遇到上字声母同下字韵母中的声母发生矛盾。因此,即把反切下字改成零声母的字(元音开头的字)。从以上几方面可以看出,《音韵阐微》这部书对

---

① 《戴东原集》九《与是仲明论学书》。

反切作了改革,由繁变简了。它把《广韵》的 206 个韵部合为 106 个韵部。并规定凡是定声的字均取支、微、鱼、虞、歌、麻这几个韵部中的字。凡定韵的字,清声取影母字,浊声取喻母字。因此,利用李光地的这种改良反切法,缓读成二字,急读较为顺利即成一音。其所切出的音和现代的北京语音是比较接近的。用这部韵书的反切,较易拼出现在的读音。旧《辞源》编纂时注音符号还没有产生,所以采用的第一种注音方式就是《音韵阐微》的反切,并标明韵部。这种改良后的反切,虽然连读二字成一音比较直捷,有利于切音,但上字必用没有辅音韵尾的开音节字(即支、鱼、歌、麻诸韵字),下字必用零声母字(即喉音字),在这些韵类中却挑不出那么多的反切上下字。所以,陈澧在《切韵考》中指出:"然必拘此法,或所当用者有音无字,或虽有字而隐僻难识,此亦必穷之术也。"为了弥补这方面的不足,旧《辞源》在采用改良反切的同时,兼用第二种注音方式,即对个别的单字以同音字加注直音。

虽说用《音韵阐微》的反切注音对研究音韵系统的理论价值不大,但它是以当时的北方官话为基础来定音的,使人便于掌握。因此,后来出版的一些字典词典除注有其它韵书的反切外,也往往沿袭《音韵阐微》。

新《辞源》采取的是在单字下注汉语拼音、注音字母并加注《广韵》的反切、标出声纽的注音法。《广韵》不收的字,采用《集韵》,个别的字参照其它韵书、字书的反切加以标注。这样作法的主要目的是保存古音资料,记录以《广韵》为代表的音切,同时也是《辞源》在语音方面溯源的基本任务之一。《广韵》是宋代陈彭年等人重修唐孙愐的《唐韵》而成的一部韵书,按四声分 206 个韵部,每个字都按韵归部,并把同音的字合为一部,列在同一反切下,收词较《说文解字》《玉篇》等书为多。它反映了隋、唐、宋三代语音,一般认为是"中古音"的代表作。所以后人研究中古音就以《广韵》为依据。旧《辞源》未取《广韵》的反切,这与旧《辞源》当时的编纂目的有关。新《辞源》所以采用,为的是提供中古文字的读音,帮助读者根据中古汉语的语音系统,了解当时声调和韵部的划分,分析出当时声母体系及韵母的开、齐、合、撮的不同,并可从《广韵》的反切上推古音,下证今音。

《广韵》一书虽被认为是中古文字的总汇,而新《辞源》所收的字(共 12890 个)有些是《广韵》未曾收录的,为了给读者以较接近于中古的读音,就采用《集韵》的音切。《集韵》是宋丁度等人重修《广韵》而成的一部韵书,它的体例和《广韵》相同,仍是《广韵》系统。尽管这部韵书所收的读音古今杂糅,但所收的字比《广韵》多,有些字的反切来自魏晋经师们的注音,有些是根据《说文解字》的"直音"、"读若"而推导出来的。总的说来,这对我们今天探讨当时的实际语音还是有一定的帮助的。所以《广韵》未收的字,可从《集韵》中查到。例如:

[悟] wǔ 《集韵》讹胡切,平,模韵。

[芾] fèi 《集韵》父沸切,去,未韵。

我们采用《集韵》的字音,只取反切,注四声和韵部,不标声纽。

新《辞源》在收列异体字为字头时,两字同列字头,并分别标注《广韵》或《集韵》的反切,不避重复,目的是为了让读者知道古韵书中兼收二字,反切相同。例如:

[𠷎] qiú 巨鸠切,平,尤韵,群。今字作"仇"。见"仇"。

[仇] qiú 巨鸠切,平,尤韵,群。㊀本作"𠷎"。……

还有对通假字的注音问题。古代字少,所以古籍中文字多通假。如遇到通假义,不列本字反切,只注汉语拼音及注音字母。例如:

[柍] 1. yǎng 于两切,上,养韵,影。㊀木名。……

2. yàng 《集韵》于亮切,去,漾韵。㊁脱粒用的农具。……

3. yāng ㊂中间。通"央"。……

有些单字古今音读不同,韵书上的反切,只是代表古音;而今天还同时存在两种或两种以上的读音,新《辞源》的作法是标注汉语拼音和注音字母,同时并列古今异读音。例如:

[𥱼] dú zhōu 直六切,入,屋韵,澄。徒谷切,入,屋韵,定。徒沃切,入,沃韵,定。

[硕] shí shuò 常只切,入,昔韵,禅。

单字的读音有一读,也有两读或更多种的读法。因此,在单字下所带的复词

中,必然会存在词头的异读问题。根据复词首字的不同读音,依据单字注音的次序相应地加以标明。例如:

[和] 1. hé ㄏㄜ 户戈切,平,戈韵,匣。

2. hè ㄏㄜ 胡卧切,去,过韵,匣。

"和"下所带复词分别标明"和平""和衣""和₂附""和₂清真词"(不标者属第一音读)。

总之,自旧《辞源》的编纂到新《辞源》的产生相距七十年,新旧二书在性质上已有很大的变化。就注音来说,与旧《辞源》相比,新《辞源》有如下几方面的特点:

1. 旧《辞源》全部采用清代《音韵阐微》的反切,不古不今。新《辞源》将汉语拼音、注音字母、《广韵》一并列出。使读者既能拼出今音,又可了解古音。古今兼顾,起到了保存古代语音资料的作用。

2. 改正了旧《辞源》中个别注音不照顾释义的错误。同时对多余的"又音"作了精简。

3. 对异体字、古今字、通假字的处理,既引反切,也引旧注。例如:

[句] 1. gōu ㄍㄡ 古侯切,平,侯韵,见。

2. gòu ㄍㄡ 古侯切,去,侯韵,见。

㈣张满弓。通"彀"。……《释文》:"句,古豆反。《说文》作彀。"……

3. jù ㄐㄩ 九遇切,去,遇韵,见。

4. qú ㄑㄩ

㈧鞋头的装饰品。通"絇"。……《释文》:"句音劬。"

4. 改变了旧《辞源》中不问多音多义字在复词中读音的模糊现象,新《辞源》对复词首字作了读音的标注。

(本辑文章在引用《辞源》词条文字时,原文中的繁体字及专名号、书名号均作了相应的改动——编者)

(《辞书研究》1984年第2期)

谈《辞源》释义[*]

赵 克 勤

《辞源》修订本第一册是以1964年出版的《辞源》修订稿第一册为蓝本进行修订的。原修订稿基础较好,在选词、注音、释义等方面,都对旧《辞源》进行了改造,有不少创新。这次修订,重新复核了全部材料,补充了一些必要的新内容,特别是结合语文工具书的特点,对释义进行了大量的加工、润色和改正的工作。因此可以说,修订本与原修订稿相比,在科学性与实用性方面又前进了一步。

本文主要结合修订工作的实际情况,就修订本在释义方面所作的努力,谈一点零星的感想,试图总结出一些规律性的东西,作为今后工作的借鉴。《辞源》修订工作的负责人吴泽炎同志十分重视总结经验教训的工作。他在审稿过程中,凡有所得,就及时写下,让大家传看。作为一个修订工作的参加者,我亦受益不浅。本文所用的材料,有一部分就是从这里来的。

一

准确的释义体现是一部辞典特别是一部语文性辞典的科学性的最主要方面。要搞好释义,材料的准备是必不可少的。一个词的含义是客观存在的,不是由任何人主观规定的。古汉语更是如此。每个古汉语语词都有一定的历代相承的确定意义,同时也有一定的应用范围。《辞源》的任务,就是要在古代典籍所提供的丰富材

---

[*] 本文所说的《辞源》指1979年版《辞源(修订本)》第一册。

料中去发现它们,把它们挖掘出来,并且使它们得到正确的而不是歪曲的反映。换句话说,就是要在丰富的可靠的材料基础上进行研究、分析与综合,归纳出古代语词的最正确最周密的含义。因此,《辞源》对每一个古汉语语词的解释,都要有尽可能广泛的古书材料作为立论的依据,而不能只拘泥于个别的例证。否则,就很可能得出片面的或者甚至是错误的结论。这里举两个带有启发性的例子。

第一个例子是"储君"和"储副"。旧辞书都解释为"太子",原稿(指《辞源》原修订稿,下同)亦沿用这种说法。这本来是不错的,但是却存在着很大的片面性。因为古书中的大量材料可以证明,"储君""储副"的含义虽然包括"太子",但却大于"太子"。例如《晋书·怀帝纪》载晋惠帝死后,群臣立其弟司马炽为皇太弟,以便继承皇位。司马炽"惧不敢当"。典书令脩肃劝他"宜及吉辰,时登储副,上翼大驾,早宁东宫,下允黔首喁喁之望"。可见"储君""储副"是"君之副贰"的意思,凡是确定为有权继承皇位的人,都可称之。古代继承皇位者虽多为太子,但也有皇太弟(如晋怀帝)、皇太叔(如唐宣宗)、皇太孙(如明惠帝)。修订本将"储君""储副"的释义改为"被确认为君位的继承者。意思是君主之副。多指太子"。这就无懈可击了。

第二个例子是"取办"。《南史·周盘龙传》里有"若不能见与千户侯,不复应减五百户,不尔,周郎当就刀头取办耳"。原稿释为"促使办理"。这样解释还是说得过去的,因为很多材料证明,"取办"的确含有这个意思。但这只是一个方面。另一方面,"取办"还含有"责令供应"的意思,这也是有不少材料可以证明的。《汉书·王嘉传》:"诚以国家有急,取办于二千石。"《汉书·王莽传下》:"乘传使者往历郡国,日且十辈……取办于民。"这两例的"取办",就不是"促使办理"所能讲通的。这次修订,参照上述材料,将释义改为"责令供应或办理",就较为周密了。

二

《辞源》的释义,还有一个"溯源及流"的问题。所谓"溯源",主要是挖掘词的最原始的含义。所谓"及流",主要是寻求词的引申义和后起义。在释义中常常容易只注意"及流"而忽略了"溯源",或者只注意了"溯源"而忽略了"及流"。有时甚至会错误地把"源"当成"流",把"流"当成"源"。请先看原稿的"先进"和"劳歌"两个词条:

　　先进——前辈。《论语·先进》:"先进于礼乐,野人也。后进于礼乐,君子也。"

　　劳歌——劳作时之歌。《公羊传·宣公十五年》"什一行而颂声作矣"《注》:"饥者歌其食,劳者歌其事。"唐骆宾王《送吴七游蜀诗》:"劳歌徒欲奏,赠别竟无言。"

"先进"在古代有"前辈"的意思,这本来是不错的。但《论语》的"先进于礼乐"是"先学习礼乐"的意思,这里的"先进"并不当"前辈"讲,而恰巧是"前辈"这个意思的源头。原稿的错误在于:用表示"源"的书证来证明表示"流"的释义,弄得本末倒置了。这次修订,把《论语》的这段话作为"源头"放在最前面,再通过对这段话的解释引出"前辈"的意思,并补充了《汉书·翟方进传》"(胡常)与方进同经,常为先进,名誉出方进下,心害其能"作为这个引申义的例证。这就不仅把"源"与"流"有机地结合了起来,而且让读者清楚地看到了"先进"一词由"源"到"流"的发展脉络。再谈谈第二例。"劳歌"最初的确是"劳作时之歌"。但在古代诗文中却常常当"送别之歌",这个意义是由"劳作之歌"演变发展而来的。骆宾王的《送吴七游蜀诗》,把"劳歌"与"赠别"联系在一起,就是明证。只不过原稿拘泥于字面意义,把这个表示"流"的书证,错误地当成了"源"罢了。

　　有的"源"存在于字面上,对书证进行分析和比较,往往能够发现。有的"源"暗含在典故里,要把它挖掘出来就得花一番工夫。这里有一个典型的例子,就是"大刀头"。"大刀头"是古人的一种隐语。因刀头有环,"环"与"还"同音,故用以喻"还"。这在诗文里颇为常见。《玉台新咏·古绝四首》之一:"藁砧今何在?山上复有山。何当大刀头,破镜飞上天。"唐高适《送刘评事充朔方判官赋得征马嘶诗》:"赠君从此去,何日大刀头?"原稿对这一条的介绍仅仅到此为止。把"大刀头"为什么隐含"还"的意思说清楚了,又列举了例证,似乎也说得过去,但还不够理想。因为"大刀头"成为"还"的隐语最初是由《汉书》的典故来的。《汉书·李陵传》载,汉朝派李陵故人任立政等到匈奴,想暗地里劝李陵还汉。有一次任立政见李陵,不便直说来意,便一面跟他说话,一面屡次用手摸自己的刀环,暗示要陵归汉。这才是"大刀头"成为隐语的真正源头。

三

要做到释义的准确,就必须克服旧字典辞书含混不清的弊病,用科学的方法、缜密的语言把词的正确含义恰如其分地揭示出来。由于历史条件的局限,旧字典辞书的编纂者还不可能运用现代语言学的知识来对词义进行精细的科学研究。他们有时不加分析地照抄旧字书、韵书的解释,或者笼统地搬用古经,往往弄得歧义横生,使读者莫衷一是。我们不能再走这条老路。这次《辞源》的修订,在这方面虽然未能做得十分完满,但却给予了较多的注意。例如"及",原稿释义为"逮,到"。用的书证是《礼记·檀弓下》:"追吴师,及之。"《仪礼·燕礼》:"宾入及庭。"原稿的这种释义显然尚未完全摆脱旧字典辞书的影响。用"逮"释"及",来源于《说文》。《说文》:"及,逮也。""逮"是"抓住"的意思,这是"及"的本义。但是直用"逮"作为《辞源》的释义,就不妥了。因为"逮"是多义词,除了"抓住"的意思外,还有"到"的意思,容易让读者发生误会。修订本把"逮"换成"追上",就比较准确了。又如原稿的"仇方"条是这样的:"敌国。《诗·大雅·皇矣》:'帝谓文王,询尔仇方。'""敌国"可解释为"匹耦之国",这是以古代汉语来解释;也可以解释为"仇敌之国",这是以现代汉语来解释。但这两种解释只能取其一种,不能两说并存,到底如何理解,只好让读者见仁见智了。修订本改为"友好之国",就避免了这种歧义。

另外,词性也是一个很重要的问题。忽略了词性,甚至会导致释义的错误。例如:

力役——征用民力。《孟子·尽心下》:"有布缕之征,粟米之征,力役之征。"

下贤——屈己以尊贤者。《礼记·表记》:"彰人之善而美人之功,以求下贤。"

原稿这两条的释义显然是错误的。"征用民力"是个动宾结构,"屈己以尊贤者"的结构比较复杂,可以算做以动词为谓语的紧缩复合句。但所引书证的"力役"指"劳役","下贤"指在"下位之贤者",都是名词性结构。因此,对于有些释义和说明这些释义的书证,有时还必须进行语法分析。

对于《辞源》来说,还要考虑到词义的演变与发展,即是还有一个时代性问题。一个词在某一时期有某一用法绝不是偶然的、孤立的现象,它必然要在这一时期的古籍中得到普遍的反映,我们不能离开古籍的实际材料,凭臆测去上推下联,或以今代古。旧辞书在这一方面存在不少问题。《辞源》原修订稿虽然注意到了旧辞书的这些缺点,在词义的研究方面做出了不少成绩,但仍然还有一些地方不够理想。例如"再",原稿释为"重复,又一次",这就不够妥当。这只是"再"的今义。在现代汉语里,一次以上的行为都可叫"再"。但《辞源》是一部古代汉语辞典,它的任务是要说明一个词在古代的含义。怎么能用"再"的今义来取代它的古义呢?"再"在古代,特别是先秦只能当"两"、"两次"或"第二次"讲,超过了两次,或笼统表示动作的重复,不用"再"而用"复"或"又"。这在古代特别是先秦几乎没有例外。原稿所用的《尚书·大禹谟》:"朕言不再。"《左传·僖公五年》"一之谓甚,其可再乎?"两个"再",都是"两次"或"第二次"的意思。又如"劝",原稿所列的第一个义项是:"以言说使人听从。《尚书·大禹谟》:'劝之以九歌。'……"这同样是不对的。用了《尚书》作为书证,可见这里指的是"劝"在先秦的意义。然而,"劝"在先秦并没有这个意义,只有"劝勉""鼓励""激励"等意思。"以言说使人听从"当是"劝"的后起义,产生的时间可能很晚。修订本改为"劝说""劝告",虽然比"以言说使人听从"好一点,但仍然未能把"劝"在上古时代的准确含义揭示出来,可以说是一个缺陷。

四

辞典的释义,决不仅仅是简单的分析与综合材料的工作。对材料进行分析与综合，往往离不开对不同语词的结构方式、应用范围、修辞作用、感情色彩以及它们的变化发展所进行的综合研究。因此，辞典的释义，在很大程度上可以说是一项语义学的科学研究工作。这里有两个典型的例子可以说明这个问题：

（一）"因袭"：

1. 原稿：

  因其旧而袭用之。《史记·龟策传》："孝文孝景，因袭掌故，未遑讲武。"《汉书·刘歆传》："仲尼之道又绝，法度无所因袭。"

2. 初改稿：

  承继不变。《史记》书证同上，删去《汉书》证。

3. 初审定稿：

  因其旧而袭用。书证同初改稿。

4. 付排稿：

  前后相承。《史记》书证同上。陆机《拟东城一何高诗》，"寒暑相因袭，时逝忽如颓。"

经过反复推敲，最后采用了"前后相承"这一释义。为什么这个释义较好呢？因为"因袭"是联合结构，"因"和"袭"意义相同或相近。"袭"字本身无"用"义。由于我们惯用"袭用"、"相袭"一类的词，往往自然产生"沿用"的联想，但就"因袭"来说是不对的。另外，原稿的释义多少有点受现代汉语的影响，好像是把"因袭"当作贬义词来处理，"因其旧而袭用之"，多少带有一点消极的味道。初改稿改为"承继不变"，就比原稿好。但"不变"却又有"增字解经"之嫌。最后付排稿改为"前后相承"又比"承继不变"准确些。所增陆机诗"寒暑相袭"，很能说明问题。"寒"和"暑"没有相袭用的意思。"寒""暑"一冷一热，不是"不变"，而是"大变"。释义不同于作注解，不能只从一个例证着眼，而要具有广泛的概括性。"前后相承"既实用于陆机的书证，同时也可概括《史记》和《汉书》的书证，比较站得住脚。

（二）器量

1. 原稿：

  才具与度量。蔡邕《郭有道太原郭林宗碑》："夫其器量弘深，姿度广大。"

2. 初改稿：

　　器物度量。引申为人的气量。《周礼·天官·酒正》："唯齐酒不贰,皆有器量。"蔡邕书证同上。

3. 初审定稿：

　　完全恢复原稿。

4. 付排稿：

　　器物的容量。《周礼》证同上。后引申为指人的器局、度量。蔡邕书证同上。《论语·八佾》"管仲之器小哉"汉赵岐《注》："言其器量小也。"

原稿的释义存在着明显的错误：第一,蔡邕证中的"器量",显然不是源头,而是其引申义。第二,把"器量"这个偏正结构拆开来分别解释为"才具"与"度量",也是不妥的。从补充的《周礼》证来看,"器量"最初的含义是十分具体的。初改稿释为"器物度量"不能说错,但还不十分准确。郑玄《注》："酌、器,所用注尊中者,量之多少未闻。"可见"器量"最初指的是器物的容量。引申为指人的器局、度量,而不是指才干、本领。为什么要增加赵岐的《注》作为书证？因为古人作注所用的词句,往往接近当时的口语,由此可见"器量"一词在东汉人的口语中就流行了。另外,管仲是第一流政治家,出色的人材,古今无异议。孔子说"管仲器小",并非指他的本领、才干不高,而是说他的气魄、局面不够大,只能辅佐齐桓公做霸主,不能帮助齐桓公王天下。这就有力地说明,把"器量"的"器"解释为"才具"是不对的。

（《辞书研究》1980年第1期）

《辞源》地名条目的编写

郭 庆 山

每部词典都有自己的方针和任务，都有各自不同的读者对象。词典在性质和规模上的差异，决定词典在编写上的个性特点。它们间有着明显的差别。就地名条目而言，有的收了，有的不收；有的说明甚详，有的解释从略；即使释文在字数上大体相近，其表述的侧重点也有很大的不同。例如"长江"一条，《辞源》《辞海》《中国地名大辞典》《新华词典》等都收了，而《现汉》却不收，因为它是以推广普通话、促进现代汉语规范化为方针任务，着重收录语词，在有限的篇幅里，它不收像"长江"这样尽人皆知的地名条目，是不应受到责备的。而百科性质的词典，不问其规模大小，对这条我国第一大河，自当列入。《辞源》是一部以语词为主、兼收百科的大型古汉语辞书，虽也收了"长江"，但无论在释文的字数或重点上，都有所不同。它只用了不足二百字的篇幅做了尽量简要的解说；《辞海》"长江"条用了三百七十余字，《中国地名大辞典》用了一千七百余字，就连《新华词典》也用了一百七十余字，篇幅几乎与《辞源》相等。《辞源》所以这样控制篇幅，就是因为它是以语词为主的词典，对于地名专条，不作详细解说，只要能给读者一个简要明确的概念就行了。又如"长城"一条，前边提到的几部词典都收了，但在写法上有很大差异，这里，我们不妨就《辞源》《辞海》和《中国地名大辞典》作些比较。后两部书都详细地介绍了"长城"，《中国地名大辞典》还介绍了长城的历史变迁，用了长达二千四百六十余字的篇幅，而《辞源》只用了五百二十余字（还包括"互见"的"万里长城"一条在内），在解说上，又有近三分之一的篇幅从语词着眼，讲它的引申、比喻义，从而显示出《辞源》的特点。

《辞源》所收的地名条目大致包括山川、州郡、亭馆、园林以及一些室名、斋名

等。写法上,大致可以分为三类,各有特点:

一、纯地名条目。收录时尽量控制,避免过多、过滥。释文力求简明、精炼,如上述"长江"条。

二、是地名而又兼有某种词汇意义的。如上边提到的"长城"。"长城"在古代为御敌的屏障,因而引申出"可靠"、"坚不可摧"等义项,这些,《辞源》都给予了充分的注意。又如"泰山"、"泾渭"等条的处理,也是这样,在简要地解说了地名内容后,便把侧重点放在语词含义方面的解释上。

三、与古代的人事关系比较大的,诸如重大事件的场所、战争的地点等等。这些地名,有的因人而著称,有的因事而著称,有的因古人的诗文中曾经运用而著称。《辞源》注意收录这类条目,并讲究解说的方式。下边,试举几个例子,将修订时的原稿和改定稿作些具体的比较。如"华不注"一条:

【华不注】山名。在今山东济南市东北。《左传》成二年:"齐师败绩,逐之,三周华不注。"《水经注·八·济水》:"华不注山,单椒秀泽,不连丘陵以自高,虎牙桀立,孤峰特拔以刺天,青崖翠发,望同点黛,山下有华泉。"(原稿)

【华不注】山名。在今山东济南市东北。春秋鲁成公二年,鲁季孙行父帅师会晋郤克,与齐顷公战,齐师败绩,逐之,三周华不注,即此。参阅《水经注·八·济水》、《太平寰宇记·十九·齐州历城县》。(改定稿)

可以看出,改定稿和原稿有几点不同:

①把左传成公二年的事从引书体变成叙述体;

②删去《水经注》关于华不注山形势的具体描写;

③增加参阅一项。

为什么要这样改?(1)因为引书体讲不清楚。引文长了不行,短了又不能说明问题,只有把有关这次战役的材料融合消化之后再加以概括说明,用叙述体写出来,才能在有限的篇幅内给读者一个简明完整的概念。如果全用引文,只不过是拼凑材料,算不得编辑巧手,更不足以体现特定编辑方针任务、编辑思想和编辑方法;而又使春秋时期一场著名的战役华不注之战的出色文字记载,以及一些后来一直沿用的成语名言得以留下。(2)《辞源》不是单纯收录地名的词典,没有必要介绍华不注山的自然形势,所以删去。(3)增加了参阅内容,提供一定的线索,如读者想进一步研究,可以就此查找。

这一条《辞海》未收,也可以不收,因为它是百科全书性质的词典;《中国地名大辞典》虽然收了,但把解说的重点主要放在山名及其地理位置的具体考证上,所以详引诸书,用了二百五十余字,而《辞源》则着重介绍了与这一战事有关的内容,只用了七十几个字。

又如"花之寺"一条:

【花之寺】寺名。1.在山东沂水县。清阮葵生《茶馀客话》六:"周栎园诗:'月明萧寺忆花之。'山东沂水县有花之寺。栎园又有句云:'佳名独爱花之寺,隐地谁寻石者居。'……《雪客词集》亦名《花之词》。"栎园,清周亮工号;雪克,亮工之子,名在浚。2.在北京三官庙。清杨懋建《梦笔琐簿》:"三官庙中有花之寺。壬辰初入京,龚定庵招余会公车诸名士宋于庭、包慎伯、魏默深、端木鹤田诸公十四、五人于其中。"(原稿)

【花之寺】寺名。1.在山东沂水县。清周在浚有词集题《花之词》,以此取名。见清阮葵生《茶馀客话》六。2.在北京三官庙。清道光十二年龚自珍招在京杨懋建、宋翔凤、包世臣、魏源、端木国瑚等十四、五人,聚于三官庙花之寺,诸人皆名士,当时传为盛事。见清杨懋建《梦华琐簿》。(改定稿)

此条《辞海》《中国地名大辞典》均未收,因为它们有自己的方针任务,特别是《辞海》,如果这样的条目也要收,全书篇幅必然无限膨胀。但是《辞源》就不能不收,因为,一则它和文学有关,周在浚的词题名《花之词》;二则它曾是一些著名文人的聚会之地,作为一个掌故,时被提及,有一定的影响。在具体的写法上,我们可以看出,改定稿比原稿精炼多了,去掉了一些繁冗的不必要的东西,同时又保持了重点;原稿采引书体,用了一百六十余字,改定稿采叙述体,只有一百零几个字,内容反而显得更加充实、明晰。

再举"芜蒌亭"为例:

【芜蒌亭】古迹名。在今河北饶阳县东北,滹沱河滨。《后汉书·一七·冯异传》:"光武自蓟东南驰,晨夜草舍,至饶阳无(芜)蒌亭。时天寒烈,众皆饥

疲,异上豆粥。"注:"无蒌,亭名,在今饶阳县东北。"参阅《嘉庆一统志·五三·直隶、深州》。(原稿)

【芜蒌亭】古迹名。后汉刘秀在蓟,闻王郎等入邯郸称帝,与邓禹、冯异等昼夜急驰南下,至饶阳芜蒌亭,天寒饥疲,仅得以豆粥为食。见《后汉书·一七·冯异传》。故地在今河北饶阳县滹沱河滨。(改定稿)

这一条在写法上很值得研究。旧《辞源》收此条,估计是因为古籍中常用"麦饭豆羹"一语,以汉光武刘秀的故事作为帝王创业艰难的典故,故事中出现"芜蒌亭",所以有此一条。事实上,它既非语词,也不是严格的地理条目。对这类条目,我们编辑部的原则是,不必照语词格式,先释义,然后举语源,而是用最简短的文字介绍一个概念,这样对读者更有用处。此条《辞海》未收,也是可以不收的;《中国地名大辞典》虽然收了,但它只是摘引《后汉书·冯异传》,不能给读者一个完整的概念。《辞源》这一条则综合了《后汉书》中刘秀、王郎、冯异等人的纪传材料,作了较为完整的叙述,从而在读者的心目中构成整体观念,如果不是为了专门研究,看看《辞源》的这段文字,也就可以了,其中前因后果,都很明确,阅读古书时遇到的这一条的问题,基本上能够解决了。

类似的例子还很多,诸如"清风岭""浣纱溪""华清池""赤壁""垓下""鸿门""鸿沟""细柳""夹漈""蓝桥""平山堂""万柳堂"等条,都体现了《辞源》在编写上的这些特点。总之,《辞源》的地名条目也像人名条目一样,解说时总是以语词为中心,从史料和典故着眼,为解决阅读古代文献中出现的障碍服务。这是《辞源》编写时极力遵循的一个基本原则,至于每个条目到底做得怎么样,质量高低如何,还要作具体分析。不平衡的现象还是存在的,有的可能好些,有的可能差些,有的可能还有较大的问题,须要改进和提高。然而这个方向和做法,我们觉得是符合《辞源》的性质的。我们提出这一点,含有总结经验之意,同时也告诉读者,应该怎样看待《辞源》的地名条目,从而利用不同的工具书,解决不同的问题。

(《辞书研究》1984年第 2 期)

"语词为主,百科为辅"原则的体现

——略谈《辞源》知识性条目的处理

苑育新

旧《辞源》是一部古今中外兼收并蓄而偏重语词的综合性词典。修订后的《辞源》则成为专门解决阅读古籍问题的、提供多方面知识的工具书。它除去保留原有的单字、语词、成语典故等之外,仍然收录了不少人名、地名、书名、诗文篇名、物名,以及典章制度、碑刻、法帖等知识性条目。当然,总的精神还是以古汉语语词为中心。"语词为主,百科为辅"是《辞源》修订时所掌握的原则。

顾名思义,知识性条目主要是介绍各种有关的常识。这类条目,名目繁多,涉及面十分广泛,如人名条目中的历史或传说人物、小说戏曲人物等;地名条目中的自然地名、行政区域、国名以及山川、古迹、关隘等;书名条目中除内容有价值、流传较广者外,也包括有传说书名、佚书等等;其它知识性条目,如碑刻、法帖、词调、曲牌,与古代制度或掌故有关的物名、传说物名、一般古物名,以及姓氏、年号、典章制度、天文、医药、花鸟虫鱼等等,无所不包。缺乏以上常识,也会造成阅读古籍的障碍。写好这些条目,为一般读者增添常识,供专业人员查检参考,是修订《辞源》理所当然的责任之一。要写好这些条目,就必须根据《辞源》的特点、体例要求,掌握"语词为主,百科为辅"的精神原则,简练、准确而具体地向读者介绍有关的常识。

知识性条目的写法,不同于语词,一般不采取举证方式,而要从确切可靠的材料中,摘取有关的主要内容,前后连贯地叙述。比如职官、人物、地名等,都分别重在其主要事迹或设置沿革。考证其经历变迁,作出简明连贯的摘要,尽可能给读者较系统、完整的专业知识。如果用举证方式,则往往流于支离破碎、眉目不清、概念不完整。如"镇抚使"一条,修订初稿用的是书证体:

【镇抚使】官名。南宋置。借此招安农民起义军或群盗。《文献通考·六二·职官·十六·镇抚使》:"旧所无有,中兴假权宜以招收群盗。初建炎四年,范宗尹参知政事,议群盗并力以拒官军,莫若析地以处之,盗有所归,则可渐制。……除茶盐之利,仍归朝廷,置官提举外,他监司并罢上供财赋,权免三年,余听帅臣移用,更不从朝廷,应副军兴,听从便宜。时剧盗李成在舒、蕲,桑仲在襄、邓,郭仲威在维扬,许庆在高邮,皆即以为镇抚使。其余或以捍御外寇,显立大功,特与世袭,官属有参议官,书写机宜文字各一员,干公事二员,并听奏辟,后诸镇或以战死,或降伪齐。"

这样,前为解说,后列书证,作法全同一般语词,内容繁芜而条理不清,应加删节概括,故定稿时,改为叙述体如下:

【镇抚使】官名。南宋初,李成在舒、蕲,桑仲在襄、邓,郭仲威在维扬,许庆在高邮,结众起事,武装割据地方。参知政事范宗尹建议置镇抚使作为权宜招安计,授此职者,除茶盐之利,仍由朝廷置提举官外,皆得便宜行事。于是,成、仲、仲威、庆皆授镇抚使。至赵鼎相乃罢。参阅《文献通考·六二·职官·十六》。

这样写,比书证体用字减半,而中心突出,层次清楚,文字简洁。后附参阅书目,进一步给读者提供了查检、研究的线索。

又如官名"采访使"一条,旧《辞源》撮述尚可,但过于简略。修订初稿改为书证体,连引三个书证:一、《通典·三二·职官·十四·总论州佐》:"大唐无州之名,而有采访使及节度使。"二、《通志·四十·地理略·历代封畛》:"开元二十一年分为十五道,置采访使以检察非法。"三、宋晁载之《续谈助》五宋《乐史·绿珠传》:"晋石崇为交趾采访使,以珍珠三斛致之。"三份材料,各自孤立,缺乏连贯的线索,不符合知识性条目的要求,故重加修改,如下:

【采访使】晋石崇曾为交趾采访使。唐开元二十一年,分全国为十五道,置采访使,掌覆囚按察之任,略同于汉之刺史。自天宝九载始,其官但司考课官吏,三年一奏,不得干预他政。乾元以后,各地兵起,罢采访使而置防御使。参阅《通典·三二·职官·十四·总论州佐》、《文献通考·六一·职官·十五·

采访处置使》、宋赵彦卫《云麓漫钞》八。

这样,就说明了采访使的建置原始及其后来职责的演变,使读者由此得到较完整的概念,而不是仅从书证中看到有关的词目。

关于人名条目,同样要掌握叙述简洁、扼要的原则,对某些与文学有关的人物,更要介绍具体、叙述翔实生动。如绿珠这个历史上有名的美女之一,常为诗人如北周庾信(《春赋》)、唐李白(《古诗》)等引入诗句。用书证体,无法把有关事实交代清楚。旧《辞源》的"绿珠"一条只说"晋石崇之爱妾,孙秀求之,崇不许。秀矫诏收崇,绿珠自投楼下而死",语虽简要,未能说清首尾。所以定稿时,先把孙秀要杀石崇的史实背景,叙述明白,然后提及后来诗词戏曲之以绿珠事为题材。

【绿珠】公元?——300年。晋石崇歌妓,善吹笛。时司马伦(赵王)杀贾后,自称相国,专擅朝政,崇与潘岳等谋劝司马允(淮南王)、司马冏(齐王)图伦,谋未发。伦有嬖臣孙秀,家世寒微,与崇有宿憾,既贵,又向崇求绿珠,崇不许,此时乃力劝伦杀崇,母兄妻子十五人皆死。甲士到门逮崇,绿珠跳楼自杀。见《晋书·石崇传》、《世说新语·仇隙》。绿珠遭际曲折,受害而死,故历代诗词戏曲中以绿珠为题材之作甚多。

如此可见石崇与孙秀处于两大政治集团,而绿珠是两派政治斗争的牺牲品,不分析当时具体情况,无法弄清事情的前因后果。改稿的扼要说明是必要的,决非罗列书证的方式所能代替。这样,也能使读者对绿珠坠楼的悲剧性有较深的理解。

对一般历史人物的介绍,要掌握适当的分寸,如实论述,言而有据,不可作过多的褒贬。如"薛宣"一条,在修订初稿中,写薛宣"政绩卓著"、"其所贬退举进的官员颇为得当","因而知名于当世","声望日彰"等等,褒贬色彩太浓,揄扬过分。从本传看,薛宣只不过以"明习文法",诏补御史中丞,位至丞相,且因子况杀人罪,而坐免为庶人。这些,修订初稿中未加提及。故修订稿改写如下:

【薛宣】汉东郯人,字赣君。累官至长安令,明习文法,补御史中丞。其所贬退进取,白黑分明。出任陈留太守,入守左冯翊,升御史大夫。后代张禹为丞相,封高阳侯。属吏病其烦碎无大体。以子况杀人罪,免为庶人。见《汉书》八三本传。

这里,撮述《汉书》本传的主要内容,大致可见薛宣的生平,不为过情之论,是符合辞典解释的要求的。

评介一本书,要抓住要领,避免过繁过简,也不能太浮泛,要有一定的见解。如《镜花缘》一书,旧稿对该书内容、价值,只写"叙唐武后开科取才女事,为女界吐气。其宗旨具在本书《泣红亭记》中,而罗列古典才艺,以出其中所蕴蓄之才学耳"。叙述稍嫌简略。修订稿于此作了适当的补充。

【镜花缘】章回小说。清大兴李汝珍撰,一百回。汝珍字松石,长于韵学,著有《李氏音鉴》,旁通杂艺,如星相、占卜、书法、弈棋之类。晚年撰此自遣,叙唐武后开科取才女事,有意为妇女吐气。其述唐敖、林之洋等游海外见闻,多出虚拟,亦炫怪异如《山海经》;至记黑齿国才女论反切叶韵之说,则特以显示其韵学。大抵情节离奇,而不能引人入胜;罗陈才艺,亦不成其为小说;聊备一格而已。

这里,介绍了作者,说明其写作目的,指出此书的特点、优劣,给予了适当的评价。提出了编者自己的见解,而没有采取人云亦云的说法。

关于地名,一般用叙述体,但对见于较早古籍(如《书·禹贡》《诗》《左传》)的远古地名,以及无沿革问题的地名、古迹,或有关语词的地名,可采用书证体。

关于其它知识性条目,如"鹈鴂"既属草木鸟兽虫鱼之类,又和语词有关。多识草木鸟兽之名,固然很好,但不能专介绍自然科学常识。如旧稿只云其为"鸟名。即杜鹃",就远远不足。要从文学角度,采录书证,说明用法。

【鹈鴂】鸟名。杜鹃鸟。一作"鹈鴂"。《文选》汉张平子(衡)《思玄赋》:"恃己知而华予兮,鹈鴂鸣而不芳。"注:"《临海异物志》曰:'鹈鴂,一名杜鹃,至三月鸣,昼夜不止,夏末乃止。'服虔曰:'鹈鴂一名鸡,伯劳。'"唐释皎然《昼上人集·七·顾渚行寄裴方舟》诗:"鹈鴂鸣时芳草死,山家渐欲收茶子。"

由此可见,在古人诗文中,以鹈鴂寓意的很多,虽系鸟名,实际已被当作一般语词来用。按鹈鴂在《楚辞·离骚》内就已出现:"恐鹈鴂之先鸣兮,使夫百草为之不芳。"应该补入此条,王逸注亦宜采录。

碑刻、法帖条目内容,一般应包括原称或全称、异名、碑刻朝代、书体、撰书人、立碑年份、碑文内容、与碑文有关的阴侧内容、所在地、存毁等。尤应注意吸收采择他人的考证和研究成果。对有独到之处的见解,尤宜保留。如:

【始兴忠武王碑】梁代碑刻。即萧憺碑。全称为《梁故侍中司徒骠骑将军始兴中王之碑》。南朝梁徐勉撰,贝义渊正书,额正书。为追颂始兴王萧憺行谊功德而作。憺字僧达,文帝第十一子,卒于普通三年十一月,立石当在其时。全文约三千余字,大部残损,可辨者仅三之一。书体上承钟繇、王羲之,下开欧阳询、褚遂良,为南朝最著名的石刻。碑阴未刻字。在今江苏南京市花林村。碑文见清王昶《金石萃编》二六。昶误以憺兄《萧秀西碑》阴为此碑之阴,失考。

词条中介绍了碑的全称、时代、书体、碑文内容等。"可辨者仅三之一"、"昶误以憺兄《萧秀西碑》为此碑之阴"等等,吸收了他人研究此碑的成果,内容就比较充实。

《辞源》中还收录了一些在文献上、文学上具有重要价值或与语词有关的诗、文篇名。这类条目,一般用叙述体,但与语词有关的,也要列举书证。条目主要应包括时代、作者、诗文篇的内容、出处等等。作为语词的,并应说明其引申意义。如:

【七发】辞赋篇名。西汉枚乘作。《文选·七发》八首题注:"七发者,说七事以起发太子也,犹《楚辞·七谏》之流。"后有不少仿作。如傅毅《七激》、张衡《七辩》、崔骃《七依》、马融《七广》、王粲、曹植《七启》、徐幹《七喻》、张协《七命》等,形成一种辞赋体裁,称"七体"。

《辞源》所收的物名,除一般古物名外,还有与古代制度或掌故有关的物名、传说物名或古今同名而古人常用作语词的物名等。写这类条目必须注意的是,不能仅仅把它视为一个普通物件的名称。如"斩马剑",从旧《辞源》看,它只引了两个无头无尾的书证:《汉书·朱云传》:"愿赐尚方斩马剑,断佞臣一人,以厉其余。"又《王莽传》:"使虎贲以斩马剑挫忠。"这就使人怀疑收录这样一个普通物名的必要性。而实际这是一个与掌故有关的事物。汉成帝时,槐里令朱云请斩安昌侯张禹,帝怒,欲诛云,云攀殿槛,槛折。这一典故与斩马剑直接有关,必须述明原委,才能使读者得到应有的知识。

【斩马剑】汉少府属官尚方藏斩马剑,其利可以斩马。以其藏于尚方,俗称尚方宝剑。汉成帝时,帝师张禹为丞相,不能有所作为。朱云前以罪废锢,乃上书"请赐尚方斩马剑,断佞臣一人,以厉其余",成为历史上著名的直臣故事。见《汉书》六七《朱云传》。参见"折槛"。

对于古人常用作语词的物名,也必须处理得当。如"丹桂",除叙述其为桂树、木犀等自然科学常识外,还必须联系诗文典故,忽略其文学成分是不妥当的。

【丹桂】㈠桂树的一种。……㈡木犀的一种。……㈢月的代称。……㈣旧时以丹桂比喻科举及第者。五代末窦禹钧五子仪俨侃偁僖都科举及第,冯道赠诗有"灵椿一株老,丹桂五枝芳"之句。见宋释文莹《玉壶新话》。参见"折桂"。

总之,知识性条目是以介绍专业知识为主,一般以叙述体为宜,但与语词有关的条目,必须联系诗文典故,使叙述增添文学色彩,使之既能帮助读者丰富各方面常识,又可促进读者的阅读兴趣。

(《辞书研究》1984年第2期)

《辞源》(修订本) 与新《辞海》

周 行 健

《辞源》与《辞海》到底有什么不同？这是读者经常提的问题。长期以来，人们总把它们当作词典的姊妹篇，这是因为旧《辞源》、旧《辞海》在收词、取材、篇幅、编排等方面都十分相似。它们都是以旧的字书、韵书、类书为基础，吸收了现代词书的特点，把单字、复词、成语以及知识性条目集合在一起，单字下加注读音，每条都有释义、书证。所收单字、复词均在十万条左右，并都按214个部首排列。两部词典出版时间虽相距二十一年，但当时在帮助广大读者掌握现代科学文化方面都起了良好的作用。

从一九五八年开始《辞源》与《辞海》按照中央有关部门提出的分工原则进行修订，经过多年艰苦的工作，终于在最近两年全部或部分完成修订任务，陆续出版了。新版的《辞源》、《辞海》与原词典有很大不同，它们再也不是十分相似的姊妹篇，而是各有其独特风格的新词典。下面试就两部词典较为突出的不同点作简要介绍。

一 修订方针与收词

一九五八年中央有关部门决定修订《辞源》、《辞海》，新编《现代汉语词典》，并明确规定各自不同的方针任务。《辞源》作为供中等以上文化水平的读者使用的古汉语工具书；《辞海》作为供中等以上文化程度的读者使用的百科性综合词典；《现代汉语词典》作为供中等以上文化水平的读者使用的一般性词典。根据这些特定的方针,《辞源》《辞海》收词范围有了明显的不同。《辞源》为突出古汉语工具书的特点,删去了原有现代自然科学、现代社会科学和现代应用技术的词语,增补许多常见的有关古代文物典章制度的语词。《辞海》则将某些不常见的古汉语词语转给《辞源》,内容较浅显的现代汉语词语转归《现代汉语词典》,大量增收现代自然科学和社会科学词语,使自己具有鲜明的百科词典的性质。

以"侯"字为例,修订以前,《辞源》收词25条;《辞海》收词19条;两词典相同词目12条;修订以后,《辞源》收词22条,保留旧词目18条,《辞海》收词23条,保留旧词目仅5条。两词典相同的词目只有5条,而且全是百科词目,即侯官(地名)、侯嬴、侯方域、侯峒曾(以上为人名)、侯鲭录(书名)。新《辞海》所收的23条,只一条是语词,余为百科;新《辞源》收词22条,语词就有9条。两词典新版"侯"字条内还值得注意的是:①《辞源》所收人名条目全是我国古代人物;《辞海》则除我国古代人名外,还有现代人,如侯宝璋(1893—1967),侯俊山(1854—1935),也有外国人,如突尼斯侯赛因王朝创立者侯赛因·本·阿里。②同一内容的词目立目不一。如侯景,《辞源》作为人名立目,《辞海》作为历史事件立目为"侯景之乱";"侯门",《辞海》作为百科综合词典,就按一般语词词典立目为"侯门";《辞源》作为以语词为主的古汉语工具书,就应帮助读者解决古诗文中常见的"侯门如海"的疑难,把有关典故交代出来,故立目为"侯门如海"。

从"侯"字收词的对比分析中,可以清楚地看到两部词典的明显区别。一是语词为主,一是百科为主,这里顺便要提及的是《辞源》收的词目限于鸦片战争以前出现的词语,《辞海》没有时间限制;《辞源》只收我国古籍中出现的词语,《辞海》不限于我国。因此从收词的广度来说《辞海》胜于《辞源》,真是古今中外、各行各业都有所涉及,在一定意义上称得上是百科词典。《辞源》从收我国古代汉语语词、文物典章制度等词目方面说,其广度深度又优于《辞海》,在一定意义上也称得上中国古代百科词典。了解上述特点,对于如何更好地使用《辞海》、《辞源》是有重要意义的。

二 词条内容与释义

由于两部词典性质任务的不同，词条内容与释义也有明显的区别。这个问题涉及面较广，为篇幅所限，笔者仅从《辞源》修订本特点角度分析一二。

《辞源》修订工作者着眼于帮助读者解决阅读古籍中有关语词和中国古代文物典章制度等知识性方面的疑难问题，使之成为以语词为主的古汉语工具书。因此词目重点是语词。其释义比一般词典详尽，而且提供语词的源流演变。《辞海》作为百科为主的综合性词典，语词仅是其中一类，因此其释义和通常语词词典一样，一般只帮助读者理解该词是什么，而不提供为什么是这样。如"大刀头"一条，《辞海》只解释为"刀头有环，环与还同音，古人因用为还乡的隐语"，然后用《玉台新咏·古绝句四首》之一的"藁砧今何在？山上复有山，何当大刀头？破镜飞上天"诗句为例证，同时引吴兢《乐府古题要解》对上述诗句的释义。《辞源》则先说明汉代任立政到匈奴见李陵，屡次摸自己的刀环，以暗示要李陵还汉的典故，然后指出"后来就用大刀头作为还的隐语"，并在以《玉台新咏·古绝句四首》之一作例证的同时，又引唐代高适《高常侍集·送刘评事充朔方判官赋得征马嘶诗》中"赠君从此去，何日大刀头"的诗句作补充例证。很显然，《辞源》交代了该词的源流演变，使自己具有鲜明的语词性词典的特色。

又如"斩马剑"一条，两部词典释义重点区别更是十分明显。《辞海》：古代剑名，谓其锋利可以斩马。《汉书·朱云传》："臣愿赐尚方斩马剑，断佞臣一人，以厉其余。"颜师古注："尚方，少府之属官也，作供御器物，故有斩马剑，剑利可以斩马也。"卢照邻《咏史四首》："愿得斩马剑，先斩佞臣头。"《辞源》：汉少府属官尚方藏斩马剑，其利可以斩马，以其藏于尚方，俗称尚方宝剑。汉成帝时帝师张禹为丞相，不能有所作为，朱云前以罪废锢，乃上书"请赐尚方斩马剑，断佞臣一人，以厉其余。"成为历史上著名的直臣故事。见《汉书·朱云传》。参见"折槛"（注："折槛"也是介绍朱云直谏之事）。

从以上比较中可以看出，在语词词条释义上，《辞海》和普通词典一样，只解释该词的直接的意义。《辞源》却要在直接释义的同时,力求揭示与该释义有关的历史典故,揭示的该释义的来龙去脉——它的源及与其它词的关系。

《辞海》是以百科为主的综合性词典,各类词条彼此独立。《辞源》是以语词为主的综合性词典,各类词条既可以独立,又互相联系,并注意以语词意义为核心处理百科条目,即在百科条目中注意其与语词意义的联系,注意这些百科词条在古诗文中的含义。也就是说力求让所收的百科词目具有鲜明的语文性。例如人名词条,《辞源》除和《辞海》一样将我国古代在政治、经济、科学、文化艺术等方面的代表人物列为词条外,还把一些文学作品人物、神话传说人物、宗教人物,甚至把一些著名歌伎、美女也作为词目,如南威(古美人)、崔罗什(传说人物)、崔徽(唐代歌伎)、张好好(唐代歌伎)、仕父(古之善渔者)等。这些人物,一般的人名词典不收,《辞海》基本上不收(上述人物均未收)。而《辞源》则从语文角度,从帮助读者解决阅读古诗文中的拦路虎的角度都予收录(上述人物在诗文中常作典故出现)。这正是《辞源》修订本的一个特点,也是它与《辞海》的不同点之一。《辞海》、《辞源》在人名条目内容处理上也各有特色,为说明这点,请试看下例:

刘伶(《辞海》):西晋沛国(治今安徽宿县)人,字伯伦。"竹林七贤"之一,曾为建威参军,晋武帝泰始初,对朝廷策问,强调无为而治,以无能罢免,嗜酒,作《酒德颂》,对"礼法"表示蔑视,但宣扬了老庄思想和纵酒放荡的生活。

(《辞源》):晋沛国人。字伯伦,与阮籍嵇康等友好,称竹林七贤。纵酒放达,乘鹿车,携一壶酒,使人荷锸相随,说:"死便埋我。"尝著《酒德颂》,自称"惟酒是务,焉知其余"。仕晋为建威将军。《晋书》有传。后世常以刘伶为蔑视礼法,纵情饮酒、逃避现实的典型。唐李贺《歌诗编》四《将进酒》:"劝君终日酩酊醉,酒不到刘伶坟上土。"

从这个比较中,可以看出两词典的鲜明的特色。《辞海》作为百科词典,对这样一个在历史上没重大影响的人物只作简要介绍;并作一定评价。《辞源》作为一部语文性词典,对刘伶这样一个在文学上有较大影响的人物,就不能太简要介绍了,特别是他纵酒放达的性格,就必须加以叙述,并引后代诗文作为例证,这样刘伶这样的人名条目本身就具有了文学性。

《辞海》的百科词条是从专业角度介绍基本知识。《辞源》则作常识性的概述，侧重点是从语文角度介绍有关的专业知识。如关于琴曲名"广陵散"一条，前半部的内容即介绍此曲为晋嵇康临刑前所奏之曲以及此曲的出处等，两部词典基本相同。后半部则有很大区别。《辞海》从音乐专业角度介绍此曲的篇章结构；《辞源》从语词角度介绍此词已演变为"称人事凋零或事成绝响"，并引《北齐书·徐文才传》作书证。这样音乐专业词条在《辞源》里就不是单纯的专业词条了。

在上述就"刘伶"条所作的对比中，我们还可以看到两部词典的另一个区别。《辞海》对刘伶的事迹是采取直接概述，未说明材料的来源，而《辞源》则说明材料出自《晋书》。《辞海》对刘伶思想作了批判性评价——宣扬了老庄思想和纵酒放荡生活。《辞源》只客观介绍"后世常以刘伶为蔑视礼法、纵情饮酒、逃避现实的典型"。这又说明两部词典各有特色。《辞海》注重观点、评价；《辞源》较注重原始材料，让史料说明观点。确实《辞源》为了帮助文史专业工作者进一步研究有关问题，使《辞源》成为他们科研参考书，在修订中十分注意提供进一步研究的资料。①凡有几种释义的词条，在列出编者认为正确的释义时，同时列出其他几种不同释义。例"九锡"。关于九锡的具体名称及排列顺序，历来有多种说法，《辞海》只列《公羊传》"加我服也"何休的注；《辞源》则还另引《礼记·曲礼》上疏引公羊家说、《韩诗外传》、《汉书·王莽传》，并指出《汉书·元帝纪》元朔元年诏书中"乃加九锡"语，为"九锡见于书面的最早出处"，还介绍汉献帝赐曹操九锡，是采用《公羊传》何休注引《礼纬》说，"历代相袭沿用，王莽以及魏晋南北朝掌政大臣夺取政权，建立新王朝前加九锡，成为例行公事"。这样《辞源》的这一条内容就大大超出了一般词典的范围，不仅解决了疑难，还提供了研究资料。②词条内容都明确提出资料依据。凡人名说明出自何书何传。例"何曾"见《晋书》本传。"何承天"《宋书》、《南史》有传。凡地名都提供地名沿革参考书。例"张掖"①郡名。参阅《后汉书·明帝纪》永平十七年注。②县名。参阅《汉书·地理志》下、《嘉庆一统志》二六六《甘州府张掖县》。凡典章制度等也尽可能提出有关资料名称。例"作册"官名。参阅孙诒让《周礼正义》五二《内史》、王国维《观堂别集》一《书作册诗氏说》。《辞源》这种多方面提供研究资料的作法，得到了广大读者，特别是专业工作者的欢迎。当然这样说《辞源》资料性特点,决不是说《辞海》完全没有做到,例如关于有几种释义的词条,《辞海》也注意列几说。只不过这些特点不像《辞源》那么突出。例如关于广州市的别称"五羊城"一条,《辞海》与《辞源》一样也列了两说,但《辞海》未提供此两说的史料依据,《辞源》却都分别列出了所出古籍名称。

三 例句、注音及其他

两部词典的语词都是用前人著作作例句(即书证),不同的是《辞源》的书证全是古籍,《辞海》则还有近代人、现代人著作。《辞海》的例句只要说明词义即可,《辞源》却要提供该词出现的最早书证。为便于读者了解该词出现于书面的具体时代,便于读者查阅原书,《辞源》的书证,除一般读者熟悉的外,都有作者时代、姓名、书名、篇名,有的还列有卷数。《辞海》则因作者大都已有专条介绍,一般只求作者名、篇名。例"一丝不挂"条,两词典书证完全一样,但体例很不同。《辞海》:黄庭坚《寄航禅师诗》、杨万里《清晓洪泽放闸诗》。《辞源》:宋黄庭坚《豫章集》三《曾景宗相访寄法三航禅师诗》、宋杨万里《诚斋集》二七《清晓洪泽放闸四绝句诗》。

两部词典的单字头都采用汉语拼音注音。《辞源》另加注了注音字母,并从其特定修订方针出发,还加引了代表中古音的《广韵》或《集韵》等的反切、声类、韵部,让读者了解字音的变化。《辞海》则对比较冷僻的单字加注直音;现代注音与传统读音不同的,酌注旧读;口语音与读书音不同的,加注口语音。

《辞源》仍按旧的 214 个部首编排单字,《辞海》则对原部首进行了改、并、增、删,成为新的 250 个部首,单字照新部首编排。

其他如词典的语言风格等也是各有千秋。

总之两部词典经过修订都更加富有特色。本文因篇幅所限,仅侧重从《辞源》(修订本)特点方面谈,难免有片面不妥之处,欢迎批评指正。

(《语文知识丛刊》1982 年第 4 辑)

前进的脚印

——《辞源》修订工作的实践

舒宝璋

对比新旧《辞源》的各方面（以"释义"为重点），可以看明《辞源》前进的足迹。

旧《辞源》，是指 1939 年的《辞源》正续编合订本，新《辞源》，是指从 1979 年开始出版的《辞源》修订本。迄今为止，已出第一册和第二册，其范围相当于旧《辞源》的子、丑、寅、卯、辰集。介乎新旧《辞源》之间，还有一本印行于 1964 年的《辞源》修订稿第一册。下文提到它时，姑称之为"修订稿"。

新旧《辞源》前后相去四十年，跨越两个时代。它们有什么异同之处？较之旧《辞源》，新《辞源》在质量上取得的进步怎样，还有哪些优缺点？

以管窥天，以蠡测海，本文只就小半部《辞源》立论，欲回答上述问题，不知能不能得其一二。

一 部　　首

新《辞源》的前两册与旧《辞源》的前五集，各包含部首 84 个（自"一部"至"气部"），二者的笔形和顺序完全相同。这是继承了《字汇》《正字通》《康熙字典》的部首规模（全书共 214 部）。萧规曹随，作为一部供阅读古籍用的工具书和古典文史研究工作者的参考书，在分别部居方面保持一脉相承的传统，俾便稽查，是有其必要的。

所不同的是，部首目录中的走之儿，旧《辞源》作"辶同辵"，附于巳集（四画部首）之末；新《辞源》作"辶同辵"，列在寅集（三画部首）之尾。走之儿属三画还是四画？这是个新旧字形的问题。新字形与手写体相近，走之儿写成"辶"，久已相沿成习。新《辞源》采用了"辶"的笔形，可谓因利乘便。事实上，在《四部丛刊》本的《扬子法言》（翻宋本）和百衲本的《三国志》（影宋本）等多种古籍中，走之儿都是作"辶"的。

二　单　字

单字字头在新《辞源》中增加较多。这有三种情况：

（一）见于本书复词而为旧《辞源》所未收的。如"囉啤"的"啤"、"巧挴"的"挴"诸字。

（二）见于一般辞书而为旧《辞源》所未收的。如当"邪"讲的"佊"字，"胄"的异体字"仚"，"宇"的古体字"寓"，等等。

（三）见于通行古籍而为旧《辞源》及一般辞书所未收的。如扬雄《太玄》中的"念"字，《宋书》及《山海经》中的"欤"字，某些古籍和目录学著作中的"弖"字之类。

当然，也还有补而未尽的。如"抴摠"的"摠"字。又，《康熙字典》的释文中，有个使用频率很大，几乎每页都有的"厸"字。

根据与《辞海》和《现代汉语词典》的分工，新《辞源》删去了"氩、氖、氦、氪"等现代科技用字。

增删两抵后，新《辞源》一、二册的单字字头计净增 739 字，相当于旧《辞源》前五集单字字头数的 18.5%。

三　字　形

较之旧《辞源》，新《辞源》在单字和复词的字形方面，处理得更为仔细，更为认真。

"胄""胄"二字，有细微差别。"胄"属"冂部"，从"冃"，当"头盔"讲；"胄"属"肉部"，从"月"，当"后裔"讲。旧《辞源》在释文中作了阐述，单字字头反未加区别，使读者将信将疑；新《辞源》则从字头到释文，都给以严格区分，使读者豁然憬悟。

"夾""夹"二字，形音义俱异。二者同属"大部"，但"夾"字两腰从"人"，为常用字之一；"夹"字两腰从"入"，当"藏物于怀"讲。旧《辞源》未收"夹"字，与"夾"字无从辨别；新《辞源》两字并收，且指出："古通作'陝'，与'夾'别为一字。今陕西省之'陕'字，音从此字。"按"陜"字也从"夾"得音；把"夾""夹"辨明，于读者有益。

有些字仅一笔之差，颇易为人所忽略。如孔子弟子曾晳（下从"白"）、三国吴主孙晧（左从"日"）、宋庐陵欧阳修（右下从"月"），旧《辞源》作"曾皙"、"孙皓"、"欧阳修"，这也不算大错，只是于史不符，有背于"名从主人"之义。于细微处见精神，新《辞源》为他们恢复了本来字样。当然，这是就复词条目而言；至于在释文中，因约定俗成，自可变通，新《辞源》正是这样做的。

旧《辞源》没有繁体字、简体字和新旧字形的问题。新《辞源》全书用繁体字，字形则新旧兼有。看来完全用新字形，与古籍对不上号；完全用旧字形，技术上又有困难。新《辞源》在字形方面，是在客观条件许可的范围内，尽量地从精、从细、从严的。

四　字　音

字音的标法，新旧《辞源》有很大不同。旧《辞源》全用清代《音韵阐微》的反切，不古不今，无裨实用（当时只能这样）。"修订稿"四管齐下，将汉语拼音、注音字母、《音韵阐微》和《广韵》的反切一并列出，使读者既能准确地拼出今音，又可相应地了解古音。新《辞源》继承此法而略去《音韵阐微》的反切，古今兼顾，要而不烦。

旧《辞源》音切失诸笼统的，新《辞源》作了区别。如"尚"字，旧《辞源》只收"侍漾切"，与下面"尚羊""尚仪"等复词显然脱节；新《辞源》分为 shàng（时亮切）、cháng（市羊切）两音，而以第二音专用于"尚羊""尚仪"等复词。

旧《辞源》音切有误的，新《辞源》作了订正。如第一人称的"俺"字，旧《辞源》作"倚剑切"，新《辞源》改为："ǎn《正字通》阿罕切。"按此字《音韵阐微》作"倚剑切"，属"艳"韵，但不作"我"讲。

多余的又音，新《辞源》作了精简。如"扣"字，旧《辞源》云："可殴切，音口，有韵；又去声，宥韵，义同。"新《辞源》保留了《广韵》中"苦候""苦后"两切，但现代标音只作"kòu ㄎㄡˋ"。"企、剖、吼、忿"等字，情形与此相同。

旧《辞源》不问多音多义字在复词中读何音，新《辞源》在复词中作了标注。如"弹"有 1. dàn、2. tán 两音，而"弹子、弹弓、弹舌、弹指"中的"弹"，怎么读法？旧《辞源》不作表示；新《辞源》分别标为："弹子、弹$_2$子、弹弓、弹$_2$弓、弹$_2$舌、弹$_2$指"（不标者即属第一音）。

五 复 词

旧《辞源》前五集共收复词 43102 条，新《辞源》一、二册有删有增，现共 41950 条，计净减 1152 条，占原复词数的 2.7%。

新《辞源》删去的复词，约有四类：

（一）现代哲学、社会科学和自然科学技术条目（我国古代的某些百科性条目仍保留）。

（二）见字明义、别无典实的复词，如"人烟"、"口头"、"心知其意"等。这类复词，间也有删之未尽的。

（三）不成词的条目，如"豕人立而啼"的"人立"，"上学以神听，中学以心听，下学以耳听"的"心听"。

（四）过于冷僻的复词，如"口四"（佛教云，戒口业者有四）、"古旃"（古索国指牛）、"心配"（日语谓心系其事有所忧虑）之类。

新《辞源》增加的复词，主要是一些语文性条目。如"止泊"（见于《陶渊明集》和钟嵘的《诗品》）、"止舍"（见于《史记》《汉书》）、"民气"（见于《吕氏春秋》及《汉书》）、"掣鲸"（见于杜诗，源于《庄子》）等条。

通过修订，新《辞源》的复词，取舍较前合理，取材更为谨严，突出了"以语词为主，兼收百科；以常见为主，强调实用"的特点。

六 义 项

由于新《辞源》的修订编写者，历年来掌握了相当大量的第一手语言材料，因此对单字和复词的含义，能进行比较全面细致的分析和增订，作出比较准确的解释和合乎逻辑的表述，给读者以比较充分的可靠信息。

绝大多数字、词的义项在新《辞源》中都有所增加。如"兵"字，旧《辞源》有三个义项（意为兵器、兵士、击杀），新《辞源》增加了两个（军事、伤害）；"乍"字，旧《辞源》仅收"忽也，猝也"一义，新《辞源》增加到六个义项。

旧《辞源》中某些字、词的个别义项，因为重复或不合体例，新《辞源》作了适当的归并或删除。如"吁"，旧《辞源》释作：㈠疑怪声。㈡忧也。㈢叹息也。新《辞源》调整为：㈠叹词。㈡忧愁。"心得"条，旧《辞源》的㈡、㈢义项，都是日语含义，新《辞源》概从删削。

义项的顺序，新《辞源》尽量将字、词的本义放在头里，以次再列引申、比喻、通假诸义，使脉络分明。如"圂㈠"，旧《辞源》作："与溷同。厕也。"新《辞源》改为："猪圈。《汉书·五行志·中之下》：'豕出圂。'引申为厕所。见《说文》。"

七　释　义

旧《辞源》有不少条目只有书证而无释义,使读者无从索解。新《辞源》除引书证外,都尽量作出解释,如:

〔九子〕九颗星。……

〔口谗〕浮夸荒诞的话。……

〔引籍〕引人及门籍。汉制,官门有禁,无引人及门籍者不得妄入。引人,即门使;籍,用三尺竹牒,记载出入者的年龄、名字、相貌,悬于宫门,以备查对。核对无误,始得入内。……

前两条只几个字,就把意思讲清了;后一条略长,亦难以再简,非如此无法说清。

新《辞源》的释义,至少有四个特点:

(一)准确精详。如"挐攫",旧《辞源》释作:"惶遽也。"不知何所据？新《辞源》改为:"张牙舞爪,相搏斗之状。"有《文选》李善注为证。再以"引"字的一个义项为例,旧《辞源》说:

⑪文体名。与序同。宋苏洵先世有名序者。故讳序为引。如族谱引。即族谱序也。

新《辞源》改为:

⑪文体名。唐以后始有此体,大略如序而稍为简短。如唐·王勃《王子安集》五《滕王阁序》:"敢竭鄙诚,恭疏短引。"刘禹锡有《九华山歌并引》、《泰娘歌并引》等。宋苏洵父名序,故洵文讳"序"为引。后人亦有沿用者。

前者粗疏,后者精确。又如"严⑧",旧《辞源》但云:"衣装也。"令人知其然,而不知其所以然。新《辞源》据"修订稿",改为:"穿戴装束。汉明帝名刘庄。装避讳作严。"从而得出了"甚解"。

(二)源流并重。旧《辞源》在"冰人"条下,引了《晋书·索统传》的书证后说:"今称媒人曰冰人。本此。"此所谓"今",当指现代而言。但明朝即已见使用。新

《辞源》改为:

> 《晋书·索纨传》:……后来便把媒人叫做冰人。明·谢谠《四喜记·忆双亲》:"这一曲《鹧鸪儿》就是我孩儿的冰人月老。"

旧《辞源》在"三秋㊀"中说:"谓三季也。"下引《诗经》为证,没有别的解法。"修订稿"和新《辞源》并增订为:

> 〔三秋〕㊀三季,九个月。《诗·王风·采葛》:"一日不见,如三秋兮。"……后来多作三年解,谓经历三个秋季。

这一补充很要紧,否则会使人茫然。"三秋"指三年,盖亦由来有自。唐·李白《江夏行》云:"去年下扬州,相送黄鹤楼。眼看帆去远,心逐江水流。只言期一载,谁谓历三秋?使妾肠欲断,恨君情悠悠。"可证。

(三)语言简明扼要。《辞源》释文的语言不宜太简古;但为篇幅所限,口语化亦不相宜。看新《辞源》的释文,一归于简明扼要,显得得体。如"捧日"条,旧《辞源》谓:"旧以日喻帝王。故捧日有翊戴义。"新《辞源》改为:"旧时以日喻帝王。因以捧日指拥戴。"比前者好懂多了。

再如"杀"字的一个义项,旧《辞源》说:"㊅衰也。等差也。"新《辞源》只作:"⊕等差。"把"衰也"给删了。按《仪礼·士冠礼》云:"以官爵人,德之杀也。"汉·郑玄注云:"杀犹衰也,德大者爵以大官,德小者爵以小官。"清·胡培翚《仪礼正义》云:"杀谓德有等差。"可知释以"等差",也就够了。所谓"衰也"、"杀犹衰也"的"衰",乃古汉语用字,应读 cuī,意即"按级递减"或"等差"。今人释义,可以绕开这个字。

(四)条目相应呼应。辞书分条缕述,条目之间有一定联系,不当顾此失彼,更不宜各自为政,各行其是。如"东床"、"坦腹"两条,旧《辞源》一引《晋书》后,加"俗称……",一引《世说》后,加"今俗称……",使本出一源之典,彼此了不相涉。新《辞源》仅于"坦腹"条下引《世说新语·雅量》后,指明:"后称人婿为令坦或东床,本此。"另于"东床"条下径释为"指女婿",继引唐、五代两书证,末言"参见'坦腹'"。使彼此呼应,避免了重复,充实了内容。

再看"格诗"和"半格诗"两条。旧《辞源》于"格诗"下,采清·汪立名说;于"半格诗",则取清·赵执信说,末又附汪说,谓"半格诗""非别有一体也"。一个不承认有"半格诗"的人,能否将"格诗"讲清?"格诗"既采汪说,"半格诗"怎能成立?不免自相抵牾。新《辞源》"格诗"条,采清·纳兰性德说,谓系"今体诗,对古诗而言",并"参见'半格诗'";于"半格诗"条,则释为:"诗的一体。指与今律相偕的歌行体,以别于纯粹的古风",末附汪立名"不是另有一体"之说以备考。这样,就免除了相关条目的各自为说,坚持了前后一致;也为读者提供了不同说法,利于进一步思考。

八　出　处

《辞源》"结合书证,重在溯源"。言必有据,出处翔实,是新《辞源》的主要特点之一。

旧《辞源》有不少条目没有注明出处,新《辞源》尽可能予以增补。如女官名"七子",注明:"见《汉书》九七上《外戚传》";古地名"广固",注明可"参阅《元和郡县志》十《青州》";生卒年尚有疑问的"张志和",列明可"参阅《新唐书》本传、唐·颜真卿《颜鲁公文集》九《浪迹先生玄真子张志和碑》、唐·张彦远《历代名画记》十"。这些"参阅"和"见",为读者提供了进一步研究的线索。

为了方便读者,新《辞源》举书证来源,一般都写明作者的时代、姓名、书名、卷次和篇名。除非众所周知的书篇,始酌情省略;确实无考的项目,才暂付阙如。

旧《辞源》的出处,绝大多数都不详:

有的只列书名。如"子人"条的《左传》,"杖鼓曲"条的《贵耳集》。(新《辞源》分别注明为:《左传》僖二八年、桓十四年,宋·张端义《贵尔集》中,使各有了门牌号。)

有的只列作者及篇名。如"畅叙"条〔王羲之兰亭叙〕,"松烟"条〔卫夫人笔阵图〕。(新《辞源》查实后改为:《世说新语·企羡》注引晋·王羲之《临河叙》,唐·张彦远《法书要录》一《晋卫夫人笔阵图》,使之坐落分明。)

有的只列作者及体裁。如"杳冥"引〔宋玉文〕,"三蜀"引〔左思赋〕,"东丁"引〔吴文英词〕。(新《辞源》一并查实为:《文选》战国·楚·宋玉《对楚王问》,《文选》晋·左太冲(思)《蜀都赋》,宋·吴文英《梦窗丙稿·风入松》词,落到实处。)

九 书 证

上一节谈"出处",单指释义的来源或引文的书名、篇名等,不包括引文本身;这一节谈"书证",乃兼指引文的书名、篇名及其内容,主要指引文本身。二者有联系,又有区别。

有些条目,旧《辞源》缺乏书证,新《辞源》悉为补上。如"指㊀"条补了《楚辞》屈原《离骚》二句,"指南"条补了汉·张平子(衡)《东京赋》三句。

为了溯源,新《辞源》的书证,在可能范围内,尽量用更早一些的。如"授首"条,旧《辞源》引〔诸葛亮文〕,现改引《战国策·秦四》两句及《文选》汉·潘元茂(勖)《册魏公九锡文》两句;"园庐"条原引〔宋史张去华传〕、〔又郎简传〕,现改引《文选》汉·张平子(衡)《南都赋》三句。

旧《辞源》有的书证不完整,新《辞源》酌量补足,务使词出意明。如"收责"(收债)出《战国策·齐四》,原只引"能为文收责于薛者乎"一句,突兀难明,现增为:"后孟尝君出记,问门下诸客,谁习计会,能为文收责于薛者乎?""冰轮"指月,见于苏轼诗《宿九仙山》,原引作"雪峰缺处涌冰轮",词义不显,且"雪"字涉"冰"而误,现增订为:"半夜老僧呼客起,云峰缺处涌冰轮。"

旧《辞源》有的书证与释文抵牾,新《辞源》酌情更换,宁可晚些,但要准些,以免其枘凿难合。如"横目㊀"作怒目讲,旧《辞源》引书证:"〔埤雅〕熊罴眼直。恶人横目。"表面看来,似无不合。旧《辞海》《大汉和辞典》《中文大辞典》,皆莫不如是。然而,《埤雅·释兽·罴》的原文,却是这样的:

罴似熊而大,为兽亦坚中,长首,高脚,从目,能缘能立,遇人则擘而攫之。

俗云:熊罴眼直,恶人横目。

琢磨一下,"从目"即"纵目",也就是"眼直"。熊罴因为眼直,所以厌恶(wù)人们的横目(眼睛成水平状),所以"遇人则擘而攫之"。《庄子·天地》云:"夫子无意于横目之民乎?"唐·成玄英疏:"五行之内,唯民横目,故谓之横目之民。"可见,《埤雅》

中的"横目"同《庄子》中的"横目",是一个意思,都是指人类的特点,并非说恶(è)人的怒目。而况熊罴攫人,是不分善人、恶人的。所以,新《辞源》宁可将"横目㊁"的书证改用清代的《聊斋志异·连琐》:"隶横目相雠,言词凶谩。"也不用宋之《埤雅》。

十　图　表

插图和表格是辞书必不可少的辅助手段。插图能将某些难于用文字表达清楚的事物,通过直观,以传达给读者。"至表之为用,约繁者而使简,综散者而使聚,横直相参,易资比较,尤便检查。"①

旧《辞源》前五卷共有图表 342 幅。修订中删去 272 幅,抽换 27 幅,新增 34 幅。新《辞源》一、二册现有图表 104 幅。

删去的绝大部分为现代自然科学和应用技术方面的插图,这是由新《辞源》的性质决定的。但是连"信圭、仪锽、五同(在'同'字条)、建鼓、日晷仪"等古器物插图也删了,殊觉可惜。"五胡十六国"的表格作了修订,"十国"的表格干脆砍掉,也未免有失平衡。

抽换的图表,一般都提高了质量。"俎、几、刀笔"等图,形制有所提前;"功布、唐巾"等图,形象较前真切;"投壶"等图,生动逼真;"戈、弩、弩机"等图,均加注构件名称,使人一目了然;"五胡十六国、南北朝"两表格,作了某些调整,并加注公元起讫年份,颇切合于实用。

新增的图表,除"刻漏"图与"宫漏"图大同小异、略嫌重复外,其他都很有必要,很有参考价值。就中以"兆、步摇、博山炉、毛公鼎、十三经注疏"等图表尤为精当。

新旧《辞源》在部首规模、收字、收词范围及检索方法等方面,大体相去不远。根据辞书分工的要求,新《辞源》增删了若干字、词,补充了不少资料,订正了一些错

---

① 见陆尔奎《辞源说略》。

误和不妥之处,改进了体例,查实了书证,基本上完成了修订任务。新《辞源》一、二册总字数达 516 万,比旧《辞源》前五集净增 162 万字。

新《辞源》在求精、求细、求实方面作了较大努力,质量有较大提高,优点甚多,俱如上述。缺点是:少数条目的取舍还不够精审,个别字、词的处理还值得商榷,字形还不统一,校订还不够完善。这正如一个长途跋涉的人,已越过重重关山,走了很远的路程,风尘仆仆,在中途住下;由于还要忙于赶路,尚来不及整容修面和彻底更衣,一时颇有点不修边幅的模样。

(《辞书研究》1981 年第 4 期)

《辞源》修订本简评

郭 良 夫

《辞源》的编纂始于1908年(光绪三十四年)春,参加编写的数十人,取材用的书数百种,十余万卷,历时8年而后竣事。1915年(民国四年)10月以甲乙丙丁戊五种版式出版正编,为中国有新式辞书之始。又经过16年,到1931年(民国二十年)9月,续编完成,12月出版。1939年(民国二十八年)6月,正续编合订本出版。抗战胜利后,商务印书馆编审部鉴于新词日增,而旧编篇幅过大,即决定将旧词删繁就简,增加新词。这项工作于1948年底结束。1949年全国解放,新名词又有大量增加,至1949年底止,续获新名词二百余条作为补遗列于篇末。改编本于1950年12月(缩本)出版。

《辞源》收单字(词)万余,复词十余万。编著者认为《辞源》继承了中国辞书如《方言》、《释名》和《古今注》的传统,又吸收了现代外国辞书编纂方法和体例的特点。(当然也吸收了我国以字为类,而字隶于部的分别部居的方法。)以普及知识为主旨,供一般社会之用,是一部普通辞书,普通百科辞书。既然是普通辞书,释义当然以简明实用为主。但是为了解决读者的疑难,又不能不力求解释详尽。当时还没有注音字母,更没有汉语拼音方案,音读悉从《音韵阐微》,确实可以收到取音较易的效果。为了帮助诠释,书中插入了图表。

正编出版以后,新名词不断发生,社会上要求校正增补,因而有续编之作。续编的体例一仍正编,两相比较,一则注重古代词语,一则广收新名词术语。续编对引用的经、史、子书,补列了篇目,并校对了原书。改编本按照其《叙例》的要求,做到了"削繁订讹","省篇幅,便学者"。

从1908年开始编纂《辞源》,到1949年全国解放,中华人民共和国成立,已有四十多年。其间的续编、增补、改编，主要是随着时间的推进，不断充实新名词，而最初编纂的宗旨并没有改变。解放以后，在编辑出版改编本时，商务印书馆编审部认为"内容及观点多有须待更正之处"，因此要"计划彻底改编"。

1964年7月出版的《辞源》修订稿第1册，1979年7月又出版了修订本第1册。修订本分4册陆续出版。修订稿第1册的编写工作是从1958年第4季度开始的（中间有若干年的停顿），到1979年出版修订本第1册，又经过了22年。

修订稿和修订本被称为新《辞源》，与此相对，以前的被称为旧《辞源》。新《辞源》以收古旧词语为主，旧《辞源》努力收集和扩充的却是新词新语。这是一个很大的改变，由普通百科性辞典变成了普通古汉语词典。旧《辞源》所收词目十余万条，修订后的《辞源》把现代自然科学、社会科学和应用技术的词语全部删去，把翻译的词语（例如［上帝］一条的第二义项："God 基督教所奉之神曰天主。亦曰上帝。"）也删去以后，换上古代汉语语词，仍存词目十余万条。有改变，也有继承，旧《辞源》收录材料相当丰富。前面已经说过《辞源》引书数百种，修订后的《辞源》继承了这个优良传统，更加扩大了材料领域，引书增至可两千种。

《辞源》重在考源，或者沿流以溯源，或者穷源以竟委；所谓考源就是要求索词的本义。得到词的本义，引申、假借之义也就不难寻找了。例如［一柱擎天］，原来的释义是"谓以一身任天下之重任也"，引的书证是《宋史·刘永年传》"生四岁，仁宗使赋小山诗，有一柱擎天之语"。修订以后是这样："《楚辞》屈原《天问》'八柱何当'汉王逸《注》：'谓天有八柱。'后来用一柱擎天喻能担当天下的重任。"放在一起比较，立刻就可以看出，原来的释义不是本义，所引书证太晚了。修订以后的释义说出了本义，也说到了引申义、比喻义，书证相应也就提早了。

辞书的释义必须准确可信，要做到这一点，就得收集大量的材料，并对材料进行分析研究，还得吸收前人研究的成果。例如［上宫］一条，原来的解释是：㊀地名。《诗·桑中》："期我乎桑中，要我乎上宫。"《集传》："上宫，沬乡中小地名。"王应麟曰：《通典》"卫州县有上宫台。"《清一统志》"上宫台在河南濬县西。"㊁《孟子·尽心下》："孟子之滕，馆于上宫。"《注》："上宫，楼也。孟子舍止宾客所馆之楼上也。"修改以后是这样：

> [上宫]㈠宫室名,即楼。《诗·鄘风·桑中》:"期我乎桑中,要我乎上宫。"《孟子尽心》下:"孟子之滕,馆于上宫。"这指宾客所馆的楼上。㈡古史记纣都朝歌,有鹿台,也叫殷墟上宫台。地在今河南淇县。参阅《通典》一七八《郡》八。

表面上看起来两者所用的材料差不多,实际上修订以后的解释才是确切可靠的。修订本对所引用的材料进行过分析研究,并且吸收了前人的研究成果。把上宫解释为楼,正是根据清代马瑞辰《毛诗传笺通释》卷五所说:

> "要我乎上宫"《传》:"桑中。上宫,所期之地。"《笺》:"与我期于桑中,而要见我于上宫。"瑞辰按:以《笺》推之,桑中为地名,则上宫宜为室名。"孟子之滕,馆于上宫。"赵岐《章句》曰:"上宫,楼也。"古者宫室通称,此上宫亦即楼耳。

马瑞辰之后,更有闻一多先生的详细论证:

> 上宫者,《孟子尽心》下篇"孟子之滕,馆于上宫",赵注曰:"上宫,楼也。"案以上宫为楼,当系旧说。《考古记》有宫隅,上宫即宫墙之角楼,以其在宫墙上,故谓之上宫,(一说上读为尚,言加于宫墙之上,亦通。)亦谓之楼。①

对照旧说和马、闻两家的新证,修订本把上宫解释为楼是确凿有据的。

除了上述的这类根据以外,修订本还新辟了一项参阅书目。在有关词目之末略举参阅书目,这有两层意思:一层是为了给专业研究工作者提供参考资料;更有一层,说明词义的解释之所以确切可信是有大量材料为根据的。

不仅词义的诠释应当准确,而且字词的注音也应当准确无误。修订本的注音采用了汉语拼音和注音字母。旧《辞源》音读悉从《音韵阐微》。《音韵阐微》虽比旧反切取音较易,也止能是一种改良反切,不如后来的注音字母进步。但是注音字母尚未做到完全音素化,有些字母如ㄞ、ㄟ、ㄠ、ㄡ、ㄣ、ㄤ、ㄥ等,每一个都代表了两个音素。因为很多人已经掌握了注音字母,所以仍然用它来注音。合理的当然是汉语拼音字母,拼音字母基本上音素化了。用汉语拼音字母注音,可以做到准确无误。此外为什么还注上《广韵》或《集韵》的反切呢?这表明注音的准确无误是根据

---

① 闻一多:《诗经通义——邶风》。(《闻一多全集》卷2,第193页)

语音发展演变规律来的。由此可以略窥古今字音对照。例如"间不容发"的"间"读为 jiān，就是对照《广韵》上平声二十八山韵"间，隙也，近也，又中间。古闲切"来定的。大徐本《说文解字》依据《唐韵》加注的反切和《广韵》相同。这就证明"间"字的读音是从中古来的。"间"还有去声一读，在《广韵》去声三十一裥韵。但这个读去声的"间"字的意义是："厕也，瘳也，代也，送也，迭也，隔也。"因此"间不容发"的"间"不能读去声。

从上面引的旧《辞源》的例子就可以知道原来用的旧式标点，修订后全部用新式标点符号，这也不能不说是一个改进。读者阅读用新式标点符号的文字，自然会比阅读用旧式标点的义字容易得多。

经过修订，应当说新《辞源》在质量上有了显著的提高。但是缺点错误仍在所难免。举例来说，就像引用书证一事，《辞源续编说例》已经在说"一一校对原书"了，修订本《出版说明》更是说"对书证文字都作了复核"。对全部书证都作了复核，而且不止复核一次，确为事实。然而仍旧有不够周到的地方。上面谈到"一柱擎天"，所举书证"汉王逸注'谓天有八柱'"，与原书就有出入。原书王逸的注是："言天有八山为柱。"[①]由此可见不无瑕疵。

修订本第 2、3、4 册将陆续出版，我们相信一本会比一本好。

（《词汇与词典》，商务印书馆，1990 年）

---

① 见四部丛刊本《楚辞补注》。

20世纪中国第一部新型大词典

——《辞源》编纂体制说略

杨 文 全

《辞源》是我国第一部兼收语文、百科的综合性新型大辞典。[①] 它"罗书十余万卷,历八年而始竣事"[②],始编于清光绪三十四年(公元1908年),编成于1915年,由商务印书馆以甲乙丙丁戊五种版式分上下册出版。陆尔奎、傅运森、蔡文森等任主编,参与编务者先后达五十余人。

《辞源》的编纂和《中华大字典》一样,是在西学东渐以后,为适应知识界学习现代科学文化的急需而编纂的。《辞源》主编陆尔奎在正编篇首有《辞源说略》一文[③]说明了当时的编纂意图:"癸卯、甲辰之际,海上译籍初行,社会口语骤变,报纸鼓吹文明,法学哲理名辞,稠叠盈幅,然行之内地,则积极消极、内籀外籀,皆不知为何语。……新旧扞格,文化弗进。友人有久居欧美、周知四国者,尝与言教育事,因纵论及于辞书,谓一国之文化常与其辞书相比例。吾国博物院图书馆,未能遍设,所以充补知识者,莫急于此。且言人之智力,因蓄疑而不得其解,则必疲钝萎缩,甚至穿凿附会,养成似是而非之学术。古以好问为美德,安得好学之士有疑必问,又安得宏雅之儒有问必答。国无辞书,无文化之可言也。其语至为明切。"这段文字表明,《辞源》编者是在当时社会急遽变化,新词新语大量产生,而国人渴求"充补知

[①] 参见陈炳迢《辞书概要》第234页,福建人民出版社,1985年3月第1版;另见李开《现代词典学教程》第87页,南京大学出版社1990年。

[②] 参见陆尔奎《辞源说略》,又见《东方杂志》12卷第四号,1915年。

[③] 参见陆尔奎《辞源说略》,又见《东方杂志》12卷第四号,1915年。

识"的时代背景下,感于友人"一国之文化常与其辞书相比例","国无辞书,无文化之可言也"的深刻见解,出于纯正学术、促进文化建设的历史责任感,决意编纂此书的。

《辞源》出版以后,"十余年中,世界之演进,政局之变革,在科学上自有不少之新名辞发生"①,所以又于1931年出版《辞源》续编,于1939年出版《辞源》合订本。全书收单字11204个,复词87790个,合计词目98994条。《辞源》继承前代字书部首,分214部,又分子丑寅卯等十二集。在单字词目下,大量收列成语、掌故、典章制度、天文、地理、人名、物名、书名、地名、事件名、音乐、技艺、医卜星相、花草树木、鸟兽虫鱼等名辞,以及近代社会科学、自然科学的术语概念。它以古代字书、韵书、类书为基础,吸收当代外国辞书的长处,汇集成编;其内容范围之广,为前代字书所不逮。合订本《辞源》卷首有部首目录、笔画检字,卷末有四角号码索引等附件,查检较为方便。

《辞源》的最大特点就是确定了单字字头带出复词的辞书编纂体制。即全书选取单字为字头,在单字字头释义之下则大量罗列以这个单字为字头的古今复词。复词的排序原则大体是:先以字数多少论先后。即由两个字构成的复词排列在前,由三、四个或更多的字组成的复词则依次排列在后;再以笔画多少为序。即字数相同的复词,则按第二字的笔画多少排次第先后。

《辞源》这种以单字为词头带出相关复词的体例,是在借鉴清人《佩文韵府》和《骈字类编》的基础之上加以发展而成的②。而《佩文韵府》则又是在《韵府群玉》、《五车韵瑞》的基础上形成的③。虽然三书也采取单字带复词的形式,但其整体收字原则却是"事系于字,字统于韵"④。故跟《辞源》的体例有所不同,即它们是按下字(或尾字)为收字依据的,以《佩文韵府》为例,其"东韵""红"字即收有"陈红、题红、长红、剪红、映山红、一丈红、玉白花红、烛影摇红"等词语;"微韵"的"依"字后即

---

① 参见《辞源》之"续编说例"。
② 参见刘叶秋《中国字典史略》第235页,中华书局,1983年。
③ 参见赵振铎《古代辞书史话》第133页,第134—138页,四川人民出版社,1986年。
④ 见《佩文韵府·序》。

带出"依依、瞻依、违依、冯依、因依、小人依、辅车依、神所依、弱蔓依、博依、充依、相依、无依、七依、情依、霄依、仇依、属依、皈依、攀依、鬼神依、君子依、上帝依、惟德依、晋郑依、素情依、肺腑依、一樽依、洛社依、识所依、客尽依、戍客依、槛轩依、四邻依、蓬便依、佛堪依、僮仆依、云水依、无枝可依"等词语①;而《辞源》是以上字为带出复词的依据。此外,至于清人《骈字类编》虽然单字下所收复词,采取首字与字头一致的方式,如卷三十六"山水门"的"山"字下就收列有"山天、山云、山雨、山月、山风、山雪、山霞、山露、山雷、山雾"等复词,表面看来,这与《辞源》词头带出复词的方式似乎很接近,但实际上二者却存在着两点本质的区别:一是收词原则不同,《骈字类编》的整体收词原则是"按类编次,以类(门)统字",而《辞源》则是"按集编次,以部统字";二是《骈字类编》每一字头下的词,大都"以类相从"地加以排列,如"山云、山雨、山日、山月"等,即属于自然现象一类而排在一起;而《辞源》复词的排序则按字数及第二字笔画的多少来排列。相比之下,《骈字类编》还明显带有《尔雅》类字典"以义为纲"的痕迹,而《辞源》重在"以形为纲",着眼于字形、笔画的区分,这样不仅有利于读者查验,而且更具有较为进步的现代词典编纂观念。如"观"字下带出的复词就是首字跟字头相同。《辞源》的这种体制应该说还是一种创新,跟韵藻典故类工具书有着质的不同。因此,从某种意义上讲,这一体制基本上奠定了汉语现代词典编纂的体例格局,在我国词典发展史上具有十分重要的意义。

　　《辞源》还特别注重对近代社会科学、自然科学等新名词的收辑。这是由于《辞源》出际,正值新知识的启蒙时代。当时学术界、思想界倡导"中学为体,西学为用"之说。如果说《中华大字典》由于其本身体例的限制(注重收列单个汉字),还重在"中学为体"的话,那么《辞源》则以其广泛收列复合词语的体制大量容纳"西学",尤其是收列近代社会科学和自然科学的新名词,以反映"西学"东渐和当时中国的社会面貌、知识界的思想状况(如科学、民主、主义、马克思、摩登、治外法权)等,适合大家"贯通典故"、"博采新知"的现实需求。如系部"经"字下就收有"经线仪、经纬仪、经济学、经院哲学、经营形态、经济封锁"等词,臣部"临"字下则收列"临界角、临

---

① 参见赵振铎《古代辞书史话》第133页,第134—138页,四川人民出版社,1986年。

界点、临床讲义、临界状态、临界容积、临界密度、临界温度、临界压力"等词。火部"无"字更是收列新词四十,内容涉及到政治、经济、法律、哲学、艺术、心理学、医学、病理学、化学、光学、物理学等各个方面,而这些都是《康熙字典》所不具备的。从这个意义上说,《辞源》对近代社会科学、自然科学中新词的普遍收录,可以说在极大程度上满足了当时社会对新的科学知识的渴求。

在单字注音方面,《辞源》全部采用清·李光地的《音韵阐微》为注音依据。这样做不仅求音简易,便于拼读出现代读音①,而且也是完全出于北方官话为标准音的考虑,符合当时语音标准化的发展趋势,具有规范化的意义。在读音和意义的关系上,《辞源》强调词在音义方面的紧密联系,突出了语音和语义之间的结合与对应关系,表明编者已具有注重音义结合的现代词典编纂新观念。例如:

寸部"射"字:【食夜切蛇去声祃韵】(一)以弓激矢使及远之术也。【舌绎切读如实陌韵】(二)激矢及物曰射。《论语》:"弋不射宿"。(三)凡激之使及远多称射,如注射、喷射。【异谢切音夜祃韵】(四)仆射,秦官名。【移籍切音亦陌韵】(五)厌也。《诗》:"无射亦保。"

可以看出,多义词的注音,《辞源》是根据音义的不同加以分别标注的,即往往在某一义项之上注出相应的音读,以使音义的联系更加直接而清晰。

这种把音义的辩证统一放在重要位置,正确反映字和词的关系的做法,避免了旧字书罗列音切而不注重音义联系的弊端。此外,月部"朝"字因名词义和动词义的差别而分别标注为"知妖切"和"驰遥切"两个音读;自集"臭"字也因词义的不同而分注为"尺救切"和"喜宥切"。这些都表明,《辞源》已十分注意音义之间的相互关系。

作为一部历史语言词典,《辞源》以解释词语为主。不论是单字释义,还是复词解说,都重在一个"源"字。即比较注重探求语源,并以语源为设立义项的基点,"由源以竟委",尽力阐明词义的源流与孳乳关系,这是由其本身的性质决定的。先看单字释义,如:

---

① 如《辞源说略》云:"其音读则悉从《音韵阐微》,改用今声,以其取音较易,而又为最近之韵书,不至如天读如汀,明读如茫,古音今音之相枘凿也。"

冫部"冰"字:【卑膺切蒸韵】(一)水遇寒而凝也。《礼》:"水始冰。"(二)喻物之清而冷者多曰冰。如冰心、冰颜。(三)矢筒盖曰冰。《左传》:"公徒释甲执冰而居。"

由此例可知,"冰"字义项(一)的解释,揭示了"冰"字所负载的动词意义,而这个意义正是"冰"字的原始意义。《说文》云:"冰,水坚也,从仌从水,鱼陵切。"《集韵》也作鱼陵切,音 níng。作为一个动词,"冰"字的含义就是指水凝结成冰凌的过程。这个词义在古书中比较常见。如《逸周书·时训解》云:"立冬之日水始冰;又五日,地始冻。"《礼·月令》:"孟冬水始冰,仲冬冰益壮,季冬冰方盛。"上引两个冰字都念 níng。《汉书·五行志》上云:"工冶铸金铁,金铁冰滞,不成者众。"王先谦补注引刘敞曰:"冰,音凝。"《新唐书·韦思谦传》:"帝崩,思谦扶疾入临,涕泗冰须,俯伏号绝。"清·傅维鳞《明书·乱贼传》:"值今黄河未冰,贼不能北,无可深虑,当徐图之。"上述诸例,音义皆同。实际上,"冰"字标记了两个音义皆异的词:一个是"仌",《说文》和《广韵》均作"笔陵切",《说文》解释为:"冻也,象水凝之形。"表示这个含义的读音就是 bīng,它记录的是语言中的一个名词,指的是水凝成的固体,今天叫做冰,或名冰凌、冰冻。"仌"字虽在甲骨、金文中已经出现,但是一般文献中却很少使用。古代文献中凡用到"仌"字时,大多用"冰"字标记它。如《诗·豳风·七月》:"二之日凿冰冲冲。"《荀子·劝学》:"冰,水为之而寒于水。"这些字都读 bīng。另一个是"凝"字。"凝"字是为减轻"冰"字的语义负荷而产生的,即以"凝"字来分担 níng(结冰)这个词义。如《说文》云:"凝,俗冰字。"段玉裁注:"经典凡凝字皆冰之变也。"对上述"冰"字身兼二词的情况,《洪武正韵》也曾有所说明:"古文冰作仌、凝作冰,后人以冰代仌、以凝代冰。"虽然《辞源》对"冰"字的音义转换轨迹未作清晰的勾勒,且漏列了"冰"字的名词义,但它把"水遇寒而凝也"(即"结冰")作为"冰"字的本义,却是深得其源,完全可信。这方面例子很多,兹不赘述。

《辞源》不仅注意到了单字释义的溯"源"问题,而且在复词释义的探"源"方面也下了工夫。例如水部"消息"条下云:(一)消谓灭,息谓增。时运循环,增减不息,谓之消息。《易》:"日中则昃,月盈则食,天地盈虚,与时消息。"(二)谓音信也。《三国志》:"昔诸葛恪围合肥新城,城中遣士刘整出围传消息,为贼所得。"《晋书》:"陆机语犬曰:'我家绝无书信,汝能赍书取消息否'。"按人事惟有吉凶善恶,故称音信为消息。又如火部"无赖"条下云:(一)无所依赖也。《史记·高祖纪》:"始大人常以臣无赖。"言无职业并利于家也。《张释之传》:"尉无赖。"言材无可恃也。《唐书》:"李勣言我年十二三为无赖贼,逢人即杀。"今谓强暴妄为者曰无赖。(二)无聊赖也。《三国志》:"彭城夫人蚋螫其手,呻吟无赖,华佗令温汤近热,渍于其中,卒可得寐,旦即愈。"以上两个复词,《辞源》在释义过程中,既注意到溯其语义之本源,同时也注意了词义的古今差别。

复词的含义一般比较单纯,义项的设置也往往不如单字繁多,因而词义运动的层次性不十分明显,但作为一部古今兼收、源流并重的大型历史语文词典,《辞源》也尽量通过释义来反映词语的历史流变和语义层次。如:

丨部"中原"条云:(一)平原之中也,犹言中野。《诗》:"瞻彼中原。"(二)对于边境及蛮夷而言。今河南及山东西部,直隶山西之南部、陕西东部,皆古所谓中原之地。即周时王畿及诸侯封地也。晋以中原与江左并称,见《南史·王弘传》。宋·李纲以中原与东南及西北并论,见《李纲传》,则系专指黄河下游而言。

虽然这里漏收了"中原"一词的"战场"义(借代义),如可补证唐《温庭筠诗集》四《过五丈原》:"下国卧龙空悟主,中原逐鹿不由人。"但对本义的训释以及词义由泛指到专指的演变历程都作了比较正确的描写。

不唯如此,《辞源》还根据词义引申的不同方式,描写因此而形成的词义运动的基本形态与一般规律,展现词义运动的层次性与多样性,从而勾画出汉语词义流变的一般面貌。大体说来,《辞源》在义项的设置与诠释方面,注意到了引申、比喻、借代、旁指、偏指、假借、通假等不同方式而引起的词义变异,并采取相应的释义方式进行描写或阐说,以显示词义演变的规律性和条理性。例如:

彳部"徒"字:【同吾切音途虞韵】(一)步行也。《易》:"舍车而徒。"(二)步卒也。《诗》:"公徒三万。"(三)徒隶曰徒。周礼六官下士以下,有府、史、胥、徒,皆庶人在官者也。(四)辇者也。《诗》:"徒御不惊。"(五)众也。《书》:"实繁有徒。"(六)党也。《张衡赋》:"朋精粹而为徒。"(七)弟子曰徒。《论语》:"非吾徒也。"(八)空也。见徒字条。(九)但也。《孟子》:"徒善不足以为政,徒法不能以自行。"(十)刑罚之一,旧制,有罪发本省驿递应役者为徒。参见"徒刑"条。

这一词目通过义项与书证的历时排比,比较清晰地显示了"徒"字词义由实到虚的演变历程。它如"被"、"为"、"很"诸字的解说亦皆如此。此外,《辞源》也注意通过释义对某些词义的正反引申、轻重引申等语义演变特征加以表现。例如:

酉集言部"让"字:【日样切漾韵】(一)以辞相责也。《左传》:"公使让之。"(二)谦也,退也,凡先人后己皆曰让。《礼》:"君子恭敬以明礼。"(三)以己所有之物与人亦曰让。《论语》:"三以天下让。"(四)任也。《王履诗》:"让老夫判死去。"

其义项(一)与义项(二)(三)表达了两种正好相反的语义,这种一词之内蕴含两个相互对立的义位的现象,过去训诂学上叫做"反训",也有人称之为"词内反义对立"①或"词内反向引申"②。这种同一词目所具有的两个相反或相对的意义,一般古汉语词典多不收列,《辞源》在这方面则注意到了对这类词反义义位的收录。至于言部"诛"字之下收录了"责也"和"杀也"两个义项,则反映了该词词义轻重引申的递变关系。当然这不是词典本身的任务(词典是用义项的排列来显示词义之间的多种关系),所以受词典编纂体例的限制,这种引申关系是蕴含在义项的排列组织中的,需要加以分析梳理,才能体会到词义间清晰的演进轨迹与引申脉络。

值得注意的是,《辞源》在解说因比喻而产生的词义时,也比较注意显示词义间的源流关系。如卯集手部"掣肘"一词下云:"喻使人作事而阻挠之也。宓子贱为单父宰,请借为善书者,至单父,使书,从旁引其肘,书丑,则怒之。书者归,以告鲁君,鲁君曰:子贱惧吾扰之,命有司毋得擅征发单父。见《说苑》。"这一释文清晰地说明了"掣肘"一词的比喻义与语源义的相互关系,便于读者深刻地理解词语的含义。又如戌集金部"铁面"一词云:"(一)以铁为面具也。《晋书·朱伺传》:'夏口之战,用铁面自卫。'《南史·侯景传》:'见贼军皆著铁面,遂弃军走。'(二)喻无私也。昔以铁面喻人者颇多。【甲】赵汴为殿中侍御史,弹劾不避权幸,京师目为铁面御史。见《宋史》。……【戊】宋开封府尹李伦亦号铁面。"与"掣肘"的释义方式有所不同,"铁面"一词是先释语源义,后释比喻义,词义的源流关系更加自然而清晰地展示于

---

① 参见郑远汉《论词内反义对立》,载《中国语文》,1997年第5期。
② 参见严修《评〈汉语词义引申导论〉》,载《中国语文》,1997年第5期。

释义过程之中。

《辞源》对一些外来概念词①和外来词的释义,也注意到了对其比喻义的诠释及其渊源所自的说明。例如酉集豕部:

象牙塔:Ivory tower,此本法国近代大批评家圣鲍和 St Beuve 批评焚宜 Vigny 之语,与丁尼生所谓"艺术之宫"意义相同,盖皆以喻诗人之理想生活,文人之信仰为艺术而艺术说者,常不满意于物质文明所造成之实利生活,别求一理想境界,隐身其中,忘俗世之营逐,而顺自我之发展。此理想境界,丁尼生称之为艺术之宫,圣鲍和称之为象牙塔。西欧文人之闲居象牙塔者,亦多派别。如文本 Swinburne 及米尔 Lisle 则追慕西腊时代之美,洛塞谛 Rossetti 则赞叹南欧中世之美术,而耽美派则要以新奇刺激,引起美的愉快。

此外,一些因借代而产生的词义,《辞源》也颇为关注。如未集系部"县官"下云:"(一)州县吏也。《汉书》:'其在所之县官。'(二)称朝廷也。不敢斥言朝廷,故以县官称之。《汉书》:'仰给县官,亦专指天子而言,'《汉书·东平思王传》:'今县官年少。'"这一条目的释义较有特色。这既说明了"县官"的本义,又指出了其引申义得以产生的缘由——借代。即根据"州县吏"与"朝廷"二者之间的隶属关系,因"不敢斥言朝廷"而以前者代替后者,这样就比较清晰地揭示了该词意义从语义自指进而到语义旁指的嬗变过程。这些是前代字书所不能望其项背的。即以《康熙字典》未集系部"县"字条引《史记·绛侯世家》注云:"县官,谓天子也,王者官天下,故曰县官。"跟《辞源》相比,《康熙字典》对"县官"一词的训释就显得突兀,难以使读者从"王者官天下"的释义中明白"天子"之谓"县官"的内在理据及其演变轨迹。《辞源》的解说则避免了《康熙字典》的不足,为读者准确理解杜甫《兵车行》:"县官急索租,租税从何出?"以及宋濂《送东阳马生序》:"县官日有廪稍之供,父母岁有裘葛之遗"等古代诗文中"县官"一词的含义提供了钥匙。

此外,《辞源》通过词目义项的自然排列,还注意对一些语义偏指的现象作适当的展示。例如丑集女部:

---

① 参见史有为《外来概念词质疑及其处置》,载 1993 年《词库建设通讯》(香港)第 1 期。

"妻子"条下云:(一)妻与子也。如《孟子》:"仰足以事父母,俯足以蓄妻子。"(二)谓妻子也。子者,助词,《诗》:"妻子好合。"《韩非子》:"郑人使其妻为袴,曰:'象吾故袴。'妻子因毁新,令如故。"

又如酉集贝部:

"亲戚"条云:《孟子》:"亲戚叛之。"孔颖达《疏》:"亲谓内亲,戚以外族。"按,古人于父子兄弟皆得称亲戚。《韩诗外传》:"曾子亲戚既没,欲孝无从。"此谓父母也。《左传》:"亲戚为戮,不可以莫之报。"此谓父兄也。又:"封建亲戚,以蕃屏周。"此谓子弟也。今则专以戚属为亲戚矣。

《辞源》对"妻子"、"亲戚"二词的训释,既体现了偏义复词词义发展的真实面貌,又反映了偏义复词在结构关系与单位层次上的变化,即:由结构松散的联合短语粘合为偏指一义的复合式合成词的历史过程。这些都是前代字书(因体例性质、时代局限)而未加收列或虽收却言之未详的。如《经籍纂诂》卷八"妻"字下虽收录"妻子"一词,且释之曰:"妻子,家之贵者。《春秋繁露·基义》"且引《孝经》:"而况于妻子乎?"之注以证,但由于只是对"妻子"作平面的笼统说解,无历时的语义展示,故而终不及《辞源》那样解释的清楚明白。

《辞源》对某些具有一定寓意的名物词目,在诠释时,不仅释其本义,而且也注意揭示词面背后所蕴含的象征义。如酉集豕部:

象魏:阙门也。《周礼》:"悬治象之法于象魏。"《名义考》:"古者宫庭,为二台于门外,作楼观于上,上圆下方,两观双植,中不为门,门在两旁,中央阙然为道。以其悬法谓之象,状其巍然高大谓之魏。"

这一词目的解释,《辞源》是通过援引《名义考》的论述来加以说明的,即先综括其词义,描绘其形制,然后揭示其寓义,本义与象征义之间的联系灿然可见。另外,在释义方面值得一提的是,《辞源》对一些联绵词的解说也颇费斟酌,避免了前代字书或同时代辞书在训解联绵词时常见的"字条拆解、望文生义"的流弊,表明释者对这类词已具有比较明确的语法理解。如戌集首部"首鼠"条下云:"《史记·魏夫传》:何为首鼠两端?注:首鼠,一前一却也。《埤雅》:鼠性疑,出穴多不果,故持两端者,谓之首鼠。按《后汉书·邓训传》作首施两端,又《西羌传》作首尾两端。然则首鼠者,当时方言,不尽如《埤雅》之说也。"同集同部"首施"条下亦云:"《后汉书·邓训传》:小月氏每与羌战,常以少制多,虽首施两端,汉亦时收其用。注:首施,犹首鼠也。"《辞源》以互见条目的形式,将"首鼠""首施"等形体虽异但音义相同的同一词目联系起来,而且对《埤雅》望文生义的说解也有所辩证,这对读者全面理解联绵词的音义结构及词形特征大有裨益。此外,巳集火部"无虑"等词的说解也较确当,避免了前人将联绵词拆解为义的弊端。① 至于假借义的设立与诠释,《辞源》也是十分注意的,如午集矛部"矜"字下收列了与本义"矛柄也"了无干涉的假借义"怜也"。

总的说来,《辞源》既注意了词语音义间的密切关系,也注意了词义的孳乳与源义的探求,这些在当时都是难能可贵的,因为词典的释义工作是比较难做的,同时也是一般辞书不容易做好的。当然由于《辞源》编写的时间较短,资料的搜集范围有限,所以从今天看来,它在释义方面也难免存在着一些疏误(对此笔者已另文讨论)。尽管如此,《辞源》的收词、注音、释义等诸方面仍为现代词典的编纂开启了先路,并最终确立了现代汉语辞书的编纂体制和基本格局,因而在中国现代辞书发展史上依然具有十分重要的历史地位。

(《贵州社会科学》1998年第3期)

---

① 王引之《经义述闻·通说·无虑》云:"家大人曰:凡书传中言无虑者,自唐初人已不晓其义,望文生训,率多穿凿……"

简评修订本《辞源》(第一册)

艾荫范

修订本《辞源》由广东、广西、河南、湖南四省(自治区)和商务印书馆编辑部共同修改、补订,第一册已于1979年7月出版。这是一部内容丰富的工具书,对于研究古代文献的专业工作者和具有高中以上文化程度的广大读者,都有莫大的裨益。

修订本《辞源》较之老《辞源》,最明显的优点约略有:

(一)增补了一些俗字和难字,如"叁、劍、嫒、厷、肉、亝、仏、魏、孅"等。

(二)增补了大量的很有用的词条,如"多"字即补了"多少、多分、多可、多言、多许、多敢、多嘴、多辟、多岁、多闻、多管、多应、多丽、多多许、多端寡要",条目多出了一倍;又如"取"字增补了"取舍、取则、取信、取庸、取义、取遣、取办、取燧、取灯儿、取精用宏"等,删掉了"取引、取缔、取引所、取缔役、取快一时、取怀而予",可见所删条目大都是专科术语、外来语,或不成词的散句。

(三)增补了一些义项。如"危"字由五个义项增至九个义项(增二五六七);"多罗"一词由三个义项增至五个义项(增三四),其中三义并补充了"也用作脂粉的代称"。

(四)征引详备,书证大都注明篇目、卷次,引用一般著作,并加注时代和作者姓名。如"千里莼羹",除引《世说新语·言语》外,并指出"又见《晋书·陆机传》及《太平御览》八五八、八六一引《郭子》"。然后,就"千里""莼羹"加以解释,同时解释引文中的"未下盐豉",并征引宋人曾三异《因话录·莼羹》的考证。最后引"千里莼"和"莼羹"的例子(按:其中引杜甫诗,书证不宜用笺本,如有必要用笺本,则宜在诗题之后括注为"见《杜工部草堂诗笺》二三")。又如"午午",老《辞源》征引作"梅尧臣诗",而修订本则改作宋·梅尧臣《宛陵集四十泊昭亭山下得亭字》诗。

（五）不少条目所引书证的时代提前了。如"午道"，原引《史记》，修订本改引《战国策·赵二》；"尝鼎一脔"原引《魏书·崔浩传》，并说"今言尝鼎一脔本此"，显系误断；修订本改引《吕氏春秋·察今》。

（六）老《辞源》有一些条目仅止于征引，而不加解释；修订本改其弦而易其辙，除极个别条目外，大都加以补注。如"固宠"，原引《子华子》，不注；修订本改引《韩非子·孤愤》，并释为"保持宠幸"。

此外，修订本在注音上，改变原来只用反切的拼法，增加了汉语拼音和注音字母。复合词条目，有异读的，标出 2.3……，如"圻"字，一音 qí，一音 yín，"圻父"条不标，读 qí；"圻₂鄂"条标，读 yín，这些都给读者以很大的方便。

可是，由于修订本成诸众手，难免参差，不可能备善，因而讹误、瑕疵和值得商榷的问题亦复不少。下面仅就管见所及，提几条意见，供再版修订时参考。不当之处，敬希教正。

一　书证不明、不确或晚出

【刀耕火种】宋许观《东斋记事·刀耕火种》（338·1）

按：《四库全书总目》卷 140 有《东斋记事》六卷，乃宋人范镇所撰。查《守山阁丛书》本《东斋记事》不见此语。修订本《辞源》第二册"东斋记事"条，自家亦仅著录范书，而不及许书；如许观确有《东斋记事》一书，那么，就应像"因话录"条先录唐赵璘撰，然后指出宋人曾三异也有此书一样，在录范书之后也应交代许观有同名之著作，俾读者有所依循。但记载"刀耕火种"为"沅、湘间"山地事，实乃出于宋人张淏所撰之《云谷杂记》卷 4。《云谷杂记》凡四卷，有《永乐大典》辑本。《四库全书总目》卷 118 著录，并有提要。

【升遐】㊀称帝王的死。《三国志·蜀先主传·章武三年》："今月二十四日奄忽升遐，臣妾号啕，若丧考妣。"（412·3）

按：《吕氏春秋·本味》："常山之北，投渊之上，有百果焉，群帝所食。"汉高诱

注:"群帝,众帝先升遐者。"

二 概括轻率

【七不堪】三国魏嵇康反对当时执政的司马师、司马昭等。司马集团的山涛推荐他做选曹郎,在他给山涛的《绝交书》里列陈不能出仕的原因有"必不堪者七,甚不可者二"。后来诗文中把"七不堪"作为才能不称的典故。宋范成大《石湖集》22《公退书怀》诗:"四无告者仅一饱,七不堪中仍百忙。"(23·2)

按:"七不堪"是嵇康对卑琐的官场生活的揭露,后代诗文多用其原意。如唐孟浩然《京还赠张维》诗:"欲徇五斗禄,其如七不堪。"而且范成大也是说案牍劳形,公事庸碌,并没有"才能不称"的意思。

三 语意不明

【三余】《三国志·魏·王肃传》"颇传于世"注引《魏略》:"(董)遇言'当以三余'。或问三余之意。遇言'冬者岁之余,夜者日之余,阴雨者时之余也。'"后以"三余"泛指空闲时间。(41·1)

按:此条有三不清楚。第一,表述《三国志》原文与注的关系不清楚。裴松之注《志》,博采群书,擷拾史实,以补陈寿的简略。因而裴氏的每一条注,总是系在某一史实之后,而不像经传的注疏,专就某句、某字作解释。这一条孤立地引出"颇传于世"一句,又说"注引《魏略》"等,显然与裴注体例不合,没有反映出《志》与注的正确关系。第二,引文不清楚。查裴氏此注云:"(董)遇字季直,性质讷而好学……人有从学者,遇不肯教,而云'必当先读百徧',言'读书百徧而义自见'。从学者云:'苦渴无日。'遇言'当以三余'。"云云。文繁尽可从略,但至少需要檃括出来,使人明确"三余"是缘何而发,不要叫人摸不着头脑。第三,解说也不清楚。董遇所说的

"三余",是指公余挤出的学习时间,虽也是"空闲",但绝不是泛指。

四　误解原文

【下国】㈠诸侯国。《书·泰誓》:"有夏桀弗克若天,流毒下国。"㈡小国。《诗·商颂·殷武》:"命于下国,封建厥福。"唐《温庭筠集》四《过五丈原》:"下国卧龙空寤主,中原逐鹿不由人。"(55·1)

按:伪古文《泰誓·中》:"惟天惠民,惟辟奉天。有夏桀弗克若天,流毒下国,天乃佑命成汤,降黜殷命。"此文以"天"与"下国"对举,所以"下国"是下土、下方的意思。《诗·商颂·殷武》:"天命降监,下民有严,不僭不滥,不敢怠遑。命于下国,封建厥福。"此诗以"天命"与"下国"对举,"下国"也是下土、下方的意思。《商颂》中还有这样的用法。如《长发》:"受小球大球,为下国缀旒,何天之休";"受小共大共,为下国骏厖,何天之龙(宠)",并是其比。又温庭筠诗,既然说"空寤主""不由人",可见也是说"天命"归于司马氏,不是人力所可改变的。所以"下国卧龙",犹言人间的卧龙,并不专指蜀汉"小国"。由于误解原文,遂误分成两条,且解释均不确切。

五　误解旧注

【上襄】最好的马。《诗·郑风·大叔于田》:"两服上襄,两骖雁行。"襄,驾车的马。清王引之《经义述闻》五谓古代"上"与"前"同义,上襄是说驾车走在前面的两匹马。(63·3)

今录王引之《经义述闻》"两服上襄"条如下:"《郑风·大叔于田》篇'两服上襄,两骖雁行',笺曰:'襄,驾也。上驾者,言为众马之最良也。'家大人曰:郑以上襄为众马之最良,则上襄二字意不相属。予谓上者前也,上襄犹言前驾,谓并驾于车前,即下章之'两服齐首'也。雁行谓在旁而差后,如雁行然,即下章之'两骖如手'也。

上襄与雁行意正相对。若以上襄为马之最良,则与雁行迥不相涉矣。"按:郑读"上"为"尚",以为"上襄"犹言"驾得最好",故以"众马之最良"释"上襄"。王氏释"上"为"前",故以"上襄"即是前驾。但郑、王二家,都把"上襄"看成"两服"的谓语,而不认为"两服"就是"上襄"。如按此条解说,"上襄"为"最好的马",将置"两服"于何地?岂不是重叠同义语?

【久】㊄覆盖。通"灸"。《仪礼·士丧礼》:"幂用疏布久之也。"注:"久,读为灸,谓以盖塞鬲口也。"《说文》久引《周礼》"久诸墙以观其桡",今本《周礼·考工记》久作"灸"。参阅清惠栋《九经古义》十《仪礼古义下》。(97·3)

按:《仪礼·士丧礼》之久,谓以疏布塞鬲口,义为覆盖。但《说文》引《考工记》之久,见"庐人"条:"凡试庐事,置而摇之,以眡其蜎也;灸诸墙,以眡其桡之均也。"注云:"灸犹柱也。"故《说文》释久,谓其"从后久之,象人两胫,后有距也。"可知《考工记》之久,犹今言倚、顶、拄。此条错误也由误解《说文》所引《考工记》,竟把《仪礼》作覆盖解的久同《考工记》作倚拄解的久误合为一。又,所引惠氏《仪礼古义》当作《周礼古义》。

【三隧】㊀隧,同"遂"。远郊之地。《史记·鲁周公世家》:"鲁人三郊三隧。"《集解》引王肃:"邑外曰郊,郊外曰隧,不言四者,东郊留守,故言三也。"(40·3)

按:"鲁人三郊三遂",语出《书·费誓》,司马迁采入《史记·鲁周公世家》。《书》孔疏发挥王肃语意云:"三郊三遂,谓鲁人三军。"又云:"此言三郊三遂,盖使三乡之民分在四郊之内,三遂之民分在四郊之外。乡、遂之民分在国之四面,当有四郊四遂,惟言三者,明东郊令留守,不令峙桢榦也。"由此可见,"遂"训远郊之地固然不错,但"三遂"却是指三遂之民,而不是指地区。

六　泥旧说而误

【中原】㊀地域名。狭义的中原,指今河南一带。广义的中原,指黄河中下游地区或整个黄河流域……唐《温庭筠诗集》四《过五丈原》:"下国卧龙空悟主,中原逐

鹿不由人。"㈢内地,别于边境地区而言。《孙子·作战》:"力屈财殚,中原内虚。"(87·1)

按:"中原"在上古,有时是军事学术语,意为战场,后人不解,往往误以为地理名词。"中原"是"原中"的意思。上古车战,只有在平原上才能展开,所以"中原"才能指代战场。其例如:《左传·僖公二十三年》:"晋、楚治兵,遇于中原,其辟君三舍",《史记·晋世家》作"即不得已,与君王以兵车会平原广泽,请辟王三舍",《淮南子·兵略训》:"平原广泽,白刃交接",可见上例"中原"即是战场;《国语·晋语》:"耻大国之士于中原,又杀其君以重之",盖指秦、晋韩原之战,"中原"指韩原之战场;《吴语》:"以与楚昭王毒逐于中原柏举",明言柏举,定非内地或黄河流域;《越语》:"谋之廊庙,失之中原",《商君书·赏刑》:"万乘之国不敢苏其兵中原,千乘之国不敢捍城",以"廊庙""城"与"中原"对举,更明其为战场无疑。《辞源》两解所引例句的"中原"均属这种情况。"中原逐鹿",犹言在战场上争夺政权。《孙子·作战篇》的原句是:"力屈财殚(《御览》引无后二字,当从)中原,内虚于家,百姓之费,十去其七。"不唯"中原"不能释作"内地",引文也读破句了。

【不物】㈠违禁的事物。《周礼·地官·司稽》:"掌巡市而察其犯禁者,与其不物者而搏之。"《疏》:"案《大司徒》,民当同衣服,今有人衣服不与众人同,又视占亦不与众人同;及所操物不如品式;此皆违禁之物,故搏之也。"(68·2)

按:物,法也,度也;"不物"犹言不合法度。《左传·隐公五年》:"君将纳民于轨物者也。故讲事以度轨量谓之轨,取材以章物采谓之物,不轨不物谓之乱政。""物采"之"物"指鸟兽虫鱼之类具体物;"轨物"之"物"与轨互文,也是轨的意思。又如《桓六年》:"是其生也,与吾同物",杜注:"物,类也。"按类犹义类,也是法度之意。又如《僖五年》:"民不易物,唯德繄物";《昭九年》:"文之伯也,岂能改物",又"服以旌礼,礼以成事,事有其物,物有其容;今君之容,非其物也";《定元年》:"三代各异物,薛焉得有旧",以上诸"物",并当训法度、制度。"物"也可用为动词,作"相度"解。如《成二年》:"物土之宜而布其利";《昭三十二年》:"计丈量,揣高卑,度厚薄,仞沟洫,物土方",是其证。《周礼》贾疏以衣服及所持物品等具体的"物"释当法度解的抽象的"物",实际是把原文中的"不物者"错当了"不物"。条注仍之,于是乎错了。

七　创新说而误

【天时】㈠《孟子·公孙丑下》:"天时不如地利,地利不如人和。"此指有利于征战的自然气候条件。(689·2)

按:《孟子》原文:"三里之城,七里之郭,环而攻之,而不胜。夫环而攻之,必有得天时者矣;然而不胜者,是天时不如地利也。""环而攻之",是说从四面八方同时进攻;"必有得天时者",是说必有一方一面得了"天时"。如以"天时"为自然气候条件,试想在"三里之城,七里之郭"的范围内,寒暑风雨,究竟有多大差异,至于有"得"与"不得"之别?所以赵岐注说:"天时,谓时日干支五行王相孤虚之属。"按上古治兵,十分重视所谓"天时"之占。《周礼·大史》:"抱天时与大师同车。"注引郑司农云:"大出师,则太史主抱式以知天时,处吉凶。"按"式"或作"栻",系一种分上圆下方二盘,以星宿、干支相配合的占卜仪器,1977年尚发现于安徽阜阳县之汉汝阴侯墓,其占法经严敦杰同志考释已可得而知(关于西汉初期的式盘和占盘,考古,1978:5)。占求"天时"是一种伪科学,不独孟轲持怀疑态度,《尉缭子》中也有与孟子类同看法,其《天官》篇说:"今有城,东西攻不能取,南北攻不能取,四方岂无顺时(按即指'天时')乘之者耶?然不能取者,城高池深,兵器备具,财谷多积,豪士一谋者也。若城下池浅守弱,则取之矣。由是观之,天官时日(按亦谓'天时'),不若人事也。"这同孟子所谓"天时不如地利,地利不如人和"之说殆同一辙。

八　常识性错误

【一纪】㈠岁星(木星)绕地球一周约需十二年,所以古代称十二年为一纪。(4·3)

按：这是稽古验今都失据的。从条注语意看，完全是今人的观点，但今人仍以为日与五星绕地球旋转，岂不是缺乏常识？如以为是古人的看法，则又颇有差讹。古人泥于地心说，对五星究竟是"左旋"抑或"右旋"，确曾千年聚讼，然而推步它们的运行周期，则都以黄道的刻度为准，即以"行天"的进程为准，从不用"绕地球"如何来计算的。如《史记·天官书》："岁星出，东行十二度，百日而止，反逆行；逆行八度，百日，复东行。岁行三十度十六分度之七，率日行十二分度之一，十二岁而周天。"可见"一纪"是说木星的十二年绕黄道一周，而非绕地球一周。

(《中国语文》1981 年第 1 期)

试评《辞源》的典故条目

徐成志

《辞源》修订本（以下简称"修订本"）以旧《辞源》（1915年的"正编"和1931年的"续编"，以下简称"旧本"）为基础，在广泛收录古汉语语词的同时，充分注意典故的收录，并在典故的立目、溯源和释义诸方面，均对旧本作了较大的修订和改写，使释文比旧本更翔实、更准确，为辞书典故条目的编写，提供了有益的启示。

一

《辞源》是一部阅读古籍的工具书，古诗文中的常见典故尤其是常见的熟典，似应广为收录。旧本虽然收录了大量典故，但由于缺乏用典诗文的书例作为依据，所立词目，既有一批熟典当收而未收，又有少数僻典或松散结构被作为词目滥收。修订本大多数典故增补了用典例句，并以此为依据，对旧本的典故条目进行了必要的增删。

以"手"部为例。旧本收录典故词目166条，其中，有用典书例的仅56条，共59例，三分之二以上的典故词目没有用典例证。修订本以此为基础，删除了其中的8个词目，增补了旧本未收的典故词目24条，共收典故词目182条。其中有用典书例的153条，共188例。这样，典故的立目依据便比旧本更为可靠。

所增补的典故条目，均为诗文中所常见，基本上都有出典、有用例。其中如"扣角"（宁戚事，出《琴操》）、"抉目"（伍子胥事，出《说苑》）、"拄颊"（陆逮事，出《世说》)、"拜尘"(潘岳事,出《晋书》)、"扫门"(魏勃事,出《史记》)、擢桂(郄诜事,出《晋书》)等,皆为历代名人传说故事,为古诗文所常用。

所删除的条目,大致分为两种情况。一是僻典。如"抱树"(王祥事,见《晋书》)、"挂钱"(查道事,见《宋史》)、"换眼"(陶縠事,见《乘异记》)、"推袁"(袁宏事,见《世说》)等,这些条目,虽有出处,有故事,但极少为诗文所用,使用价值不大;二是诗文短语或松散的结构,如"捉将官里去"(宋杨朴诗句,见《侯鲭录》)、"扫除天下"(汉陈蕃语,见《汉书》)等,这些词目,虽有出处,但意义无引申、也少见引用。所删条目,在旧本中均无用例,有的是否已构成典故,尚难断定。应当说,这种增删是得当的。

通过增删,不仅使典故条目的总数有所增加,而且使常见典故的比例大有提高,从而使典故词目也更典型、更广泛。表现在:

以人而言,著名人物的传说故事,凡被诗文常用为典故者,多为收录,不少人物常一人数事并收。如孟母故事立目有"三迁""择邻""断机""断织"等;蔡邕故事立目有"柯亭笛""柯亭竹""焦尾琴""焦尾""焦桐""爨下""倒屣"等;潘岳故事立目有"掷果""投果""潘舆""潘郎""花县""望尘而拜""拜尘""潘鬓""陆海潘江"等。

以事而言,修订本对于同一典故的不同表现形式,择其典型、常见者收录,一个著名故事,常立有数目。如殷汤解网祝禽故事,见于《史记·殷本纪》,诗文中常用以指统治者恩泽优渥、政令宽宏,修订本立有"三面网""网开三面""解网""祝禽""汤网"等词目;《后汉书·王乔传》中王乔为叶令时,以尚方所赐之履化作双凫诣台朝拜的传说,诗文中常用以指作地方官,修订本立目有"双凫""仙凫""凫飞""凫舄""王乔"等。这两个常用典故的五六种不同形式,均立作词目。

诗文中的常用典故,多是著名人物的故事或言语,这些典故由于被广泛使用,又产生了多种表现形式。修订本的立目,也在一定程度上反映了诗文用典的这种客观实际,从而,所立词目也就具有较高的实用价值。笔者曾以唐王勃《滕王阁序》一文中所用典故检索于修订本,该文共用典三十九处(据人民教育出版社《古代散文选》注),结果除"孟尝高洁""杨意不逢""彭泽之樽""临川之笔"等六处未得外,其余直接、间接查得的共有三十三处,约占全部用典的百分之八十四。诗文中典故的各种形式,并非全部都能进入辞书,尤其是那些化用、暗用以及融于整个文句中的典故形式,是任何汉文词典都难以全部收录的。能有这个比例,已是比较理想的了。

二

交代出典是典故条目的重要组成部分。它有说明出处、揭示语源、提供释义依据和帮助理解用例等作用。旧本由于多采用原有韵书、类书的第二手资料,未经查证核实,在典故出典上或出处不详,或只述故事而不著出处,甚至张冠李戴也所见多有。修订本注重典故的出典溯源,使这种状况得以改变。

力求翔实、准确,是修订本典故条目出典的第一个特色。修订本对于典故的出典,注重查核原书,一律标明朝代、作者、书名、卷数和篇名,基本上做到了语有所本、事有所据。有些条目还提供了该典故的多种记载。这不仅为读者提供了确凿可靠的资料,而且纠正了旧辞书辗转相抄的某些错误。例如"梅妻鹤子"条,系北宋林逋隐居故事。旧本仅述其事,未著出处。修订本在述事后提供了:一、宋沈括《梦溪笔谈》十《人事》二、明田汝成《西湖游览志》二、《宋诗抄·和靖诗抄序》三种不同的记载。再如"八斗才"条,系南朝宋谢灵运故事,旧本亦无出处,后来台湾省的《中文大辞典》谓出《南史·谢灵运传》。其实《南史·谢灵运传》不载。修订本改见宋缺名《释常谈》。虽然用书时间较晚,又是转引,但毕竟落到了实处。

对于旧本出典上张冠李戴的错误,修订本也作了必要的纠正。如"尚书履"条,旧本释文认为典出《后汉书·王乔传》中王乔以神术将上方所赐"尚书官属履"化为双凫一事。例引苏颋《夜发三泉即事》诗中"悉曳尚书履,叨兼使臣节"句。苏颋时为朝廷重臣,在他以大臣身份出使时,决不会以县令王乔自比。诗中"尚书履"一典决非用此事。修订本将此条出典改为《汉书·郑崇传》中尚书郑崇履声为哀帝所熟悉一事。这就为"尚书履"找到了正确的出典。郑崇是有名的直臣,他的这件事后来常以"尚书履""郑履"等形式被诗文用作朝廷重臣的典故。旧本的这一错误,源于《佩文韵府》,并仍为《中文大辞典》等所沿袭。

注重寻本求源,是修订本典故条目出典的又一个特色。典故都有出典,但同一典故在不同时代、不同书籍中常多有记载,只有最早的记载才能称之为源。旧本问世后,曾有"《辞源》非源"之议,这在一定程度上却也有些道理。以典故条目而言,旧本就有不少条目失源。有的没有出典,如"棣华""摩盪""扼背扼喉"等;有的有典而无出处,如"泣笋""垫角巾""夜郎自大"等;还有一些条目虽有典故出处,但出典用书较晚。修订本不仅为那些无源、无出处的条目补充了典源、注明了出处,而且还将不少条目的出典用书大大提前了一步,试举数例列表如下:

词　　目	旧本出典用书	修订本出典用书
牛角歌	晋伏琛《三齐略记》	《吕氏春秋·举难》
尺布斗粟	《汉书》	《史记·淮南厉王传》
击衣	《史记·豫让传》	《战国策·赵策》
池塘春草	《南史·谢灵运传》	谢灵运《登池上楼》诗
		南朝梁钟荣《诗品》
孝廉船	《晋书·张凭传》	《世说新语·文学》
鸡犬皆仙	晋葛洪《神仙传》	汉王充《论衡·道虚》
捣药	《南史·武帝纪》	《汉书·天文志》

尤其值得注意的是,旧本典故出典,多重正史、轻笔记、杂著等其他著作,甚至直接转引其他类书、韵书。而正史、类书等所用资料,常由其他书籍采摘而来,成书较晚。这就直接造成了一些典故引源非源的缺憾。修订本已注意并开始改变这种状况,因而使典源提前了一步。

为了对典故追本求源,修订本还在其他方面作了不少努力,将语源和典源并引,便是一例。如"唾面自干",作为典故,多用唐娄师德戒弟忍辱不较的故事,其它辞书也多直引《唐书·娄师德传》为典源。而修订本先是交待:"《尚书大传》三《大战》有'骂女毋叹,唾女毋干'之文,再引《唐书·娄师德传》为典。这就使读者明确了此语源于《尚书》,而典故则形成于娄师德,从而进一步掌握了这个典故的来龙去脉。再如"学步邯郸",也是将《庄子·秋水》"学行于邯郸"与《汉书·叙传》"学步于邯郸"两书并引,互相补充,既交待了出典,又表现了它的形成过程,源流两得。

典故内容完整,是修订本典故条目出典的第三个特色。出典有提供知识、帮助读者掌握词义和理解用例的作用。但是如果出典只在典源中摘引片言只语,或引述不完整,就不能很好地起到这个作用。例如"尺布斗粟"条,旧本释文是:

"《汉书》民有作歌歌淮南王曰:一尺布尚可缝,一斗粟尚可舂,兄弟二人不相容。《释常谈》(兄弟不睦,谓之有尺布斗粟之事。)"

这里,既不知淮南王是谁,也不知民众何以作此歌,更不知"兄弟二人不相容"是指何事。从而,也就不能对"尺布斗粟"之事有个全面的了解,对它后来所表示的意义也就不易深刻地理解掌握。修订本在释文中用简洁的语言,扼要介绍了这个历史故事:"汉文帝弟淮南厉王刘长因谋反事败,被徙蜀郡,在路上不食而死。民间作歌曰:……"不仅提供了历史知识,更重要的是使读者能从典故内容出发,进一步掌握典故的含义。

典故条目的出典,是典故的核心,是释义的根据,是词目的本源。不应当仅仅援引与词目字面相应的字句,将出典仅仅作为释义的一条书证,这样必然事典不见故事,语典不见完整的文句,也就失去了典故的特色,还会给读者造成辗转翻检的麻烦。修订本注意到典故条目的这一特点,很多条目的出典,或直引原著,或边叙边引,或综合概括,或相互参见,给读者提供了简明、完整的典故内容,改变了旧本典故出典上过于简略、语焉不详的状况。

三

典故词的释义比普通语词释义更为复杂、困难,主要原因在于典故词往往是义在言外,多引申变化,不像语词那样可以从用例和词目用字去分析、判断词义。旧本中有不少典故条目是述而不作的,即仅提供出典,不解释词义,甚至也没有用典例证。修订本则在查核出典、增补用典书例的同时,对大部分典故条目不但作出必要的解释,而且释义注意出典与用典书例相结合,使释义既植根于典故的内容,又与用典书例相吻合。如"攀辕卧辙"一典,指后汉侯霸为临淮太守被征时百姓攀辕卧辙、乞求留用的故事。旧本释义是："挽留之使不得行也"，无例。这个释义只是就故事中"攀辕卧辙"的行为及其目的作出解释，并没有表示出词义在使用中的变化。修订本先疏通文字，解释本义："牵挽车辕，横卧车道，拦阻车行。"在引述出典后进一步释义作"后来多用作称颂地方官之语"，并引沈约《齐故安陆昭王碑文》为例。对引申义的解释表明这个典故后来多已不再表示乞留官吏的行为，而已成为对官吏爱民、政绩卓著的称颂之词了。

其他如"埋轮""梦蝶""孝廉船""汙车茵""汝南月旦""江郎才尽"等，旧本均无释义，修订本都一一增补用例，补充了释义。

典故词的词义是在使用中转化、演变的，只有结合用例，才能在释义中表示出典故词义的源流演变。例如"推敲"一典，旧本在述事后仅释"今谓斟酌字句为推敲本此"。在典故的使用过程中，"推敲"的含义实际上已经突破了"斟酌字句"这个范围。修订本注意到词义上的这个变化，先说"后因谓对诗文词赋的字句反复斟酌为推敲"，并举例，再释"引申为对某种情状或思想意图的反复分析研究"又以例证之。这样结合用例释义，就比旧本深入。这种从较丰富的用典书例中总结出典故词义引申、转化的例子，还可以从修订本中找到很多。

从出典和用典书例的结合上解释典故词义，出典是根本，释义离开了典故的出典，也就离开了根本；用典书例是依据，依据的材料越多越好。没有这个依据，或者离开了根本，就不能准确地解释典故，更不能表现出典故词义的引申、变化，甚至可能由于臆断、推测而产生错误。

四

以上仅与旧本相比较，以见修订本在典故的立目、出典、释义诸方面的某些特色。是就修订本典故条目总的倾向而言。当然，各方面也都还可以找出某些不足之处。典故，尤其是故事性典故，具有形象性，词义含蓄，义域宽广，使用灵活，在用例中的表现形式和具体含义又多变化。这也就为辞书释义带来了较多的困难，并相应对编者提出了较高的要求。从这个角度来看，修订本某些条目在释义上的一二不足，似乎值得一提。

一是少数条目的释义离开了出典，甚至不知有典。例如"掉舌"的释义为"鼓动其舌。①指游说。（例略）②谓觅食。宋释惠洪《东坡羹》诗：'东坡铛内相容摄，乞与馋僧掉舌寻。'"这段释文仅由字面释来，以后分两个义项，释义与分项的依据都是用典书例而未见出典。《史记·淮阴侯列传》："郦生一士，伏轼掉三寸舌，下齐七十余城。"这便是"掉舌"的出典，也是"指游说"一义的由来。

再如"郢匠"的释义："对考官的敬称。"例引皇甫冉《上礼部杨侍郎》诗："郢匠抡材日，辕轮必尽呈。"顾况《祭李员外》："生人不幸，天丧斯文；斯文既丧，呜呼郢匠。"亦无出典。这个释义显得过窄，原因也是没有从典源的角度来考察。《庄子·徐无鬼》："郢人垩慢其鼻端若蝇翼，使匠石斫之。匠石运斤成风，听而斫之，尽垩而鼻不伤。"修订本"郢人"即收此事。后人以郢地匠石技艺高超，遂用"郢匠"来指文章老手，犹今之谓"大匠"、"大手笔"然。除所举二例外，还可另举二例：唐徐夤《尚书命题瓦砚》诗："远向端溪得，皆因郢匠成。"① 元杨载《送丘子正之海盐州教授》诗："夏侯何地芥，郢匠实风斤。"② 这二例中的"郢匠"，显非敬称考官。

前举二例释义失当的根源，在于仅凭用典书例而不依据出典分析词义。而离开了出典，仅将用典书例作为释义的唯一依据，释义也只能表现出词目在有限的几个例证中的具体含义，不能表现出典故的基本涵义。

其二是少数条目过于拘泥词目字面义，使释文经不住推敲。如"临池"的释义："谓临池学习书法。池，指砚池。"引晋张芝"临池学书，池水尽墨"为典，再释："后因以临池学习书法。"这个释义的前半段，以"临池"释"临池"，使人不知二"临池"有何区别；尤其是将"池"字解为"砚池"，更有蛇足之嫌。清人梁章钜在《浪迹丛谈》中记王羲之墨池云："墨池在城内墨池坊，王右军临池作书于此。"③ 张芝、王羲之均有

---

① 《全唐诗》710卷8184页，中华书局版。
② 《翰林杨仲弘集》丛刊本14卷4页。
③ 《浪迹丛谈》2卷264页，中华书局版。

"临池"之事,恐张所临之"池",也是"墨池",即洗砚之池,有"池水尽墨"为证,并非砚池(砚的中间凹陷处)。又如"焦桐"条说:"琴名。……参见'焦尾琴'条。"蔡邕之琴名"焦尾",非名"焦桐"。"焦桐"在典故中是指蔡邕用以制琴的那段烧焦了的桐木,在用例中多用来比喻未被赏识的良材、美器。如叶适《送黄竑》诗:"焦桐邂逅灶下薪,良玉磋磨庙中器。"①孔尚任《〈桃花扇〉小引》:"转思天下大矣,后世远矣,特识焦桐者,岂无中郎乎?"都是从这个意义上用典的。"焦桐"也借指琴,如修订本该条所引胡宿诗例,但毕竟不是琴名。

这几例也说明,故事性典故常具有形象性、立体感,又比较含蓄,释义也应当努力体现这个特点。过分拘泥于字面,就削弱了释义对于书例的适应性,甚至弄巧成拙。

(《辞书研究》1985年第6期)

---

① 《叶适集》1册6卷48页,中华书局版。

浩浩乎大哉，《辞源》

田 忠 侠

每当人们谈起近现代文化史、学术史、教育史上几代学人来，无不交口称誉《辞源》。可以说，凡在近现代学术文化史上有所建树的专家学者，没有哪一位不是沾润《辞源》之泽而后成才，并在学术上有所贡献的。就这个意义上说，《辞源》确是每一个学术文化人心目中的恩重如山之师，铭心镂骨、永志不忘的旷世大典。

回顾有清末造、风云际会、雄踞时代前列的有识之士，为振兴中华，寻求救国救民的真理，如饥似渴，汲取新知。"中学为体，西学为用"，便是西学东渐的时尚口号。当此之际，便亟需编纂一部打破2000年来旧字书、韵书、类书陈旧体例，改革其草率粗疏之弊端的新式大型辞书，以吸取有清乾嘉学派以来的最新研究成果、西洋现代科学新知及辞书编纂经验与体例之优长，来满足时代之需。于是，商务印书馆张元济先生登高而呼，倡于前；陆尔奎先生主其事（主编）；方毅、陈承泽、傅运森、臧励龢等50人襄赞于后，肇端于光绪三十四年(1908)，诸先贤博采新知，贯通典故，首创体例，历经八载，至民国四年(1915)始告蒇事，并以五种版式同时发行。这就是中国辞书史上的里程碑之作——《辞源》。此"以语词为主，兼收百科"的新式大型辞书，代表了当时学术研究的最高水平，令天下读者耳目一新，也为学人传道、授业、解惑，乃至学术研究，提供了一部权威工具书，至1949年创下刊行400万部的记录①。

当然，限于时代及客观条件，未便尽善。其释义、书证、语源、收词立目等项之失，渐为学人所指摘。借鉴《辞源》体例之优长并改进其失的《辞海》，1936年至1938年出齐上下册之后，人们发现两书虽较前大有进步，却仍各有其失。于是有

---

① 见刘叶秋著《中国字典史略》，第234、237页，中华书局1983年版。

人以偏概全地认为"《辞源》无源,《辞海》非海",并欲做《辞源》考证之事,但却未能实施。而《辞源》编者乃于1939年始,自行订补,使臻完善,至1949年初稿草竣,惜乎未得刊行①。直至1958年,才得列入国家统一计划,组织人力进行大型修订。其间历经坎坷,断而复续,艰苦卓绝20余年,终于1979年以全新面目呈献于广大学人之前。至1983年,出齐四巨册。剔旧增新,收词立目更趋合理;注音释义更加详明确切,书证亦经一一覆核,且详标时代、作者、书名、卷次、篇目。体例之完善,不仅超迈历代辞书之上,亦与今日广有盛誉的《辞海》(1989年版)、古今兼收源流并重的《汉语大字典》、《汉语大词典》所并世而立。可以说,修订本《辞源》,以其体例之完善,考据之精审,释义之详明确切,体现修订者严肃、认真的科学精神,使该书详、赡、赅、博,成为我国有史以来最高水平的古汉语大型辞书之一。因而,此书一出,风靡学界,饮誉中外。又为我中华民族、伟大祖国赢得了新的荣誉和骄傲,对人类文化进步事业做出新的贡献。

　　修订本《辞源》问世,笔者欣喜若狂,颇以先睹为快。乃于检索之外,亦时时奉读,获益良多,几至爱不释手。入之愈深,所见愈奇,至于如醉如痴,正不亚于宋人苏舜钦当年以《汉书》下酒,连称快哉之状。

　　披览既多,遂陆续发现某些失误及不够完善之处。诚然,卷帙之浩繁,涉及文献之广,且非出一手,历时数年,复经"文革"浩劫,则修订本《辞源》固不可望"毕其功于一役"。偶见瑕疵,实不足怪。然以"爱之弥深,求之愈切。乃不揣固陋,操觚命笔,公诸同好,以就教于大方之家"②,既为当前读者正视听,亦可为将来《辞源》再订供参考。于是,发下弘愿:通读《辞源》,作系统考订。乃于教学、行政工作之余,刻苦攻读,无复寒暑,何谈节假,寝食几废。遇疑即录,一一考索,推敲辨证,著成《辞源考订》于前(东北师大出版社1989年版)。然,为时所限,意犹未尽,未暇休整,即转入再考《辞源》,并撰写续篇,呈献《辞源续考》于后(黑龙江人民出版社1992年版)。两书从注音、释义、书证、溯源、收词立目等12方面,考订2825条(其他未立于目而行文兼带涉及者不计)。其间,并于中国训诂学会等几次古汉语方面学术研讨会上作了交流。

---

① 见刘叶秋著《中国字典史略》,第234、237页,中华书局1983年版。
② 见田忠侠著《辞源续考·自序》第4页,黑龙江人民出版社1992年版。

说起我与《辞源》不解之缘，不了之情，感触良多。年轻时，《辞源》《辞海》常置案头，时相参证，导夫先路，引我初窥学术门径，可称我师。而修订本于我，善莫大焉。教学、研究、读书、写作，时时核检，朝夕相伴，几乎"不可一日无此君"。由书及人，其修订本三位总纂（主编），除吴泽炎先生尚无缘拜会外，刘叶秋、黄秋耘两位先生都曾面请教益，且有书信往还。对于我的考订工作，二君非但不忌不怪，反而多所慰勉，厚望殷殷，霭然有长者之风，实令吾人感佩之至！刘老尝言："学术乃天下之公器，而非私产；唯争鸣方出真理，唯求是乃得进步；书海无边，谁都不能穷尽。您的考订，是对我们的帮助，我们得感谢您呵！"惜乎，言犹在耳，斯人已殁。

此外，尚有几位当年曾参与《辞源》修订工作诸公，因我出版《辞源考订》二书，先后结识，非但不以我的考订为唐突斯文，反有相见恨晚之感。恰如罗邦柱教授《绳愆纠谬，嘉惠士林——评〈辞源考订〉》所云："今日参与修订《辞源》的学者都是谦谦君子，都竭诚希望读者为之增壤添流。"[①]遥想当年，《辞源》初版主编陆尔奎先生于卷端《辞源说略》尝言："海内外宏达，苟有以裨益此书，又岂独此书之幸欤！"而修订本总纂吴泽炎先生尤思谦冲以自牧："我们水平不高，书里的问题很多，欢迎批评和指教。"[②]另一位总纂刘叶秋先生亦尝云："修订《辞源》虽力求纠谬补阙，而疏舛尚多，……提高质量，也不可能'毕其功于一役'。《辞源》删改续补，除旧增新，应作为日常的工作，不断进行。"[③]而其他参与《辞源》修订者，在撰文谈《辞源》修订甘苦、总结经验的同时，几乎都无例外地谈到缺点、不足，期待批评与补正，以臻其完善[④]。言词谆谆，绝无自炫之心，亦无藏拙之意；春风大雅，令人望风怀想。宋人范仲淹《严先生祠堂记》结尾的名句："云山苍苍，江水泱泱，先生之风，山高水长。"恰可借用，赠予《辞源》编、修诸君子，以彰其德，以效其风。唯其如此，也才能当得起："泰山不辞土壤，故能成其大；河海不择细流，故能就其深。"[⑤]诚信在广大学者与

---

① 见《辞书研究》，1991年第1期。
② 《辞书研究》，1981年第4期。
③ 《辞书研究》，1981年第4期。
④ 《辞书研究》，1981年第4期。
⑤ 见《史记·李斯列传》。

《辞源》编修者共同努力下,《辞源》必将日臻完善,攀上新的高峰。

孰意只因报端时见商榷《辞源》之文,即有浅人徒见《辞源》部分条目之疏失,即怀疑其科学性、准确性,乃至贬低其学术价值。每闻此言,如刺我心,恐因拙著《辞源考订》[①]二书及其他学者商榷文章而损及《辞源》之声誉,有悖考订辨伪乃欲臻其完善之初衷。

殊不知,《辞源》读者,不乏行家里手,或于检索之前已知梗概,甚或成竹在胸,只在求其确以广其知而已。故而,如遇偶然疏失之处,即易为所察。况且,以其体例之缜密赅备,一字一词恒多数义,一义之下复举源流演进之多项书证,而每项书证又必详为标注时代、作者、书名、卷次、篇目,其书证引文既要简明又求语境之完备,加以历代典籍浩如烟海,版本众多,兼之各丛书取舍繁简之异,编校刻印之良莠,皆须点校整理而后可用……诸多因素,促成点画之差即易显露,而为识者所察。其实,迄今为止,见诸报端、书刊全部考订辨伪之作的总和,对于卷帙浩繁的《辞源》来说,仍只是白璧微瑕,难掩美瑜之光彩!憾乎此,在我至今仍时时捧读《辞源》之际,于其字、词本义引申义诸项之搜罗,姓氏义项溯源与分合,个别书证不确等前所未察之失,亦多积累,而不敢亦复不愿以《辞源三考》出之。唯待将来,如能合前二书为《辞源通考》,而一并补入。即唯恐又为浅人以之为话柄而妄议《辞源》之非。记得我于《辞源续考》之《跋》文中所明心迹,或可供《辞源》读者诸公参考:

> 典籍如海,学人如林,浩浩乎大哉,《辞源》!吾人颇有"寄蜉蝣于天地,渺沧海之一粟。哀吾生之须臾,羡长江之无穷"之慨。[②]

时至今日,我仍作如是观。

归而结之曰:我与《辞源》之缘不可解,我对《辞源》之情不可了,《辞源》之功不可没,《辞源》之德不可忘。套用白乐天诗句,则是:"天长地久有时尽,此情绵绵无绝期!"

(《辞书研究》1996 年第 4 期)

---

① 见田忠侠著《辞源续考·跋》442 页。
② 见《史记·李斯列传》。

试评《辞源》修订本

骆伟里

一

《辞源》修订本(下称《修订本》)"出版说明":"根据与《辞海》、《现代汉语词典》分工的原则,将《辞源》修订为阅读古籍用的工具书和古典文史研究工作者的参考书。"从这一原则出发,《修订本》删去了旧《辞源》中的现代自然科学、社会科学和应用技术的词语;删去了少数不成词或过于冷僻的词目。同时也增补了不少比较常用的词目。

随着社会的进步,科学的发达,作为语言学的一个分支的词典学(亦有同志认为词典学应是一门与语言学并行的学科,究竟如何提法妥当,留待专家学者们研究讨论),亦日趋完备。各种字典词典的分工也更明确更科学。因而选收词目的不同标准,反映了各种词典的不同面貌。词目增删的恰当与否,直接影响词典的质量。通过对《修订本》(第一册)的初步翻检,我觉得因为收词原则明确,《修订本》在这方面确实做得比较好。

譬如单字的选收。以"女"部为例,旧《辞源》共收单字二百十七个(其中分立字头的一百八十八个,在《续编》中作为复词词素出现的二十九个),而《修订本》从有利于"解决阅读古籍时关于语词典故和有关古代文物典章制度等知识疑难问题"这一实际出发,除了将旧《辞源》中的二百十七个单字全部保留之外,还增收了:妣、她、妞、妢、婕、婧、娟、媱等三十九个单字。这些新增收的单字，大致可以分为三类：

一类是古代人名用字，如：

[妡] yì 与职切，入，职韵，喻。

妃嫔名。后周皇后下有妃、妡、御媛、御婉等称。见隋书礼仪志二。

[妵] tǒu 天口切，上，厚韵，透。

古人名。左传昭二一年："华妵居于公里。"注："妵，华氏族。"释文："妵，他口反。"

一类是古籍中常用的通假字、异体字或古今字。如：

[姟] gāi 古哀切。平，咍韵，见。

古代最大的数名。通"垓"。国语郑："计亿事。材兆物，收经入，行姟极。"注："姟，备也，数极于姟也。万万兆曰姟。"参见"垓"。

[嫂] sǎo 苏老切，上，晧韵，心。

同"嫂"。兄妻。古文苑十汉郦炎遗令书："加供养谢嫂，以老母相托。"参见"嫂"。

其余则大多是语词。如：

[婷] 1. tíng 特丁切，平，青韵，定。

徒鼎切，上，迥韵，定。

㈠姿容美好。广雅释训清王念孙疏证："广韵云：'长好儿。'重言之则曰婷婷。蔡邕青衣赋云'停停沟侧，皦皦青衣'，义与婷婷同。"

2. tiǎn 集韵他典切，上，铣韵。

㈡欺骗。方言十："眠娗、脉蜴，……皆欺谩之语也。"参见"眠娗"。

[媱] yáo 余昭切，平，宵韵，喻。

㈠美好。见广韵。㈡游玩，戏乐。楚辞汉王逸九思伤时："声噭誂兮清和，音晏衍兮要媱。"补注引方言："媱，游也，江沅之间谓戏为媱。"

复词的增删亦能从阅读古籍需要的实际出发,处理得比较恰当。如以"委"字为例,旧《辞源》原收复词四十九条,《修订本》除了从原来的词目中删去十二条,保留三十七条以外,还增补了[委心]、[委世]、[委仗]、[委成]、[委位]、[委身]等二十九条词目,总共收复词六十六条。被删去的十二条词目([委员]、[委国]、[委迟]、[委尼斯]、[委员会]、[委内瑞拉]、[委托贸易]、[委叶]、[委任状]、[委任命令]、[委托发卖]、[委鬼茄花]),其中有的是现代百科词语,如:[委员会]、[委托贸易]、[委内瑞拉]等;有的比较冷僻:如[委叶];有的不成词或不属"女"部,如:[委鬼茄花]、[委迟](查《诗·小雅·四牡》应作"倭迟",《修订本》已收入"人"部)。所增补的二十九条词目中,除[委府]是属于古代官署名之外,其余则都是古籍中常用的语词。可见《修订本》对于词目的确立和增删是比较慎重和恰当的。

二

旧《辞源》中有文史方面的词目的释义,因大多摘自类书,未经核对原著,所以释义遗漏或不够确切,以及引书错误之处实在不少。引书大多不注篇名,也是它的主要缺点。

针对旧《辞源》所存在的这些不足之处,《修订本》则做到了"释义力求简明确切,并注意语词的来源和语词在使用过程中的发展演变。对书证文字都作了复核,并标明作者、篇目和卷次。"试比较下列两条词目的释义,就能清楚地看出《修订本》的质量确实大大提高。

旧《辞源》:

[中山酒]《搜神记》狄希。中山人。能造千日酒。饮之千日醉。

[佩服]谓心悦诚服如佩之在身也。

《修订本》:

[中山酒]酒名。又名千日酒。唐鲍溶诗范真传侍御累有寄因奉酬之五:"闻道中山酒,一杯千日醒。"(唐六名家集)参见"千日酒"。

[佩服]㈠佩带。汉王充论衡自纪:"有宝玉于是,俗人投之,卞和佩服,孰是孰非,可信者谁?"㈡古代把饰物结在身上,成为衣服的一部分,因以"佩服"表示在身不忘的意思。南齐谢朓谢宣城集一酬德赋:"结德言而为佩,带芳猷而为服。"艺文类聚三一南朝梁萧纶(邵陵王)赠言赋:"钦爱顾之罔已,良佩服之在旃。"后引申为敬仰悦服。唐杜甫杜工部草堂诗笺三七湘江宴裴二端公赴道州:"鄙人奉末眷,佩服自早年。"

[中山酒]条,旧《辞源》仅引《搜神记》而未加释义,且与词目相同的书证也没有引证。《修订本》则明确释义,补上书证,并作为附见条介绍读者参见正条[千日酒]。对于[佩服]这一常用的语词条目,旧《辞源》的释义不仅没有书证,简单马虎;而且将本义和引申义颠倒了,缺乏科学性。《修订本》则大不相同了,书证篇目一一补上,并且分列了两个义项,把本义、引申义之间的源流演变关系交代得脉络清楚,使人信服。

《修订本》在选择例证、探索词源方面,也作出了很大的努力。如[口是心非],旧《辞源》引宋张君房《云笈七签》:"道教五戒……三者不得口是心非。"《修订本》则上溯到晋葛洪《抱朴子·微旨》:"若乃憎善好杀,口是心非,背向异辞,反戾直正,……凡有一事,辄是一罪。"[千虑一得]原引《史记·淮阴侯列传》:"广武君曰:'臣闻智者千虑,必有一失;愚者千虑,必有一得。故狂夫之言,圣人择焉。'"现上溯到《晏子春秋·杂下》:"婴闻之:圣人千虑,必有一失;愚人千虑,必有一得。"[不轨]原引《史记》:"大者叛逆,小者不轨于法,以危其命。"现上溯到《左传·隐公五年》:"不轨不物,谓之乱政。"[令爱]原引《剪灯新语》:"今则谨携令爱,同此归宁。"现上溯到宋陈叔方《颍川语小》:"也俗称谓,多失其义,……若谓阁正为令政,令嗣为令似,令女为令爱。"等等不胜枚举。

《修订本》对所引书证文字都一一作了复核,并标明了作者、篇目和卷次。这样,就纠正了旧《辞源》在立目、引例、标注篇名等方面的不少以讹传讹或张冠李戴的毛病。如[一寒至此],旧《辞源》引《史记》为例:"……贾曰:'范叔一寒至此哉!'乃取其绨袍赐之。"查《史记·范雎列传》原文,应作"一寒如此"。《修订本》已经更正,并将词目亦改为[一寒如此];又如[儒人]条,旧《辞源》将《史记·朱建列传》误作《史记·郦生传》,《修订本》亦已更正。

《修订本》对于参见条目的处理,也较旧《辞源》合理。上述[中山酒]与[千日酒]便是一例。又如[九京]、[九原]条:

旧《辞源》

　　[九京]与九原同。

　　[九原]㊀《礼》:"以从先大夫于九京也。"晋卿大夫之墓地在九原。京当为原。后世因谓墓为九原。

《修订本》

　　[九京]山名。同"九原"。国语晋:"赵文子与叔向游于九京。"注:"京当为原。"礼檀弓下:"是全要领以从先大夫于九京也。"注:"晋卿大夫之墓地在九原,京盖字之误,当为原。"参见"九原㊀"。

　　[九原]㊀山名。礼檀弓下:"赵文子与叔誉观乎九原。"在山西新绛县北。也作"九京"。礼檀弓下:"是全要领以从先大夫于九京也。"注:"晋卿大夫之墓地在九原,京盖字之误,当为原。"后世因称墓地为九原。文选南朝梁沈休文(约)冬节后至丞相第诣世子车中作诗:"谁当九原上,郁郁望佳城。"

《尔雅·释地》云:"广平曰原","绝高曰京"。原是墓地,京非葬所。因而郑玄在《礼记》的注中明确指出"京盖字之误"。旧《辞源》在[九京]条下无例句,而在[九原]条下却用了[九京]之例。"京"当为"原"字之误,这一点虽已提及,可是既不引述郑玄注的原文,又不放在[九京]条下说明,参见条目这般释义,就显得较为紊乱。同样是这两条词目,《修订本》则以[九原]为主条,[九京]为附见条,互相照应,详略得当。

《修订本》在"体例"中明确规定:"知识性条目一般采用叙述体,注明出处或加注参考资料。"这样处理,使得一些专科条目的释义既通俗易懂,便于一般读者掌握;又有助于研究工作者根据所提供的参考资料作进一步探讨。

三

可能由于分散修订或资料不足的原因,《修订本》在收词、溯源等方面,似乎还有可以商榷之处。

如就以"委"字为例,旧《辞源》原有的复词中,被删去的有十二条,其中大多删得很恰当,但有的条目似不必删去。如"委国":

旧《辞源》

　　[委国]委致其国也。《史记》越王句践使大夫种厚币遗吴以请和。求委国为臣妾。

"委国"一词在《史记》中不止出现一次,如《秦本纪》中就有用例:"韩王入朝,魏委国听令。"既然"委政"一词在《修订本》中仍保留收录,那末"委国"也不应删去。

另一方面,"委"字所带的复词,在《修订本》中已增收了二十九条词目。不过,从阅读古籍的需要来看,下列词目似可考虑增收:

　　[委寄]例见《南齐书·褚渊传》:"帝在藩与渊以风素相善,及即位,深相委寄,事皆见从。"傅亮《与沈林子书》:"主人委寄之怀,实参休否,诚心所期,同国荣戚。"《明史·顾成传》:"其余有请辄行,委寄甚重。"《明史·韩福传》:"[刘]瑾亦时召与谋,委寄亚于绠。"

　　[委折]例见《水经注》:"广昌岭高四十余里,二十里中委折五回方得达其上岭。"《聊斋志异·酆都御史》:"适接帝诏,大赦幽冥,可为君委折原例耳。"

　　[委郁]例见司空图《春愁赋》:"彼人情之贸迁,系植物之荣悴,何深衷之委郁,谢圜煦于天地。"

　　[委冰]例见《聊斋志异·胭脂》:"娘子如有意,当寄语使委冰焉。"

　　[委悴]例见《聊斋志异·黄九郎》:"生邑邑若有所失,忘餐废枕,日渐委悴。"

　　[委叠]例见梁简文帝《菩提树颂》:"靡密垂光,芬芳委叠。"

[委卸]例见《明史·成基命传》:"锦衣张道濬以委卸劾之,工部主事陆澄源疏继上。"

　　[委褒]例见《明史·姜曰广传》:"自今锻炼臣子,委褒天言,只徇中贵之心,臣不知何所极也。"

在溯源方面,有的条目亦可再作斟酌。如"一窍不通"。旧《辞源》引《吕氏春秋·过理》高诱注"纣心不通,安于为恶。若其一窍通,则比干不杀矣。"《修订本》删去了这一例证,而换上时代较晚的《古今杂剧·元张国宝〈罗李郎〉》:"阿这老的一窍也不通。"其实,旧《辞源》此条的缺点在于摘句不完整,特别是漏摘了下面包含有词目"一窍不通"的几句话:"故孔子言其一窍不通,若其通,则比干不见杀也。"倘若补全原文,高诱注仍可采用作书证,不必将此条书证的时间从东汉推迟至元朝了。又如"三头六臂",作为语源来看待,旧《辞源》所引《法苑珠林》:"[修罗道者]体貌粗鄙,每怀瞋毒,棱层可畏,拥耸惊人,并出三头,重安八臂,跨山蹋海,把日擎云。"似亦可保留。

此外,如"妊"字的书证中将"华妊"误作"华婬";"九京"条《檀弓》例下漏排冒号等属于校对方面的细小错差,就不一一赘述了。

(《辞书研究》1980年第1期)

《辞源》与《辞海》的比较

李 俊

《辞源》与《辞海》是我国辞书发展史上具有重大意义的两部大型辞书,它们各有不同的读者对象和特定的查阅目的,互为补充,自成特色。本文试从《辞源》(修订本)和《辞海》(1989年版)的编纂宗旨、编排体例和索引附录三个方面比较它们的异同,并根据它们在编纂宗旨上的差异,着重分析编排体例里的选目立条、条目编排、注音方法、释义范围和书证引用等内容。意在通过分析比较,揭示各自的风格特色。

一 编纂宗旨的比较

《辞源》是我国现代第一部大规模的语文性辞书。它以旧有字书、韵书、类书为基础,吸收了现代辞书的特点。它的编纂宗旨是以语词为主,兼收百科;以常见为主,强调实用;结合书证,重在溯源。它删去了旧版的自然科学、社会科学和应用技术等方面的词目,专收古代汉语词,兼收古代文物、典章制度等方面的词语。收词一般止于鸦片战争(公元1840年)。可供查检,也可供阅读;专家能用,一般读者也能用。是阅读古籍用的工具书和古典文史研究工作者的参考书。

《辞海》是我国第一部大型的兼有字典和百科词典性质的综合性辞书。选收了上起古代、下迄当今的中外大量词语,包括成语、典故、人物、著作、历史事件、古今地名、团体组织以及各学科名词术语等。所收词目以解决一般读者在学习、工作中质疑问难的需要为主,并兼顾各学科的固有体系,力求反映20世纪80年代的科学文化水平。

比较《辞源》、《辞海》的编纂宗旨,区别在于:从时限上看,《辞源》收的是1840年以前的古代汉语语词,《辞海》则是古今语词兼收并蓄,《辞源》的稳定性较好,《辞海》的时代感较强;从知识面上看,《辞源》侧重古汉语语词的溯源及演变,所收词目较为专深,《辞海》贯彻综合性原则,以介绍一般性词语及各科基本知识为主,所收词目照顾全面,较通俗易懂;从读者对象看,《辞源》是给内行看的,适用于古典文史研究工作者和阅读古籍的一般读者,《辞海》是给外行看的,适用于各行各业的普通读者,也适用于需要了解其他学科、专业动向的专家学者;从用途看,《辞源》重在溯源,可以提供古词语的原始义、引申义和后起义,《辞海》则能提供一般语词的意义和现代百科知识。

《辞源》、《辞海》各有自己的收词范围,各有自己的读者对象和用途。它们在编纂宗旨上的差异,决定了它们在编写体例上的不同。

二 编写体例的比较

辞书的体例是指全书总的编写格式,从一个词条来看,则是它的文字组织形式。具体地说,语文辞书的体例包括选目立条、条目的编排、字体的选用、注音的方法、释义的范围、书证的引用等等。从一定意义上来说,体例为辞书勾画了一个总的轮廓。《辞源》、《辞海》体例各异,试比较如下。

1. 选目立条

《辞源》与《辞海》因编纂宗旨不同,对词条的取舍有着明显差别。例如:《辞源》在"力"字头下所列双音词目里收有"力人、力父、力子、力臣、力作、力争、力收、力制、力耕、力黑、力量、力助、力农、力疆、力战、力穑"等语文性词目,《辞海》则未收。而《辞海》选收的百科性词条"力来、力系、力股、力学、力矩、力度、力差、力租、力偶、力微、力臂"等,《辞源》则不收。《辞源》在"一"字头下列有词目450条,其中语词类

370余条,绝大部分为《辞海》所不收。"二"字头下列词目137条,涉及百科的约半数,远不及《辞海》的所占比重。而《辞海》在"一"字头下列词目293条,其中语词类约半数。"二"字头下列词目206条,语词类仅占十分之一。《辞源》共收单字1.2万余个,复词8.4万余条,选收的条目以语词为主,凡涉及古代经籍文章的词目,除过于冷僻者外,大都择要选收,以古语词收录广博见长。《辞海》收单字1.6万余个,复词10.3万条。在总共12万余条词目中,普通语词词目4万余条,约占34%,百科词目8万余条,约占66%,共有三分之二的条目涉及各学科领域。因覆盖知识面广,便着重收录各学科的基本词汇,派生的、过专过细的以及一般读者不大会查的词则少收或不收,充分体现了综合性辞书的特色。

2. 条目的编排

目前,我国字典、词典的传统编排方法归纳起来主要有四种类型:部首法、笔画法、汉语拼音法和四角号码法。《辞源》、《辞海》均采用部首法排列单字,词目列于字头之下。

《辞源》按《康熙字典》的214个部首分12集排列。同部首的按笔画多少为序,同笔画数的按起笔笔形"丶一丨丿"为序。单字下的复词按字数多少为序。字数相同的,以第二字的笔画多少为序;笔画数也相同的,以第二字的起笔笔形为序。单字条由字头、汉语拼音、注音字母、广韵反切、声纽、释义、书证等组成。一字多音的分别注音,用"1、2、3……"表示,多义的单字或复词则用"(一)、(二)、(三)……"分项。

《辞海》按250个部首排列。部首取自字形的上、下、左、右、外及中坐和左上角七个部位。特殊的字(按以上七个部位仍无法归部的)按字的起笔单笔部首"一丨丿、一"归部。同部首的单字按笔画数多少顺序排列。笔画数相同的按起笔笔形"一丨丿、一"的顺序排列。以字带词,词依次以字数、笔画数和笔顺为序。外文字母和阿拉伯数字起头的词目排在正文最后。单字条由字头、汉语拼音、释义和书证组成。一字多音的用"(一)、(二)、(三)……"分行排列,多义的单字或复词用"①、②、③……"分项。

比较《辞源》、《辞海》的条目编排,它们的共同点在于:(1)两者都采用部首、笔画和笔形三者结合的方法排列;(2)两者都是单字排在前,复词排在同一字头的后面,按字数、笔画和笔形为序。它们的不同点在于:(1)两者使用的部首法不同;(2)笔形的排列顺序不同;(3)单字条的组成不同,《辞源》除与《辞海》相同的内容外,增加了注音字母、《广韵》反切与声纽。

3. 字体的选用

《辞源》、《辞海》因编纂宗旨不同而采用了不同的字体。《辞源》因是读古书用的,采用了繁体字,书末附《繁简字对照表》。《辞海》为满足普通读者的需要,选用了简化字。字体以《简化字总表》、《第一批异体字整理表》为准,字形以《现代汉语通用字表》为准,对可能引起误解的简化字则保留原来的繁体或异体,或用夹注标明。《辞源》、《辞海》分别采用繁简体,有利于发挥各自的特色,实现各自的目的。

4. 注音的方法

《辞源》的注音方法独具特色。它采用单字下注汉语拼音、加注《广韵》的反切、标出声纽的注音法。对《广韵》不收的字,采用《集韵》。个别的字参照其他韵书、字书的反切加以标注。既注出了现代音,又注出了中古音。对于多音字,《辞源》不仅将单字按音读分列,标上序号,而且在复词的第一个字下也标上与之相应的音读序号(第一音读不标)。

《辞海》只注现代音,个别加注直音。单字一律采用汉语拼音字母注音。同义异读的按《普通话异读词三次审音总表初稿》注音。对复词词目中的多音字,在单字中列为第一音的不注,第二音以下的一般加注汉语拼音。

可见,《辞源》、《辞海》采用汉语拼音方案注音,准确方便。《辞源》为保存古音资料而加注反切也是很有必要的。《辞源》、《辞海》对复词词目中多音字的注音方法基本相同,较为科学。

5. 释义的范围

释义是词典的核心。《辞源》、《辞海》的不同特性在语文性词目的释义中明显地表现出来。试看下例:

上算 (一)上策。《周书·异域传论》:"举无遗策,谋多上算。"(二)上当,中人圈套。《儒林外史》十五:"他原来结交我,是要借我骗胡三公子,幸得胡家

时运高,不得上算。" （《辞源》）

上算 (1)好计策,好主意。《周书·异域传论》:"举无遗策,谋多上算。"(2)中计,上当。《儒林外史》第十五回:"马二先生恍然大悟:'他原来结交我,是要借我骗胡三公子,幸得胡家时运高,不得上算。'"(3)合算;便宜。

（《辞海》）

仙台 指尚书台。《初学记》十一南朝梁王筠《和刘尚书》诗:"客馆动秋光,仙台起寒雾。" （《辞源》）

仙台 日本本州东北地方最大港市和商业、文化中心,宫城县首府。位仙台平原中心。人口66万(1983年)。……鲁迅曾在此地仙台医学专科学校学习(1904—1906),1960年在青叶山麓建有鲁迅纪念碑。 （《辞海》）

上述二词,《辞源》只取见于古代文献的解说,不列今天的涵义。《辞海》对第一词是古今义项一并列出,对第二词是只列今义未列古义。可见《辞源》、《辞海》诠释语词的侧重点不同。《辞源》厚古薄今,《辞海》厚今薄古,体现出不同的特色。此外《辞源》、《辞海》释义的详略深浅也不同,例如:

人微言轻 指地位低微,言论、主张不为人所重视。多用作自谦之词。宋苏轼《东坡集》续集十一《上执政乞度牒赈济及因修廨宇书》:"某已三奏其事,至今未报,盖人微言轻,理自当尔。"本作"身轻言微"。《后汉书》七六《孟尝传》:"臣前后七表,……而身轻言微,终不蒙察。" （《辞源》）

人微言轻 谓地位低微,言论主张不受人重视。《续资治通鉴长编·宋仁宗嘉祐元年》:"臣人微言轻,固不足以动圣听。" （《辞海》）

人言 (一)人们的评论。《诗·郑风·将仲子》:"人之多言,亦可畏也。"(二)人语声。《全唐诗》一三七储光羲《昭圣观》:"石池辨春色,林兽知人言。"(三)砒石的别名。《本草纲目》十《金石砒石》:"砒,性猛如貔,故名。惟出信州,故人呼为信石:而又隐'信'字为人言。" （《辞源》）

人言 别人的议论。《诗·郑风·将仲子》:"人之多言,亦可畏也。"《宋史·王安石传》:"天变不足畏,祖宗不足法,人言不足恤。" （《辞海》）

不难看出,《辞源》的释义比较深入,所列义项、出处较多,注重词的"考本溯源"

和在使用过程中的发展演变。如上述"人微言轻……本作'身轻言微'",意在挖掘词的原始形式,实现"源流并重"。《辞海》的释义主要是介绍基本知识,着重说明词的本义或事物的基本内容,力求简明扼要,尽量不展开细述。

《辞源》、《辞海》除上述不同外,也具有一些相同的特性:都是本义在先,引申义、比喻义在后;尽可能注意释义的准确性和语言的简明性。

6. 书证的引用

书证是词条的血肉,没有恰当的书证,词目难以确立,内容不免空洞。书证和释义的关系是相辅相成、密不可分的。比较《辞源》、《辞海》所引的书证,可看到如下一些特点:

(1)《辞源》重在"溯源",引用古籍中出现较早的书证是它的特有要求。《辞海》引书证则是为了揭示词语的含义,印证释义,因而不很重视某词语最早出现于书面的时代。例如:"千方百计"一词,《辞源》引的书证出自《朱子语类》三五《论语》十七;《辞海》引的书证则出自《红楼梦》第六十七回。可见,两书所引的书证时代相差甚远。

(2)《辞源》不仅重视词语的溯源,也很重视词语的演变。例如:"每下愈况",引《庄子·知北游》为书证,解释为:"言每验于下,其状益显。后多作'每况愈下',与原义异。"紧接着在"每况愈下"条说明《庄子·知北游》本作"每下愈况",后来多作"每况愈下",指情况越来越坏。出处是宋胡仔《苕溪渔隐丛话》和清黄宗羲《吾悔集》。《辞源》的引证还尽量列举同一词语在历史发展中的不同写法,例如"掊克",说明也作"掊尅"(《抱朴子·自叙》),"掊刻"(《新唐书·韩滉传》)。

(3)《辞源》、《辞海》引书证,原则上是一义一证,但也有不少是一义数证的。一义数证的情况,有的是考虑到先出的书证文字过于艰深,因此补引一个稍晚出的书证,以帮助读者把握词义;有的是有意加引名句;有的则是由于语言环境不同,词义略有差异,因此加引书证,以帮助读者理解词义的细微差别。

(4)《辞源》、《辞海》引书证时均注明书名、篇目或卷次,有的还加注时代和作者的姓名。

由此可见,《辞源》、《辞海》的引证详细完整,体例甚佳。只是全文尚不统一,失误之处难免。《辞海》因刚刚修订过,失误之处基本得到纠正。《辞源》的失误已有不少论文、专著予以指正。大量的辨伪、考订和补正为《辞源》的重新修订创造了条件。

7. 互见条目的处理

互见条目是指书写形式不同,而内容相同或相近、相关的词目。在辞书编纂中,只有互相照应、详略有致地处理互见条目,才能既使辞书节省篇幅,又使读者通过翻检,触类旁通,掌握更多的知识。《辞源》、《辞海》对互见条目均采用"参见"处理,但"参见"的方法略有不同,试比较如下:

(1)对于内容相同的条目一般只在一条下加以解释,列举书证;另一条下,为避免重复,《辞源》、《辞海》均注明"见'某某'条"或"即'某某'条"。

(2)对于内容相近的条目,一般只在一条下详加解释,他条从略。《辞源》注明"详'某某'条";《辞海》注明"见'某某'条"。

(3)对于内容相关的条目,可互相补充参考的,《辞源》、《辞海》均注明"参见'某某'条"。

8. 参阅书目的提供

提供参阅书目是《辞源》的一大特点。在有关词目之末,设参阅项,择要介绍各种参阅书目,既可为专业研究工作者提供参考资料,扩大辞书的使用功能,也可以说明词义的解释之所以确切可信是因其以大量材料为根据。如:《辞源》于"南北卷"条的末尾提供了两种参阅书目,一是《明史·选举志》二,二是清顾炎武《日知录》十七《北卷》。如要深入研究这个问题,可据这二种资料进一步扩大线索。实际上加强了辞书的检索功能。

三 索引、附录的比较

《辞源》、《辞海》的编排方法是单一的、固定的,而检索途径是多样的。《辞源》各册正文前有《部首目录》和《难检字表》,正文后有《四角号码索引》,第四册还附有全书所收单字的《汉语拼音索引》,为不熟悉部首的读者提供了方便。《辞海》封二有《辞海部首表》,正文前有《辞海部首笔画笔形索引》、《笔画查字表》,正文后还有《汉语拼音索引》、《四角号码索引》和《词目外文索引》。可见《辞海》比《辞源》增加了笔画检索功能和词目外文检索功能。

《辞源》、《辞海》除索引外,还有附录。《辞源》在其正文后附有《繁简字对照表》、《新旧字形对照表》、《历代建元表》3项附录;《辞海》在其正文后附有《中国历史纪年表》、《中华人民共和国行政区划简表》、《中国少数民族分布简表》、《世界货币名称一览表》、《计量单位表》、《基本常数表》、《天文数据表》、《国际原子量表》、《元素周期表》、《中国地震烈度表》、《汉语拼音方案》、《国际音标表》共12项附录。这些附录是由二书各自的编纂宗旨决定的,与正文构成统一的整体,是正文内容的补充,有利于全面发挥辞书的作用。此外,这些附录还具有一定的文献检索价值,读者可脱开正文单独使用,从而延伸了正文的内容,扩大了辞书的使用功能。

比较《辞源》、《辞海》的索引、附录不难看出,《辞海》的索引、附录比《辞源》完备,对正文内容的揭示更加充分,提供的补充资料也更为丰富。因此,《辞海》较之《辞源》具有更多的检索途径和更高的检索价值。

小结

辞书,贵在有特色,不同的特色赋予各种辞书以不同的意义和价值。通过上述诸方面的分析比较,我们不难看出《辞源》、《辞海》都是很有特色的辞书。《辞源》的主要特色是侧重古汉语语词的溯源及演变,注音加注反切,既反映出现代音又反映出中古音,采用繁体字,提供参阅书目,是一部阅读古籍用的工具书和古典文史研究工作者的参考书。《辞海》的主要特色是介绍一般语词和现代百科语词的基本知识,只注现代音,采用简体字,备有详尽的索引、附录,适用于各行业的普通读者。可见《辞源》重古,《辞海》厚今;《辞源》专深,《辞海》广博,各自适应了不同读者的需求。由于《辞海》比《辞源》晚出版约20年,得以《辞源》为借鉴,扬长避短,加之《辞海》比《辞源》更注重条目的修订,因此,《辞海》的编纂更为科学,在质量上略胜《辞源》一筹。尽管如此,《辞海》也未能取《辞源》而代之。几十年来,这两部大型辞书一直并行而不衰,至今仍具有较强的吸引力和生命力。

(《辞书研究》1995 年第 2 期)

《辞源》(修订本) 注音疑误举例

唐作藩

《辞源》(修订本)(以下简称"修订本")是目前古代汉语方面最好的工具书之一,它的优点很多,但在注音方面还存在一些问题。本文专就此谈点个人的意见,以就正于编者和读者。

修订本体例第一条指出"单字条的组成包括字头、汉语拼音、注音字母、《广韵》的反切与声纽……",《出版说明》里也谈到"单字下注汉语拼音和注音字母,并加注《广韵》的反切,标出声纽。《广韵》不收的字,采用《集韵》或其它韵书、字书的反切"。可见修订本的注音既重视今音,又特别注意古音。这是《辞源》这部工具书的性质所决定的。所注"古音"采用作为中古音代表的《广韵》音也是有道理的,这比旧版《辞源》《辞海》注音用不古不今的《音韵阐微》的反切与韵目要好得多。但是修订本的注音仍然存在不少问题,有的我以为还比较严重,所以值得提出来讨论。

一

修订本所注古音既以《广韵》音系(反切、四声、韵目和声纽)为标准,[①]那末,在对《广韵》不收的字采用他书的反切或直音时,就难以顾及古音系的一致性。修订本所用他书,除了《集韵》,尚有《玉篇》《类篇》《五音集韵》《字汇》《字汇补》《正字通》和《音韵阐微》。其中《集韵》《玉篇》《类篇》的反切与《广韵》音差别还不太大,而且

---

① 《出版说明》和"体例"里都只提"声纽",没有指出同时标明"四声和韵目",似嫌不够全面。

《集韵》等书不注声纽,唇音轻重的分别尚显露不出来。但《字汇》等书的反切则常与《广韵》音系有明显的不同。例如第一册 0760 页"焜 hǔn《音韵阐微》户稳切,上,阮韵,匣",而"稳"在《广韵》属混韵;0766 页,"熄 xí,《字汇》,思积切,音昔"。"积、昔"在《广韵》属昔韵,而"熄"的声符"息"属职韵。第二册 1286 页"搻 nuò,《字汇》奴各切,音搦"。"各"属《广韵》铎韵,而"搦"在觉韵。1297 页"揾 zhī,《字汇》旨而切,音支"。"而"在《广韵》属之韵,与"支"不同韵。第三册 1854 页"浸 jìn,《正字通》,子信切,音晋"。"信、晋"《广韵》属臻摄震韵,收[-n]尾,而浸的声符"侵"在深摄沁韵,收[-m]尾。2184 页"皱 pī,《正字通》,匹依切,音披",而《广韵》"依"属微韵,"披"属支韵。第四册 3008 页"蹎 tǎn,《字汇》,丑犯切,音毯","犯"在《广韵》属范韵,"毯"属敢韵,而"蹎"的声符"间"又属山韵,收音也不同。① 这样,所注的"古音"不是在同一平面上的,不属一个音系,就失去了一致的标准。当然后起的字,它的读音也是后起的,故加注后代字书韵书的反切或直音也有道理,但宜在"体例"里加以说明。

二

"体例"和《出版说明》里,都特别强调"标出声纽"。《广韵》的四声和 206 韵是没有疑问的,而声纽的多少则有不同的看法。修订本的"体例"没有说明它的具体主张,但从它的注音里可以归纳出它对《广韵》声纽系统的意见,那就是:

  唇音 帮滂并明   舌音 端透定泥来知彻澄娘
  齿音 精清从心邪莊初床②山照穿神审禅日
  牙音 见溪群疑   喉音 影晓匣于③喻

共计三十七个声母。其中不同于一般意见的,是于母独立而不归入匣母,娘母独立

---

① 《集韵》也有类似情况,如第一册 0203 页"偨"注《集韵》延知切,平,脂韵"。而切下字"知"属支韵。
② 个别地方用"崇"字,如第三册 1861 页"溭 zé,士力切,入,职韵,崇"。
③ 有的时候用"云"字,如第三册 1744 页"泳 yǒng 为命切,去,映韵,云"。

而不与泥母合并。关于唇音声纽,从普遍的注音情况来看,编者是同意《广韵》音系只有重唇音,而没有轻唇音,所以许多三十六字母属轻唇"非敷奉微"母的,都分别注为重唇"帮滂並明"。例如:

一册 0170 页 付 fù	方遇切,去,遇韵,帮	三册 1758 页 沸 fèi	方味切,去,未韵,帮
0220 页 俘 fú	芳无切,平,虞韵,滂	2121 页 番 fān	孚袁切,平,元韵,滂
0190 页 佛 fó	符弗切,入,物韵,並	1832 页 淝 féi	符非切,平,微韵,並
0222 页 侮 wǔ	文甫切,上,虞韵,明	1927 页 无 wú	武夫切,平,虞韵,明
二册 1005 页 府 fǔ	方矩切,上,虞韵,帮	四册 3031 页 鍑 fù	方六切,入,屋韵,帮
1366 页 斐 fěi	敷尾切,上,尾韵,滂	3193 页 锋 fēng	敷容切,平,钟韵,滂
1398 页 房 fáng	符方切,平,阳韵,並	2744 页 蘩 fán	附袁切,平,元韵,並
1356 页 文 wén	无分切,平,文韵,明	2681 页 萬 wàn	无贩切,去,愿韵,明

这是完全可以理解的,因为《广韵》的反切上字表明,轻重唇是不分的,即轻唇亦读作重唇。但是修订本里也有不少轻唇字仍注轻唇声母的。例如:

一册 0339 页 分 fēn	府文切,平,文韵,非	0961 页 巫 wū	武夫切,平,虞韵,微
0734 页 妃 fēi	芳非切,平,微韵,敷	三册 1983 页 枋 fāng	府良切,平,阳韵,非
0759 页 妇 fù	房久切,上,有韵,奉	1984 页 物 wù	文弗切,入,物韵,微
0761 页 婺 wù	亡遇切,去,遇韵,微		
二册 0868 页 封 fēng	府容切,平,钟韵,非	四册 3002 页 蹈 fú	方六切,入,屋韵,非
0967 页 巿 fú	分物切,入,物韵,非	3257 页 阜 fù	房久切,上,有韵,奉
1105 页 忿 fèn	敷粉切,上,吻韵,敷	2896 页 诬 wū	武夫切,平,虞韵,微
1498 页 未 wèi	无沸切,去,未韵,微		

依《广韵》音系,这些字的声纽本该分别标注重唇"帮滂並明",现在注上轻唇"非敷奉微",这就自乱其例了。

《广韵》的唇音字有一些用了所谓"类隔切",多是用轻唇切重唇,例如"卑,府移切""僻,芳辟切""皮,符羁切""眉,武悲切"。这些字后代也都念重唇,它们的《广韵》声纽属重唇是没有疑问的。但是修订本也将属于此种情况的一些字注为轻唇声母:

一册 0235页	倗 péng	父邓切,去,嶝韵,奉	三册 2492页	美 měi	无鄙切,上,旨韵,微
0262页	僻 pì	芳辟切,入,昔韵,敷	四册 2674页	革 pì	房益切,入,昔韵,奉
0262页	僶 mǐn	武尽切,上,轸韵,微	2725页	藻 piáo	符宵切,平,宵韵,奉
0333页	凭 píng	扶冰切,平,蒸韵,奉	2879页	眇 miǎo	亡沼切,上,小韵,微
0598页	坪 píng	符兵切,平,庚韵,奉	3125页	鄸 méng	武庚切,平,庚韵,微
二册 0940页	嵋 méi	武悲切,平,脂韵,微	3540页	鹏 míng	武兵切,平,庚韵,微
1116页	怦 pēng	抚庚切,平,庚韵,敷	3540页	鹎 bēi	府移切,平,支韵,非
1408页	明 míng	武兵切,平,庚韵,微	3586页	黴 méi	武悲切,平,脂韵,微

这些字所在的韵都不可能有轻唇音,并且同类的其他字,修订本也还是标作重唇声母的,如第四册2740页"蘪 méi"也是用的"武悲切",属平声脂韵,正确地注为"明"母。上述的错误可能是只看到反切上字用了一个轻唇字,而不追究其原因,不能不说这是一个疏忽。

更难理解的是,有些字,古今都读重唇,反切上字也用的是重唇音,修订本却给加注个轻唇声母:

一册 0333页	凭 píng	皮证切,去,证韵,奉	二册 0812页	宓 mì	弥毕切,入,质韵,微
0388页	匕 bǐ	卑履切,上,旨韵,非	三册 1841页	湢 bì	彼侧切,入,职韵,非
0605页	坝 bà	必驾切,去,祃韵,非	2459页	縻 mí	縻为切,平,支韵,微
0728页	奰 bèi	平秘切,去,至韵,奉	四册 2708页	荜 bì	卑吉切,入,质韵,非
0738页	妣 bǐ	卑履切,上,旨韵,非	2916页	谬 miù	靡幼切,去,幼韵,微
0760页	婢 bì	便俾切,上,纸韵,奉	3539页	鹎 biē	并列切,入,薛韵,非

这些字大都属三等韵。把重唇错标成轻唇,大概是由于将所谓唇音的分化条件(三等合口)同三等韵的反切上字的分类条件(即一二四等一类,三等一类)给弄混了。但像上举第一册0605页"坝 bà"字,是个二等字,也给标个非母,就莫名其妙了。

三

对有些字,选择哪本韵书的注音,是欠考虑的。现在简单分叙如下。

《集韵》和《音韵阐微》，前者的分韵更接近《广韵》，但修订本不用《集韵》而用了《音韵阐微》。例如第三册1858页"滆 gé"字已见于《集韵》入声麦韵,各核切,修订本不用,却用了《音韵阐微》"歌启切,入,陌韵"（此处又不按常规标注声纽）。《音韵阐微》用"平水韵",麦韵并入陌韵,故将麦韵字标作"陌韵"。又如第四册2672页"㭰 gāng"字,《集韵》已收在一等唐韵,与"冈"同小韵,读居郎切,修订本不用《集韵》,偏用《音韵阐微》的"歌康切,平,阳韵,见",阳韵属三等。显然用《集韵》注音比用《音韵阐微》注音要确切,也比较符合《广韵》音系。

此种情况有时也出现在对《广韵》与《集韵》注音的选择上。例如第四册2792页"蠡"字,有五读。第1读lǐ,注《集韵》"里第切,上,荠韵"。其实《广韵》荠韵已收"蠡"字,与"礼"同小韵,卢启切,注作县名（"蠡吾县"）、泽名（"彭蠡泽"）。相反,"蠡"的第2读lí,注"郎奚切,平、齐韵,来",未加书名,依体例当是《广韵》音。但查《广韵》齐韵注"郎奚切"的小韵"黎"字下,却无"蠡"字,而《集韵》齐韵中小韵"黎"字（注"憐题切"）下才收有此字。修订本的选择显然有误。

四

除了上述的问题而外,修订本还有一些不足之处。现分叙如下。

（一）修订本未能利用《广韵校本》的成果,因而有不少可以避免的错误。例如：

第一册0524页"晬 cuì",注了《广韵》五个反切,其中第三个"士内切,去,队韵,清","士内切"是"七内切"之误,与第二个切语完全重复。

第二册0900页"尸 shī"（0910页"屍"同）注"式之切,平,脂韵,审"。之,脂不同韵,《广韵校本》已将"式之切"订正为"式脂切"。

第三册2003页"㳄 yán",注"于缐切,去,缐韵,喻"。"㳄"从延声,声母属喻无疑,但切上字用"于"显然有误。《校本》订正为"予",是。

第四册2931页"豐 fēng 敷空切,平,东韵,滂"。切下字"空"是"隆"或"戎"之误。"豐"是三等轻唇字,一般不会用一等字(如"空")作切下字。第三册 1905 页"澧",第四册 3126 页"酆",与"豐"同小韵,都用"敷空切",错误亦相同。而"酆"字所注"敷空切,平,东韵,敷",声纽标轻唇"敷",与"豐""澧"二字标重唇"滂"不同。同一反切,轻重唇标注不一致,这又是一例。

(二) 所引资料有些明显的错误,没有注意予以订正,而是照录。

例如第二册 0948 页,"嚾 quán,《集韵》连员切,平,先韵"。"嚾"与"權"同小韵,《广韵》巨员切,声纽当是群母,今以属来母的"连"字作反切上字,这种错误显而易见。又切下字"员"《集韵》在仙韵(《广韵》仙韵),标为"先韵"也错了。

再如第四册 3439 页"馘",有两读,其中一读是 xù,注"《集韵》泥壁切,入,锡韵"。今普通话念 x 的字没有来自古泥母的。按此读释义为"脸",书证引《庄子·列御寇》:"(曹商)见庄子曰:'夫处穷闾陋巷,困窘织屦,槁项黄馘者,商之所短也。'"查郭庆藩《庄子集释》,注引《释文》曰:"'黄馘',古获反,徐况璧反,《尔雅》云:馘也,司马云:谓面黄熟也。"徐邈的况璧反,与今音 xù 正相当。"况"属晓母。《集韵》的"泥壁切"可能就是据徐邈的"况璧反","泥、况"形近而误。而且"璧"属昔韵,"壁"属锡韵,也有一点出入。

(三) 有些字古代韵书、字书未收,无古音可注,修订本自然只注汉语拼音。但有些字已见于古代某部韵书字书,修订本却付阙如。下面是一些已见于《广韵》或《集韵》而修订本只注今读的例子:

第一册 0467 页,"号",今音标 háo、hào 二读,并注云"同'號'。见'號'"。但《广韵》"号"与"號"是有区别的。"號"有平(豪韵,胡刀切,大呼也,又哭也),去(号韵,胡到切,义同"号")两读,而"号"只有去声一读,即胡到切,义为"号令,又召也,呼也,谥也"。在这个意义上,"號"与"号"同。而"号"并无平声读法和號咷大哭之义,现在"號"简化为"号","号"与"號"才无区别。不应混为一谈。

0542 页"嗅 xiù",注明"本作'齅'",但未注古音。其实,"嗅"字已见于《广韵》宥韵"齅"字下释义之中:"以鼻取气,亦作'嗅'",也收在《集韵》(宥韵)正文里(与"齅"同小韵,许救切)。依体例,如不用《广韵》,也应加注《集韵》音。

此外如第二册 1492 页的"朦"字,今音两读:1. méng,2. měng;第四册 2725 页的"藁 gǎo"字；3218页的"鑒 jiàn"等，分别见于《集韵》《广韵》诸书，修订本都未注。

有的字《广韵》有两读，修订本只注其一读。例如第三册1926页"焉1. yān"，《广韵》本有"於乾切"（影母）和"有乾切"（于母）（都在平声仙韵）两读，并分别注明字义，修订本仅录"於乾切"一音。

（四）某些字《广韵》本有两读，由于语音变化或词义的消长，今音只有一读。注古音时两个反切及其声、韵、调都要摆上去。这就有个先后次序问题，一般应将与今音相当的或更接近的排在前边。修订本已注意到这个问题，但又常常有所忽略。这类情形不少，现在举几例如下：

第一册0192页"伺"第一音 sì，注《广韵》"息兹切，平，之韵，心"和"相吏切，去，志韵，心"。今音只有去声 sì 一读，应将《广韵》音相吏切置于息兹切之前。

第二册1036页"弇"今音第一音 yǎn，注《广韵》"古南切、平、覃韵，见"和"依俭切，上，琰韵，影"，显然，依俭切与今音 yǎn 相当，古南切应移到后边。

第三册1759页"泯 mǐn"注《广韵》"弥邻切，平，真韵，明"和"武尽切，上，轸韵，明"。《广韵》无轻唇，武尽切与今 mǐn 音相当，应置弥邻切之前。

第四册2875页"訐 jié"，注《广韵》"居例切，去，祭韵，见"和"居列切，入，薛韵，见"。从入声韵音变规律看，今音 jié 与居列切更切合，当移至居例切之前。

第四册3206页"镇 zhèn"，注"陟隣切，平，真韵，知"和"陟刃切，去，震韵，知"。"镇"字上古属平声，中古以后转为去声。既注《广韵》音，亦宜以"陟刃切"置"陟隣切"之前。

（五）修订本也有些一般的注音错误。下面分几类情况举些例子：

1. 反切上字或下字有误：

第一册0578页"圆 yuán，玉权切，平，仙韵，于"。切上字"玉"是"王"字之误。又0582页"圜 yuán"反切用字的错误同。

第二册1626页"乐"的第2音 lè，注"卢谷切，入，铎韵，来"，切下字"谷"当是"各"之误。

第三册1731页"沁 qìn，七鸩切，去，沁韵，清"，切下字"鸩"误作"鸠"。2008页"猼"第1音 pó，注"《集韵》匹活切，入，沃韵"，切下字"活"乃"沃"之讹。

2. 声调注错的：

第二册 1370 页"斡"第 2 音 guǎn，"古缓切，去，旱韵，见"，"去"是"上"之讹。但"斡"字不见于《广韵》缓韵或旱韵，"古缓切"大概取自《集韵》缓韵。此处脱注"《集韵》"。

第三册 1888 页"滈 hào《集韵》户老切，去，皓韵"。"去"亦是"上"之误。

第四册 2711 页"荡 1. dàng 徒朗切，去，荡韵，定"。此字亦上声，注"去"，误。

3. 韵目标错的：

第三册 1777 页"泚 cǐ，千礼切，上，纸韵，清"，"千礼切"属荠韵，"纸韵"误。1888 页"潀 cóng 徂红切，平，冬韵，从"，"冬韵"是东韵之误。

第四册 2961 页"贾"第 1 音第 2 切语"古下切，上，姥韵，见"，姥韵乃"马韵"之误。《广韵》马韵作"古疋切"。"古下切"是姥韵公户切之又音，古下切即古疋切。古疋切已作此字第 3 音。故第 1 音的第 2 切"古下切"，当删。

4. 声纽标错的：

第一册 0526 页"啜 chuò"第三切语"殊雪切，入，薛韵，穿"。切语上字原作"姝"，修订本已据《广韵校本》改作"殊"，"殊"属禅母，注"穿"，误。

第二册 0918 页"山，shān 师间切，平，山韵，彻"，"山"，声纽亦属"山"，注"彻"，误。

第三册 1927 页"焞 tūn"，注两切语："他昆切，平，谆韵，禅"；"常伦切，平，谆韵，透"。这是"禅"与"透"互注错了。又"他昆切"在魂韵，注"谆韵"，亦误。

第四册 2714 页"蕃 1. fán 甫烦切，平，元韵，并"，"并"是帮之误。此种唇音声纽标错了的相当普遍。

此外，汉语拼音、注音符号也有不少拼写错了的。这里就不一一举例了。

(《中国语文》1984 年第 6 期)

《辞源》《辞海》注音商榷

裘 锡 圭

本文所说的《辞源》指由 1979 年至 1983 年陆续出版的四册修订本,《辞海》指 1979 年版。这两部词典都是作者随时需要请教的"老师"。由于经常使用,发现其中也还存在不少问题。现在先把平日翻阅时碰到的一些有问题的注音提出来讨论,希望对这两部重要词典的修订工作多少能起一些作用。无论是《辞源》还是《辞海》,作者翻阅所及的都只是全书中很小的一部分。所以本文指出的问题,完全是举例性质的。作者水平有限,恐怕会有以不误为误之处,请识者指正。

下面把单字注音跟词条注音分开来讨论。有些需要讨论的例子,既可以看作单字注音的问题,也可以看作词条注音的问题。我们主要根据讨论的方便来归类。文中引用《新华字典》、《现代汉语词典》、《中文大词典》、《汉语词典》、《国音字典》、《康熙字典》时,简称"新华"、"现代"、"中文"、"汉语"、"国音"、"康熙"。

一 单字注音的问题

在这一节里,我们按照问题的性质,把要讨论的例子分别归入四个小节。

1. 把不读常用字音的义项收在常用字音之下

(1) 怵 《辞海》怵字只出 chù 一音,义项③释曰:

> 被诱惑而动心。《汉书·食货志下》:"善人怵而为奸邪。"

按:当"诱"讲的"怵",读音与怵惕之"怵"有别。《汉书·武帝纪》"怵于邪说"句颜师古注:"如淳曰:怵音怵惕,见诱怵于邪说也。师古曰:……如说云见诱怵,其义是也,而音怵惕又非也。怵,或体訹字耳。訹者,诱也,音如戌亥之戌。"颜氏认为训"诱"的"怵"是"訹"的异体,与怵惕之"怵"虽同形而实无关。这是正确的。《广韵》收"訹"字于入声术韵辛聿切䘏小韵内,《集韵》䘏小韵内已将训"诱"的"怵"作为异体列于"訹"字之下。这个"怵"字的今音应据同小韵的"䘏"、"恤"等字定为 xù,《辞海》读怵惕之"怵"的音是不对的。《辞源》不误。上引《汉书》颜注说"訹"音如戌。这两个字本来完全同音,《广韵》把它们都收在䘏小韵里。现在"戌"读平声,彼此的声调就不同了。

(2) 枷　《辞海》"枷"字只出 jiā 一音,义项②释曰:

> 衣架。《礼记·曲礼上》:"男女不杂坐,不同椸枷。"陆德明释文:"枷,本又作架。"

按:椸枷之"枷"实即"架"字异体,应读为 jià,不应读枷锁之"枷"和连枷之"枷"的音。《辞源》不误。《广韵》去声祃韵古讶切驾小韵:"架,架屋,亦作枷,《礼记》曰'不同椸枷'。"上举《辞海》"枷"字义项②所引《释文》,其后原来尚有"徐音稼"一语,"稼"、"架"同音。

(3) 唬　《辞源》"唬"字第一音为 xià,下收两个义项。义项(一)为"虎吼"。义项(二)释曰:

> 哭號。《汉郎中郑固碑》:"俯哭谁诉,卬唬焉告。"(《隶释》六)

按:当"哭號"讲的"唬"实即"號"字异体,应读为 háo,不应该读当"虎吼"讲的"唬"字的音。《说文·木部》"槉"字以声旁"唬"为"號"之省。《集韵》平声豪韵乎刀切豪小韵:"號、䍂、号、唬,《说文》'呼也',或作'䍂'、'号'、'唬'。"《汉冀州从事郭君碑》"卜商唬咷"(《隶续》卷十九),亦以"唬"为"號"(参看《隶辨》平声豪韵)。《辞海》"唬"字下未收此义。

(4) 彙　《辞源》"彙"字只出 huì 一音,义项(三)释曰:

> 刺蝟。"蝟"本字。……

按:《说文》以"彙"、"蝟"为一字。古书"彙"字多训为"类",是假借义。这两种意义的"彙"字本来都读"于贵切"(见《广韵》去声未韵于贵切胃小韵),今音应为 wèi。

训"类"的"彙"读为 huì,是特殊情况(这种"彙"字现已并入"汇"字)。作为"蝟"字异体的"彙"当然不能读 huì,而仍读 wèi。《辞海》不误。

(5) 矜 《辞源》"矜"字第一音为 jīn,其旁所列《广韵》反切为"巨巾"、"居陵"二切,下收"矛柄"、"怜悯"等义项。按:"矛柄"为"矜"之本义,其字亦作"穜"。"怜悯"等为"矜"之假借义,其字一般不写作"穜"。《广韵》中"矜"(穜)字三见。

平声真韵巨巾切穜小韵:

> 穜,矛柄也,又鉏櫌也,古作"矜"。

欣韵巨斤切勤小韵:

> 穜,矛柄,古作"矜"。

蒸韵居陵切兢小韵:

> 矜,本矛柄也,巨巾切,《字样》借为矜怜字。

由此可知"巨巾切"、"巨斤切"为"矜"字本义之音,"居陵切"为假借义"矜怜"之音。"巨巾"、"巨斤"二切的今音皆为 qín。"居陵切"的今音本应为 jīng,但矜怜之"矜"已变音为 jīn。所以《新华》、《现代》、《辞海》等都给表示本义的"矜"注 qín 音,给表示"怜悯"等义的"矜"注 jīn 音。《辞源》给它们都注 jīn 音是不对的。"巨巾"、"居陵"二切,读音和所属之义都不相同,《辞源》把它们都列在 jīn 音之旁也是不妥当的。

(6) 麋 《辞海》"麋"字只出 mí 一音,义项②释曰:

> 通"湄"。《诗·小雅·巧言》:"居河之麋。"陆德明释文:"麋,本又作湄。"
> 陈奂传疏:"湄本字,麋假借字。"

义项③释曰:

> 通"眉"。《荀子·非相》:"伊尹之状,面无须麋。"

按:"麋"字既已通假为"湄"和"眉",就应该读"湄"和"眉"的音。《辞源》"麋"字条另出 méi 音,下列"通'湄'"、"通'眉'"两个义项,是正确的。从原则上说,在 A 字通假为 B 字的情况下,如果 A 字原来的读音跟 B 字不同,必须改读 B 字的音。有些人不同意这个原则,是没有道理的(参看盛九畴《通假字小议》,《辞书研究》1980 年 1 期)。不过,"麋"和"湄"、"眉"在古代倒都是同音字。《广韵》把它们都收在平声脂韵武悲切眉小韵里。按汉语语音演变的常规，"武悲切"的普通话今音应为 méi，"麋"字读 mí 是特殊情况。因此《辞海》把借为"湄"和"眉"的"麋"字读为 mí，就更显得不合理了。

(7) 又 《辞海》"又"字只出 yòu 一音，义项⑥释曰：

通"有"。《诗·周颂·臣工》："亦又何求？"

按："又"既通假为"有"，就应该读为"有"。《辞源》为通"有"的"又"字另出 yǒu 音，是正确的。古代"有"、"又"二字可以互相通用。《辞海》把通"又"的"有"读为 yòu，但通"有"的"又"却不读为 yǒu，未免自相矛盾。

(8) 丞 《辞源》"丞"字只出 chéng 一音，义项（三）释曰：

通"拯"。《文选》汉扬子云（雄）《羽猎赋》："丞民乎农桑。"注："《声类》曰：'丞亦拯字也。'"

按："丞"既通假为"拯"（有的古文字学家认为"丞"即"拯"之初文），就应该读为"拯"。《集韵》上声拯（拯）韵"抍"小韵已将"丞"字作为异体列于"抍"字之下（《集韵》从《说文》，以"抍"为"拯"之正体）。《辞海》为通"拯"的"丞"列出 zhěng 音，是正确的。

(9) 蚤 《辞源》、《辞海》都只给"蚤"字注 zǎo（子皓切）一个音。《辞源》"蚤"字义项（二）释曰：

通"爪"。《仪礼·士丧礼》："蚤揃如他日。"注："蚤读为爪，断爪揃须也。"

《辞海》"蚤"字也收有通"爪"的义项。按：爪牙、爪甲之"爪"音 zhǎo（侧绞切）。"蚤"既通假为"爪"，就应该读为 zhǎo。《辞源》、《辞海》都把通"爪"的"搔"读为 zhāo，但是通"爪"的"蚤"却不读为 zhǎo 而仍读为 zǎo，这是自相矛盾的。《集韵》上声巧韵侧绞切爪小韵："叉、蚤、搔，《说文》'手足甲也'，或作'蚤'、'搔'，通作'爪'。"可见古人确是把当爪甲讲的"蚤"读为"爪"的。《说文》："叉，手足甲也。从又，象叉形。""爪"本象覆手形，当爪甲讲也是假借用法。所以《集韵》以"叉"为爪甲之"爪"的本字。

(10) 介 《辞源》《辞海》都只给"介"字注 jiè 一个音。《辞海》"介"字义项⑬释曰：

通"个"。《书·秦誓》："如有一介臣。"《礼记·大学》作"若有一个臣"。《辞源》"介"字也收有通"箇"(个)的义项。

按：《释文》注《书·秦誓》"一介臣"的"介"字说："介，音界。马本作'介'，云'一介，耿介心端悫者'。字又作'个'，音工佐反。"《集韵》去声箇韵居贺切箇小韵："箇、个、介，《说文》'竹枚也'，或作'个'、'介'，通作'個'。""居贺"、"工佐"二切同音，今音为 gè。由此可知，"一介臣"之"介"如当耿介讲应读为 jiè，如认为通"个"就应读为"个"(gè)。两音两义，各有所当。一方面说"介"通"个"，一方面又仍然把它读为 jiè，是不妥当的。现在还在书面语里使用的"一介书生"的"介"，一般都读为 jiè，在古代是否也有两音两义待考。

(11) 横　《辞源》"横"字第一音为 héng，义项(六) 释曰：

　　学舍。通"黉"。见"横舍"、"横塾"。

《辞海》"横"字 héng 音下也收有通"黉"的义项。按："横"和"黉"在古代本是同音字，《广韵》把它们都收在平声庚韵户盲切横小韵里。但是现在这两个字的读音已变得不同了。通"黉"的"横"自然应该改读为"黉"(hóng)，不应仍读 héng 音。这跟前面指出的通"眉"的"麋"应该读为 méi 而不应该读为 mí 的情况相同。

(12) 锡　《辞源》"锡"字第一音为 xī，义项(三) 释曰：

　　细布。同"緆"。《仪礼·燕礼》："幂用绤苦锡。"注："今文'锡'作'緆'，……"

《辞海》"锡"字 xī 音下也有通"緆"的义项。按："锡"和"緆"本是同音的入声字，《广韵》把它们都收在锡韵先击切锡小韵里。现在"锡"字读阴平(《国音》、《汉语》读阳平)，"緆"字在口语里已经不用，《国音》、《汉语》、《辞源》、《辞海》等都给它注 xī 音。按照这种注音，通"緆"的"锡"就应该改读为 xì 而不应读 xī。不过，《广韵》锡小韵里现在尚在使用的"析"、"蜥"、"淅"、"晳"、"裼"等字，都读阴平，"緆"字的读音其实也未尝不可以改定为 xī。这样，通"緆"的"锡"也就不存在改读的问题了。

(13) 荼　《辞源》"荼"字第一音为 tú，义项(三) 释曰：

　　茶。茶古字本作"荼"。《尔雅·释木》："槚，苦荼。"参看"茶"。

《辞海》则为作为"茶"字古体的"荼"另出 chá 音。我们认为《辞海》是正确的。《释文》注《尔雅·释木》"槚,苦荼"条的"荼"字说:"荼,音徒,下同。《埤苍》作樣。"这可能就是《辞源》读 tú 的根据。但是《释文》接着就说:"案今蜀人以作饮,音直加反,茗之类。""直加反"就是"茶"(chá)的音了。《广韵》平声麻韵宅加切(音同直加切)宗小韵里既有"茶"字也有"荼"字。"荼"字下注"苦菜","茶"列为"樣"的俗体。《集韵》直加切耗小韵:"茶、樣荼,茗也,一曰蔎荼,或从'木',亦省"。明确指出当"茗"讲的"荼"读为"直加切"(chá),"茶"就是省"荼"而成的。我们并不否认在较早的时候,作为"茶"的古体的"荼"有可能跟当苦菜讲的"荼"一样,也是读"同都切"(tú)的。但是既然至迟在唐代,一般都已经把它读为"直加切",我们在今天就没有理由不给它注 chá 音了。

2. 未注应注的又音

(14) 痑 《辞源》"痑"字第一音为 tuō,旁列"託何"、"他干"二切。义项(一)释曰:

> 马病。见《说文》。后称疲极曰痑。《全唐诗》六一〇皮日休《上真观》:"襹褷风声痑,岯岮地力痑。"

按:tuō 为"託何切"的今音,"他干切"的今音应为 tān。唐人用"痑"字多读"他干切",《辞源》所引皮日休诗就是一个例子(《全唐诗》此诗"痑"字下注"音滩"二字)。《辞源》只给"痑"字注 tuō 音而不注 tān 音,是不妥当的。又《广韵》託何切的"痑"字有"马病"、"力极"二义,他干切的"痑"字只有"力极"一义。据此,"马病"和"力极"实应分为两个义项,前者只注 tuō 一音,后者则注 tuō、tān 二音。

(15) 窌 《辞源》"窌"字第一音为 jiào,旁列"匹兒"、"居效"二切(后一切见《集韵》)。义项(一)释曰:

> 地窖。《周礼·考工记·匠人》:"囷、窌、仓、城,逆墙六分。"注:"穿地曰窌。"《荀子·荣辱》:"余刀布,有囷窌,然而衣不敢有丝帛。"注:"窌,窖也。"

《辞海》"窌"字只注 jiào 一音。按:jiào 为"居效切"之今音。《集韵》去声效韵居效切教小韵:"窖、窌,《说文》地藏也,或作'窌'。"《释文》注《考工记·匠人》说:"窌,刘古孝反(引者按:音同居效切),依字当为'窖',作'窌',假借也。"由此可知,古人是把读"居效切"的"窌"看作"窖"的异体字或假借字的。从"窌"和"窖"的声旁来看,

它们本来应该是不同音的两个字。《说文·穴部》:"窌,窖也。从穴,卯声。"又:
"窖,地藏也。从穴,告声。"把它们当作两个同义字。《辞源》"窌"字所引《荀子法》
释"窌"为"窖",大概也是把它们看作同义字的。这种"窌"字显然不能读"居效切",
而应该读"匹皃切",今音为 pào。《辞源》、《辞海》只给"窌"字注 jiào 音而不注 pào
音,是不妥当的。严格说起来,读 jiào 的"窌"跟读 pào 的"窌"虽然同义,但并不代
表同一个词,应该当作两个义项来处理。读 pào 的"窌"是"窖"的同义字,读 jiào
的"窌"是"窖"的通用字。

(16) 蠚 《辞源》"蠚"字只出 chuò 一音,旁列"丑略"、"呵各"二切。按:《新
华》、《现代》都根据现代方言给"蠚"注 hē 音。这个音出自"呵各切"。《辞源》只注
出"丑略切"的今音而不注出"呵各切"的今音,是不妥当的。《辞海》"蠚"字注 hē、
ruò 二音比较合理(ruò 音是《集韵》入声药韵日灼切的今音)。

(17) 亢 《辞源》把"亢"字的"星名"这一义项收在 gāng 音之下。按:当星名
讲的"亢"在古代有数种读音。《释文》注《尔雅·释天》当星名讲的"亢"字说:"音
刚,又口浪反,或户刚反。"《康熙》、旧《辞源》、《国音》、《汉语》、《现代》和《辞海》等,
都只给当星名讲的"亢"注相当于"口浪切"(kàng)的音。这显然反映了长期以来
一般智识分子的读音习惯。《辞源》只取 gāng 音而不取 kàng 音,是不妥当的。

《辞海》说当喉咙讲的"亢"通"吭"。但是"吭"的喉咙一义注 háng 音,"亢"的
喉咙一义则只注 gāng 音,这也是不妥当的。《集韵》平声唐韵寒刚切航小韵以
"亢"为"吭"的异体。"寒刚切"的今音即 háng。既说"亢"通"吭",就应该给它加注
háng 音。

(18) 緉 《辞海》"量"字第一音为 liàng,义项⑤释曰:
　　通"緉"。双。《晋书·阮孚传》:"未知一生当著几量屐。"
但是"緉"字下只注 liǎng 一音。这也是不妥当的。"緉"是当"双"(指鞋)讲的"两"
的后起分化字,读音本有上声、去声两种。《诗·齐风·南山》"葛屦五两"句《释
文》:"两,王肃如字,沈音亮。"《广韵》上声养韵良奖切两小韵、去声漾韵力让切亮小
韵都有"緉"字,义同。《康熙》、旧《辞源》、旧《辞海》中的"緉"字,也都注上声、去声
二音。跟"量"相通的"緉"显然是读去声的。《辞海》既指出"量"通"緉",就应该在

"緉"字下加注 liàng 音。《辞源》也只给"緉"注 liǎng 音,而且把通"緉"的"量"也读为 liǎng。这样做,避免了通用字读音不同的矛盾,可是却违背了语言事实。颜师古《匡谬正俗》卷七:"或问曰:今人呼履、舄、屐、屩之属一具为一量,于义何耶?答曰:字当作两。《诗》云'葛屦五两'者,相偶之名。屦之属二乃成具,故谓之两。两音转变,故为量耳。"这最后一句话可以证明,通"緉"的"量"确实不是读"两"的本音,而是读去声的。

(19)麛 《辞源》说当幼鹿讲的"麛"同"麑"。但"麛"注 mí 音,"麑"注 ní 音,无从相"同"。《集韵》平声齐韵绵批切迷小韵:"麛、麑……,《说文》'鹿子也',或从儿……"《辞源》既说"麛"同"麑",就应该给"麑"加注 mí 音。《辞海》正是这样做的。

(20)坌 《辞源》据《广韵》指出当尘土讲的"坌"同"坋"。但"坌"注 bèn 音,"坋"注 fèn 音,无从相"同"。《广韵》去声恩韵蒲闷切(bèn)坌小韵:"坌,尘也,亦作坋。"《辞源》既指出"坌"同"坋",就应该给"坋"字的尘土一义加注 bèn 音。

(21)抓 《辞源》"抓"字注 zhāo、zhuā 二音,旁列"侧交"(平声肴韵)、"侧绞"(上声巧韵)、"侧教"(去声效韵)三切。"爪"字注:zhǎo(侧绞切)一音,义项(一)释曰:

覆手持取。见《说文》。爪,俗字作"抓"。

按:"抓"在古代有与"爪"同音的"侧绞切"一读,《辞源》已列出。既说"抓"就是"爪"的俗字,给"抓"字注音的时候就应该注出跟"侧绞切"相应的 zhǎo 音。《辞源》在"抓"字的第二义项之末说"(一)(二)两义古俱读 zhāo","古俱读 zhāo"可以改为"本读 zhāo、zhǎo 等音"。

(22)蟊、蝥 《辞源》说"蜉贼"同"蟊贼",又说蟊贼之"蟊"同"蝥",这是对的。但"蟊"、"蝥"二字只注 máo 音,"蜉"字只注 móu 音,这就不合理了。"蟊"、"蜉"既不同音,"蜉贼"怎么能同"蟊贼"呢?《广韵》把蟊贼之"蟊"收在平声尤韵莫浮切谋小韵里,同小韵有"蜉"字,注曰:"蠜蜉,似蟹而大。"在《集韵》中,"莫浮切"作"迷浮切",属侯韵,所收"蟊"字下注明"亦作'蝥'","通作'蜉'"。"莫浮切"的今音应为 móu,现在"蟊"被读为 máo,情况跟同小韵的"矛"字相同(《辞海》"蟊"字 máo 音之旁列"莫交"、"莫浮"二切。前者是斑蟊之"蟊"的音,实与蟊贼之"蟊"无涉)。《辞源》既不把蛘贼之"蛘"读为 máo,就应该像《辞海》那样给"蝥"字注 máo、móu 二音。"蟊"字也可以这样注音。

(23) 俳　《辞源》"裴"字第一音为 péi,义项(二)释曰：

通"俳",见"裴回"。

但"俳"字下只注 pái 音。按："裴"和徘徊的"徘"本是同音字,《广韵》都收在平声薄回切裴小韵里。"薄回切"的今音应为 péi。"徘徊"的"徘"现在读 pái,是比较特殊的情况。《辞源》既不把裴回的"裴"读为 pái,就应该像《辞海》那样给"俳"字加注 péi 音。

(24) 呵　《辞海》"哈"字第一音为 hā,义项①释曰：

通"呵",张口呼气。如：哈一口气。

"呵"字下跟"张口呼气"相当的义项是"吹气使温",只注 hē 一音。按:《国音》"呵"字下注明"嘘气使暖"一义有口语音 hā。《辞海》既说当张口呼气讲的"哈"通"呵",就应该注出"呵"字的这个音。既然不注这个音,就只能说"哈"表示"呵"的口语音,而不应说"哈"通"呵"。因为读 hē 的"呵"跟读 hā 的"哈",虽然意义相同,也还是不能相通的。附带说一下,《辞海》把"呵腰"的"呵"读为 hā,这个"呵"跟"哈腰"的"哈"的通用关系非常明显,《辞海》却反而不加指出,这也是不妥当的。又：当笑声讲的"哈哈",大概也是表示"呵呵"的口语音的。

在这一小节的末尾,简单提一下《辞源》有时不注出跟传统读音不合的现代读音的问题。《辞源》在遇到一个字的现代读音跟传统读音不合的情况的时候,或采用现代读音,或采用由传统读音折合的今音,并无严格的规律。如果采用传统读音,有时在释义时附带指明现代读音。例如："风"字的讽劝义收在 fèng 音之下,释义时说明"今音 fěng"。"汰"字的淘汰义收在 dài 音之下,释义时说明"此义今读 tài"。有时则完全不管现代读音。例如：口吃的"吃"(chī)只注 jí 音(《新华》、《辞海》皆作 jí),土著的"著"(zhù)只注 zhuó 音(见"著"字条),裨益的"裨"(bì)只注 bēi 音,傧相的"傧"(bīng)只注 bìng 音,婀娜的"婀"(ē)只注 ě 音,"娜"(nuó)只注 nuó 音。《辞源》不注轻音。因此现在读轻音的字,《辞源》都不注现代读音。例如：苜蓿的"蓿"注 sù 不注"·xu",助词"了"注 lè 不注"·le"。后者的 lè 音未注反切,恐怕没有什么根据。《辞源》主要为阅读古书服务,理应较多地照顾传统读音。但是跟传统读音不合的现代读音,最好还是注出来,因为使用这部词典的毕竟是现代人。

不注现代读音的问题,在《辞海》里也不是没有。例如上面举过的"傧"字,《辞海》也是只注去声一音的。有些轻声字,《辞海》也没有注为轻声。例如上面举的"蓿"字,《辞海》的注音就是:"xù,旧读 sù。""蓿"的 xù 音恐怕跟《辞源》给"了"注的"lè"音一样,是从它们的轻声读音反推出来的。

3. 反切折合今音方面的问题

(25) 会　《辞海》"会"字第二音为 kuài,下收两个义项:

　　　①总计。见"会计"、"要会"。②姓。汉代有会栩。

第三个音为 guì,下收一个义项:

　　　盖子。《仪礼·士虞礼》:"命佐食启会。"郑玄注:"会,合也,谓敦盖也。"

又词条"会稽"的"会"也注 guì 音。按:《辞海》给"会"字注的 kuài、guì 二音,中古的反切都是"古外切"(参看《辞源》"会"字条)。古外切的今音按理应为 guì。但是《广韵》去声泰韵古外切"侩"小韵所收的字,凡是现在尚在使用的,普通话绝大部分都读 kuài,如"侩"、"脍"、"狯"、"郐"、"浍"等。只有"桧"和"刽"读 guì(《国音》、《汉语》都给"桧"、"刽"注 kuài、guì 二音。《古今字音对照手册》中,"桧"音 kuài,"刽"有 guì、kuài 二音)。会稽的"会"和当盖子讲的"会",既然本来跟会计的"会"一样也读"古外切",现在完全可以跟会计的"会"一样也读为 kuài。《辞源》就是这样处理的。在有些方言里,会稽的"会"读 guì,但会计的"会"也读 guì。可见把它们分读两音是没有必要的。附带说一下,用作姓氏的"会",《广韵》读"黄外切"(去声泰韵黄外切会小韵:"会,合也,……又姓,汉有会栩"),《康熙》则读"古外切"。《辞源》据《广韵》读 huì,似较《辞海》读 kuài 为妥。

(26) 仄　《辞源》给本读"阻力切"的"仄"字注 zé 音。

按:"仄"是庄母入声字。入声消失后,庄母入声字多数读阳平,但是"仄"字却是读去声的。《国音》、《汉语》、《新华》、《现代》、《辞海》等都给"仄"注 zè 音。《辞源》读为 zé 是不妥当的。附带说一下,"仄"和"侧"本来都读"阻力切",现在"侧"读为 cè,跟"仄"已不同音。《辞源》为通"仄"和"昃"的"侧"字别出 zè 音,但是却没有为通"侧"的"仄"字别出 cè 音,不免自相矛盾。

(27) 昊　《辞源》给"昊"字注 jù、xù 二音,跟前者相应的反切是入声锡韵"古阒切"。

按:入声消入后,入声字的声调变化没有很严格的规律。因此,为口语中不用的入声字今音定声调,往往会遇到困难。"昊"也是口语中不用的字,不过为这个字定声调倒还不能算困难。"昊"的声母属见母,见母入声字的声调以变为阳平者居多。《广韵》收入古阒切郹小韵的字如"湨"、"鵙"和"郹",现代的字典、词典都注 jú 音,《辞源》也不例外。跟这些字同反切的"昊"字,当然也应该读为 jú。《中文》也收入"昊"字,其读音正是注为 jú 的。《辞源》注为 jù,缺乏理由。"昊"的反切下字"阒",现在读去声。但"阒"的声母属溪母,见母和溪母的入声字,声调变化的情况并不一致。我们不能根据"阒"字今音的声调来决定"昊"字今音的声调。

(28) 鋄　此字《辞海》音 wàn。

按:据《广韵》,"鋄"字音"亡范切",是微母上声字。微母上声字今音仍读上声,此字应从《辞源》音 wǎn。"鋄"的反切下字"范"是全浊声母上声字,由于"浊上变去",今音变为去声。我们不能根据"范"字今音的声调来决定"鋄"字今音的声调。

(29) 夆　《辞源》给本读"符容切"的"夆"字注 fēng 音。

按:"夆"是浊声母平声字,应读阳平。《国音》、《辞海》等注为 féng,可从。

(30) 芿　《辞源》给本读"而證切"的"芿"注 rèn 音。

按:"而證切"的今音应为 rèng,《中文》不误。《广韵》去声證韵而證切小韵的第一个字是"认"。"认"字有"而證"、"而振"两音(后一音见《广韵》去声震韵而振切刃小韵)。它的今音 rèn 是出自"而振切"的。不能因为而證切小韵有"认"字,就把"而證切"的今音也定为 rèn。《辞海》"芿"字读 réng,当是取《集韵》平声蒸韵如蒸切之音。这也是可以的。

4. 其他方面的问题

(31) 萑　《辞海》"萑"字第二音为 tuī，释曰：

> 通"蓷"。药草名。即茺蔚。

按：《尔雅·释草》以"蓷"释"萑"。二字音近义同，所代表的词当有同源关系，但既已分化，就不能再混为一谈了。《辞源》据《广韵》给当茺蔚讲的"萑"字注 zhuī 音，是正确的。《辞海》认为"萑"通"蓷"，不取 zhuī 音，而取蓷的 tuī 音，是错误的。

(32) 行　《辞源》把"行"字的道路一义收在 háng 音之下，跟行列之"行"同音。

按：当道路讲的"行"本与行走之"行"同音，所以《经典释文》经常为行列之"行"注音，却从不为当道路讲的"行"字注音。《康熙》、旧《辞源》、旧《辞海》、《国音》、《汉语》、《现代》等字典、词典，都给当道路讲的"行"和行走的"行"注一个音。但是有些人由于感到"行"字的道路之义跟行走之义的关系不如跟行列之义的关系密切，误把当道路讲的"行"跟行列的"行"读成了一个音。《辞源》的注音就是由此而来的。《辞海》给"行"字道路一义注的音是："xíng，又读 háng。""又读 háng"可删。

(33) 邢　《辞源》、《辞海》都给"邢"字出 gěng 音，《辞海》释曰：

> 古地名。亦作耿。《史记·殷本纪》："祖乙迁于邢。"在今河南温县东。一说在今山西河津。

按：《史记》谓祖乙迁于邢，《尚书序》则谓祖乙迁于耿。旧说读"邢"为"耿"，认为故地在今山西河津县。近人王国维则认为祖乙所迁之邢，应即位于今河南温县的邢丘（见《观堂集林》卷十二《说耿》）。《辞源》取旧说，给"邢"注 gěng 音是合理的。邢丘之"邢"无"耿"音。《辞海》既取王说，就不应再给"邢"字另出 gěng 音了（但可在介绍"一说"时指出旧音"耿"）。

(34) 榦、幹　《辞源》榦字只出 gàn 一音，义项（四）释曰：

> 栏。《庄子·秋水》："吾乐与？吾跳梁乎井榦之上。"《释文》："司马（彪）云：井栏也。"

同书"幹"字义项（六）音 hán，释曰：

> 井上本栏，通"韩"。《庄子·秋水》：
> "出跳梁乎井幹之上，入休于缺甃之崖。"

按:"榦"和"幹"是异体字,《辞源》"榦"、"幹"二字下所引《庄子·秋水》"井榦(幹)"句,也是同一个句子。但是引用时不但对前后文字的取舍有所不同,连所据的本子也不一样("跳梁"上一字一为"吾"一为"出","井"下一字一作"榦"一作"幹")。这实在太不审慎了。更不应该的是同一个当井栏讲的"榦"(幹)字,一处音 gàn,一处音 hán,叫人无所适从。这两个音本来都是有根据的。《释文》注《庄子·秋水》"井幹"的"幹"字说:"古旦反,司马云井栏也。诸诠之音《西京赋》作韩音。"《集韵》去声翰韵居案切斡小韵:"榦……一曰井栏承辘轳者。"平声寒韵河干切寒小韵:"韓、韩、榦、幹,《说文》'井垣也'……""古旦反"、"居案切"相当于 gàn,"韩音"、"河干切"相当于 hán。可是在一部词典之内,忽而音 gàn,忽而音 hán,无论如何是说不过去的。《国音》、《汉语》、《辞海》等都只取 hán 音。从井榦(幹)之"榦"(幹)也作"韩"来看,取 hán 音是比较合理的。

二 词条注音的问题

词条注音的问题不大容易分类,所以这一节就不再分小节了。下面对有问题的一些注音逐个进行讨论。

(35) 菥蓂 蓂荚之"蓂"音 míng,菥蓂之"蓂"音 mí(参看《辞源》)。《辞海》"菥"字下有"菥蓂"一条,"蓂"字未注音,而"蓂"字下又只收蓂荚之"蓂"的音义,这样会使人误以为菥蓂之"蓂"也读 míng。

(36) 朱提 《汉书·地理志上》犍为郡"朱提"下颜注引苏林曰:"朱音铢,提音时。"《集韵》把朱提之"朱"收在虞韵慵朱切殳小韵里("铢"字古与"殳"同音,也收在殳小韵里。慵朱切相当于《广韵》的市朱切),朱提之"提"收在之韵市之切时小韵里。《辞海》给"朱提"注 shú shí 二音,是正确的。"殳"是浊声母字,按理应读阳平。所以虽然"殳"的今音是 shū,《辞海》却把朱提的"朱"读为 shú。不过这个字其实也未尝不可以就读为 shū(殳小韵的"殳"现在一般也读为 shū)。《辞源》可能是由于没有注意到苏林用来注音的"铢"字的古音同"殳",仍然用一般的"朱"字的音来读朱提的"朱",这是不妥当的。朱提的"提"应该读什么音,《辞源》也没有交代(《辞源》"提"字有 shí 音,出自"是支切",与朱提之"提"无关)。

(37)枳首 《尔雅·释地》有"枳首蛇",以一身有二首而得名,"枳"当读为"歧"(qí)或"枝"(zhī)。《集韵》把它兼收在支韵翘移切衹小韵和章移切支小韵里(参看《中文》)。从近年出土的秦汉简帛文字来看,读"歧"或"枝"的"枳"其实就是"枝"的异体("枝"字古代也有"歧"音),就跟"胑"是"肢"的异体一样。这个"枳"跟枳树之"枳"(zhǐ)形同而实不同。《辞源》"枳"字下有"枳首蛇"条,但"枳"字只注 zhǐ 一音,显然把枳首之"枳"也读为 zhǐ 了。《辞海》无"枳首蛇"条。

(38)侯官 福建的侯官县因汉代在此置有候官而得名(候官是以候为首长的负责斥候等事的一种机构)。"侯本作候,清以后通作'侯'"。(见《辞海》"侯官"条)这个"侯"字应读为"候"(hòu)。1912 年,侯官县与闽县合并为闽侯县。闽侯之"侯"现在仍读为 hòu。《辞源》"侯"字下有"侯官"条,但"侯"字只注 hóu 一音,显然把侯官之"侯"也读为 hóu 了。《辞海》"侯"字出 hòu 音,注曰"见闽侯"。但"侯官"条"侯"字不注音,只能理解为读作 hóu。"闽侯"条的"侯"字也没有注音。

(39)蜚鸿 "蜚"的本义是一种发臭的小飞虫,音 fěi。《山海经·东山经》提到一种名"蜚"的怪兽,"蜚"也音 fěi。古书中常常借"蜚"为"飞",这种"蜚"字音 fēi。"蜚鸿"的"蜚",一般都读为 fēi。但是《辞海》"蜚鸿"条义项①却音"蜚"为 fěi,释曰:

> 害虫名。《史记·周本纪》:"麋鹿在牧,蜚鸿满野。"司马贞《索隐》引高诱曰:"蜚鸿,蠛蠓也。言飞虫蔽田满野,故为灾,非是鸿雁也。

揣其意,盖以"蜚"为虫名,所以读上声。但是《辞海》引为根据的《史记索隐》虽然认为蜚鸿不是鸿雁而是飞虫,却并没有说"蜚"不应读为"飞"。《索隐》原文此下尚有"随巢子作'飞拾',飞拾,虫也"一句。《史记正义》反驳《索隐》说:"此云'蜚鸿满野',《淮南子》(本经篇)云'飞蛩满野',高诱注云:'蛩,蝉、蠛蠓之属也。'按飞鸿、拾、蛩,则鸟、虫各别,亦须随文解之,不得引高诱解此也。"可见《索隐》之说并非定论。而且《索隐》既然认为飞拾、飞蛩、蜚鸿都是飞虫,无疑也是把蜚鸿的"蜚"读为"飞"的。《辞海》把"蜚"读为 fěi,毫无根据。《辞源》不误。

(40) 蜚云 《辞源》"蜚"字以 fěi 为第一音,fēi 为第二音。"蜚云"条解释为浮云,但"蜚"字后不标数码"2",表示仍读第一音 fěi。按:蜚云既指浮云,"蜚"就应该读为"飞"(fēi),读为 fěi 无义。《中文》谓"蜚云"即"飞云",是正确的。

(41) 蜚遽 《辞源》把"蜚遽"的"蜚"也读为 fěi。按:蜚遽是司马相如《上林赋》里提到的一种神兽。《汉书·司马相如传》颜注引张揖曰:"飞遽,天上神兽也,鹿头而龙身。""蜚"作"飞"。《辞源》"飞"字下"飞遽"条,也指出"飞遽"即"蜚遽"。这个"蜚"字显然也应该读为 fēi。《辞源》大概是由于看到《山海经·东山经》里当兽名讲的"蜚"读 fěi,所以把神兽名蜚遽的"蜚"也读为 fěi 的。其实,蜚和蜚遽是两种不同的兽,没有必要把两个"蜚"字读成一个音。

(42) 蜚廉 "蜚廉"亦作"飞廉",是古代传说中的神兽名,又是古代的神名和人名。《辞海》把作人名用的"蜚廉"的"蜚"读为 fēi,作兽名用的"蜚廉"的"蜚"读为 fěi。其实后者同样应该读为 fēi。《辞海》致误的原因,跟《辞源》把蜚遽之"蜚"误读为 fěi 的原因大概是相同的。《辞源》把用作兽名、神名和人名的"蜚廉"之"蜚",全都读为 fěi,比《辞海》错得更厉害。《辞源》已经指出"蜚廉"亦作"飞廉"(参看"飞廉"条),可是又把二者读成不同的音,这是自相矛盾的。

(43) 於越 《辞海》给"於越"的"於"注 wū 音。按:"於越"的"於"一般都读"於"字"央居切"的音,不读"乌"音。《经典释文》常常给读"乌"的"於"字注音,但是见于《春秋》的"於越"的"於"却不注音。一般的字典、词典也都没有把"於越"的"於"读为"乌"。《辞海》的注音不知有什么根据。"央居切"折合今音应为 yū,但是本读"央居切"的介词"於"现在却是读为 yú 的。"於越"的"於"究竟应该读 yū 还是读 yú,倒是一个需要讨论的问题(作姓氏用的"於",《新华》、《现代》、《辞海》读 yū,《国音》、《汉语》、《辞源》读 yú)。

(44) 浑浑 《辞源》"浑浑"条有三个义项,"浑"都读为 hún。义项(三)释曰:

  水流奔涌貌。同"滚滚"。《荀子·富国》:"……财货浑浑如泉源……"注:"浑浑,水流貌。……浑,户本反。"

按:《集韵》上声混韵古本切衮小韵:"滚、混、浑,大水流貌,或作混、浑。"既认为"浑浑"同"滚",就应该把它读为 gǔn gǔn,《辞海》正是这样做的。如取《荀子注》"户本反"之音,则应读为 hùn。总之,读 hún 是缺乏根据的。"浑浑"的其他两个义项,《辞源》读 hún hún,《辞海》读 hùn hùn。由于"浑"字平声、去声(本读上声)二读的意义不易分清,很难定其是非,有待研究。

(45) 浑元 "浑元"的"浑",《辞源》读平声,《辞海》读去声。按:《广韵》上声混韵胡本切混小韵:"浑,浑元。"这个"浑"是全浊声母上声字,今音变读去声。可见《辞海》的注音较《辞源》有据。附带说一下,"浑一"、"浑沌"的"浑"(亦作"混")《辞源》也读平声,《辞海》也读去声,恐怕也应该从《辞海》。

(46) 间气 《春秋演孔图》:"正气为帝,间气为臣。""间气"之"间",《辞源》读平声,《辞海》读去声。按:"间气"跟"正气"相对。跟"正色"相对的"间色"之"间"读去声,"间气"之"间"也以读去声为宜。

(47) 谅阴 《辞海》读"谅阴"为 liáng ān,释曰:

> 亦作"谅闇"、"梁闇"、"亮阴"。指帝王居丧。《论语·宪问》:"高宗谅阴,三年不言。"……一说"谅阴"是凶庐,即守丧之处。见刘宝楠《论语正义》引郑玄注。

"谅闇"、"梁闇"、"亮阴"等条注音皆同。按:"谅闇"的解释主要有两种。一种为伪古文《尚书》孔传之说(以下简称孔说)。《说命》、《无逸》孔传皆释"亮阴"为"信默"。一种本为《尚书》今文家说,郑玄主之(以下简称郑说)。《尚书大传·毋逸》:"《书》曰:'高宗梁闇,三年不言。'何谓梁闇也?《传》曰:'高宗居倚庐,三年不言。'"《礼记·丧服四制》引《书》"高宗谅闇,三年不言",郑玄注:"谅古作'梁'。楣谓之梁。'闇'读如鹑鷃之'鷃'。闇谓庐也。庐有梁者,所谓柱楣也。"这两种说法的读音是不同的。依孔说当读 liàng yīn,依郑说当读 liáng ān,《丧服四制》的《释文》说得很清楚。在"谅阴"、"亮阴"、"谅闇"、"梁闇"这些写法里(古书里还有"亮闇"、"谅闇"、"谅阴"等写法),除"梁闇"这种写法只能用郑说的读音外,其他几种写法都可以有两种读法。《集韵》平声侵韵于金切音小韵:"闇,默也,何休曰'高宗谅闇'。"可见如用孔说,下一字即使写作"闇",也要读 yīn。"谅阴"的解释,过去多从孔说,《经典释文》就是一个例子(看《礼记·丧服四制》的《释文》)。《释文》没有给《尚书》的《说命》和《无逸》中的"亮阴"出音,就是由于按照孔说这两个字的音"如字")。《辞海》既然只把郑说当作次要的"一说","谅阴"的读音当然仍应从孔说注为 liàng yīn,而不应像现在这样从郑说注为 liáng ān,不过在提到郑说时可以附带指出这种读音("梁闇"一条的注音和解释应另作处理)。《辞源》"闇"字第三音为 ān,所属义项(七)释曰:"治丧之庐。见'谅闇'。""阴"字第二音为 ān,所属义项(十四)释曰:"默。《书·说命》上:'王宅忧,亮阴三祀。'注:'阴,默也,居忧信默,三年不言。'一说通'闇',为居丧之庐。……"按:"亮阴"之"阴"只有在解释为"庐"的时候才读 ān。《辞源》一方面主要采用以"默"释"阴"的孔说,一方面却不把"阴"读为 yīn 而读为 ān,这是自相矛盾的。而且《辞源》在把"谅闇"的"闇"和"亮阴"的"阴"读为 ān 的同时,并没有把"谅"和"亮"读为 liáng。这样,"谅闇"、"亮阴"等就被读成了 liàng ān,上一字的音从孔说,下一字的音从郑说,这显然是不妥当的。

(48) 趣舍　《辞海》读"趣舍"为 qū shě,释曰:

亦作"取舍"、"趋舍"。趋向或舍弃;进取或退止。……

"趋舍"条的注音同"趣舍"。"取舍"条分两个义项。义项①读 qǔ shě,释曰:"采取和舍弃;选择。……"义项②读 qū shè,释曰:"同'趣舍'。犹言行止。《汉书·王吉传》……颜师古注:'……取,进趣也;舍,止息也。'……"按:《辞海》认为"趣舍"、"趋舍"跟"取舍"相通,但是"趣舍"和"趋舍"的读音却跟"取舍"的两个义项的读音都不完全相同,上字的读音跟"取舍①"不同,下字的读音跟"取舍②"不同,这显然是不合理的。其实,《辞海》"取舍"条在义项②下注明"同'趣舍'",义项①下则不注"同'趣舍'"是对的。至少就多数情况来看,这样处理是合理的。"取舍①"的"取",用的是本义,取跟舍(捨)弃,意义相对。"取舍②"的"取"通"趣"(趋),趣跟舍止,意义相对。"趣(趋)舍"应该跟"取舍②"一样,读为 qū shè(《庄子·天地》"趣舍滑心"的"趣舍",很多人认为应该读为"取舍①",但这种情况很少见)。《辞源》双音词条一般不注第二字的读音,但从"趣舍"条的释义"趣向或舍弃"来看,编者大概也是把"舍"读为 shě 的。

(49) 辨护　《辞源》"辨"字下所收词条里有两条"辨护"。第一条释为"照管","辨"读本音(biàn)。第二条释为"照顾,维护","辨"读为 bàn。按:"辨护"的这两种意义并无多大区别,实在看不出分读两音有什么道理。《公羊传·宣公十五年》

注文有"辩护"之语，《校勘记》说："'辩'当作'辨'。'辨'即今人所用之'辦'字（'办'之繁体）。辨护谓能干辦护卫也。"《辞源》的两条"辨护"似可并为一条，"辨"读为"办"（bàn）。

（50）渐渍　《辞源》"渐"字有 jiàn、chán、jiān、qián 四音。"渐"字下所收词条"渐渍"的"渐"，显然应该读第三音。但是这个字后所注的，却是表示第二音的"2"。这无疑是笔误或排印的错误，是《辞源》校勘工作不够细致的一个例子。《辞源》所注反切之后标出的韵目、声调和声纽，屡有明显错误（参看下文所引唐文 474 页。我们也发现了几例。如"斮"字音"侧角切"，应属觉韵而标为药韵；"说"音"多朗切"，应为上声而标为去声；"咬"音"古肴切"，应为平声而标为上声）。"呵"字条甚至把义项（二）之前所列的"呼箇切"的声纽"晓"误植为"箇"。汉语拼音的注音也有一些技术性错误，如"搣"字的注音作 húō，竟给一个字音标了两个调号。如果校勘工作能做得细致一些，这类错误是可以避免的。

《辞源》在注反切方面也有一些问题。唐作藩同志在发表于《中国语文》1984 年 6 期上的《〈辞源〉（修订本）注音疑误举例》里，已经举了不少例子，可以参阅。我们也搜集了一些这方面的例子，准备另写一篇文章加以讨论。

1985 年 6 月 29 日写毕

（《北京大学学报》（哲学社会科学版）1985 年第 5 期）

新版《辞源》近代语词若干条目释义商兑

王　锳

汉语史应当如何分期，这是一个至今尚需进一步探讨的问题。所谓"近代汉语"，按照吕叔湘先生的意见，是肇自晚唐五代，因为这时才有了比较纯粹的白话文献，可以作为分期的标志。①一些同志则认为不妨将整个唐代都包括在内。这里姑取后一说。近代汉语词汇的研究是汉语史研究中的一个薄弱环节，许多前辈都曾指出这一点。王力先生早在四十年前就说过："咱们现在所有的字典，对于唐以前的字义，还勉强可用；至于唐以后的字义，简直是要从头做起。"②这里所说的字义，实际也指词义。半个世纪以来，经过中外学者的共同努力，近代汉语词汇研究已取得了长足的进展。但因时间跨度长，典籍浩繁，工作量大，至今仍未尽如人意，距离应该达到的目标还很遥远。词典的编纂和修订，当然不能等待一切都研究好了才去着手，但一部新出辞书能否超越前人旧制，在很大程度上要取决于对这一领域已有成果概括吸收得如何。新版《辞源》的编者们在这方面作了很大努力，新版较之旧版质量大为提高，是有目共睹的。不少同志也曾撰文给予充分肯定③，这里不再重复。不过无须讳言的是，也还存在较多的问题。以下仅就个人管见所及，对已收若干近代汉语词条的释义、溯源、引证等方面提出一些粗浅的看法。个别时代稍早而有关的例子，也顺带在此讨论。文中凡所引据，原文用繁体字的，除个别易生歧解的，均改作规范简体，标点符号也相应改为目前通用的形式。

---

① 《〈近代汉语指代词〉序》，学林出版社1985年版。
② 《理想的字典》，《龙虫并雕斋文集》第一册370页，中华书局1980年版。
③ 见《中国语文》1982年第4期、《辞书研究》1981年第4期所刊综评和专辑。

一　释义未确

379页"动"字目第七义云："不觉、不经意。"引唐高适《别杨山人》诗："不到嵩阳动十年，旧时心事已徒然。"编者看出此例中"动"字不能作"动辄、每每"解，是正确的，但新立义项是否成立，尚可斟酌。按，"动"字在唐宋以降的诗文中有"多"义。唐杜甫《赤霄行》诗："丈夫垂名动万年，记忆细故非高贤。"与高适诗机杼略同，都是多（达）若干年的意思。金《董解元西厢记》六："不恨咱夫妻今夜别，动是经年，少是半载，恰第一夜。""动"与"少"对文见义。散文中此类用法也不为罕见。《太平广记》卷九十五《洪昉禅师》："见禅师至，叩头言曰：'我以食人故，为天王所锁。'……问其锁早晚，或云毗婆师尸佛出世时，动则数千万年。"又卷四百九十三《刘龙》："又藏内缯绢，每匹皆有馀轴之饶，使截剩物以供杂费，动盈万段矣。"宋王铚《燕翼贻谋录》卷五："国初宦者不过十人，真宗时渐众……至元祐二年二月，又诏自供奉官至黄门，以百人为额。然流弊之久，终不能革，至宣政间，动盈千数矣。"细按文义，各例中的"动"字都不表频率，不宜以"动辄、每每"义为解，也并非"不觉、不经意"之义，它只是在一次性动作中强调数多量大。"动"与"多"在语音上也不无联系：声同韵近，阴阳对转。

667页"大段"目云："唐宋人指重要、主要、完全、仔细等。"引唐张固《幽闲鼓吹》、宋苏轼、朱熹各一例。说解用词虽多，仍嫌未尽妥帖。按，"大段"作为副词常表"大大、十分、非常"等义。《太平广记》卷一百五十一《崔造》："（赵山人）又谓崔曰：'到虔州后，须经大段惊惧，即必得入京也。'"宋庄绰《鸡肋编》卷下："只如鸡卵一物，以其混沌未分，必有大段要急之处，不得已隐忍而用之。"宋张邦基《墨庄漫录》卷六引米芾《杂书》："吾家多小儿作草字，大段有意思。"宋洪迈《夷坚志》三辛卷六《胡婆现梦》："若积恶者，到便打缚送狱，与县道不异。那里大段怕人！"如此之类，均不宜以"重要、主要"等义为解。即以该条原举苏轼、朱熹而论，也宜释为"十分"、"非常"。

818页"定叠"目云:"定当,料理妥当。"引宋苏轼、魏泰各一例。按,"定当"与"定叠"同属近代语词,它本身需要解释①,用它作为解释词,似有悖于"以今语释古语"的训诂原则。再者其后"料理妥当"的四字说解,实亦未确。"定叠"应是"安宁、安定"的意思。宋何薳《春渚纪闻》卷二《赤天魔王》:"蒋颖叔为发运使,至泰州谒徐神公。坐定,了无言说。将起,忽自言曰:'天上也不静,人世更不定叠。'蒋因叩之,曰:'天上已遣五百魔王来世间作官,不定叠!不定叠!'""定叠"与"静"互文。宋洪迈《容斋五笔》卷八:"予名竹庄之堂曰'赏静',取杜诗'赏静怜云竹'之句也。守僧居之,频年三易。有道人指曰:'静字右旁乃争字,以故不定叠。'于是撤去元扁,而改为靓云。"又《夷坚志》支丁卷五《黟县道上妇人》:"我不幸,丈夫很恶,常遭鞭箠,而阿婆性尤严暴,不曾得一日定叠。"又支庚卷五《武女异疾》:"女子夜来却定叠,俟其疾作,当烦先生。"均可证。即以此解施之苏、魏二例,亦贯通无碍。又"定叠"实为另一词"宁贴(或作帖)"的转语,"定"与"宁"、"叠"与"贴(帖)"均叠韵,后二字且均为入声。

1210页"打牙打令"目:"说唱调笑"。引金《董解元西厢记》四:"怎禁当衙门外打牙打令诨,匹似闲啹哨。""打牙指嘲戏,打令指唱小曲。"按,引文于"诨"字断句,可商。凌景埏注本虽亦如此断,但注引另一说云:"诨字应断在下句,'诨匹似'是'诨一似'的别写,好像、简直的意思。"二者相较,另说为优。倘以"诨"字属上,则"令诨"连言,词目也应改作五字方妥。又说解中谓"打令指唱小曲",不知何据。"打令"本指一种时行酒令。唐范摅《云溪友议》卷十:"二人又为新添杨柳枝词,饮筵竞唱其词,而打令也。"又《太平广记》卷二百七十三《洛中举人》载举子送席中酒纠妓诗:"少插花枝少下筹,须防女伴妒风流。坐中若打占相令,除却尚书莫点头。""占相令"具体内容不得而知,但联系上下文看,其为酒令之一当无问题。降至元代,此词所指或许有所变化。《乐府群珠》卷一无名氏《剔银灯》曲:"折末商谜、续麻、合笙、折末道字、说书、打令,诸般儿乐艺都曾领。"但据此仅能推测"打令"为乐艺之一,未必就是"唱小曲"。

---

① "定当"可与当时流行的另一词"定害"同义,为"搅扰"的意思,与"料理妥当"不对当(参看《诗词曲语辞例释》"定当"目)。"定当"也可以是"停当"的意思,但"停当"亦属近代语词,且只含"妥当"而不含"料理"义。

1979页"牛腰"目云:"牛的腰部。"引唐李白《醉后赠王历阳》诗:"书秃千兔毫,诗裁两牛腰。""多指书卷量大如牛腰。宋周紫芝《竹坡诗话》二:'绍兴兵至姑溪,诗帖两牛腰,并与山谷墨妙,为之一空。'"按,"牛腰"为一种卷轴,以篇幅长、容量大而得名,乃借喻成词而非实指"牛的腰部"。宋岳珂《桯史》卷十三《范碑诗跋》条:"牛腰轴虽大,诗之者惟此三人。"可为确证。李白诗及《竹坡诗话》中"牛腰"可以数计,显然也应作如是解。

2343页"端居"目云:"犹言平居。"按,此说未妥,除释义方式与"定叠"目同样有以古释古之弊以外,义亦欠安。"平居"是平素、平时的意思,"端居"却是安居、深居(谢交游、少外出)的意思;前者是一个浑成的词,后者为习惯性词组:二者不能互训。《中国语文》1983年第5期李崇兴《词义札记》该条已指出此说之误,不过举例多为韵文,兹增缀散文二例于后。《太平广记》卷四百八十七《霍小玉传》:"(李生)因谓玉曰:'皎日之誓,死生以之。与卿偕老,犹恐未惬素志,岂敢辄有二三?固请不疑,但端居相待。'"宋刘斧《青琐高议》别集卷一《西池春游》:"(生)乃别姬曰:'吾往不过逾月,子但端居掩户。'"

3160页"金叶"目第二义:"酒名。宋朱敦儒《樵歌》中《好事近》词:'只愿主人留客,更重斟金叶。'"按,此解非是,"金叶"的全称为"金蕉叶",在宋词中均指杯而不指酒,上例亦然。详见《诗词曲语辞例释》增订本该目。

3269页"院长"目第一义:"唐时称翰林院学士承旨为院长。《新唐书》一百三十二《沈既济传》附沈传师:'翰林缺承旨,次当传师,穆宗欲面命。辞曰:"学士、院长,参天子密议,次为宰相,臣自知必不能。"'又,外郎御史遗补亦相呼为院长。参阅唐李肇《国史补》下。"其第二义云:"宋时对军吏节级之称。"引《水浒传》。按,称翰林学士承旨为院长之例,于史无征。以上引文中沈传师之语意谓学士与院长同参天子密议,同为股肱之臣,非谓学士即院长。"学士"与"院长"为并列结构而非偏正结构,引文标点正确而编写者理解有误。唐赵璘《因话录》卷五:"御史台三院……吏察主院中入朝人次第名籍,谓之朝簿厅。吏察之上,则馆驿使。馆驿使之上,则监察使。监察使同僚之冠也,谓之院长。台中敬长,三院皆有长。"可见"院长"实指御史台三院(台院、殿院、察院)的长官,李肇所谓"外郎御史遗补相呼为院长",所指已有扩大,宋代则进一步用之于法治机构大理寺的隶卒。宋洪迈《夷坚志补》卷八《临安武将》:"向巨源为大理正,其子士肃,因出谒,呼寺隶两人相随——俗所谓院长也。"《水浒传》中州县狱吏狱卒也可称院长,当是以上用法的再扩大。于此可见,"院长"之下原列第一、第二两个义项之间,本有引申关系。这种世俗的引申用法实为一种尊称,与称手工匠人为"待诏",称强盗为"太仆""太保",可谓同出一辙。

3464页"腾腾"目云:"奋起或迅疾刚健貌。"引唐白居易《答州民》诗:"唯拟腾腾作闲事,遮渠不道使君愚。"及唐罗隐《途中寄怀》诗:"不知何处是前程,合掌腾腾信马行。"按,此解与该词的实际含义正好相反,"腾腾"多状动作之迟缓悠闲,所引二例中下文"作闲事"、"信马行"可证。其他韵文中亦多有上述用法,具见拙撰《诗词曲语辞例释》增订本该目,今但增一散文用例以为佐证。唐李复言《续玄怪录》卷四《李卫公靖》:"于是上马腾腾而行,其足渐高,但讶其稳疾,不自知其云上也。"意言先缓后疾,故句中以渐字过渡。

二 义项阙略

58页"上"字目字头列"高处、上等、在先"等十一个义项。按,此外"上"还有特指上任的用法,唐宋笔记中极普遍。唐张文成《朝野佥载》卷二:"周地官郎中房颍叔除天官侍郎,明日欲上。其夜有厨子王老夜未起,忽闻外有人唤云:'王老不须起,房侍郎不上,后三日李侍郎上。'"例多无须赘举。直到今天,"上"这一义项作为词素义尚沿用不衰,可谓其来有自。

444页"去就"目云:"去留、进退。"仅此一义。按,"去就"在唐宋金元之际尚有"体面、礼貌、规矩"与"着落"等义,诗文剧曲中都不为罕见。详见《敦煌变文字义通释》该目、吕叔湘先生《笔记文选读》所录《鸡肋编·迪功郎》注、拙文《元曲通假字、俗语词考辨》"去秋"目(《中国语文》1982年第4期)。

506页"周星"目云:"岁星,岁星十二年在天空中循环一周,因此把十二年叫周星。"按，此外"周星"还可指一周年，即岁星运行一个躔次所需的时间。宋文天祥《过零丁洋》诗"干戈寥落四周星"即属此种用法。唐五代散文中亦多有用例，参见拙撰短文《"周星"注释补议》（《中学语文教学》1985年第5期）。

568页"因缘"目列三义：①机会。②依据（名词）。③梵语尼陀那的意译，后泛指原因、缘故。按，"因缘"此外尚可用做动词，表凭借、凭靠义，与第二义项同一义位而用法小异。唐刘𫗧《隋唐嘉话》卷上："赵公宴朝贵，酒酣乐奏，顾群公曰：'无忌不才，幸遇休明之运。因缘宠私，致位上公。人臣之美，可谓极矣。'"宋邵伯温《邵氏闻见录》卷七："公见周祖，为建议律条繁广，轻重无据，吏得以因缘为奸。"实则此义东汉已然。东汉王充《论衡·恢国》："谷登岁平，庸主因缘以建德政。"参见程湘清《〈论衡〉中联合式双音词在现代汉语中的变化》（《中国语文》1984年第6期）。

同页"因循"目云："守旧而不知变更。"仅此一义。按，此词在唐宋之际尚有蹉跎、延误之义。《太平广记》卷一百七十八《试杂文》引《摭言》："后至调露二年，考功员外刘盈之奏，议加试帖经与杂文，文高者放入策。寻以则天革命，事复因循。"此言事情延误未果，与守旧不变义正相反对。唐牛僧孺《玄怪录》卷三《吴全素》："卜得行日，或头眩不能去，或驴来脚损，或雨雪连日，或亲故往来。因循之间，遂逼试日。"宋魏泰《东轩笔录》卷十四："文正叹曰：'贫之为累亦大矣，倘因循索米至老，则虽人才如孙明复者，犹将泪没而比见也。'"《夷坚志》甲卷七《周世亨写经》："庆元初，发愿手写经二百卷，施人持诵。因循过期，遂感疾。"均可为证。

又同页"回"字目列"环绕、掉转、返回、违背、邪僻"等九义。按，此外尚失收"购买"一义。《夷坚志》三辛卷八《马保义文谈》："（王）又问之曰：'近日曾做得好弓否？'对曰：'述而不作。'王云：'此后结果，欲回一两张。'对曰：'做得中使，便当纳来，何敢望回。'"《古今小说》卷三十三《张果老种瓜娶文女》："'问大伯买三文薄荷。'公公道：'好薄荷，《本草》上说凉头明目，要买几文？'韦义方道：'回三钱。'公公道：'恰恨缺。'韦义方道：'回些个百药煎。'"文中"回"与"买"屡互见。又此义实为"交换、改换"义之引申。《齐书·张岱传》："手敕岱曰：'大邦任重，乃未欲回换。'""回"与"换"同义叠用。《太平广记》卷二百四十四《李德裕》："谓禹锡曰：'吾于此人不足久矣，其文章何必览焉。但以回吾精绝之心，所以不欲看览。'"另该书中收有

"回易"一词,亦为由同义语素构成的联合式合成词,并可佐证。

569页"回互"目云:"回环交错。"仅此一义。按,因"回"有"换"义,故"回互"尚有互换、讳避之义。宋周煇《清波杂志》卷二:"客有言表章所用字,有合回互处,若'危乱倾覆'之类……哲宗尝书郑谷《雪》诗于扇,'乱飘僧舍茶烟湿',改'乱飘'为'轻飘'。"又同页"回向"目云:"见迴向。"然3053页"迴"字下未见此目。

1161页"惭"字目云:"羞惭。"其下"惭愧"及1147页"愧"字目解说亦同。按,"惭"、"愧"二字及复音词"惭愧"尚有"多谢、多承"义,张相《诗词曲语辞汇释》卷六、《敦煌变文字义通释》第四篇该条下所举唐宋例证甚夥。实则此种用法六朝已肇其端。《文选》卷十六江淹《恨赋》:"乃有剑客惭恩,少年报士……"晋干宝《搜神记》卷二十《董昭之》:"惭君济活,若有急难,当见告语。"

2006页"犹"字目收有"尚且、仍然、庶几"三种虚词用法。按,此外"犹"尚可作范围副词,表只、仅、独义。《太平广记》卷六十六《谢自然》条:"因食新稻米饭,云'尽是蛆虫'……自此犹食柏叶,日进一枝。七年之后,柏亦不食。"又卷三百三十七《李感》:"童隶闻呼急起,见李生毙,七窍流血,犹心稍暖耳。"另韵文中此类用法亦多,参见《诗词曲语辞例释》该目。

2434页"经"字目列十三义,均为实词。按,此外"经"尚可用作时间副词,与"曾经"之"曾"略同。六朝已然,唐宋习见。《南齐书·周山图传》:"义乡县长风庙神姓邓,先经为县令,死遂发灵。山图乞加神位辅国将军。"《玉台新咏》卷八刘绥《敬酬刘长史咏名士悦倾城》:"经共陈王戏,曾与宋家邻。""经"与"曾"互文。又卷九梁简文帝《和萧侍中子显春别四首》:"故人虽故昔经新,新人虽新复应故。"《太平广记》卷三百八十九《舒绰》引《朝野佥载》:"此地经为粟田,蚁运粟下入此穴。"宋李心传《旧闻证误》卷四:"本朝母后经垂帘者,例称山陵。"均可证。

3382页"顷"字目第三义:"副词,近来、刚才。""顷年"目云:"近年。"按,"顷"作时间副词,还可指已过去很久的一段时间,义同"往"、"昔","顷年"犹言"昔年"、"往年"。除《诗词曲语辞例释》所列韵文用例之外,略增散文数例:鲁迅校《岭表录异》卷上:"顷年自青社之海归闽,遭恶风所飘,五日夜不知行几千里也,凡历六国。"《太平广记》卷四百九十八《李回》引《摭言》:"某顷岁府解,蒙明公不送,何事今日同集于此？"《夷坚志》乙卷二十《天宝石移》："顷因大水，碑失，今复在县桥下。"

三　语源失考

103 页"九百"目第一义："宋人讥讽痴呆、精神不足的人为九百。"此目吸收了张相《诗词曲语辞汇释》的解说，是正确的。但何以"九百"能表此义？似应作进一步的探讨。按，"九百"或作"九佰"、"九陌"，本指钱陌不足。《汉书·食货志》："仟佰之得。"颜师古注："仟谓千钱，佰谓百钱。"《南史·梁简文帝后论》："初，武帝末年，都下用钱，每百皆除其九，谓为九百。"宋沈括《梦溪笔谈》卷四："今之数钱，百钱谓之陌者，借陌字用之，其实只是百字，如什与伍耳。唐自皇甫镈为垫钱法，至昭宗末乃定八十陌。汉隐帝时，三司使王章每出官钱，又减三钱，以七十七为陌，输官仍用八十。至今输官钱有用八十陌者。"于此可窥见从萧梁至赵宋钱币流通制度之一端。关于"九百"语源，宋人多有论及者，但均不得要领。唯朱彧《萍洲可谈》卷三云："盖俗以神气不足为九百，岂以一千则足耶？"虽"九百"本指除九当百，非指一千而言，但此说已接近此词真诠，可惜未达一间。由钱陌不足引申为精神不足乃至痴呆、癫狂之义正属情理中事。之所以只有"九百"而无"八百"、"七百"之类，大概与古人偏爱为九之数不无关系。

342 页"分携"目云："离别"。引宋王之道诗及吴文英词。按，此词唐诗已习见。唐李频《岐山下逢陕下故人》诗："三秦一会面，二陕久分携。"

735 页"好好先生"目云："不分是非，到处讨好，但求相安无事的人。"引《儒林外史》第六回。按，此词元曲已见，且当时并不一定含贬义。《曲江池》第三折："哎，怎不叫你元和猛惊，那里是虔婆到也，分明子弟灾星。这一场唱叫无干净，死去波好好先生！"此系正旦李亚仙唱词，玩其文意，不过说郑元和乃一忠厚老实的软弱书生而已。关于此词由来，清翟灏《通俗编》卷十一《好好先生》引《谭概》云："后汉司马徽不谈人短，与人语，美恶皆言好。有人问徽安否，答曰好。有人自陈子死，答曰大好。妻责之曰：'人以君有德，故此相告，何闻人子死反亦言好？'徽曰：'如卿之言,亦大好。'今人称好好先生本此。"其后作者翟灏并加按云:"《后汉书》本传云'佳',此易为'好',非典则。然俗语实由此也。"翟灏此说是有道理的,意义相合仅字面不同者,可以看作语源。参见刘洁修《成语》第二章(商务印书馆1985年版)。

1048页"张致"目云:"模样、样子。贬词。也作'张志'。""引申为有派头,也作'张智'。"引有《水浒传》、《小孙屠》、《竹叶舟》等例。按,此词不含贬义,本应作"章契",原为建筑行业术语。宋庄绰《鸡肋编》卷下引李诚《营造法式》:"材名三:章、材、方桁……《史记》'居千章之获',注:'章,材也。'《说文》'契'注:'契,槷也,音至。'按构屋之法,皆以材为祖。祖有八等,度屋之大小,因而用之。凡屋之高深,名物之长短,曲折举折之势,规矩绳墨之直,皆以所用材之分以为制度。材上加契者,谓之足材。其规矩制度,皆以章契为祖。"庄绰在引证上文后并加申说云:"今人以举止失措者,谓之失章失契,盖谓此也。"此词引申后形体衍变多途,本随声取字,不拘一体,是俗语词使用中常有现象。如"俌峭"亦源于建筑术语,或作"逋峭"、"波俏"、"波峭",引申指人之"仪矩可喜"。由此可知,"张致"等形体的第一引申义为行为举止,本身无所谓褒贬,贬义是它的否定形式造成的。

1863页"凖"字目第六义:"抵押、折价。"引唐韩愈《赠崔立之评事》诗。按,《文选》卷四十任昉《奏弹刘整》:"寅第二息师利,去岁十月往整田上,经十二日。整便责范米六斗哺食。米未展送,忽至户前,攘拳大骂,突进房中,屏风上取车帷凖米去。"任昉南齐人,所撰此文时代较韩愈早约三百年。

2187页"盌注"目云:"宋时杂手伎之一,俗称'弄盌注'。"又1588页"椀珠伎"目:"古杂技相当于今舞盘弄椀之戏。《旧唐书·音乐志》二:'又有弄椀珠伎、丹珠伎。'"按,"椀注"即"椀珠",来源甚早,并非起自唐宋。清翟灏《通俗编》卷三十一"弄椀珠"条引《通典》云:"梁有玩椀珠伎。"又"舞盘"条云:"《晋书·乐志》:'栖柈舞,手按栖柈反覆之。'《通典》:'盘舞汉曲也,至晋加之以栖。张衡《舞赋》云:历七盘而纵蹑……'""栖柈"即"杯盘"。

2208页"真"字目第六义:"肖像,摹画的人像。"引《景德传灯录》十四:"因门僧写真呈师。"按,《太平广记》卷二百一十《敬君》引汉刘向《说苑》:"齐敬君善画,齐王起九重台,召敬君画。君久不得归,思其妻,逐画真以对之。"此外,"真"既可指画像，又可指塑像。《太平广记》卷九十三《道林》："开锁，见有金数千两。后卖一半，买地造菩提寺，并建道林真身。"宋欧阳修《归田录》卷一："内中有玉石三清真像，初在真游殿。既而内大火，遂迁至玉清昭应宫。"二例中"真身"、"真像"均为塑像，故可建可迁。

3079页"过所"目云："古代过关所用的凭照。"引《魏书·元丕传》及《唐六典》。今考汉刘熙《释名·释书契》："传，转也，转移所在执以为信也；亦曰过所，过所至关津以示之也。"刘熙为东汉末年人，而《魏书》为北齐魏收撰，二人相去亦约三百年。

3110页"都知"目第三义："明清妓女的称谓。妓之有声名者为都知，其为酒纠，则称录事。见明方以智《通雅》十九《称谓》。"按，唐孙棨《北里志》云："曲内妓之头角者为都知。"宋金盈之《醉翁谈录》七《举举善辩》："曲中名妓之头角者为头知，又名都知，谓其分管诸妓名籍追名。当时郑举举、赵降真即都知也。"据此可知"都知"之名，唐宋已然，且不仅是"有声名者"，而且兼掌诸妓名籍，故有此称。

四　引证有误

188页"何许"目云："何处，什么地方。《文选》三国魏阮嗣宗（籍）《咏怀》诗之十：'良辰在何许，疑霜霑衣襟。'"按，此目引例与说解未能榫合，"何许"在上例中为"何时"义而非"何地"义。"处"有"时"义，"许"、"处"可通，故"何许"同"何处"均可不表处所而表时间，从六朝至唐宋均有用例。南朝齐谢朓《晚登三山还望京邑》诗："佳期怅何许，泪下如流霰。"又《在郡卧病呈沈尚书》诗："良辰竟何许，夙夕梦佳期。"《玉台新咏》卷七皇太子简文《照流看落钗》："佳期在何许？徒伤心不同。"唐李白《古风》："良辰在何许？大运有沦忽。"唐孟浩然《秋窗月下有怀》诗："佳期旷何许？望望空伫立。"如此之类，均与阮诗句法相近，"何许"之前并有"佳期"、"良辰"等时间名词与之呼应。

980页"常川"目云："连续不断、取川流不息之意。"引明汤显祖《邯郸记·勒功》："少则少千里之遥，须则要号头明，烽瞭远，常川好看。"按，"好看"二字误倒，造成曲文失韵。《汤显祖集》、《六十种曲》均作"看好"。另"常川"在元明之际多表"常常、每每"义,为当时俗语,是否取川流不息之义尚缺乏证据,"连续不断"的解释也不甚准确。上引例意谓须常常看好烽燎。又《孤本元明杂剧·广成子》第三折:"临军不战心中怕,上阵常川肚里疼。"《延安府》第一折:"我打死人不偿命,常川只是坐牢。"其中"常川"都不能作"连续不断"解。

1208页"打挣"目列二义:①挣扎。引《金线池》剧第三折:"但酒醒硬打挣强词夺正,则除是醉时节酒淘真性。"②尽力设法。引《金凤钗》剧第三折:"我道你不是受贫的人,我还打挣头间房你安下。"按,一、二义项引证均有未妥,"打挣"确有"挣扎"义,如《灰阑记》剧三折:"兀那妇人,你打挣些,转过这山坡,我着你坐一会儿再走。"此外尚有:①支吾对付义,《金线池》一例即属此。②打扫收拾义,《金凤钗》一例即属此。后列二义,今四川方言尚然。

1275页"排比"目云:"依次排列,使相连比。"共引二例:其一为白居易诗:"花教莺点检,柳付风排比。"其二为元稹文:"至若铺陈终始,排比声韵……"按,"排列连比"之义,于第二例或勉强可通,于第一例显然扞格。"排比"在唐宋多用表"准备、安排、具办"等义,实即"排备",参见《敦煌变文字义通释》及拙撰《诗词曲语辞例释》该条。白诗一例亦应作如是观,意言把柳树交与春风去安排。春风只能催绿柳枝,而不能使柳枝排列连比成行,这是很明白的。

1375页"新闻"目第一义:"新近听说的事。后以指最新的消息。"首举唐李咸用诗,次举宋赵昇《朝野类要》卷四《朝报》:"朝报,日出事宜也。每日门下后省编定。……率有漏泄之禁,故隐而号之曰'新闻'。"按,此处引文删节失当,不仅文意难以连续,且与作者原意不符。所删二十三字为"请给事判报,方行下都进奏院,报告天下。其有所谓内探、省探、衙探之类,皆衷私小报"。可见赵昇所谓"新闻"和"朝报"是两码事。"朝报"类似今之新闻;至于"新闻",拙文《常用词语源杂说》曾认为类似现代的内参(《汉语学习》1985年第4期),其说亦未尽确。《宋会要辑稿》"刑法"二下:"绍熙四年十月四日臣僚言:朝报自有门下后省定本,经由宰执始可执行,近年有所谓小报者,或是朝报未报之事,或者官员陈乞未曾执行之事。"又:"淳熙十五年正月二十日诏:近闻不逞之徒,撰造无根之语,名曰小报,传播中外,骇惑听闻。今后除将进奏合行关报已施行事外,如有近乎之人当重决配。"据此,则赵昇所谓"衷私小报"亦即"新闻",乃当时之非法印刷品,与今之内参不同,倒类似专门捃拾小道消息的非法小报。

3551页"卤莽"目第一义为"粗疏",引唐杜甫《空囊》诗:"世人共卤莽,吾道属艰难。"按,此诗上二句云:"翠柏苦犹食,晨霞高可餐。""粗疏"之解,施诸句中,义恐未安。清杨伦《杜诗镜诠》于"世人共卤莽"句下注云:"众人贵苟得意。"可谓得句意之大略而未获确解。实则二句含"世人皆浊我独清,众人皆醉我独醒"之意,"卤莽"为"迷惑、迷惘"义。敦煌变文《妙法莲华经讲经文》:"奉事仙人,心不渀(莽)卤。"陈治文《敦煌变文词语校释拾遗》认为此例"莽卤"不宜解作马虎轻率,并引《集韵·姥韵》:"懪恼,心惑。"(参见《中国语文》1982年第2期)据此,"卤莽"为"莽卤"之倒序词,与通常表粗疏轻率义者实属同形异义。此在散文中也有例可证。《太平广记》卷三百七十《王锜》:"与锜坐语良久,锜不知所呼,即徘徊卤莽。紫衣觉之,乃曰:'某潦倒一任二十年,足下要称呼,亦可谓为王耳。'"文中"徘徊鲁莽"即犹豫迷惘之义。

上所论列,只是笔者在查考参阅时随手记下的一些例子,并没有对全书所有近代语词逐一检核。文中所论亦未必尽确,甚至可能有以非矫是的情况,尚祈方家不吝赐教。

(《〈汉语大词典〉商补》,黄山书社,2006年)

《辞源》训释术语商榷

毛远明

记录语言的文字是形、音、义的结合体。音义结合而成的词是语言的重要因素；文字不是语言，但它能记录语言。最理想的文字，应该是形、音、义三者完全统一，但语言是无穷的，文字则是有限的，因而事实上任何一种文字都似难做到这一点，尤其是形意体系的汉字，在记录音义结合的词的时候，更存在着各种复杂的矛盾：有利用一个同音字来表示另一个词的所谓假借字；有两个或两个以上音义完全相同，只是书写形体不同的异体字；有因文字孳乳、分化、变异而形成的同源字，它们的读音都相同或相近，意义上有某种联系，而使用上又各有差别；还有同一形体而读音不同，意义也各别的多音字……面对汉字这些复杂而矛盾的情况，作为一部很有影响的大型辞书——《辞源》，其技术处理却不够理想。这从它使用的训释术语可以看得出来。

《辞源》使用的训释术语，给人的总印象是繁多而杂乱。我们先把这些术语尽量摆出来，并随文作些说明。

一 某同某

（一）"同"这个术语在《辞源》中基本上是用来注明字与字之间的异体关系。如"尞，同燎。"又"烓，燎的本字，火焰上升貌。"又"燎，古祭名，焚柴祭天，字本作尞。"案：三字为异体，初形当是"烓"字，甲金文作一木周围数点，象火焚木之形，后来字形讹变成"尞",其义不显,于是又加"火"为"燎"。《汉书·礼乐志》:"雷电尞,获白麟。"注:"尞,古燎字。"不误。《说文》分"尞"、"燎"为二篆,不认为是重文,前者训烧柴祭天,后者训放火,实在是强生分别,不可信。又如"袜,鬼魅,同魅",二字以"未"得声,只是形符不同,但这不同的形符本身又是相通的。又如"熿,闪耀,同煌。"二字形符相同,只是更换了声符,而这些声符又是音同音近的。再如"燌,同焚",这是造字方式不同而形成的异体字。再如"熹,光明,同熺。"这又是结构方式不同而造成的异体字。

大量异体字的存在,确实是汉字的赘瘤,《辞源》用"同"来揭示异体字间的关系本来是科学的、合理的。但是该书未能一以贯之,许多假借字、同源字也用"同"来揭示,这便不足取。下面分别叙述。

(二)表示假借关系。如"猗,束而采之,同掎"。案:《说文》:"猗,犗犬也。"即阉割过后的狗,故字从"犬"。只是古籍中用本字的例子不易找到,而常常假借为语气词之类。至于"掎",《说文》释为"偏引也",即拖住一边之意。《诗·小雅·小弁》:"伐木掎矣。"用的就是本义,故字从"手"。"束而采之",当是"掎"的引申义。古籍中以"猗"代"掎",肯定是同音假借无疑。又如"它,同驼、驰。""它"本是古蛇字,甲金文中的"它"象蛇之形。后来"它"假借为代词,于是另造"蛇"字。至于"驼、驰"是专为骆驼这一动物造的形声字,二者是异体字;"驼、驰"与"它"之间是假借关系。其他如"焄、同荤","帑,儿子,同孥"等,也是假借关系。

(三)表示同源关系。如"徂落,死亡,同殂落"。"徂"训往,见《说文》、《尔雅·释诂》、《方言》。人死如去,故引申为死;后又造专字殂。徂与殂古同音,意义相关,其出一源,古籍中殂常作徂。《孟子·万章上》:"放勋乃徂落。"注:"徂落,死也。"《尚书·舜典》作"帝乃殂落"。《史记·伯夷列传》:"于嗟徂兮,命之衰矣。"《索隐》:"徂者,往也,死也。"又如"引,引车轴的皮带,同靷。"案:"引",《说文》训"开弓也"。引申为延长、牵引、导引诸义。"靷"《说文》训"所以引轴者也",《释名·释车》训"所以引车也",即引车前行的皮带。字本作"引"。《荀子·王霸》:"縣縣常以结引驰外为务。"杨倞注:"引,引轴之物。"由于是革制物,故加"革"而为"靷"。可见"引"与"靷"同源。

二　某，古文某

　　这个术语，《辞源》用来说明某是某字的古体。如"厷，上臂，也泛指胳膊。古肱字"。案：《说文》："厷，臂上也，从又从古文厷①。厶，古文厷，象形。肱，左②或从肉。"许氏以二字为重文，不误。其他如"筭，古算字"，"螽，蚰虫，古文蠹字"，也是这一类。如果我们避开各字产生的时代先后，只就音、义全同而论，它们仍然只能算是异体字。因而从训诂的角度讲，这个术语可以用"同"来取代；如果对其形体产生的时代先后确已认定，只要略作说明也就够了。同时，《辞源》指出的古文，是指上古甲、金古文呢，还是六国古文？也未作说明。如果仅依《说文》，则《说文》中的古文，实际上多指六国古文，其时间并不为古。况且，《辞源》中指出的古文，有的未必可靠。如"浯，古吾字。""浯"见《正字通》，而《石鼓文》、《诅楚文》有其字，但"吾"字在更早的《沈子簋》、《毛公鼎》中已出现，"吾"实在比"浯"古。又如"抛，古作抱字，《玉篇》始有抛字。"案：《说文》："㧒，引挐也。抱，㧒或从包。"许氏认为抱是㧒的重文。挐，《玉篇》引《说文》作㝳。《说文》抱字并无抛弃义。遍查古注，也无抱训抛弃义的。《辞源》的说法不知何据。又，《辞源》认为《玉篇》始有"抛"字，其说也不确。查《广雅·释诂三》："抛，击也。""击"与"投"、"弃"义并相近。《玄应音义》卷三引《埤苍》，卷十六引《字林》并说"抛，击也。"《广雅》、《埤苍》、《字林》都比《玉篇》要早。

三　某本作某（某，某的本字）

　　"本"这个术语在《辞源》中使用很含混，包括的内容也颇复杂。归纳起来，大致

---

① "从古文厷，厷当作厶。"《说文》紧接说："厶，古文厷厷。"可知其误。《今说文》各本均误。
② 左，当是厷之误。详余行达《说文段注校记》，载《阿坝师专学报》1988年第2期。

有以下几种情况。

（一）表示同源关系。"本"有初始义。《辞源》用这个术语来揭示初文和区别字、孳乳字之间的同源关系，就是用其初始义。如"堡，土筑的小城，字本作保。"案："保"本义为养育，《说文》训"养也"。金文中"保"字的几个形体都是一个大人伸出一只长长的手抱着一个小孩，其养育义甚明。引申之为保护、保守；再引申为保守的设施，即城保。后来加形符为堡，成为城堡的专字，以示区别。保、堡同源。《礼记·月令》："四鄙入保。"郑注："小城曰保。"《国语·晋语》："以为茧丝乎？抑为保障乎？"韦昭注同。《礼记·檀弓》："公叔禺人遇负杖入保者息。"注："保，县邑小城。"《淮南子·说山》："保者不敢畜噬狗。"高注："保，城郭居也。"以上保字均表城堡义甚明。其他如"熟，烹煮至可食用，本作孰"，"俸，官吏所得的薪给，字本作奉"，各例都是同源关系。

（二）表示假借关系。"本"又有本来的意思。《辞海》"本字"条说："本字就是表示本义的字。"这个解释是对的。《辞源》用此术语来揭示本字与借字间的关系，用的就是本来这个意思。如"靡，粉碎，糜烂之糜，本字作靡。"案：《说文》："靡，烂也。"段注："古多假糜为之，糜训糁，靡训烂，义各有当矣。《孟子》：靡烂其民战之；《文选·答客难》：至则靡耳，皆用假借字也。"其说颇详确。其他如"愣，失神，本亦作楞"，"朵，耳朵之朵，本作䔸"。各例间也是假借关系。

（三）表示异体关系。汉字由于繁简、正俗、讹变、类化等原因，形成一词多形。《辞源》有时用"本"来表示古今字形的变化。如果避开各字形产生的时代先后，就实质来说，各形体间仍然只是异体关系。如"昏，昏本字。"昏原本作昬，后因避唐太宗李世民讳，于是改昬为昏，说详《五经文字》。《说文》："一曰民声。"应有所本。又如"㷖，磷火，燐的本字。"查《说文》："㷖，鬼火也，从炎舛。"㷖后来隶变成粦，炎变成了米，其义已不显，于是又加"火"旁成"燐"字。㷖与燐音义全同，当是古今异体字。

四　某、某的异体字（俗某字、某的别体、别作某）

指明异体的，如"猪，豬的异变字"；"猫，貓的异体字"；"凄，凄的异体字"。

指明俗字的,如"煞,俗杀字";"剾,割,副的俗字"。

指明别体的,如"无,無的别体字";"尊,酒器,字别作樽、罇"。

其实,别体,俗体都是异体字,无需另出术语,都可以用"同"这个术语来代替,代替之后反而显得简洁、明确、易懂。同一组异体字,不少地方《辞源》就是用的"同"。如"郄,同郤。"又说:"郤,郄的异体字。"

五　某亦作某(又作某、或作某)

（一）表示异体关系。这是"也作"在《辞源》中的主要用法。如"烱,亦作焗。"又说:"焗,烱的异体字。"《辞源》说得很明白,亦作就是异体。又如:"烽,也作燧、㷭。""㷭"字下又说:"㷭,同烽。""也作"和"同"互用,其为异体甚明。

（二）表示假借关系。如"祈,也作蕲。"案:《说文》:"祈,求福也。"又"蕲,草也。"可见二字只是音同,意义完全无关。"蕲"篆下,段玉裁注:"古钟鼎疑识多借为祈字。"其说不误。又如"暵,晒干,亦作熭。"据《说文》,熭训"埽竹也";暵训"暴干也",二字意义无联系,只是暵以熭为声符,读音相同,故相假借罢了。

六　假、借、通假

这套术语在《辞源》中全部用来揭示文字间的假借关系。如"焚,假借为偾。"焚,义为烧;偾,义为仆倒,二义本无联系,只是读音相同,故相假借。《左传·襄二十四年》:"象有齿,以焚其身,贿也。"杜注:"焚,毙也。"孔疏引服虔:"焚,读曰偾,偾,僵也。"又如"祗,与适、是、禔、疧、衹等字常相通假。"这些字各有本义,仅因为音同或音近,在使用时有假借情况。段玉裁在《说文》"禔"篆、"祗"篆下解说颇详。其他如"慢,涂抹,墁之假借字";"弟、但音近,假借为但"等都明确指出了它们间的假借关系。《辞源》这样处理假借是正确的,尽管"通假"的说法是否准确仍可商量;唯其许多假借现象没有用这种方法处理,实为憾事。

七 某通某(某与某通)

"通"这个术语在《辞源》中用例特别频繁,也特别混乱,其内涵和外延很不明确,很不确定。今略加条分,约有以下几种情况。

(一)表示假借关系,这是主要用法。仅"示、火、犬"三部中用"通"的五十一例中,就有四十余例是指假借关系。如"祈,都城周围之地,通畿、圻。"案:《说文》"祈"训"求福也","畿"训"天子千里地"。"圻"是"畿"的异体。《周书·职方》:"方千里曰王圻。"《周礼·大司马》:"乃以九畿之籍。"注:"春秋传曰:天子一畿。"今《左传·襄二十五年》作"天子之地一圻。"《文选·射雉赋》:"画圻衍而分畿。"注:"圻与畿同。"《诗·小雅·祈父序》郑笺:"祈、圻、畿同。"孔疏:"古者祈、圻、畿同,字得通用。"其实圻、畿是异体关系,圻、畿与祈是假借关系。其他如"熙,嬉戏,通嬉。""何,谴责,通呵。担,通荷。""烝,用蒸气熟物,通蒸。"这里的"通"都是指文字间的假借关系。

(二)表示异体关系。如"獘,仆倒,通毙。"案:《说文》:"獘,顿仆也。毙,獘或从死。"毙、獘异体,许氏以二字为重文,不误。先秦典籍多用毙字。《尔雅·释言》:"毙,踣也。"《释木》:"木自獘柛。"郭注:"獘,踣。"《左传·隐元年》:"多行不义必自毙。"杜注:"毙,踣也。"其他如"擿,投掷,通掷";"弆,掩藏,通弢";"歙,吸入、吸取,通噏"等,揭示的都是异体关系。

(三)表示同源关系。如"荧,虫名,通萤"案:荧本义是微弱的光,引申为发微光的虫,即萤火虫,字本作荧。《尔雅·释虫》:"荧火即炤。"郭注:"夜飞,腹下有火。"后造"萤"字,专表虫名以区别。《说文》无萤字,《玉篇》载了萤字。二字音同,意义相关,当同出一源。其他如"猋,旋风,通飙";"坼,分裂,裂开,通㘽";"唱,倡导,通倡"等,也是揭示的同源关系。

八　某通作某

"通作"这一术语在《辞源》中用得不多，但所指对象也不划一。

（一）指通用的异体字。如"祳，古代帝王祭天地神的肉，通作脤。"既然是祭肉，当然可以写作脤；这种肉又是祭神用的。写作脤也易于理解。站在不同的角度，对同一意思造出不同形体符号的字来，这是异体字产生的重要原因之一。《说文》："祳，社肉，盛之以蜃，故谓之祳。春秋传曰：石尚来归祳。"段注："经典多从肉作脤。"《春秋·定十四年》："天王使石尚来归脤。"字正作脤，段氏之说是有据的。《左传·闵二年》："受脤于社。"《成十三年》："成子受脤于社。"《昭十六年》："受脤归脤。"《周礼·大宗伯》："脤膰之礼，亲兄弟之国。"其他如《公羊》、《谷梁》、《国语》、《庄子》等也作脤，例多不详举。

（二）表示假借关系。如"凋，草木枯败，衰败。古籍中多通作彫、雕。《论语·子罕》：'岁寒然后知松柏之后彫也。'《释文》：'丁条反。依字当作凋。'皇侃本作凋。彫，假借字。"据《说文》，凋训"半伤也"，即冰雪伤物；彫训"琢文也"，与琱为异体；雕训"鷻也"，即鷻鸟，雕、鵰异体，可见凋、彫、雕义各不同，只是同音，古籍中常相假借。《辞源》本身就认为彫是凋的"假借字"，而又以"通作"为释，便显得混淆。其他如"擒，捕捉，古籍通作禽"；"榭，在台上盖的高屋，经传通作谢"，揭示的都是假借关系。

（三）表示同源关系。如"祳，通作蜃。"前已言及，祳是祭祀所用的肉。而蜃，据《说文》是大蛤。二字乍看起来似无联系，但追溯其源头，二者古音相同，意义相关，有同源关系。因为蜃是器名，祳是装在蜃器中的祀肉，说详《说文》。《周礼·掌蜃》："祭祀供蜃器之蜃。"郑注：《春秋·定十四年》：'秋，天王使石尚来归蜃。'蜃之器，以蜃饰，因名焉。"今案：今本《春秋》作脤，乃祳之异体。杜预注："脤，祭社之肉，盛以蜃器。"据此蜃与祳同源是可信的。

九　某书作某

《辞源》中有不少"某书作某"的说法，专引古书，不加评介、申说、辩正，这样的训释本身就显得含混，使用该书必须认真识鉴。下面分述之。

（一）表示异体关系，这是主要的。如"煏，用火焙干。《说文》作熚。《周礼·天官·笾人》'鲍鱼'汉郑玄注：'於煏室中糒干之。'《汉书·货殖传》：'鲰鲍千钧'唐颜师古注引郑注糒作煏。"这里的煏与熚、糒是一组异体字。《广雅·释诂》："熚，干也。"《方言》七钱绎《笺疏》："煏即熚之省。"《广韵》以糒为熚之异体而无煏字。《集韵》以熚、糒、煏为异体，不误。其他如"毫，细毛，《说文》作豪，隶作豪"；"嚎，大声呼叫，《庄子·齐物论》作嗥"；"怖，《说文》作悑"等都是揭示异体关系。

（二）表示同源关系。如"示，以事告人，《汉书》示多作视。"此大概是取颜师古之说。《汉书·高帝纪》："亦视项羽无东意。"颜注："《汉书》多以视为示，古通用字。"示与视为同源字，以目视物为视，以物示人（给人看）为示。颜氏认为是"古通用字"，不误。《诗·小雅·鹿鸣》："视民不恌。"笺："视，古示字也。"又如"殁，终，死。《史记》八四《屈原传·怀沙赋》：'伯乐既殁兮，骥将焉程兮？'《楚辞·怀沙》作没。"没与殁同源。①

（三）表示假借关系。如"歉，收成不好。《广雅·释天》：'一谷不升曰歉。'《谷梁传·襄二十四年》作嗛。"案：《说文》："歉，歉食不满也。"收成不好是引申义，又，"嗛，口有所衔也。"二字意义无涉。嗛篆下段注："假借为歉字。"歉篆下注："古多假嗛为歉。"可见，二字是假借关系。

此外，《辞源》中还有"古籍中常作（多作、皆作）某"之说。如"堙，堵塞，古书多作陻。""娶，男子结婚，古籍中常作取。""敛，殡殓之殓，经传皆作敛。"这类解释也是含混的，不确定的，二者之间到底是什么关系，避而不谈，因而显得不科学，使用起

---

① 详王力《同源字典》。

来很不方便。细加分析,我们会发现前例堊与埋是异体字,后两例取与娶、敛与殓分别是两组同源字。

　　从上面对《辞源》中主要的训释术语的简单分析,不难看出,《辞源》使用的术语太多,用法太乱,概念的内涵和外延不明确,不确定。训释同一类型的词,常用不同的术语。如异体字,就用了同、古文某、本作某、某的本字、某的异体字、某的别体、俗某字、亦作(又作、或作)某、通、通作、某书作某、古籍多作某等术语来训释。同一术语又常用来训释不同类型的词,典型的例子是"通"这一术语的使用,例已见前,今再举一例。仓,《辞源》有七个义项:①贮藏谷物的处所,后泛指贮藏物品的处所;②船的内部,通舱;③青色,通苍;④通沧;⑤见仓卒、仓皇;⑥姓;⑦悲伤,通怆。事实上,第一义项为本义,第二、六义项与第一义项间是同源通用,其余各义项为同音假借。解释同一个词,在不同地方,甚至同一地方,又使用性质不同的术语。如"卬,通昂。"又"低卬,卬同昂。"同一意思的"卬",一用通,一用同,其混乱如此。

　　《辞源》是一部了不起的巨著,这毋庸怀疑。但其训释术语的不当却在一定程度上破坏了自身的内部规律性和系统性,因而其科学性和系统性不能不受到损害。不客气地说,概念的含混是由于理论的糊涂。究其造成训释术语混乱的原因,最主要的有三点:其一,《辞源》编写者把异体字、假借字、古今字、繁简字、同源字等放在同一平面、同一层次上来认识。事实上,汉字这个庞杂的历史堆积物有一个长期的历史发展过程和广泛的地域差异,汉字在使用过程中不断演化、变异、孳生,数量增多,使用交错。许多字只有放到一定的时间和空间中去解释,才有可能较为理想地分清其发展、演变的脉络。否则便会被其假象所迷惑,以致互相纠缠不清。比如学者们争论不休的古今字就是一个庞杂的大家族。其二,《辞源》是集众人的智慧,集体辛勤劳动的成果。由于书出众手,体例上,认识上有不一致之处也在所难免。其三,编纂者们对旧式的训释术语不加具体的分析批判,不作严格的选择整理,盲目地全盘承用,对术语的内涵和外延没有作严格的规定,其出现混乱和矛盾是可以想见的。

　　训释术语的混乱,不仅《辞源》存在,其他字典、辞书如《中华大字典》、《辞海》同样严重存在;而且许多古书新注本、古汉语课本,甚至中学语文课本的文言文注释也不例外。

那么有没有可行的办法处理好汉字这一庞杂的堆积物呢？有没有办法理顺汉字各种错综复杂的矛盾呢？问题的回答应该是肯定的。我们认为至少可以从三方面做工作。

其一，深入进行汉字的理论研究。比如汉字的性质；汉字的历史发展演变过程，各发展阶段的真实面貌、特点，以及各阶段汉字的相互联系；弄清楚异体字、古今字、繁简字、同源字、假借字等的性质，产生的原因，有何联系和区别，如何给它们作出合理的解释和明确的规定，下出严格而科学的定义等。只有在正确理论指导下，才有可能对汉字进行科学的整理。这方面的研究已经取得了可喜的成果，只要大家共同努力，汉字的真正面目是能够清楚地揭示出来的。

其二，对汉字这一历史堆积物进行全面的清理，建立起汉字字库，对每个汉字形音义的历史演变情况作出科学的说明。随着对古代典籍的科学整理，地下材料的不断丰富，古文字研究的不断深入和电子计算机的应用，对汉字的产生和发展作出历史的、科学的说明的条件已经开始具备，对所有汉字进行断代的研究和逐一的清理已经成为可能。目前正在陆续出版的《汉语大字典》已作了有益的尝试。只要组织人力，通力合作，把汉字这一堆积物从旧仓库中翻检出来，理顺关系，用发展的观点去解释汉字形音义的各种矛盾，不是没有可能的。

其三，从训诂学的实际出发，在充分研究旧式训诂术语的基础上，精选出最有代表性，最有概括力，最能说明问题的术语，明确规定其内涵和外延，形成一套科学合理、整齐划一，明确易懂而又简洁的训释术语，并在实际使用中贯穿始终。有的学者提出用"同"、"通"、"假借"三个术语，再加上一点必要的说明，就可以解决训释术语的问题[①]，这个意见值得考虑。

从这一设想出发，我们可以把不顾其形，只取其音，以达其意的文字借用现象通通叫做假借。不少学者曾主张把"本无其字，依声托事"的文字假借现象称为假借，而把本有其字，同音代称的文字使用现象称为通假。这种区分其实并没有多大

---

① 详刘又辛《大型汉语字典中的异体字，通假字问题》，载《中国语文》1979年第4期。

必要。从理论上讲,本无其字和本有其字的假借尽管有所不同,但没有本质区别,它们的本质特征都只是借音表义而不论其形,假借之字只是被看作一个记音的符号而已。已借字之间读音相同相近,意义上毫无系统,我们都不可能通过字形去把握词义,因而用不着强生分别。从实践上讲,本无其字和本有其字实难划分,除非把每一个假借字作全面的断代研究和历史的追踪,否则仍会是似是而非。基于上面的原因,从实际出发,实在应该取消"通假"这个含混的术语。有人认为通假字是通用字和假借字的节缩,又有人认为是通用的假借字的节缩,其实都未必科学。借音表义就是假借,这本是简捷的、科学的、实用的,用不着把问题复杂化而导致混乱。

对于有音义联系的同源字,可以用"通"这个术语。这里的通,不是所谓通假,而是通用的意思。其特点常表现为初文与孳生字之间的关系(当然还有其他情况的同源词)。初文表示的词,因词义的引申而成新词,于是在初文基础上加上偏旁,构成分化字(区别字)以表示新词。这是古今字中占很大比例的一类词,初文和分化字所表示的词之间同出一源,有音义联系。沈兼士先生在《右文说在训诂学上之沿革及其推阐》一文中称这种现象为本义分化式。分化字的产生为汉字专字专用创造了条件,但是专字专用有一个过渡期,在过渡期内,分化字和初形常常通用。陆宗达先生曾说:"由于过去长期的习惯,在新字尚未被完全习用的过渡阶段,有与源发字通用的情况,这就是同源通用字。"①假借字不存在通用问题。凡《辞源》用"通"这个术语,实际表示假借关系的词条。都应一律改为"某假借为某"。异体字只是字形不同而音义全同,当然可以通用,但它还有更合适的术语,故不用"通"来训释,明详下,古今字中有一类是古字被假借,引起字形分化而造专用字,或另借同音字作专字,古字和今字之间只有语音联系而无必然的意义联系,如禽与擒、烝与蒸等。尽管在一定时期内二者也曾混用,但也不能用"通"来训释,而应划入假借类,训为"某假借为某",因为其本质是借音表义,有本与借的关系。至于有些词(主要是虚词)从来就没有造出过专用字,一开始就用的借字。由于时空的差异,某词不止

---

① 见陆宗达、王宁《训诂方法论》。

借一个形体而是借几个形体来表示,如代词"尔、若、女、汝"。这种情况可用"通"来训释,因为它们本身都只是一种音符,表示的意义是相同的。它们既与异体字有别,相互之间也没有本与借的关系,在古籍中又常通用。它们本出一源,只是因为时、地的不同,语音略有转变,所借形体不同罢了。当然通用字使用范围、对象常有所不同,在训释时可略作说明。

异体字,几个形体记录语言中的一个词,读音、意义完全相同,可以无条件的互换。我们可用"同"这个术语来训释。若有必要,可以略作说明。凡是古今异体、繁体与简体、正体、别体与俗体,甚至沿用的讹误字等都可以包括在内。《辞源》中用"通"这个术语表示异体关系的词条,最好也改为"某同某"。有些字原本是异体,由于这些异体字所记录的词分化,一组异体字重新分工,各司其职,于是由异体字转而为分化字,几个不同的形体去记录不同的词,不再互用。这种情况可在注明"某古同某"之后,尽可能地作出历史的说明。如喻与谕、常与棠、板与弱等。

总之,用"假借、通、同"三个术语,就基本上可以取代《辞源》使用的众多、纷乱、含混的术语;并且还能够很多地处理因汉字形音义不统一而出现的矛盾,把上文所举的字的各种关系解释得清楚、简洁、易懂。为了一目了然,今姑把各种关系图示如下:

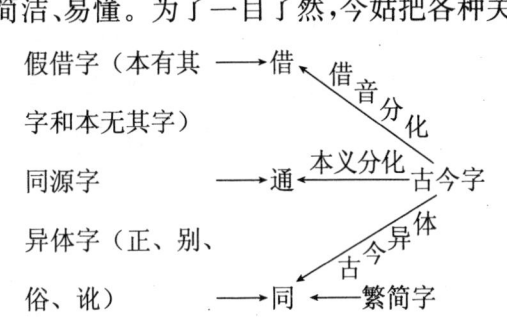

```
假借字(本有其 ──→ 借
                 借
字和本无其字)      音
                 分
                 化
同源字      ──→ 通 ←── 古今字
                 本义分化
                 古
异体字(正、别、   今
                 异
                 体
俗、讹)      ──→ 同 ←── 繁简字
```

我们大胆地提出以上意见,一方面是想为今后《辞源》的重新修订提供参考,让这部著作更加完善,丝毫没有贬低该书的意思;另一方面,也想提醒人们在使用《辞源》时注意分析、鉴别,切忌盲从,以免出错;例外,也希望今后的辞书编写者和古书新注者能够克服《辞源》这样的在训释术语上出现的种种矛盾和混乱,以利于古代文化的准确传播。

(《四川师范学院学报(哲社版)》1990年第1期)

《辞源》(修订本) 书证刍议

董 志 翘

法国《小拉鲁斯插图新词典》曾有一句格言:"一本没有例句的词典,是一堆枯骨。"

书证(亦称例句)是语文词典的一个重要部分。如果说精当的释义是语文词典的骨骼,那么合适的书证便是它的血肉。因为词语的确切含义往往需通过书证中上下文语境的限制才能表达清楚。所以书证除了体现词语的时代、出处及词义的形成、发展、变化的线索外,还起着辅助解释词语的作用。《辞源》(修订本)在书证的收集、选择、处理上,比之旧《辞源》及其他一些语文工具书有很大进步。但笔者在使用过程中,亦发现不少问题,有些问题纯属技术性错误,如排印的疏忽等,有些则属编者的问题。现将平时收集的一些材料,检时人未言及者分类例举,略加评论,以供《辞源》的编修者及使用者参考。

一 所引书证标点失误

《辞源》所引书证标点失误,原因很多,有因引文不足所致,有因不明语义而致,有因不明语法而致。有些是援引之书本无标点,编者加工处理时失误;有些则是援引之书本身误点,编者采用时未加辨析,因循原误。现据《辞源》中先后顺序,分别言之。

1. "人"部"侧室"条:㈢庶子。《左传·文十三年》:"赵有侧室曰穿。"《疏》引郑玄:"正室,适子也。正室是适子,知侧室是支子,言在适子之侧也。"

按:查《十三经注疏·左传·成公十二年》孔颖达《疏》引郑玄语,仅"正室,适子也"一句。"正室是适子,知侧室是支子,言在适子之侧也"云云,皆为孔颖达语,《辞源》编者将郑玄语、孔颖达语混而为一,大误。故此条当标点为:《疏》:"郑玄云:'正室,适子也。'正室是适子,知侧室是支子,言在适子之侧也。"原文中"引"字当去。孔颖达引郑玄注,见于《礼记·文王世子》:"正室守太庙"郑玄注:"正室,适子也。"是其证。

2. "儿"部"儿郎"条:㊂青壮年男子。《太平广记》四八七引唐蒋防《霍小玉传》:"故霍王小女名小玉,……昨遣某求一好儿郎,格调相称者。"

按:"昨遣某求一好儿郎格调相称者"当为一读。"格调相称者"实乃"好儿郎"之修饰语(旧称"定语后置",此说法是否妥当,姑不论),从语气上讲,即:派我寻找一个格调相称的优秀青年男子。上海古籍出版社1978年版《唐人小说》所收《霍小玉传》标点不误。

3. "土"部"坚牡"条:男子壮盛之时。汉董仲舒《春秋繁露·循天之道》:"养身以令,使男子不坚牡,不家室。"谓男子未达到壮盛之年不可以娶妻。

按:"使男子不坚牡不家室"当为一句,中间不可点断。此乃养身当列诸条令,使得男子未到坚牡(即壮阳)之年不娶妻。若中间点断,则"不坚牡"与"不娶妻"成并列关系,易误为"使男子不壮盛,使男子不娶妻",则与文意大乖。

4. "手"部"摧锋陷阵"条:破敌深入。《宋书·武帝纪上》:"高祖(刘裕)常披坚执锐,为士卒,先每战辄摧锋陷阵,贼乃退还浃口。"

按:引《宋书》例,"先"字当上属,"为士卒先"乃常语,当作一句。《史记·淮南衡山王列传》:"及谒者曹梁使长安来,言大将军号令明,当敌勇敢,常为士卒先。"是其证。

5. "齐"部"齐紫"条:齐国的紫衣。……《史记·苏秦列传》附苏代遗燕昭王书:"齐紫,败素也,而贾十倍。"

按:《史记·苏秦列传》:"虽然,智者举事,因祸为福,转败为功。齐紫,败素也,而贾十倍;越王勾践栖于会稽,复残彊吴而霸天下;此皆因祸为福,转败为功者也。"

据此,"齐紫败素也"当为一句,中间不当点断。"紫"乃形容词之使动用法,"紫败素"即"染败素为紫色"之义。谓齐王好紫,一国皆仿效作紫衣,故齐人取败素染为紫色,价即十倍于常,亦即下文所云"转败为功"者也。《史记集解》:"徐广曰:取败素染以为紫。"《史记正义》:"齐君好紫,故齐俗尚之。取恶素帛染以为紫,其价十倍贵于余。"所解甚是。上海古籍出版社《战国策·燕策一》作:"齐人紫败素也,而贾十倍。"多一"人"字,文意大明。而今中华书局校点本《史记》误点为"齐紫,败素也",失之疏忽,《辞源》据此立"齐紫"一词条,则误之甚矣。台湾《中文大辞典》(第三十八册)立"齐紫败素"一条,引《史记·苏秦传》标点不误,此《中文大辞典》胜于《辞源》之处者。

6. "门"部"门中"条:㈢称族中死者。北齐颜之推《颜氏家训·风操》:"言及先人,理当感慕。……感辱祖父,若没,言须及者,则敛容肃坐,称大门中;世父、叔父则称从兄弟门中;兄弟则称亡者子某门中;各以其尊卑轻重,为容色之节,皆变于常。"

按:王利器《颜氏家训集解》作:"言及先人,理当感慕,古者之所易,今人之所难。……名位未高,如为勋贵所逼,隐忍方便,速报取了;勿使烦重,感辱祖父。若没,言须及者,则敛容肃坐,称大门中;世父、叔父则称从兄弟门中;兄弟则称亡者子某门中,各以其尊卑轻重为容色之节,皆变于常。"寻绎文意,《辞源》所引书证,王利器《集解》所标点,以"感辱祖父"为句,大误。原文中"勿使烦重感辱"当为一句,"祖、父"当属下,以"祖、父若没"为句。此言:当自己名位未高,而被勋贵者所逼,不得已言及已亡之先人,须克制设法,赶快回答已求了结,不要让人家纠缠不休而触犯侮辱(先人)。祖父、父亲若已亡故,言须及者,则敛容肃坐;称大门中;伯父、叔父(若已亡故)则称从兄弟门中;兄弟(若已亡故)则称亡者子某门中……。若如《辞源》所引,《集解》所标,以"感辱祖父"为句,则与文意不符,因为"感辱"的对象乃已亡之先人(包括祖、父、世父、叔父、兄弟),不仅"祖、父"而已。下文才分列对已亡"祖、父""世父、叔父""兄弟"的称呼。若以"祖、父"上属,下文"若没"则失却主语,与后两句句式不一。另外"感辱"又与上文"感慕"相对,其意甚明。《辞源》引例又因标点错误而引文缺裂,《中文大辞典》"门中"条引《颜氏家训·风操》作"祖、父若没,言须及者……"甚是。此其一也。又《辞源》引例中"各以其尊卑轻重为容色之节"当为一句,中间不应点断,此言,各按已亡者的地位尊卑轻重来确定自己容色之节度。王利器《集解》标点不误,当据改。

二 所引书证与释义不符

书证者,顾名思义,乃用书例来证明义项的释义也。故书证与释义必须密合,否则,书证即失去了证成释义的意义。反过来,释义亦成了误释,将会给查阅者以错误的指导。《辞源》中亦有所引书证与释义不符者。

1. "水"部"溲"字条:㊁淘洗。《晋书·戴逵传》:"总角时以鸡卵汁溲白瓦屑作郑玄碑。"

按:《晋书·戴逵传》之"溲"非"淘洗"义,乃"调合"之义,故此例与义项㊁不合,当并入"㊀浸、调合"中。此言戴逵因从小尊崇郑玄,故总角时用鸡蛋汁调合白瓦屑捏成一块郑玄碑,所谓于游戏之中见心志也。以前辞书列"溲"之"调合"义,以为产生于唐宋,如《辞源》"溲面"条即引宋苏轼"分类东坡诗"注。囿于此,故认为《晋书》中之"溲"非"调合"义。实"溲"有"调合"义,于汉代已然。东汉刘熙《释名·释饮食》:"饼,并也,溲面使合并也。"至六朝,更是触处可见。如《齐民要术·饼法八十二》引《食次》曰:"膏环,用秫稻米屑,水、蜜溲之,强泽如汤饼面。……""六月时,溲一石面,著二升;冬时,著四升作。"皆其证。

2. "手"部"挥霍"条:豪奢,任意花钱。唐李肇《国史补》:"会冬至,(赵)需家至宴挥霍。"

按:《国史补》中之"挥霍"非谓"豪奢、任意花钱"之意,乃"慌忙、匆忙、忙乱"之意。何儒亮误入赵需家之事于唐、宋笔记、小说中数见,现今分别引录,即可见《辞源》之误。宋王谠《唐语林》卷六:"进士何儒亮,自外方至京师,将谒从叔,误造郎中赵需宅,自云同房。会冬至,需欲家宴,挥霍之际,既是同房,便令引入就宴,姑姊妹尽在列。儒亮馔彻徐出,细察,乃何氏子,需笑而遣之。"《太平广记》卷二百四十二

"何儒"条(出《国史补》):"唐进士何儒亮自外州至京,访其从叔,误造郎中赵需宅,自云同房侄。会冬至,需欲家宴,挥霍云:'既是同房,便令入宴。'……。"此两书虽与《国史补》行文有异,然文意一致。余疑《国史补》中之"需家致宴挥霍"实乃"需家欲宴挥霍"之讹。"致"者,"使……至"也,于文义不通。"需家欲宴挥霍"即"赵需家欲行冬至家宴而忙乱"之义。若"挥霍"作"豪奢、任意花钱"解,则成"赵需家欲行冬至宴而任意花钱"矣,天下安有此理?且《唐语林》之"挥霍之际",《太平广记》之"挥霍云"亦扞格不通矣。故此"挥霍"必为"慌忙、匆忙、忙乱"之义,目前大、中、小型语文词典均未收录,而中古文籍中则常见。"挥霍"乃双声联绵词,《广韵》平声八"微"韵:"挥、挥霍,许归切。"入声十九"铎"韵:"霍、挥霍,虚郭切。"同为古"晓"纽字。本义为"轻捷迅疾貌"。汉张衡《西京赋》:"跳丸剑之挥霍,走索上而相逢。"即其证。在此词义基础上引申之,则有"慌忙、匆忙、忙乱"之义矣。《太平广记》卷四四六"狖"条:"其雄而有毫者……身自知茸好,猎必取之。其雌与奴,则缓缓旋食而传其树,殊不挥霍,知人不取之。"此条中"缓缓"与"不挥霍"相应,"不挥霍"即"不慌忙"之义。又《玄怪录》:"温州有人山中遇一波斯,把野鸡。见人,挥霍钻入石壁中,其石自合。""挥霍"亦"慌忙"之义。又《博异志》:"汉阳行洪饶间,见亭宇甚盛,白金书曰:'夜日宫'。有女郎六七人,相拜,问来由。汉阳具述不意至此。女郎揖坐命酒,四更已来,收拾挥霍。青衣曰:'郎可归矣!'汉阳乃起而别。""收拾挥霍"即"匆忙收拾"之义。《太平广记》亦收此条,文作:"四更以来,命悉收拾,挥霍次,一青衣曰:'郎可归舟矣!'汉阳乃起。"这里的"挥霍次"即"匆忙的时候""忙乱的时候。"(详见拙文《"挥霍"辨义》,刊于1986年6期《学术研究》)

3. "言"部"谬论"条:错误的言论。《汉书·刑法志》:"夫以孝文之仁,(陈)平(周)勃之知,犹有过刑谬论如此甚也,而况庸材溺於末流者乎?"

按:书证中之"谬论"非"错误的言论"义。此"谬论"与"过刑"相对,"过刑"者,过量施刑也。"谬论"者,错谬判决也。此"论"乃"处治罪人"、"处决"之义。此义汉时习见。《史记·李斯列传》:"遂具斯五刑,论腰斩咸阳市。"《史记·吕后本纪》:"其群臣或窃馈,辄捕论之。"《汉书·东方朔传》:"廷尉上请请论",师古曰:"论决其罪也。"《后汉书·陈宠传》:"萧何草律,季秋论囚。"注:"论,决也。"皆其证。故《汉书》之"谬论"者,"论"乃动词。检之《汉书·刑法志》,前文言文帝初除夷三族令之事。文帝诏周勃、陈平:"法者,治之正,所以禁暴而卫善人也。今犯法者已论,而使无罪之父母妻子同产坐之及收,朕甚弗取,其议。"后文云:"其后,新垣平谋为逆,复行三族之诛。由是言之,风俗移易,人情相近而习相远,信矣。夫以孝文之仁,平、勃之知,犹有过刑谬论如此甚也……。"据此,犯法者已论,复使三族同坐,即为"过刑谬论"也,其意明甚。

4. "马"部"腾腾"条:奋起或迅疾刚健貌。……罗隐《甲乙集》三《途中寄怀》诗:"不知何处是前程,合掌腾腾信马行。"

按:罗隐《途中寄怀》诗之"腾腾"非"奋起或迅疾刚健貌"也。罗隐,唐新城人,一生失意落魄,自28岁至55岁,虽十举进士,然终未录取,故多感叹落第失意之诗作,《途中寄怀》亦属此类,"不知何处是前程,合掌腾腾信马行",乃言前途莫测,只能合掌听任马儿慢慢前行,盖听天由命之意也。"腾腾"描写动作之悠闲、迟缓,唐宋诗中习见,然目前辞书中失收此义项。杜荀鹤《长安道中有作》诗:"回头不忍看羸僮,一路行人我最穷……子细寻思底模样,腾腾又过玉关东。"此言动作之迟缓,犹言慢慢、悠悠。李中《秋日途中》诗"信步腾腾野草边,离家都为名利牵"之"腾腾"亦"慢悠悠"之义,且与罗隐诗意甚近似。元剧《荆钗记》三十三:"腾腾晓行,露湿衣襟冷;徐徐晚行,月照遥天暝。""腾腾"与"徐徐"对文,意更显豁。

三 书证参见失照应

辞书编写时,有时数条词意义相关,且用同一书证,书证见于一处,其他词条下用"参见"来表示,此乃节约篇幅、减少重复的好办法。然互参条目必须前呼后应,方能达到这一目的,若前后失照应,则使查阅者如坠五里云雾。《辞源》中亦有此类情况。

1. "木"部"东坦"条:指女婿。为"东床坦腹"的略语。……参见"坦腹㊀"。"东床"条:指女婿。……参见"坦腹㊀"。

"土"部"坦"字下,"坦腹"条:㈠《世说新语·雅量》:"郗太傅(鉴)在京口,遣门生与王丞相(导)书,求女婿,……门生归白郗曰:'王家诸郎亦皆可嘉,闻来觅婿,咸自矜持,唯有一郎坦腹卧如不闻。'郗公曰:'正此好!'访之,乃是逸少(羲之),因嫁女与焉。"后称人婿为令坦或东床,本此。

按:"东坦""东床"两词条的出典,《辞源》均言参见"坦腹"条,然"坦腹"条所引《世说新语·雅量》这一书证中,却未见"东床"一词,故"东坦""东床"两词条之参见无根。查《世说新语·雅量》,原文作"门生归白郗曰:'王家诸郎亦皆可嘉,闻来觅婿,咸自矜持,唯有一郎在东床上坦腹卧,如不闻。'"实乃《辞源》所引书证脱落"在东床上"四字,而"东床"当是关键词语,由于"东床"脱落,致使"东坦""东床"两词条之"参见"失照。

2. "米"部"粉昆"条:谓驸马之兄。见"粉侯"。

"米"部"粉侯"条:即驸马,皇帝之婿。三国魏何晏面如傅粉,娶魏公主,赐爵为列侯。后因称驸马为"粉侯"。又推而称其父为"粉父",兄弟为"粉昆"。宋文及甫与邢恕书,称韩忠彦为粉昆,以忠彦兄嘉彦为帝婿,又称王师约之父克臣为粉爹。见元周密《浩然斋雅谈》上。

按:"粉昆"条,释为驸马之兄,又参见"粉侯"条。而"粉侯"条云:又推而称(驸马)兄弟为"粉昆",引宋文及甫与邢恕书,称韩忠彦为粉昆,以忠彦兄嘉彦为帝婿。然则韩忠彦即驸马之弟矣。互参两条,释义与举例自相矛盾。究其原因,实《辞源》之编写者误解文及甫与邢恕书,搞错韩忠彦与韩嘉彦之关系所致。《中文大辞典》"粉侯"条,引《宋史长编》:"文彦博子及甫,抵书邢恕曰:当涂猜忌鹰扬,其徒实繁,济之以粉昆。世谓驸马都尉为粉侯,韩嘉彦尚主,其兄忠彦则粉昆也。"据此,韩忠彦实韩嘉彦之兄,韩嘉彦为帝婿,忠彦则为粉昆,粉昆即驸马之兄。而非如《辞源》所云"以忠彦兄嘉彦为帝婿"也。亦非谓驸马之兄、弟皆为"粉昆"也。

四 书证与词目不合

1. "刀"部"副贰"条:㈢太子。《魏书·世祖纪上》延和元年诏:"公卿因兹,稽诸天人之会,请建储贰。"

按:词目为"副贰",而书证中却为"储贰",虽词义相近,终不能塞责。实《魏书》中本作"副贰"。

2. "示"部"祕密"条:不外传的机要事宜。……《魏书·刘昺传》:"(徐)义恭小心谨慎,谦退少语,(茹)浩等死后,弥见幸信,长侍左右,典掌机密。"

按:词目为"祕密",而书证为"机密",亦失照之故也。

五　书证字句讹倒脱漏

1. 字误

"人"部"倡导"条:首倡。《汉书·王莽传中》:"初甄丰、刘歆、王舜为莽腹心,倡导在位,襄扬功德。"

按:《汉书·王莽传》作:"倡导在位,褒扬功德。"盖"褒"之古字作:"褎"与"襄"形近,《辞源》因形近而误。

"女"部"委"字下,"委曲"条:㈢屈身折节。《汉书·严彭祖传》:"凡通经术,固当修行先王之道,何可委曲从俗,苛求富贵乎?"

按:《汉书·严彭祖传》作"何可委曲从俗,苟求富贵乎?"《辞源》"苛"字当为"苟"字之讹。

2. 脱字

"生"部"生意"条:㈡《世说新语·言语》:"庾穉恭为荆州以毛扇上武帝"注引晋傅咸《羽扇赋序》:"昔吴人直截鸟翼而摇之,风不减方圆扇而无加,然中国莫有生意者。灭吴之后,翕然贵之,无人不用。"

按:此书证引《羽扇赋序》文有脱漏,"风不减方圆扇而无加"一句文意晦涩。检之《世说新语·言语》注引《羽扇赋序》,本作"风不减方圆二扇而功无加",此乃言截鸟翼为扇,风不比方扇、圆扇二种扇子小而不需多费力气也。于意为长,故《辞源》引文脱落"二""功"两字。

"贝"部"赐履"条：㈠君主所赐的封地。《左传·僖四年》："赐我君履，东至于海，西至于河，南至于穆陵，北至于无棣。"注："履，所践履之界。"

按：《左传》原文当作"赐我先君履"，《辞源》所引，脱一"先"字。

3. 衍字

"火"部"无告"条：指有苦无处可告诉的人。……《孟子·梁惠王下》："老而无妻曰鳏，老而无夫曰寡，老而无子曰独，幼而无父曰孤，此四者一天下穷民而无告者也。"

按：《孟子·梁惠王下》原作"此四者天下穷民而无告者也。"《辞源》所引，衍一"一"字。

(《辞书研究》1990年第4期)

修订本《辞源》疏误举例

李步嘉

《辞源》为现代大型辞书之一。当前,学术界的辞书编纂工作虽日新月异,但在辞源学方面,《辞源》仍不失为重要参考工具书。一九八三年修订本《辞源》在修订工作结束后陆续出版。我在长期查考典籍文献的过程中,在向《辞源》请教的同时,间亦发现《辞源》的某些条目颇有疏误之病,具体表现在引文疏漏,据误本传讹,释文不确,书证出处靠后,现在各举数例,以就教于学术界师友。

一 引文疏误

《辞源》修订本第一册661面三栏"大内"条:"汉代京城的府藏……《汉书》六四上《严助传》'不输大内'唐颜师古注:'大内,都内也,国家宝藏也。'"谨案:检《汉书》卷六四上《严助传》(标点本2778页):"越人名为藩臣,贡酎上奉,不输大内。"其下应劭注曰:"越国僻远,珍奇之贡,宗庙之祭皆不与也。大内,都内也,国家宝藏也。"颜师古注曰:"《官百公卿表》云治粟属官有都内令丞也。"则"大内,都内也,国家宝藏也。"数语为应劭注文,非颜师古注甚明。

《辞源》修订本第一册53页二栏"下走"条:"自称的谦词。《汉书》七八《肖望之传》周堪奏记:'若管晏而休,则下走将归延陵之皋。'"谨案:检《汉书》卷七八《肖望之传》(标点本3284页):"望之、堪数荐名儒茂材以备谏官。会稽郑朋阴欲附望之,上疏言车骑将军高遣客为奸利郡国,及言许、史子弟罪过。章视周堪,堪白令朋待诏金马门。朋奏记望之曰：'……今将军规橅云若管晏而休,遂行仄至周召乃留乎？若管晏而休,则下走归延陵之皋……。'"据此,奏记乃郑朋所作,非作于周堪。

《辞源》修订本第一册 343 页一栏"刌"条：《汉书元帝纪赞》："自度曲,被歌声,分刌节度,穷极幼眇。注：'韦昭曰：刌,切也。谓能分切句绝,谓之节制也。'"谨案：检《汉书》卷九《元帝纪赞》（标点本 299 页）韦昭曰："刌,切也。谓能分切句绝,为之节制也。"辞源引误。

二 据误本传讹

《辞源》修订本第二册 880 页二栏"对手"条："指比赛技艺。……宋孙光宪《北梦琐言》一《日本国王子棋》：'唐宣宗朝,日本国王子入贡,善棋。帝令待诏顾思言与之对手。'"谨案：检《北梦琐言》（上海古籍出版社点校本 1981 年第一版）卷一："唐宣宗朝,日本国王子入贡,善围棋。帝令待诏顾师言与之对手。王子出本国如楸玉局、冷暖玉棋子。……王子至三十三下,师言惧辱君命,汗手死心,始敢落指。"考两唐书皆无顾思言,而顾师言仅一见。《旧唐书》卷十八《宣宗纪》（标点本 620 页）："日本国王子入朝贡方物,王子善棋,帝令待诏顾师言与之对手。"《旧唐书》与点校本《北梦琐言》合,作"顾师言",《辞源》引作"顾思言",当据误本。又点校本《北梦琐言》作"善围棋",《辞源》引与《旧唐书》同,作"善棋"。按下文既有"王子至三十三下",知所谈为围棋。《旧唐书》正史从省,作"善棋"不误,《北梦琐言》为笔记传闻之书,当依点校本作"善围棋",《辞源》引文或据。①

《辞源》修订本第一册 16 页一栏"一诺千金"条：《史记》一〇〇《季布传》"楚人谚曰：得黄金百斤,不如得季布一诺。"谨案：检《史记》卷一〇〇《季布传》（标点本 2731 页）作"得黄金百（斤）,不如得季布一诺"。校勘记以"斤"字为衍文。按其说甚是。考《汉书》卷三七《季布传》正作"得黄金百,不如得季布诺。"古谚多韵,"百"

---

① 编者注,此处原稿缺。

"诺"为谐韵字。《辞源》不察,据误本而传讹。

《辞源》修订本第一册 214 页一栏"便换"条:"唐赵璘《因话录》'有士子鬻产于外,得数十千,惧川途难赍,因所纳于公藏,传牒以归。世所谓便换,寔之衣囊。'"检《因话录》(上海古籍出版社标点本),1957 年六《羽部》记:"有士鬻产于外,得钱数百缗,惧川途之难赍也,祈所知纳于公藏,而持牒以归。世所谓便换者,寔之衣囊。一日,醉,指囊示人曰:莫轻此囊,大有好物。盗在侧闻之。其夜,杀而取其囊,意其有金也。既开无苑,投牒于水。'"标点本与《辞源》所引颇有异同。《辞源》引作"因所纳于公藏"标点本作"祈所知纳于公藏"。《辞源》所据本"所"下当脱一"知"字。按"便换"起于唐代,时禁时行,常人不易得,故盗亦不识。标点本"祈所知"义较胜。又《辞源》引作"传牒以归"标点本作"持牒",按"传牒"为官府文书相传递,下文既云"寔之衣囊"则当以"持牒"为是,"持""传"形近而混,《辞源》所据本误。

三 释文不确

《辞源》修订本第一册 4 页一栏"一床"条:"古代税制。魏晋时,有户者出布帛。以一夫一妻出一疋,至北齐北周,始有一床半床之分,已娶者输绢一疋,绵八两,凡十斤,称一床,未娶者减半,称半床。参阅《通典》五《食货》五《赋税》中。"今检《通典》卷五《食货》五《赋税》中云:"后魏道武帝天兴中诏采诸漏户,令输纶绵。……魏令:每调一夫一妇帛一匹,"当即《辞源》之所本。按以上《通典》所云"魏令"乃北魏之令。于曹魏司马晋之户税则不得云"以一夫一妻出帛一疋"。曹魏户税见于《三国志·魏志·武帝纪》注引《魏书》:"户出绢二疋,绵二斤。"晋之户税见于《晋书·食货志》,税额为"绢三疋,绵三斤"。一夫一妻出帛一疋仅为北魏之制。

四　书证时代靠后

《辞源》修订本第一册 1 页栏"一丁"条:"一个成年男子。唐白居易《长庆集》三《新丰折臂翁》诗:'无何天宝大征兵,户有三丁点一丁。'"谨案:中国古代称一个成年男子为一丁的时代可能很早,今考《宋书》卷六《孝武帝纪》(标点本 118 页)孝建三年五月条记:"夏五月辛酉,制荆、徐、兖、豫、雍、青、冀七州统内,家有马一匹者,蠲复一丁。"上《宋书》中的"一丁"即一个成年男子义。《宋书》所记为诏令,时间是孝建三年即公元 456 年。《辞源》所引白居易《长庆集》著作时代应在唐穆宗长庆年间即公元 821 年至 824 年。

《辞源》修订本第二册 893 页二栏"少室"条:"山名,在河南登封县北,嵩山西。东太室,西少室,相距七十里,总名嵩山。因山有石室得名。参阅戴祚《西征记》(《说郛》)《嘉庆一统志》二零五《河南府》一《嵩山》"谨按:《辞源》释少室之山,书证用戴祚《西征记》及清《一统志》。按《汉书》卷六《武帝纪》(标点本 190 页):"其令祠官加增太室祠",句下颜师古引韦昭曰:"嵩高山有太室,少室之山,山有石室,故以名云。"《史记》卷一一《孝武本纪》(标点本 474 页):"礼登中岳太室"句下《集解》引韦昭注略同。又《史记会注考证》卷二八《封禅书》(上海古籍出版社影印本 799 页)"命曰嵩高邑",句下《正义》引韦昭注:"嵩高有太室,嵩高,总名也。"韦昭为三国吴人,《三国志》卷六五有传。戴祚为西晋人,韦昭在前,戴祚在后,韦、戴释嵩高、少室、太室其义略同。

《辞源》修订本第一册 717 页三栏至 718 页一栏"奉命"条:"接受使命。《三国志·蜀·诸葛亮传》:'亮曰:事急矣,请奉命求救于孙将军。'"谨案:考《史记》卷九一《黥布列传》(标点本 2601 页)记随何进劝说黥布反楚归汉,末云:"故汉王敬使使臣进愚计,愿大王之留意也。"淮南王(黥布)曰:"请奉命。"《汉书》卷三四《韩彭英卢吴传》(标点本 1884 页)所记同。

《辞源》修订本第一册 21 页二栏"七林"条:"书名。晋傅玄撰。集《七发》一类作品而加以品评。见《太平御览》五九〇《七辞》。"谨案:检《太平御览》卷五九〇《七辞门》载挚虞《文章流别论》,末曰:"傅子集古今七篇而论品之,署曰《七林》。"此当为《辞源》之所本。考《艺文类聚》卷五七《杂文部·七门》(上海古籍出版社点校本)亦载挚虞《文章流别论》,其文与《太平御览》所引略同。末云:"傅子集古今七而论品之,署曰《七林》。"按《艺文类聚》编于唐初,《太平御览》成书于北宋太平兴国年间,《辞源》当引《艺文类聚》为妥。

(《古汉语研究》1991年第4期)

《辞源》(修订本)补证*

张喆生

《辞源》(修订本)确是一部内容丰富、征引翔实、规模较大的语文辞书,对于解决阅读古书和古典文史研究工作中的疑难问题,都有莫大裨益。但由于书出众手,难以备善。近年肄习之余,颇有存疑。今将一些不成熟的想法,谨向编者和读者求教。

一 释词辩证

兀兀秃秃 半冷不热。……简作秃秃。《元曲选》杨显之《酷寒亭》三:"张保白:'他家里吃的是大蒜、臭韭、水答饼、秃秃茶食。'"(269页)

按:"秃秃茶食"为元代回回食品,也作"秃秃麻食""秃秃麻失""秃秃么思"。还有叫"手撇面"。元·忽思慧《饮膳正要》一卷"秃秃麻食"条云:"白面六斤,作秃秃麻食;羊肉一脚子炒焦肉乞马。右件,用好肉汤下炒,葱调和匀,下蒜酪、香菜末。"(原注:又称手撇面)又元·佚名《居家必用事类全集·回回食品庚》"秃秃麻失":"如水滑面和圆小弹剂,冷水浸,手掌按作小薄饼儿,下锅煮熟,捞出过汁,煎炒酸肉,任意食之。"《朴通事》注解云:"秃秃么思,一名手撇面……剂法如水滑面。和圆

---

* 近年笔者受约编写《古书方俗语辞汇释》(名暂定),徐州师院苏晓青、彭城大学吕永卫、《金瓶梅》研究中心卢运生、管道子弟学校张继承诸同志,为我提供资料,疏理书稿,做了大量的工作。本文例证大多来自该书书稿,应该说这篇浅文是我们集体完成的,他们谦让,推我一人署名。

小弹剂,冷水浸手掌,按作小饼儿,下锅煮熟后以盘盛。用酥油炒鲜肉,加盐炒至焦,以酸甜汤拌和,滋味得所,别研蒜泥调酪任便加减。使竹签签食之。"《辞源》所引《酷寒亭》张保的话,原文还有这样几句:"小人江西人氏,姓张名保,因为兵马嚷乱遭驱被掳,来到回回马合麻沙宣差衙里,……(他家里吃的是大蒜、臭韭、水答饼、秃秃茶食,)我那里吃的。"亦可旁证"秃秃茶食"是回回食品,非指"半冷不热"。

六陈 粮食中米、大小麦、大小豆、芝麻都可以久藏,所以叫六陈。唐·李益《李尚书诗集·宣上人病中相寻联句》:"草木分千品,方书问六陈。"(306页)

按:李诗所言"六陈"乃六种宜久藏的中草药,不是指粮食"六陈"。宋·寇宗奭云:"后世不知,以柚皮为橘皮,是贻无穷之患矣。此乃六陈之一,天下日用所须。"(转引自《本草纲目·橘》三卷"黄橘皮"条)李时珍《本草纲目·神农本经名例》一卷"土地所出,真伪陈新,并各有法":"〔杲(即李杲,金·真定人,号东垣老人)〕曰:陶隐居(梁人,名弘景)本草言狼毒、枳实、橘皮、半夏、麻黄、吴茱萸皆须久存者良,其余须精新也。然大黄、木贼、荆芥、芫花、槐花之类,亦宜陈久,不独六陈也。"可知狼毒、枳实、橘皮、半夏、麻黄、吴茱萸即医家所谓"六陈"。今橘皮、半夏合剂仍称二陈汤,可资旁证。至于六陈,今医家多不讲求,即医学辞典也难查到,老药工所指六陈,言人人殊,此殆《辞源》误植之因。

分茶 宋人沿用唐人旧习,煎茶用姜盐,分茶则不用姜盐。宋·杨万里《诚斋集·二·澹庵坐上观显上人分茶》诗:"分茶仍似煎茶好,煎茶不似分茶巧。"(341页)

按:杨诗称分茶巧于煎茶,究竟"巧"在何处?原诗接下来写"巧"字。"怪怪奇奇真善幻。纷如劈絮行太空,景落寒江能万变。银瓶首下仍尻高,注汤作字势嫖姚。"由此看来,"分茶"应是点茶的一种技巧。宋·陶榖《清异录》有两处记述这种点茶之巧,只是没有明确提到"分茶"。"其茗荈门·生成盏"云:"馔茶而幻出物像于汤面者,茶匠通神之艺也。沙门福全生于金乡,长于茶海,能注汤幻茶,成一句诗,并点四瓯,共一绝句,泛乎汤表。小小物类,唾手办耳。檀越日造门求观汤戏,金自咏曰:'生成盏里水丹青'云云。"又"茶百戏"云:"茶至唐始盛。近世有下汤运匕,别施妙诀,使汤纹水脉成物像者,禽兽虫鱼花草之属,纤巧如画。"陆游也有诗说到"分茶",诗云:"矮纸斜行闲作草,晴窗细乳戏分茶。"分茶而曰"戏",其为茶艺可知。分茶至金时尚未失传。《董西厢》一卷〔赏花时〕曲:"选甚嘲讽咏月,擘阮分茶。""分茶"与"擘阮"并提,可证属于一种风雅技巧,如"分茶"仅指"煎茶而不用姜盐",那就不值得一提了。

桯 ㊂屋柱。同"楹"。《元曲选》关汉卿《窦娥冤》四:"怎不容我到灯影前,却拦截在门桯外!"(1581页)

训"桯"为"楹",是没有问题的。但以之释"门桯"则未允。你想,"门屋柱"怎么讲法?邠县称木器主要结构的杠木为桯,如榨桯、车桯、门桯。《集韵》青韵:"桯,说文床前几,一曰碓梢。汤丁切。""碓梢"大概就是水力碓舂上的直杠。《说文》"桯",段注云:"考工记盖桯,则谓直杠。"《广雅》八卷上:"桯,几也。"王念孙疏证云:"桯,郭璞音刑。桯之言经也,横经其前也。床前长几谓之桯,犹床前长木谓之桯。"可知"桯"为木器上直、长之木。元·佚名《盆儿鬼》二折〔迎仙客〕曲:"蚤将这阔脚板,把门桯踏破。"又三折〔庆元贞〕曲:"扭身疾便入房内,被门桯绊我一个合扑地。"又四折〔红绣鞋〕曲:"不是俺怕将他门桯蓦。"(臧晋叔音汀)又元·佚名《桃花女》楔子:"〔正旦云〕……你倒坐着门限上,披散了你头发,……(唱)……坐着门桯,披着头稍……。""门桯"可"踏破"、可"绊"、可"蓦",可与"门限"互文,可证"门桯"非"屋柱",实即门限。门框下边的横木叫"桯",门框上边的横木也叫"桯"。《醒世姻缘》七十七回:"不好!一个人扳着门上桯打滴油哩!"又八十回:"这小珍珠用自己的裹脚拧成绳子,在门背后上桯上吊挂身死。"蒲松龄《日用俗字》木匠章写作"承"。"替木过木有两样,上承下承总一般。"邠县音汀,源于《集韵》汤丁切。鲁中南音承,源于《方言》五卷:"榻前几,江沔之间曰桯。"郭璞注:"今江东呼为承,桯音刑。"

楞 ㊄凶猛。《古今杂剧》元·关汉卿《四春园》三:"批头棍大腿上十分楞,不由他怎不招承。"(1607页)

"楞"如作"凶猛"讲,放在《四春园》例句中,显得别扭,缺少动词。"楞"即"棱",《集韵》登韵:"棱、楞,卢登切。"在邠县读阴平,是"打"的意思。蒲松龄《俚曲》磨难曲十四回:"我保他钱粮轻,加二五大戥称;……我保他捶粮大板棱;……下乡来两眼圆睁。""棱"与"轻""称""睁"叶,可知"棱"读阴平。"大板棱"即"大板打"。《醒世姻缘》也有此用法,该书八十九回:"你气头子上棱两棒槌,万一棱杀了,你与他偿命?我与他偿命?"又九十六回:"昨日就叫他尽力棱了一顿。"

烘柿 把柿子封藏在器皿中促使其红熟,叫烘柿。又称灠柿子。(1919页)

在邾县"烘柿"与"灠柿子"不同。"灠"也写作"㰖""酟""揽""溇"。宋·佚名《西湖老人繁胜录》:"酥蜜裹食,天下无比。……红柿、巧柿、绿柿、㰖柿。"这里"红柿"与"㰖柿"并提,可知两者有别。《本草纲目》果部,"柿":"生柿置器中自红者谓之烘柿,日干者谓之白柿,火干者谓之乌柿,水浸藏者谓之酟柿。"烘柿法已如《辞源》引《归田录》所述,至于灠柿子法,《本草纲目》又云:"酟(自注:音览)柿。酟,藏柿也。水收、盐浸之外,又有以熟柿用灰汁澡三四度,令汁尽着器中,经十余日即可食。"烘柿红软,灠柿子可以是红色,也可以是青色,质硬须咬食,日久亦软。蒲松龄《俚曲》禳妒咒十三回:"其初在巷里撞见江城,十月里的柿子不灠,就哄(烘)上来了。"《醒世姻缘》二十一回:"你可是喜的往上跳,碴的头肿得像没揽的柿子一般。"丁声树、李荣《古今字音对照手册》:"溇,溇柿子。"《广韵》感韵:"溇,盐渍果。"

爪子 愚钝的人。《古今杂剧》缺名《村乐堂》梧桐叶:"兀那爪子也,你不要言语,我与你这枝金钗儿。"(1965页)

按:"爪子"确有一义指"不慧之人",但《村乐堂》里所说的"爪子"似属另一义。邾县称西北方音为"爪",操西北方音的人为爪子,如"关西爪子"。后又扩大凡操不同语音的人均可称"爪子"。《村乐堂》中被称作爪子的人,上场时自报:"洒家是个关西汉,歧州凤阳府人士。"接着又被骂做"爪驴、爪子、弟孩儿、爪畜"。元·关汉卿《单刀会》(元刊本)一折〔金盏儿〕曲:"上阵处三绺美须飘,将五尺虎躯摇,五百个爪关西簇捧定个活神道。""五百个爪关西"是指关羽率领的关西大汉,无贬意。清·唐英《十字坡》:"孙二娘白:'啐,你这瞎眼的爪牛羊,燥燥老娘多少脾!'"孙二娘骂的是剧中货郎,货郎是陕西人。《醒世姻缘》四回:"晁大舍道:'那位相公像那里人声音?'典书回说:'爪声不拉气的,像北七县里人家。'"《儿女英雄传》三十二回:"他就侉一声爪一声的道:'吾叫"梆子头",难道你倒不叫"喷嚏"吗?'"以上诸例,均可证"爪"指"语音不正"而言。又唐·贺知章"少小离家","乡音无改",生子请明皇赐名。明皇谓宜名"孚"。"久而谓人曰:'上何谑我耶?我实吴人,"孚"乃爪下为子,岂非呼我儿为爪子耶?'"(见《太平广记》二五五卷"贺知章")贺知章把"吴人"与"爪子"联系起来,可知"爪子"与语音有关。《仁恕堂笔记》谓:"甘州称不慧之人曰爪子。"亦引《唐书》贺知章为子请名事,亦一说也。

投脑酒 酒名,和肉豆脯、葱椒煮食。(1223页)

释词语义不明。投脑酒非酒,实际上是一种杂有肉类、药料、黄酒等所煮的汤。明·朱国祯《涌幢小品》十七卷"头脑酒"称:"凡冬月客到,以肉及杂味置大碗中,注热酒递客,名曰头脑酒。"今大同又名八珍汤,配料有莲藕、山药、黄芪、良姜、黄酒、煨面和腌韭菜,可资参证。

撒村 说下流话或做下流动作,耍流氓。(1309页)

在邳县方言里,"撒村"只指说粗话,说下流话,并不包括"做下流动作,耍流氓"。蒲松龄《俚曲》磨难曲二十八回:"这卦虽神,说出个'通'字来,这神灵也撒村起来了。"这里的"撒村"只指"说出个'通'字",并无下流动作。又《红楼梦》七十五回:"那人接过来就说:'……舅太爷不过输了几个钱罢咧,并没有输掉了乩吧,怎么你们就不理了?'……邢德全也喷了一地饭,说:'你这个东西,行不动儿就撒村捣怪的!'"这里也没做下流动作,只是说"输掉了乩吧。""撒村"跟"撒野"不同,"撒野"才包括耍下流动作。"撒村"书证可上推至《西游记》,该书三十九回:"行者道:'说得有理。我兄弟们都进去,人多才好说话。'唐僧道:'都进去,莫要撒村,先行了君臣礼,然后再讲!'"

腆 ④挺,抬起。……又关汉卿《陈母教子》二:"你只好合着眼无人处串,谁看你腆着脸去街上走?"(2564页)

按:"腆"作"挺,抬起"讲是不错的,但"腆着脸"则不能一概释作"抬起脸"。"腆"有"厚"义。"腆着脸"是"厚着脸皮"的意思,形容人不知羞愧。所引《陈母教子》句后,还有一句是:"我看你羞也那是不害羞。"由于他厚着脸皮在街上走,所以斥他为不知羞愧。元·石君宝《秋胡戏妻》三折〔煞尾〕曲:"这厮睁着眼觑我骂那死尸,腆着脸看我咒他上祖。"《醒世姻缘》十七回:"那日曹快手……要与晁老脱靴遗爱。那晁老也就腆着脸把两只脚伸将出来，凭他们脱将下来换了新靴。"晁本贪官，县民恨不得其速去，今反要效法前人脱靴留作纪念，真是不知羞耻，所以说他"腆着脸"。今河南方言尚有此语，也当作"厚着脸皮"讲。李准《李双双小传》："他躺了一会，腆着脸爬起来到案板前看了看切好的面条说：'这就够我吃了，我自己也会下。'"

金樱 石榴的别名。……《本草纲目》三六《木》三金樱子："金樱当作金罂，谓其子形如黄罂也。石榴、鸡头皆象形。"（3164页）

按：五代吴越王钱镠改石榴为金罂。引书误以金樱子证石榴，实属千虑之失。《本草纲目》谓金樱子又名刺梨子、山石榴、山鸡头子。李时珍对此解云："金樱当作金罂，谓其子形如黄罂也。石榴、鸡头皆象形。又杜鹃花、小檗并名山石榴，非一物也。"所说"石榴、鸡头皆象形"，是指金樱子所以名山石榴、山鸡头子，是因它很像石榴和鸡头子。对金樱子的形状，李时珍继续写道："山林间甚多。花最白腻。其实大如指头，状如石榴而长。其核细碎而有白毛，如营实（蔷薇）之核而味甚涩。"可证"金樱子"不是"石榴"。今医家用金樱子治久痢遗泄。

韶刀 犹唠叨。（3379页）

郯县谓人说话、做事忽高忽低有些戆拙为"韶刀"。也可以重叠说成"韶韶刀刀"。"韶刀"也写作"韶叨""韶道"。《金瓶梅》三十回："玉楼道：'我也只说他是六月里孩子。'金莲道：'这回连你也韶刀了！我和你怎算，他从去年八月来，又不是黄花女儿，当年怀，入门养。一个后婚老婆，汉子不知见过了多少，也一两个月才坐胎，就认做是咱家孩子？'"这里玉楼只说一句话，根本没有"唠叨"，只因帐算得不精确，所以金莲说他韶刀。又六十二回："你看韶刀！哭两声丢开手罢了，一个死人身上，也没个忌讳，就脸挝着脸儿哭！"这里的"韶刀"也不指"唠叨"，是指对着死人脸哭，这么做太过分了。又五十四回："紧自常二那天杀的韶叨！不禁的你这淫妇儿来插嘴插舌。"《醒世姻缘》八十五回："这大舅真是韶道，雇个主文代笔的人，就许他这们些银子。"《儒林外史》五十三回："你看侬妈也韶刀了，难道四老爷家没有好的吃，定要到国公府里才吃着好的？"以上诸例中的韶刀，都指说话做事没有准儿。元·王元鼎《商调·河西后庭花》套："走将来涎涎邓邓冷眼眬,杓杓答答热句儿浸。"(《词林摘艳》七卷)曲中的"杓杓答答"疑即"韶刀"的重叠。"杓"有"傻义"。

飞 ㈥中药的一种泡制法。即研药物为细末,置水中漂去浮于水面的粗屑。《政和证类本草》五"伏龙肝"引《雷公炮炙论》:"取得后,细研,以滑石水飞过两遍,令干。"(3415页)

释文正好说反。中药须水飞的药品,多属金石类。《雷公炮炙论》规定要水飞的,只有石钟乳、芒硝、黄石脂、雄黄、石膏、磁石、伏龙肝(灶心土)、白垩等。这些药物研细置水中,粗屑只能下沉,不能上浮。水飞法的全过程是:药品研细后纳入水中,搅匀,倾出,弃去沉淀的粗屑,候水药混合液澄清,去水令干。

黡 ㈡黑记。皮上的小黑点。(3586页)

在方言里,"志"和"记"不同,皮肤上生来就有的深色的斑叫"记",皮肤上所生有色的小疙瘩叫"志"。"记"也写作"疻","志"也作"痣"。《水浒》十二回:"(杨志)生得七尺五六身材,面皮上老大一搭青记。"称"青记"为"一搭",可知不是小黑点。人称杨志为"青面兽",想来面上的青记还很不小,决非是一个小黑点儿。明·陈实功《外科正宗》黑子第一百一:"黑子,痣名也。……宜细铜管将痣套入孔内,撚六七转,令痣入管,一拔便去。"可证"痣"只是一个小点,若是"记"就无法纳入细铜管。《醒世姻缘》(木刻本)十一回:"说那神道有二尺长须,左额角有一块黑疻。"亦可证"疻"为成片的斑。

二 释义不确

一犁雨 春雨。雨量相当于一犁入土的深度。(10页)

"一犁雨"不一定专称"春雨"。陆游《幽居初夏》诗:"妇喜蚕三幼,儿夸雨一犁。"自注:"乡中谓蚕眠为幼。"蚕已三眠,时届初夏,犹称"雨一犁",知非专指春雨。宋·吴曾《能改斋漫录·沿袭》八卷"耕田欲雨刈欲晴,去得春风来者怨"条:"张文潜用其意别为一诗:'南风霏霏麦花落,豆田漠漠初垂角。山边半夜一犁雨,田父高歌待收获。"此则指夏雨了。

仰尘 即承尘,今之天花板。宋·王鞏《闻见近录》:"丁晋公尝忌杨文公。一日诣晋公,既拜而髾拂地。晋公曰:'内翰拜时须撇地'。起,视仰尘,曰:'相公坐处幕漫天。'"(178页)

刘熙《释名》六卷释"床帐":"承尘施于上以承尘土也。"毕沅注:"今江淮谓之仰尘。"说"仰尘"就是"承尘"是不错的,但所引《闻见近录》只能证明是承接尘埃的布幕,而非天花板。天花板可以称仰尘,但仰尘并不仅限于天花板。以今验之,仰尘或以布,或以纸,或以席,或以板。宋·吴自牧《梦粱录》十九卷"四司六局筵会假赁":"如帐设司,专掌仰尘、录压、桌帏、搭席、帘幕……。"这里所列的"仰尘"肯定不是天花板。《醒世姻缘》七回:"连夜传裱背匠,糊仰尘,糊窗户。"又四十二回:"因汪为露原做卧房的三间是纸糊的墙,砖铺的地,木头做的仰尘。"又四十七回:"糊墙壁,札仰尘,收拾的极是齐整。"例中所说的"糊仰尘"是以纸为之;"札仰尘"是以芦荻纵横扎成方横形,上覆以席;"木头做的仰尘"才是天花板。邳县既称"仰尘",也称"顶棚"或"天棚"。

呜 (三)抚弄。《世说新语》"惑溺":"儿见(贾)充喜踊,充就乳母手中呜之。"(542页)

按:"呜"有"吻"义,也写作"欨"。《说文》欨:"一曰口相就也。"王筠注:"今人抚育小儿,往往欨之。"《广韵》屋韵:"噈,欨噈,口相就也。"《玉篇》噈:"声类云呜噈也。"金·董解元《西厢记》五卷〔梁州三台〕曲:"抱来怀里惜多时,贪欢处呜损脸窝。……恣恣把觑了可喜冤家,忍不得恣情呜喅。"又同卷〔风吹荷叶〕曲:"只被你箇多情姐,嗽得人困也,怕也?痛怜呜损臙脂颊。"曲文中"呜""呜喅""嗽"互用,可证"呜"有"吻"义。元·宋方壶《南吕·一枝花》套·蚊虫:"厮呜厮喅,相抱相偎。"(《太平乐府》八)"厮呜厮喅"是说蚊子叮人,而不是指蚊虫"抚弄"人。这里不妨把《世说新语》完整抄录如下:"贾公闾(充)后妻郭氏,酷妒。有男儿名黎民,生载周。充自外还,乳母抱儿在中庭。儿见充喜踊,充就乳母手中呜之。郭遥见,谓充爱乳母,即杀之。"按情理贾充吻儿比"抚弄"儿更易引起郭氏疑妒,郭恨不深决不会杀乳母。释"呜"为"吻"则较"抚弄"更为合理。

哕　㈠干呕。（551页）

金元以前"哕"指"干呕"，明以后"哕"即有呕吐的意思，已属"有物有声"。《本草纲目》主治第三卷："牛脆、鹿角：小儿哕痰，同大豆末涂乳饮之。"蒲松龄《日用俗字》饮食："醝酒烧罄为下品，还有吃多哕一滩。"《俚曲》写作"噦"。《富贵神仙》六回："两个觯子放倒头就似泥块一样，臭杀人那一个噦了一床。"《儒林外史》六回："严贡生坐在船上，忽然一阵头晕上来，两眼昏花，口里作恶心，哕出许多清痰来。""哕"在鲁中南又引申为"喷吐"的意思。《醒世姻缘》六回："计氏望着那养娘，稠稠的唾沫猛割丁向脸上哕了一口。"

墼　㈠砖坯。（635页）

"土墼"即"土坯"。土墼与砖坯不尽相同。今俗土墼大、砖坯小；土墼和水、土、草三者入模而成，砖坯不用草；土墼根本不打算烧制，砖坯则定要烧制才能成砖。王筠《说文句读》"墼"字注："则京师谓之土坯，吾乡谓之墼。""土墼"又简称为"坯"，蒲松龄《日用俗字》泥瓦章："瓦砗瓿石填心搡，发陷还用一堁坯。"制作土墼叫"托坯"。"托坯"多自用，不一定是为窑户烧砖制坯。元·佚名《冤家债主》一折："则是人家挑土筑墙，和泥托坯。"《醒世姻缘》八十八回："拖得坯，打得墙，狠命的当一个短工觅汉与那驿丞做活。"驿丞并非窑户，托坯当作不烧自用。

《辞源》释"墼"第二义项云："未烧的砖坯，和炭为团叫炭墼。《后汉书》七七周纡传：'纡廉洁无资，常筑墼以自给。'"书证本身并不证明"筑墼"就是打炭墼。打炭墼一定要用未烧的砖坯搀和炭，也属可疑。明·邳县人陈大声《朱履曲》有"打灰墼"（《乐府群珠》四卷），未言用来烧砖和炭作墼。清·顾禄《清嘉录》"欢喜团"："欢喜，杵炭屑而范之，上下合成。圆而有匾势，炭墼之巨族也。"也没说用未烧砖。"炭墼"一词见于《梦粱录》十三卷"诸色杂卖"："供香饼炭墼，并挑担卖油。"

弓腰　舞时向后弯腰如弓形。（1038页）

平时向前弯腰也可称"弓腰"。"弓腰"也写作"躬腰"。元·高文秀《遇上皇》二折〔梁州〕曲："缩着肩似水淹老鼠，躬着腰人样虾蛆。"今邳县仍有"腰弓得像个虾米"，均指腰向前弯。

工夫茶 广东潮州地方品茶的一种风尚。(954页)

盛行工夫茶,非独潮州。清时称"闽之汀、漳、泉,粤之潮"为工夫茶四府。(见《清稗类钞》)《辞源》在"功夫茶"条(373页)云:"清·施鸿保《闽杂记》十:'漳、泉各属,俗尚功夫茶。'"亦可证。

影神 ㈡祖先画像。(1066页)

影神不限于祖先的画像,死者画像均可称影神。元·吴昌龄《端正好·美妓》:"莫不是丽春园苏卿后身,多应是西厢下莺莺的影神。"《古今小说》三十四卷:"侧边有一轴画,是义娘也;牌位上写道:'侍妾郑义娘之位。'……朝思厚看见影神上衣服容貌,与思温元夜所见的无二。"两例所说的影神,均非祖先的画像。

悽惶 悲伤恐惧。(1134页)

"悽惶"不含"恐惧"的意思。《醒世姻缘》四十三回:"小珍哥(在狱中)替晁夫人做了一双寿鞋,叫人送了出来,晁夫人看了,倒也悽惶了一会。"守寡儿媳在狱中做寿鞋送出,婆婆看到只会感到悲伤,不会感到"恐惧"。《金瓶梅》七十八回:"'驴粪球儿面前光',却不知里面受恓惶。"元·关汉卿《救风尘》二折:"不信好人言,必有恓惶事。"元·白仁甫《梧桐雨》三折〔鸳鸯煞〕:"唱道感叹情多,恓惶泪洒。"元·李直夫《虎头牌》二折〔唐兀歹〕曲:"土坑上弯着片破席荐,畅好是恓惶也波夫。"以上诸例,"恓惶"均不带有"恐惧"的意思。

折干 明嘉靖中卫卒向军官纳银行贿,以免除轮番戍役,叫折干。又泛指以金钱代替礼物行贿。(1225页)

以金钱代替请客或送礼,今北京叫"折干儿",邳县叫"干折",均不限于"行贿"。明·徐复祚《红梨记》二十出:"我此去若得再掌朝权呵,准与你个总兵官当折干。"这里的"折干"显然不是"行贿"。《醒世姻缘》七十五回:"皇历上明日就是上吉良辰,先下一个定礼;至于过聘:或是制办,或是折干,你二位讨个明示。"例中的"折干",也不是"行贿"。

挜 ㈢推开。(1271页)

"挜"也写作"亚"。掩门谓之"亚"。宋·蔡伸《友古词·如梦令》:"人静重门深亚。"《董西厢》"挜""亚"互用。一卷〔中吕调·香风合缠令〕:"不道措大连心,要退身,却把个门儿亚。"同书八卷·双声叠韵·第三曲:"朱扉半挜,蓦观伊向西厢下。"字又写作"砑"。元·郑廷玉《忍字记》二折〔骂玉郎〕曲:"俺这里人静悄不喧哗,那堪独扇门儿砑。"清·袁于令《西楼记》五出〔探春令〕曲:"特邀殊丽共寻花,见朱扉低亚。"以上诸例大多以掩门烘托寂静,如释为"推开"也与"深""低"等词不配。

床公床婆 旧俗年终以酒祀床母,以茶祀床公,祈终岁皆得安寝。(1971页)

旧俗婚礼也祀床公床母,非特年终。《醒世姻缘》四十四回:"宾相赞教坐床合卺,又赞狄希陈拜床公床母。"又四十九回:"十五日娶了姜小姐过门,……拜床公床母,坐帐牵红。"

白雨 ㊀暴雨。(2157页)

今广东梅县仍有是语。盖指云不遮天,乍雨乍晴的暴雨。白居易《游悟真寺》诗:"赤日兼白雨,阴晴同一川。"宋·梅尧臣《次韵和马都官宛溪浮桥》诗:"白雨紧大筜,断虹生横舣。"屈大均《广东新语》一卷"雨":"凡天晴暴雨忽作,雨不避日,日不避雨,点大而疏,是曰白撞雨,亦曰过雨,亦曰白雨。谚曰:'下白雨,娶龙女。'子瞻诗:'夏畦流膏白雨翻',升庵云:俗以暑雨下落乍晴,日光穿漏,谓之天笑,即白雨也。"

稆 野生的禾(2307页) **穞** 禾自生叫穞。(2320页) **旅** ㊇蔬谷之类不种而生叫旅。(1390页)

按:"稆""穞""旅"三字通用。凡不种而生的植物邠县都谓之"稆"。北魏·贾思勰《齐民要术·伐木》第五十五种地黄法:"今秋取汔,至来年更不须种,自旅生也。"又插梨第三十七:"若穞生及种而不栽者著子迟。"《本草纲目》二十七卷"野芋":"野芋形叶与芋相似,芋种三年不采成稆芋并能杀人。"(自注:稆音吕)上例地黄、梨、野芋均非禾,亦非蔬。又邠县称工艺不精没有师传的人为"稆",如"稆木匠",是又"稆"义之延伸。

游气 ㊁犹喘气。《元史》一五七《郝经传·东师议》:"遗黎残姓,游气惊魂,虔刘剽盗,殆欲歼尽。"(3071页)

"游气"是残喘,形容只有一丝气息。《清平山堂话本》李元吴江救朱蛇:"其蛇长尺余,如瘦竹之形。元见尚有游气,荒忙止住小童:'休打'。"也作"油气""悠气"。《金瓶梅》三十八回:"我这两日只有口油气儿,黄汤淡水谁尝着来?"《醒世姻缘》九回:"使手摸了摸口,冰凉的嘴,一些悠气也没有了。"加重语气作"游游一口气"。蒲松龄《俚曲》千古快·四联:"十数个人来往北逃,只剩游游一口气,好像死了好几遭。"今邳县也可说成"悠游一口气"。

面首 面,貌之美;首,发之美。面首,谓美男子。引申为男妾、男宠。(3362 页)

注释本胡三省说,那是为山阴公主置男妾作脚注。"面首"原义就是"容貌",并不单指"美男子"。唐·寒山诗之四十九:"低(一作氐)眼邹公妻,邯郸杜生母。二人同共老,一样好面首。"又王梵志《身体骨崖崖》诗:"迎得少年妻,褒扬殊面首。"可证。

靸 ④只把脚尖纳鞋内,拖着走。元·方回《桐江续集》十一《秋夜听雨》诗:"质明靸破鞋,满砌落叶温。"(3365 页)

应作"不拔起鞋后帮,拖着走。"书证可上推至宋,赵彦卫《云麓漫钞》一卷:"尝得其三诗云:'九十余年老古锤,虽然鹤发未鸡皮。曾拖竹杖穿云顶,屡靸藤鞋看海涯。'"

靾 几案四足有不平处,垫以小木,曰靾子。(3377 页)

木楔也叫"靾",非独垫物不平。清·石成金《笑得好》:"乃得木橛一个塞于绳内,拾起路上砖块向橛上敲入。"自注:"音飒,塞隙之木也。"也写做"撒"。《西游记》八十二回:"那檀木性格刚硬,油房里取了去,做柞(榨)撒。"《金瓶梅》五十一回也写作"撒"。

(《中国语文》1991年第 6 期)

《辞源》"内部失调"举隅

伍 宗 文

0. 据《现代汉语词典》,"失调"一词意义有二:一是没有得到适当的调养;二是失去平衡,调配不当。本文所谓的"内部失调",意思当然绝非前者。由于各种原因,《辞源》的修订,在收字立目、诠释词义、列举书证等主要环节上,存在着一些失去平衡或前后矛盾的地方。现就使用该书过程中的零星发现,隅举如下。

1.0 小型语文字典,例如《新华字典》一类,从中查不到某个生僻字,理所当然;要是从中查不到某个常用字,几乎就不可原谅。大型语文工具书中竟反而查找不到某个常用字,恐怕更是令人意想不到的事,但这样的事偏偏就出在修订本《辞源》中。

1.1 修订后的《辞源》"收单字 12980 个"[1],约相当于现今最常用汉字字数的四倍,却唯独漏收了"蚀"字。

"蚀"字见《说文·虫部》:"败创也。从虫、人、食,食亦声。"又《玉篇·虫部》:"蚀,肘力切。日月蚀也。"见用于古代典籍则更早。《庄子·至乐》:"斯弥为食醯。"陆德明《经典释文》载司马彪本"食"作"蚀"。《吕氏春秋·明理》:"其日有斗蚀。"又"其月有薄蚀。"《史记·天官书》:"日月薄蚀。"此后,"蚀"字在长期使用中意义有了引申发展,泛指损失、损伤、亏耗等,如腐蚀、剥蚀、蚀本,至今仍然是一个常用字[2]。但是,《辞源》竟自失收。

"蚀"字为什么会蚀?由于汉字形体的发展演变,辞书的编纂者由文字学原则

---

[1] 见修订本《辞源·后记》。
[2] 参见傅永和《现代汉语常用字表的研制·附录》,《语文建设》1988 年第二期。

的部首转而采用检字法原则的部首。这样,某些字在字典中的隶属便有了分歧,当是其中的原因之一。自《说文》、《玉篇》以降,《类篇》、《字汇》、《正字通》、《康熙字典》、《中华大字典》,直到旧《辞源》、《辞海》、台湾《中文大辞典》,尽管都一直把"蚀"字收归虫部,但辽释行均《龙龛手鉴》已归食部。解放后编纂的一些影响较大的辞书,如《新华字典》与《现代汉语词典》的"部首检字表"、修订本《辞海》,也都归入食部。但是,"《辞源》的修订工作"系由四省(区)协作担任,而"由商务印书馆编辑部负最后定稿的责任"①。"蚀"字所以在该书四卷正文、后附"四角号码索引"以及"单字汉语拼音索引"中全都"失踪",彼此协作中的阴差阳错,可能是招致失误的一个重要原因。

1.2 按照全书通例,修订本《辞源》中的 A 同 B、A 通 B 中,B 分别代表正字或本字,而 A 则分别代表异体字或假借字。如果收录了 A 字,那么当然更应收录 B 字。但修订本《辞源》有时却恰好录 A 而弃 B。

例如:《说文》:"洶,涌也。"此字一般不单用,多见于联绵词"洶洶"或"洶涌"。字也作"汹"。汉《周憬功勋铭》:"弱阴侯之汹涌。"②魏王粲《浮淮赋》:"谤沛汹涌。"③这证明"汹"字汉魏之际已出现,而且后世通行。今修订本《辞源》:"洶,水上涌。同'汹'。"但水部查无"汹"字。又:"訑,欺诈。通'诧'。""撜,执持。通'拯'。"但是,作为本字的"诧,拯"二字却均未收录。无从对证,异体、通假关系令人难以信从。④

又如:

侣 同伴。同"侣"。《文选·汉王子渊(褒)〈四子讲德论〉》:"于是相与结侣,携手俱游。"

初看起来,A,同"A",使人莫明其妙。原来,"侣"字从人,吕声。《说文》:"吕,

---

① 见修订本《辞源·出版说明》。
② 见清顾蔼吉《隶辨·种韵》。
③ 见《艺文类聚》卷八。
④ 二本字见《说文》,但均无文献用例。类此,是否视为本字而在别的相关字头下立通假义,涉及全书体例,另当别论。

脊骨也。象形。"段玉裁注:"吕象颗颗相承,中象其系联也。"依造字之意,本当七画。但古籍刻本、楷书字形一般作上下两口,六画。旧《辞源》收归人部七画下,六画无"侣"字,没有矛盾。修订本欲以六画的"侣"字为异体,算是"于古有征"。但人部七画中却根本就没有收录"正字",这就首尾不能相顾了。

2.0 在条目的设立方面,修订时"根据本书的性质、任务,删去旧《辞源》中的现代自然科学、社会科学和应用技术的词语;……增补一些比较常见的词目,并删去少数不成词或过于冷僻的词目"。① 实行的结果却并不尽然,条目的增删取舍,间有不尽合理之处,以致影响到全书的综合平衡。

2.1 词目有不当删而删者,突出的如:"竹林七贤"只有六贤。《三国志·魏志·王粲传附嵇康》"嵇康……至景元中,坐事诛"裴松之注引《魏氏春秋》:"康……与陈留阮籍、河内山涛、河南向秀、籍兄子咸、琅琊王戎、沛人刘伶相与友善,游于竹林,号为七贤。"旧《辞源》立有"七贤"、"竹林七贤"二条,并为七人各立专条。修订本于此九条中独删去"王戎"条,而其从弟王衍事在《晋书》中附于《王戎传》之后,"王衍"条却仍保留。

又如:修订本"麦"字首列义项:"主要粮食作物,有小麦、大麦等。"又:

二麦 大麦、小麦。《宋书·武帝纪》:"今二麦未晚,甘泽频降。"

旧《辞源》有"二麦、大麦、小麦"三条,修订本也不知什么原因,于三条中独删去了"小麦"一条。

2.2 词目有当增未增者。例如文学史上以《窦娥冤》等著称的元代戏曲作家关汉卿竟没有专条。旧《辞源》"关"字下原收列复词条目55条,修订本删去其中"关节炎、关税同盟"等8条,新增"关心、关河、关键、关怀"等24条,共收列复词条目71条。其中如:

关马郑白 关汉卿、马致远(东篱)、郑光祖(德辉)、白朴(仁甫)为元代著名曲家。自元以来,称关、马、郑、白,见元周德清《中原音韵·自序》。

这样的词目,以及相应增立的"马致远"、"白朴"等条,确实当补。但是,修订者

---

① 见修订本《辞源·出版说明》。

从原"关羽"条释文中分出另立了"关帝"条,却未专条简介关汉卿。"郑"字下在原"郑繁"(即郑五)条之外,别立"郑五"作参见条目,并增立了"郑袖、郑姬"等条,也未列"郑光祖"条。汉朝戴氏叔侄述《礼》,其人其书在旧《辞源》中已有七个条目,其中"戴圣"、"小戴记"二条为参见条目。修订本七条全部保留,"戴圣"条并增加了较详的释文,此外还新立了"大戴"、"二戴"。两相比较,薄厚之间,实欠允当。

2.3 修订本《辞源》中,有的单字下某义项后注明参见某词条,但相应字头之下偏偏没有收录这个复词,结果使得该项意义完全没有着落。例如:

岐 (四)通"崎"。见"岐岖"。

"岐"字下列 14 个复词条目,却不见"岐岖",又"崎岖"等条释文也未提及。今按:《文选·陆机〈谢平原内史表〉》:"阴蒙避回,岐岖自列。"李善注:"岐岖艰阻,得自申列也。""岐岖"一词,音、义、例俱全,似当收而失收。

有的则因为有关的复词未录而使义项得不到印证。例如:

英 (五)似玉的美石。通"瑛"。《诗·齐风·著》:"尚之以琼英乎而。"传:"琼英,美石似玉者。"

瑛 (二)似玉的美石。《玉篇》:"于京切。美石似玉。……水晶谓之玉瑛也。"参见"瑛琚"。

既以"英"通"瑛",则"瑛"在典籍中的使用情况就有重要的参考价值。但"瑛"字下却不见"瑛琚"条。今按:汉《艳歌》:"姮娥垂明珰,织女奉瑛琚。"①这和"岐岖"一样,当收录而失收,不仅使辞典自身失去了照应,而且因为涉及异体、通假等文字现象,也使读者失去了一些有用的信息。

3.0 释义是辞书至关重要的部分。一般说来,由于辞书性质的不同,编纂者对实际语言材料的理解不一致等,有关字、词义项的切分、归纳可能不一样。因此,不能根据义项数目的多少轻易判定某书某字词义项是否完备等等。但是,语言中的词都不是孤立的,每一个总是和别的一些词之间存在着这样那样的联系,这些词义和别的一些词组成更广泛的联系网络。如果从组合的角度出发,在修订后的《辞

---

① 见明张之象《古诗类苑》卷三十三,又明冯惟讷《诗纪》卷七。

源》中相关条目之间进行核查、比较,就会发现其中"失调"的地方。

3.1 义项失收。例如"六气"条,根据《素问·至真要大论》,释风、热、湿、火、燥、寒为中医六种病因,又称"六淫"。这种说法,至今仍沿用。可是书中只有风、湿、火三字下收列相关义项。十二地支以配十二生肖,只在丑、卯、未、申、酉、亥六字下列义,其余六字下失收。旧式记时法,以十二支记十二个时辰,"午"字下也漏列。《易经》六十四卦,有关字头和词条下专列一义,也间有脱误。"艮"下误将八卦之一与六十四卦之一混而为一,另外,讼、贲、恒、兑四字下失收。结果,《易经》六十四卦在修订本《辞源》中残缺不全,仅存五十九卦。

3.2 释义矛盾。突出的竟至完全相反,例如:

> **臾** （三）臾弓,亦作庾弓,便于射远之弓。《周礼·考工记·弓人》:"往体多,来体寡,谓之夹臾之属,利射侯与弋。"释文:"臾音庾。"

> **庾弓** 射力较弱宜于近射之弓。……《考工记·弓人》"夹臾之属",臾即庾弓。

又"夹弓"条也用上述两条例证,释为"古代六弓之一,弓干多曲,宜于射远者。"同一类甚至同一种弓,忽言射远,忽言射近。按《弓人》孙诒让正义:"往体,谓弓体外挠;来体,谓弓体内向。凡弓必兼往、来两体,而后有张弛之用,但以往来之多少为强弱之差。此夹、臾,谓弓之最弱者。"又《弓人》:"往体寡,来体多,谓之王弓之属。"今"王弓"条据此释为"弓之最强者",是,反过来也证明夹弓、臾弓当为近射之弓,弱弓。以上有关的义项、词条,均为旧《辞源》未收录者。修订者增录,使条目、义项更加完备,给读者提供更丰富的信息,本是好事,但这些信息应当准确。古书的某些字句,即使前人说有两歧,也应充分考订,有所裁断;或者区别主次,两说并存,才能真正提高工具书的使用价值。

类似这样一义多形的现象,在古代文献中比较常见,修订本《辞源》在相关词的释义中间有彼此抵牾者。例如:"九"字下说:隶书防作伪,记数九字,借用'玖'。"而在壹、贰、肆、捌、玖等字下又都说:"数字大写,皆唐武后时所改。""杀戮"义"僇"下通"戮"、"戮"下又通"僇";"击鼓杖"这一器物,"枹"下同"桴","桴"下通"枹"。如此等等,是异体,是通假;是古字,是今字;哪一个当为正字、本字,哪一个当为异体字、假借字;是术语有乱,是审辨未清,读者心中,不能不引起种种疑惑。

3.3 释文用语不一致。如释地支以配生肖,说法有:"丑,十二生肖之一。丑属牛";"酉,十二属相之一,酉为鸡";"申,十二肖属之一";"以羊为未"、"卯代表兔";"亥,人出生年的十二种动物属相之一,亥的生肖为豕。"叙十二时辰的时限,或用"时":"夜十一时至次晨一时为子时";或用"点钟":丑时为"午夜一点钟至三点钟。"或用二十四小时制:"十七时至十九时为酉时";或用十二小时制:戌时为"晚七时至九时";还说"未时……相当于下午一点到三点"、"五至七时都称卯",等等。这样,孤立地一个一个地看,每个时辰的时间"换算"都准确无误,但要是把它们连成一气依照顺序说下来,就会令人失笑。

4.0 书证在大型辞书中占着重要地位,它在证明义项、补充释文、排除歧解、校正误释及帮助读者准确把握词义等方面,有不可忽视的作用。《辞源》修订本"书证都经覆核原书,注明书名,篇目或卷次","校订引证的原著脱误,用方括号表明","引用古籍、一般据通行本。如二十四史用中华书局标点本、百衲本,十三经用注疏本,四部书用四部丛刊本等",只是"书证中部分古体或异体字,少数常见的改为通行字。"① 这些,都增强了科学性,方便了读者。但因我国古籍浩如烟海,书证涉猎范围广泛,仅就相关条目所及而言,也时有违反自订体例者。

4.1 引用同书同篇,而称名不一;或同一例句,异字异读,却并无交代。例如:用元狩四年汉军追击匈奴事。855页称《史记·一一一卫将军传》,2330页又称《史记·一一一霍去病传》。别处引《史记》此卷,一般又作《卫将军骠骑传》。如此称引,追击匈奴军至赵信城者,是大将军卫青,还是骠骑将军霍去病,读者不明。

糜沸 谓如粥在锅中沸腾。比喻动乱纷扰。《淮南子·兵略》:"攻城略地,莫不降下,天下为之糜沸蚁动。"

而"縻沸"条引此篇此句,字作"縻"。二字并非异体,两处又无"横向联系"。既

---

① 见《辞源修订本体例》。

言"如粥",则字当作"糜"。如果"一般据通行本",那么纵有别本异文,理应予以说明①。

4.2 有的不仅征引同书同句异文,未有交代,并且在讹字下立义。例如:

矐　目失明,使目失明。《史记八六荆轲传》:"秦皇帝惜其(高渐离)善击筑,重赦之,乃矐其目。"索隐:"一音角。说者云以马屎熏令失明。"

臛　(二)熏。《史记八六荆轲传》:"秦皇帝惜其善击筑,重赦之,乃臛其目。"言熏之使失明。

按:"臛"字从肉,本训肉羹。《楚辞·宋玉〈招魂〉》:"露鸡臛蠵,厉而不爽些。"王逸注:"有菜曰羹,无菜曰臛。"洪兴祖补注:"臛,肉羹也。"训为"熏",证以《史记》,见旧《辞源》。百衲本、中华书局标点本《史记》字均从目。二字在旧字书、韵书中分别甚明,从肉之字未有"熏"或"目失明"之义。即使《史记》或本有从肉者,亦当属讹误字,看来是修订者相沿旧本《辞源》而失考。

5.0 修订本《辞源》经过编者的辛勤劳动,大大提高了质量,并在社会主义物质文明和精神文明的建设中发挥着巨大作用,这已为学术界所公认。现在该书又已在台湾出版发行,影响越来越大。上文从一个侧面议论其不足处,目的是希望它更加完美。

目前,还有一些大型辞书正在编纂出版过程中。它们卷帙浩繁,远不是一人一校乃至一省市的学术力量所能单独完成的。而相关条目的照应,又往往易被当成一个附带兼顾的技术细节,或者由于一些非学术性的原因而趋于失误,从而影响到全书质量。为此,很有必要加强各编写单位之间的积极配合,其相关条目更应分专项由专人负责统一处理,以期消除"内部失调"的硬伤。

(《辞书研究》1989年第4期)

---

① 修订本《辞源》本有其例,如"萧索:㈠稀少。汉焦延寿《易林》……'海老水干,鱼鳖萧索。'《四部丛刊》作'尽索'。"

《辞源》修订三议

史 建 桥

《辞源》是我国现代史上第一部规模较大的语文性工具书,早在1908年就开始编纂,到1939年出版了合订本。解放以后,又开始了修订工作,根据与《辞海》、《现代汉语词典》分工的原则,确定《辞源》修订为阅读古籍用的工具书和古典文史研究工作者的参考书,用来解决阅读古籍时关于语词典故和有关古代文物典章制度等知识性疑难问题。修订本《辞源》仍由商务印书馆出版,于1979年至1983年分四册出齐。新《辞源》的问世,标志着我国的辞书编纂提高到了一个新的水平,深受读者的欢迎,赢得了良好的社会声誉。但时至今日,随着辞书编纂手段的进步和学术研究水平的提高,《辞源》中存在的不足和问题就逐渐显露出来,已不能完全满足读者的需要。因此,《辞源》的再次修订就提到议事日程上来,成为商务印书馆面临的一个重要的编纂出版任务。

《辞源》的再次修订是一个浩大的系统工程,必须做好充分的准备工作。以下三个方面是需要认真考虑的:

一 《辞源》修订与辞书语料

《辞源》是一部阅读古籍用的工具书,其编纂原则是在释义的基础上结合书证,溯源及流。这就需要一方面为释义提供出处尽可能早的书证,以探其源,一方面又要列出若干后代不同时期的例证,以索其流。原修订本《辞源》在这方面做了大量的工作,有许多义例皆精的条目。但是,它也存在不少不尽人意的地方,有些始用例并非是该词该义出现最早的书证,显示后来源流发展的例证也显得不够。例如:

"瞩"字条:视,望。书证是《世说新语·轻诋》:"桓公(温)入洛,过淮泗,践北境,与僚属登平乘楼,眺瞩中原。"但在汉代的《淮南子》里就用了"瞩"字。《淮南子·道应训》:"此其下无地而上无天,听焉无闻,视焉无瞩。"

"益"字条的第四个义项是"进一步,增加"。解释"增加"义的书证是《三国志·吴·诸葛恪传》:"恪父瑾面长似驴,孙权大会群臣,使人牵一驴入,长检其面,题曰:诸葛子瑜。恪跪曰:'乞请笔益两字。'因听与笔。恪续其下曰'之驴'。"而《周易·谦·象传》就有:"君子以裒多益寡,称物平施。"另外《周易·损·象传》:"损下益上,其道上行。"

"磅礴"条:盛大,充满。也作"旁薄"。宋文天祥《文山集》十四《指南后录·正气歌》:"是气所磅薄,凛烈万古存。"用的是宋代的书证,而晋代的陆机《挽歌》其二就有"磅礴立四极,穹崇效苍天"的诗句,唐代的用例就更多了,如沈佺期《辛丑岁十月上幸长安时扈从出西岳作》:"磅礴压洪源,巍峨壮清昊。"岑参《入剑门作,寄杜、杨二郎中,时二公为杜元帅判官》:"磅礴跨岷峨,巍蟠限蛮貊。"李深《游烂柯山》四首其二:"嵌空横洞天,磅礴倚崖嵰。"萧祜《游石堂观》:"嵌崖巨石自成室,其下磅礴含清虚。"刘禹锡《望衡山》:"青冥结精气,磅礴宣地脉。"陆龟蒙《二遗诗序》:"东阳多名山,就中金华为最,枝峰蔓壑,秀气磅礴者数百里。"

"甘拜下风"条:与人比较,自认不如,愿居下列。宋欧阳修《文忠集》十二《戏答圣俞持烛之句》诗:"花时浪过如春梦,酒敌先甘拜下风。"只列出了格式尚未固定的用例,而"下风"之义未加解释①。后代格式定型的用例也未列出。如:《醒世恒言》卷二三:"娘娘齿长矣,自当甘拜下风,何必发怒。"《镜花缘》五二回:"如此议论,才见读书人自有卓见,真是家学渊源,妹子甘拜下风。"

究其原因,是由于当时条件的限制,语料的搜集还不够全面和深入。所以,在《辞源》的再次修订中,充分地占有语料和有效地采集、整理语料,是实现"溯源及

---

① 《左传·僖公十五年》:"君履后土而戴皇天,皇天后土,实闻君之言,群臣敢在下风。""下风"即风向的下方。古代发布命令的人位于上风处,听候命令的人位于下风处。

流"这个目标的必要前提。

  1. 提供书证的文献范围要扩大,数量要增加。《辞源》修订本引用从先秦至 1840 年的文献数千种,不可谓不丰富,但仍存在着以往辞书使用语料所常有的局限性,一般来说,先秦两汉时期的比较全一些,魏晋南北朝隋唐时期的就要少一些,而宋元明清和近代的就更显得不足了,特别是反映近代汉语的语料,相对而言缺陷就更多一些。现在随着古籍整理工作的进展,许多罕见的古代戏曲、笔记、白话小说陆续出版,还有考古工作的收获,为《辞源》再次修订提供了更多更新的语料。尤其是电子版的《四库全书》、《中国基本古籍库》(收入文献 1 万种,20 亿字,均是《四库全书》的 3 倍)的推出,可以用很小的存储空间得到更多更全的语料。

  2. 选取书证的方式技术要更新,效率要提高。以往书证的选取都是通览有关文献,然后将有用的材料逐一抄录到卡片上,因而不能不带有制卡人自己的主观随意性,有些有用的语料就难以避免地被疏忽而遗漏,这就是《辞源》有些书证不是最早产生、不能反映其源的主要原因。另外卡片的手工制作既会耗费大量的时间,也难以避免地造成一定的差错。如果我们把语料输入计算机中或利用已有的电子版语料,通过全文检索系统将辞目一一进行搜检,从中找出有用的语料,然后按文献产生的时间先后将它们排列出来,就不难发现词义的源流,从而全面准确地达到"溯源及流"的目的。这样做也比手工制作卡片要节省不少时间,减少错误,使效率大大提高。

  3. 标示书证的出处体例要统一,版本要一致。《辞源》的书证还有一个缺陷,即出处不尽统一,如《左传》和《左氏春秋》、《白虎通德论》和《白虎通义》、《辍耕录》和《南村辍耕录》、《荆川集》和《荆川先生文集》、《还魂记》和《牡丹亭》在不同的书证中出现,它们其实是同一种书,只是书名不同罢了。此外,还有一个版本的问题,如《杜工部草堂诗笺》和《杜工部集》、《白香山集》和《白氏长庆集》等。这些都涉及到对语料如何整理的问题。造成这种纷乱情况的原因,一个是引书的来源不同,一个是制作书证卡片的人所依据的本子不同。再次修订《辞源》,应该重视解决这个问题。首先要对书证的出处做一番梳理,书同而名不同的要做到统一;版本不同的要进行核对、调整,使其一致。其次,对新增语料的出处要注意和已有书证的出处相衔接,不致造成新的分歧。

二 《辞源》修订与古汉语词汇以及古代文化的研究

辞书编纂同语言学研究以及其他各类学科的研究都有着密切的关系,需要不断地从它们那里吸取有用的东西。一定时代的辞书,如果不能根据自己的性质和特点,努力反映本时代语言学研究以及其他各类学科研究的最新成果,那就会落后于时代前进的步伐,无法适应社会的需要,其结果只能被时代所抛弃。作为语文性的辞书,其编纂和修订都应该注意吸收语言学研究特别是词汇研究的新资料,这是保证辞书释义精确且具有新意,提高辞书质量的必要保证。《辞源》是一部供查阅古汉语词语典故以及中国古代文物典章制度的工具书,这样的性质决定了它除了既要注意吸收古汉语词汇的研究成果以外,还要注意吸收中国古代文化各个方面的研究成果,这对于《辞源》百科方面的辞目,特别是中国古代名物制度的辞目的修订,是很有用处的。

1. 注意收集学术界对《辞源》修订本的内容进行批评、质疑、考释等方面的文章,以及对其他辞书的内容进行批评、质疑、考释,而对《辞源》的修订具有参考价值的文章。《辞源》修订本出版十几年来,一直受到学术界的极大关注,出现了一大批有关批评、质疑、考释方面的文章。这些文章虽然有些是见仁见智,体现了学术上的争鸣,但也确有不少是指出了《辞源》修订本的不足,发现了释义、注音、书证等方面的具体问题。有选择地从中吸取有益的东西,对《辞源》的再次修订无疑是很有帮助的。另外,对其他辞书的评论文章,例如对《辞海》、《汉语大字典》、《汉语大词典》等有影响的辞书进行的批评、质疑、考释等,只要是与《辞源》有联系的,都可以加以分析和整理,作为借鉴。

2. 注意收集学术界对古代汉语某些具体词语作出考证、诠释的文章或著作。近些年来,古汉语词汇的研究取得了很大的进展,研究的范围不断扩大,新的研究成果不断涌现。特别是对某些字词的具体研究,在占有新的资料的基础上，对旧有的解释加以更正或补充，得出了新的结论。例如《辞书研究》的"释义探讨"专栏、《文史知识》的"说文解字"专栏，发表了不少材料充实、观点新颖、颇有见地的好文章，有些对《辞源》的再次修订是很有参考价值的。再如近来出版了不少专书词典，像古代汉语方面的《诗经词典》、《左传词典》、《吕氏春秋词典》，近代汉语方面的《唐代语言词典》、《宋元语言词典》、《红楼梦语言词典》等。这些具有研究性质的专门工具书，也都是颇有深度的学术性著作，吸收其中有用的东西，对再次修订《辞源》，体现词义的源流发展，是很有意义的。

3. 注意收集学术界对中国古代文化进行研究的文章或著作。《辞源》修订本收录了丰富的有关中国古代名物制度的辞目，为读者特别是文史研究工作者提供了方便。但其中有些内容已显得陈旧，有些又显得不足。随着中国古代文化研究的深入，出现了许多新的资料，还有考古发掘出土了大量实物，都对《辞源》再次修订中重新订正有关古代名物制度的辞目及内容，提供了有利的条件。这就需要广泛收集这些资料，认真加以整理和筛选。例如近来出版的《中国古代文化词典》、《三礼词典》等有关古代典章制度的条目，《文物》、《中国文物报》等报刊上有关出土文物的考证文章，都是些很有价值的参考资料。如果能在这方面多下些工夫，就可以使《辞源》的新修订再上一个新台阶。

三　《辞源》修订与新的编纂手段

当今计算机技术发展十分迅速，正逐步深入到社会生活的各个方面。辞书编纂人员也开始将计算机技术引入自己的工作领域，逐步向辞书编纂的数字化迈进。再次修订《辞源》，应该及时跟进时代的潮流，采用新的编纂手段。发挥计算机技术的优势，可以使编纂工作人员摆脱繁重枯燥的手工作业，把精力更多地投入到推敲释义、选取恰当的书证等智力劳动中去，从而大大提高工作效率，保证编纂修订的质量。

采用新的编纂手段,除了上面提到的通过计算机采集、整理语料以外,还可以尽可能地使用于《辞源》修订的各个环节,加快整个工作流程的运转,高效省时地完成任务。例如:

1. 辞目的调整与编排。《辞源》修订本共收辞目(包括单字和复词)近10万条,按汉字部首214部编排。再次修订将对辞目作出一定的增删调整,并重新组织编排。如果用以往的手工操作方式,这么大的工作量做起来将会非常麻烦,而且容易出错,需要多次检查,耗费大量的时间和精力。利用计算机可以按照预定的设置自动排序,方便快捷地达到目的,而且不会出现差错。

2. 相关条目的选定与订正。处理好相关的条目,是辞书编纂的一项重要内容。《辞源》修订本的相关条目分类细,头绪多,存在着不少条目分布不均衡,释义内容参差不齐等问题。用手工进行检查订正,将是一件非常头痛的事情。要是用计算机将相关条目分门别类地排列在一起,删去冗余,查漏补缺,并按各自的统一行文方式加以订正,就可以较好地解决这个问题。

3. 引书出处的检查与统一。《辞源》修订本征引书证数十万条,引书达数千种,要做到引书出处的体例保持一致,确实很不容易。用人工的手段逐一进行检查,既耗时费工,又难免存有遗漏。通过计算机进行检索,效果将比人工检查要好得多,要是利用计算机自动更正的功能,把引书出处的不一致处改换成统一的引书出处,计算机将会自动地完成这个工作,效果更好。

4. 互见条目的查实。《辞源》修订本中许多参见条目,由于过去是多人操作,顾此失彼,有些需要参见的条目实际上没有照应到,或者并不存在,因而出现落空的现象。再次修订《辞源》,这也是一个值得重视,亟待解决的问题。用计算机设定字段检索相关的互见条目,其效率就比人工去翻检查找然后逐一核对落实要高得多。

5. 检字表的制作。检字表是一部辞书的重要组成部分,检字表的制作也是辞书编纂的一个重要环节。过去制作检字表都是先将字头逐一填写在卡片上,标上拼音、部首、笔画数、笔顺等数据,再按需要(或部首,或拼音,或笔画数)重新编排组合,最后逐一填上正文的页码。这样做不仅花费的时间多,而且很难避免错漏。利用计算机制作检字表,先将字头及相关的数据输入进去,通过一定的设置就可以自动进行编排,既节省时间,又可保证质量,而且由此积累的数字化资源还可用于其他辞书检字表的制作。

目前,商务印书馆已经建立了辞书语料库及编纂系统,在某些环节上已尝试着利用计算机进行辞书的编纂,积累了不少经验。因此,在再次修订《辞源》的过程中,采用新的编纂手段是完全有条件的。

(《古汉语研究》2008年第1期)

附　　录

《辞源》之评语（一）*

教育季报译文

是书凡四百万言。三千余面。彩图十页。本色图解尤富。经多数闻名绩学之士。累年搜讨而成。诚知识之渊海。学问之宝藏。于中国学子及西人之习华文华语。俱有裨益者也。所收字义。于人类必须之知识。无所不备。直可称中国字书中空前之著作。向者华人多用康熙字典检字。是书既出。则康熙字典。必归淘汰。而西人之已通华文能检中国字书者。每遇秦氏与威氏二家书中所缺漏。亦可于辞源中得之。盖欲知华文之真义用法。惟说明引证是赖。而秦氏之书。则说明引证。殊不充足。威氏更甚。此实二家之大疵也。余每读中国书报。遇有生字成语。检查秦书。辄不能得。甚至极流行之语句。亦有付诸缺如者。如更仆难数一语。秦书初版及威氏书中。皆未收入。辞源则有之。不仅注释详明。且著其出处之所在。然则辞源一书。亦可谓能弥秦威二家之缺陷者矣。若以语句之多寡论。秦氏金字下收八十四条。辞源则收二百十六条。辞源心字下收一百二十二条。秦氏仅收三十五条。虽秦氏尚有关涉金字心字之语句。杂于他字之下。然辞源亦可于相当之标题下检得之也。不宁唯是。辞源内

---

* 选自《教育杂志》1916年第8卷第5号，标点仍其旧。

容。既较秦氏丰富。而于各字之定义外。尤能附列经籍成语。以证明其用法。近世新字新语。所收亦颇不少。凡科学术语以及人名地名普通学名词。殆已罗列无遗。并于名词之下。附注英名。即此一端。已于中西学子。大有价值矣。若再版时能将各术语编一索引。附于部首检字之后。则更于读者有益。是书原有索引二。一以部首为次。分作十二集。以地支子丑寅卯等名之。而分注每集之页数。一为部首不明。难于检查之字。按照笔画。依次罗列。书中有精印彩色地图两页。一为中国舆图。一为谋氏平方世界全图。其余彩图。则有各国国旗、有植物、有生理、有水族、有动物、有昆虫、有飞禽、有矿物、均备极美丽。所附本色图解。考订亦极精确。卷末附录五种。一中西世界大事表。上自西历前二六九七年黄帝时起。下迄中华民国四年西历一九一五年止。二为现行行政区域表。上列今名。附以革命以前（西纪一九一一年）之旧名。三为中国已开商埠表。载明所在地点。开放年分。何国驻有领事。四为中西度量衡币表。五为化学原质表。有八十一原质之中名、英名、拉丁名、原子量、熔点、原子价、发见人名及年分等。一言以蔽之。则辞源一书。中国学子读之。必当大为惬意。凡已用是书者。必能于中国事物。知识大增。而身感其愉快。此吾人所以敢劝世人。家置一编。而无稍犹豫也。

青年月报译文

辞源一书。殆可称汉文参考书中最钜之新著。此非吾人漫为溢美之评。实探究内容。自信所言之平允。以汉文奥颐难治。虽本国之人。犹望洋兴叹。今商务印书馆。乃能挟其宏愿雄赀。成兹伟业。其利济国人之功钜矣。该馆为华人企业之一。颇有耶稣教徒从事其中。以其办事稳练。识力锐敏。遂能于国中占获优势。故吾人之意。直欲以是书为华人企业成功之征验。盖该馆创立廿稔。久以操业勤敏。出品精良。著称于世。而辞源一书。尤能使该馆之声誉。益臻发达也。是书内容。颇与佩文韵府康熙字典相似。如单字习语之美富。历史神话之材料。持较韵府字典。均有过之无不及。其音切检字。亦一仍二书旧贯。而又参取约翰孙氏之法。于所收辞语。著明于文学上作何应用。尤有插图彩画多幅。为读者解释之助。虽所附图画。犹有美中不足之憾。然中国印刷术。方在幼稚时代。则吾人亦未可过持苛论。彼西洋各国。以雕刻之精。印工之美。故辞典插图。能毕肖原形。无模糊漫漶之病。此固非辞源所可同年而语。是书职志。本在供华人购用。华人之知西洋辞典者。在今日犹居少数。则图画微瑕。抑未足为全书之累矣。至于机械构造。工学原理。附以图画。功等良师。是书亦应有尽有。其外国书籍及著名事物之下。则附注英文。俾读者无数典忘祖之讥。试举一例以证之。如民约论三字。自非于政治哲学。窥涉源流。殆鲜有知其为 La Contrat Sociale of Jean Jacques Roussesead 者。即有所知。亦不过于汉文译名之下。见其附注而已。而辞源中则非特揭载原名。且能钩元提要。将法国百科全书编纂人（按法国百科全书、于一七五一年创刊、民约论著者卢骚、其编纂人之一也、）所以宣扬社会真理之福音。诏示读者。此尤是书之特色。吾人所不胜钦叹者也。辞源所以深可宝贵者。尤在于罗举新辞之际。兼收正名定义之功。中国近数十年。路矿实业医药诸学。渐启津途。政法之改良。共和之制度。又方当发轫。故专门术语。亦与日俱增。此等术语。或出于新造。或沿用东译。或但译原音。必汇为一编。而后读者能按图索骥。知其意义之所在。而辞源之功用。即在于是。吾人检寻是书。则于新名辞咸得其碻诂。而临文应用。可无纷歧错出之虞矣。夫佩文韵府与康熙字典。数百年前之旧籍耳。既称旧籍。则考古之助虽多。通今之用必寡。故新辞典之编纂。愈不容已。如今日政制之变迁。法庭之改革。地方区域之划分。彼旅食远西若僻居村落者。皆所未知也。又如司法之新制。文官之职称。军人之爵秩。彼少年学子。又多所未晓也。惟辞源一书。则开卷了然。能使读者各得其所求而去。在今日翻译时代中。吾敢言无论何书。其材料之丰赡。必不能与辞源抗衡矣。虽然。辞源之远胜二百年前之旧籍固已。亦未尝无其相承之缺点。缺点维何。即知字音而不知字形者。其检寻之时。多归失望是已。人固有闻某字之音读。而亟欲知其作何写法者。关于此点。似辞源之于他书。亦未能相胜。虽此种困难。由汉文构造。不本拼音之故。非能骤言改革。然检字之人。则大感不便矣。不宁惟是。即欲检寻字义。有时亦颇费周折。虽编纂诸君。所用之排列法。较他书为善。而据吾人之意。则谓不若迳依笔画顺序。更为便利。惟检寻虽难。而一经检及。则如身入宝山。所得者皆完全正确之智识。斯则为中国参考书中。向来所未有者耳。要而言之。辞源一书。既于新旧学人。两有裨益。则其风行之广。亦可预决。其一方面既能为中国人保存文字之美富。而一方面又能使彼等知中国文字适用于近世科学。此实中国国民统一之骨髓。而鼓励其自觉心与爱国心之符征也。又是书有附录数种。如世界大事表。则自中国有史以来起。至中华民国四年止。现行行政区域表。则于新改之县名。附著旧有之名称。他如本国商埠表。化学原质表。中外度量衡币表。均于教育上大有价值。精纸洋装。形式颇美。又有华装一种。纸质较薄。分订十册。其定价则自五元起至二十元止也。

京津时报译文

辞源之刊行。可谓开中国学问进步之新纪元。以一般学子考求新学之程度。正可藉此为显证也。中国辞书。类多宏篇巨著。卷帙浩繁。是书则取携极为简便。即此一端。已占优点。尤能排列得当。搜罗丰富。注解完确。誉为空前杰作。谁曰非宜。其命名曰辞源。尤为名实相符。书凡两册。册各千五百面。字数四百万言。注释精当。木图彩图地图图解皆极显明。内容悉照最新科学分类。非特于中国学子有益。即欧西之习汉语者。亦可视为各门智识之宝藏矣。世人每谓华人之于新学。根柢尚属肤浅。今辞源一书。居然能用本国文字。供应各门最新之学识。凡普通有兴味之学识。关于科学地舆政治及名人言行者。咸应有尽有。而出版以后销数且达九万部。亦足证中国求学之热心矣。中国编纂如此巨著。克告成功。于各种学术。均已大有人才。是尤足引为荣誉。是书大纲。系照康熙字典。依地支子丑寅卯分集。列一部首索引。其难寻之字。则依笔画次序。另编检字。所编分经学、方言、文学、哲学、宗教、教育、历史、地理、政治、海陆军、天文、地质、理化、数学、动物、植物、生物、矿物、卫生、医学、农学、工业、商业、美术、成语、谚语等等。其他如近岁输入之新字术语。如热射轮、燐酸钙等。亦详明正确。中英并列。可作应用标准。书前说略一篇。述著书之缘起。尤饶兴味。盖辞源之作。非特适应一般新学家之用。且使留学归国之士。知在彼所学。于祖国文字中有同等之称谓也。其编书本旨。在将中国文字之全部。详其源流。叙其沿革。故兼搜博集。各种专门学识。无不赅备。十四年前。中国叨惠匪浅之商务印书馆。设立辞典部。聘陆君主其事。从事者三十有六人。罗列参考书数十万卷。历时八年。仅能脱稿。嗣因扩张范围。斟酌文义。以求尽善尽美。又数易寒暑。直至民国元年方能排印。全书三千余面。排印校对。尤极费事。一一皆慎之又慎以成之。书后各种附录。为用綦大。其最著者如世界大事表。起西元前二千六百九十七年。各年号下纪以经典及古近历史上各大事。如商武丁下辛酉年。即西元前千三百二十年。摩西率希伯来人去埃及。周武王下即西元前千二百八十年。约书亚以希伯来人入迦南。建犹太国。又西元前千二百六十九年。埃及王拉美斯第三立。历朝大事。一一表而出之。不胜枚举。而时代愈近。则表中所纪亦愈详备。至西元千八百六十年。咸丰御世时。则英法两军破天津入北京。帝避难热河。林肯为美国大总统。美国南部诸州独立等事。无不载焉。即民国四年日本取青岛一事。表中亦已列入。余如行政区域表。则照最新改定者录入。中国商埠表。则地点正确。中外度量衡币表。则著万国权度通制。化学原质表。则详述发见之时代及人名。且最新原质。如镭为奥朋与威尔斯白枢二氏千九百零七年所发见。铱为居利夫妇及白蒙氏千八百九十八年所发见。凡此种种。不过略举一斑。而是书之嘉惠学界前途。已可概见矣。且中国近时。国家多故。叠经两次革命。而编辑诸君仍能密勿勤劬。勇往从事。是尤大可嘉尚。盖诸君实抱定宗旨。知无论政变之结局如何。彼等所著。决能为新中国利用。不至虚掷光阴也。虽然。是书亦非无瑕疵可指者。如所载地名。虽较英华大辞典丰富。而译名则不能与之一致。又是书分量颇重。则装订亦须格外坚实。惟编辑人既自言此书尚有缺点。

仍在进行。则数年以后。当有更完备之书出版耳。是书大版者计两册。实价十六元。因欲廉价出售。以求各界易于购用。复印有缩版两种。定价七元及五元。商务印书馆营此有益之事业。编辑诸君。竟能偿其所愿。是诚深可欣贺者矣。

(《教育杂志》1916年第8卷第5号)

《辞源》之评语(二)

公论西报译文

读书识字之士。以中国无考据精确包孕宏富价值廉贱卷帙轻便之百科全书。而引为憾事者。已匪一日。坊间所售。非陈腐不适于用。即累坠不便于取携。如佩文韵府。多至一百余册。且定价特昂。决非寒士所能购致。今商务印书馆之辞源出。而向日之缺憾弥。久感之需要。由是而得其供给矣。该馆编辑此书。初仅五人。既而渐增至三十余人。始终未尝稍间。阅八载而书成。其所包赅者。有语言。有文学。有哲理。有宗教。有天文地质物理化学生理卫生疾病医药经济政治等专科。总之古代文化近世学术。莫不毕备。而其定价尤准情酌理。力主廉贱。是虽欲不谓为现代中国辞书中之麟凤。安可得也。凡有事于中国言文者。无论成材初学。允宜人手一编。家置一帙。小而设斋治学。大而辟馆藏书。案头架上。纵极琳琅。苟无此书。即非完璧。论此书之内容。则注解明确。印刷精良。老师宿儒。向日以缺乏世界新知识见嘲者。今得此则呼格诺之为法兰西新教徒。糖尿病之为旧方书消渴症。可以娓娓而道矣。新学少年。未亲呫哔。每遇艰深之字句而不得其义解。习用之成语而莫知其所出者。得此亦可以博增闻识如对师友矣。中国文字。肄业綦难。一则由其源流之古。一则由其变化之繁。立国在数千年以前。而制字之早。几与相等。此古之说也。历代作家。各有其格言名论。精辞佳

---

* 选自《教育杂志》1916年第8卷第9号,标点仍其旧。

句。为后人所传诵。此繁赜之说也。我人试取中国之文著而读之。其援用故实。称引坟典者。几于所在而是。至诗词尺牍与夫颂扬称贺之文。则更无字无来历。无语不自古作家文字中搜罗而撷取之。况乎时局日新。则语言文字之陆续籾造。以合乎现世之需要者亦日夥。是于考古之外。复益以维新。苟欲随时随地随所见所闻以质诸师若友。则非第事势为难行。亦恐无此博学多识有问必答之邦人士。记者以是而知百科全书为不可少。辞源之作为不容已。而凡研究中国文字者。得此置诸案头。其困难纵或未能尽去。然亦可以缩减其太半耳。辞源之用。至广至博。记者于躬验之余。益为惬心满意。惟能更增一目录。标明某字某语之在某页。则此书乃弥复可珍。明知此种目录。编纂非易。然以如此巨著。而该书馆尚能不避艰困。终底于成。则区区目录。自无难举重若轻。该馆于再版时。倘能取记者斯议而一加审度。幸何可言。中外人士。凡财力足以将事者。记者敢切劝其概置一编。至朋友馈赠。则是书尤宜。以其为有用之物也。记者对于商务印书馆之编辑功成。不能不致其欣贺。而尤愿学界得此珍品。共知感谢。则于该馆嘉惠士林之意。庶几无负云。

华校杂志译文

辞源者。名辞之出处也。一千九百十五年。书出版于上海商务印书馆。制版五种。以纸质之精粗。卷帙之大小为别。甲种每部价二十元。乙种二十元。丙种十四元。丁种七元。戊种五元。甲种作中国装订十二册。余皆洋装两厚册。丁种内容。凡三千零九十四页。

商务印书馆成此书以饷世。其价值之巨。用途之广。无可疑也。中国旧有文字。已历无数世纪。极为丰富。近乃复增以新名辞。是为学者不可不晓。中国语文。世多称其为无生机者。乃能于谐声象形之中。逐日进化。其力甚伟。如博物、理化、法学、医学、历史、各专门名辞。中国皆能以相当之字。译其意义。而此等名辞。遂习见于文字。故中国今日不能不有一新辞典以收罗报纸及文明社会所习用之名辞。附于孔子所定名辞之后。陆尔奎先生率五十余人绩学之士。以八年之功。成此大箸。以饷吾侪也。

　　书之内容。先列二百十四部首。次汇难检之字为一表。表后则辞源见焉。其要点有四。（一）以中国切音之法。注每字之音。其法乃更取两字。以第一字为仆音。第二字为主音。联而读之。如九字注记有切。记有二字联读其音为九也。（二）此字属于何韵。（三）每字各义。皆引经据典。以明释之。并注其出处。但可惜不载明在于原书何章何页耳。闻中国人能默诵无数卷帙之书。故凡有引据。一览即了了。不须重检原书。然殊不便于我欧人也。（四）单字之下。胪列复辞。自二字至六七字不等。以字数及笔画之多寡为序。每辞皆举其出处。释其意义。叙其故事。而以简明之文字出之。略知书者皆能领悟。中国有无数难解之成语。至是。乃明如观火矣。如见一斑一语。若就字面解释。是见一污点也。而意义乃为略见。辞源引晋书此郎管中窥豹。时见一斑。言于管孔中观豹。只见其一处之斑文。而不能见全豹。此略见之义所由来也。书中所有动植物机械各名辞。均附图明示。而科学最新之字。并以英文原字附其下。至地名人名之译音。则以英语音为主。但译音一节。微有阙点。如 Otto, Oldenburg, Ottoman 等字第一字母 O 字之音。则译为鄂。Ohio, Otranto 等字之 O 音。则译为俄。Orinoco, Oviedo 等字之 O 音。则译为疴。Omar, Orange, Odssea 等字之 O 音。则译为奥。诸如此类。不胜枚举。信笔书来。毫无标准。何不以中国同一之字。译外国同字之音。较为合法也。

　　辞源比古迫 Couvreur 字典较有序不紊。即比秦乐士 Giles 所著者亦更完善。因辞源有引各名辞之出处。秦乐士之字典无此也。至辞源收辞之富。大非两家所可比。今试举一石中三金大六字为例。以各字典每字下所属之成语多寡之数。列表于下。

	出版年份	一	石	中	三	金	大
古迫	一九〇四	四八	三〇	七四	六	三七	一七
秦乐士	一八九二	一二六	八一	九三	八八	一一六	一八九
同	一九一二	一三〇	九〇	一一五	四一	一三二	一八九

辞源　　一九一五　二四四　二〇三　二〇六　四四七　二五九　四四六

辞源一书。可称为中国空前仅有最完备之辞典。即希腊罗马古代神灵之名辞。亦胪列其中。似属无用。至近代有名之人。登载颇详备。如载英国吉青纳将军。当一九一四年。欧洲大战。任为陆军大臣。载彼得格勒。即彼得堡。一九一四年。俄帝所改名。因堡为日耳曼语。而格勒则斯拉夫语也。载巴拿马运河。至一九一四年而开通。一九一五年设巴拿马万国博览会以庆其成。然有所不解者。如袁字之下而不见袁世凯。他如赛球会、拳匪、拳术、告竣、告退、立案等字。均为社会所习用者。乃亦遗漏焉。其余代用之字。如发电报以东冬江支等字代一二三四日者。倘辞源亦列而释明之。不亦善乎。尚有译音各字。兼收版克燕梳。岂以银行保险之意义为未足耶。鄙意似此佶屈聱牙之音。非万不得已者不可用之。于中国语文上乃至有益也。著辞源者。毫无仇视宗教之意。如耶稣、马利亚、圣彼得、圣保罗、教堂、教皇、旧约全书等字。均详列无遗。曾两释基督教三位之说。先见于三一之名辞。叙西安府景教碑三一妙身之语。次见于三位一体之名辞。言三位者。圣父圣子圣灵也。圣父为耶和华。圣子为耶稣。圣灵为父子共有之灵性也。虽有父子之殊。其性则一。故谓之三位一体。弥撒二字。释云亦曰玛斯。基督教仪式。即晚餐也。耶稣临难前。与使徒晚餐。言明以己为牺牲。代众人赎罪。酒即耶稣之血。面包即耶稣之肉。故弥撒为教会中最重礼典。教师行此所以为生者死者献牺牲于帝。以赎罪也。圣餐二字。所释与弥撒略同。以上各节。虽未能详确。然尚无慢侮之意。盖著书者于宗教名词。所引据之书籍。恐非善本。故不免错误。如称耶稣毅然以基督自信。及耶稣诞节有谓在十月者。有谓在一月六日者。传说无定。至第五世纪罗马教会始定以十二月二十五日。是日为冬至节。古代罗马人以此日礼太阳之神。他如误以耶稣会与天主教混而为一。以圣保罗为耶稣十二使徒之一。称新约全书成于西元三九七年。对于马太约翰之撰福音有疑惑之意。而对于黄帝之历史。伏羲时龙马之负图。及其他东方渺茫无稽之臆说。反据笔直书。不稍参以游移之词者。是何故也。书中尚称誉徐光启。谓中国之精究欧西科学。自光启始。因光启常与十七世纪之耶稣会人交游故也。光启尤善利玛窦。且受洗礼。加名保罗。此外亦盛称利玛窦通华文。多著书。热心传教云。

辞源以附录终篇。殊可珍贵。（一）世界大事表。共五十二页。始于西元前二六九七年。终于一九一五年。（二）现行行政区域表。据一九一四年所改定者。各县治今名之下。附以原名。（三）中国通商各埠表。附列欧美日本各国领事所在地。（四）中法英美俄日度量衡比较表。（五）化学原质表。注重金属。中列汉名英文拉丁文符号比重融点原子价发见时及发明者。

统而言之。辞源为极丰富之辞典。断不以吾侪所指摘之小疵。掩其重价。吾人不过欲劝勉宏量之箸作家。于再版之时。少留意焉。更望再版之时。当编号于部首。而记页之数目。自始至终。一贯全部。勿分册也。耶稣会柏德利亚。

教务杂志译文

辞源者。大著作也。商务印书馆大著作之一种也。凡有事于中国文字者。久欲得一如此之巨制。而今则斯愿偿矣。有康熙字典而无辞源。决不足以应用。何也。康熙字典之所无。为辞源之所有。而辞源实远轶乎康熙字典之上也。总之辞源者。新著也。当行之作也。其有关于言文若学术者。皆非康熙时代所能搜辑也。以言列字之多。则辞源兼字典之用。以言习语成语仂语等之宏富。则辞源又为以上种种之百科全书矣。计辞源所包赅者。曰古文。曰方言。曰文学。曰哲理。曰宗教。曰教育。曰历史。曰地理。曰政治。曰陆海军。曰天文。曰生理。曰物理。曰化学。曰算学。曰动物学。曰植物学。曰矿物学。曰生物学。曰卫生学。曰医学。曰农学。曰工学。曰商学。曰美术学。曰成语。曰习语。门类之众既若是。而列字之多。则约四百万言。多至三千余页。兼以彩色图画。安得不谓为学识之矿。经济之库也。编列总目。凡分二种。一依部首。一依笔画。依笔画者。以部首间涉晦昧。得此而检查较易也。然则辞源者。固兼具有字典与百科全书之体用者也。今即就此二者而次第观之。

一曰。辞源之性质类似乎字典也。编辑大意。与康熙字典略同。惟康熙偏乎古。辞源宜乎今。近世学术事业。突飞猛进。非辞源不足应其需要。且辞源列解。简而能赅。简则无繁琐累坠之弊。赅则学者所应知之各端。无不具备。试取心字之注解列下。

【心】【西音切侵韵】❶脏名。详心脏条。❷古谓心为思虑之官。凡属思虑者皆曰心。今亦以意识之现象。精神之状态。谓之心理。❸中也。凡言中央皆曰心。❹〔释名〕纤也。木之尖刺曰心。〔易〕其于木也。为坚多心。〔诗〕吹彼棘心。❺星名。详心宿条。

与旧字典互相比较。即知辞源既省目力。而又绝不挂漏矣。且康熙字典注解。多涉艰深。辞源则力求浅显。务使普通人士。与学校中人皆能领会。此其用心。尤足嘉也。以骈文四六诗古文等专科而言。视康熙字典或有未逮。故康熙字典尚未可全废。然即此专科。辞源中字亦多罗列。以供寻常文字之用。固绰绰有余矣。更进而比较之。则辞源有新字。有新语。有阐明古字古语之新解。其例如绿字之注释。

【绿】【间欲切沃韵】❶青黄色也。❷绿气之简称。详绿气条。❸草名。与菉同。〔诗〕终朝采绿。

此皆康熙之所无。虽时代不同。未足为康熙病。然辞源之切用。亦于此可见矣。

一曰。辞源之有似乎百科全书也。以辞源为百科全书。其关涉西文或西学处。以合乎华人之需要者为多。若英人则固有本国书籍。可资检查。然学识之关于华人方面者。在西人得而参考之。亦复获益不少。例如子三〇〇页。冠章之下。备列民国冠章。不特纪其历史。且复列有图画。泰西学者之研究斯道者。得此宁非一助。又如酉一二七页。路加之下。附以短释。此亦甚便于西人者也。至华人而有此。其功用之宏。益无待言。如铬字之下。备列种种化学名。而各系以短释。又如巳一七三页之电气火花。有图有注。甚合科学之用。此外何谓飞机。何谓潜艇。一经考查。即可知其梗概。而第二册之末。则附表甚多。莫不切合实用者也。此书美不胜收。非历举所能尽。兹仅述其纲要而已。

凡宏篇钜制。例有可以容旁观指陈。期其改良之处。记者所拟指陈者。要皆无关宏恉。而于是书价值。亦绝无贬损。惟愿该馆再版之际。注意于下列数端而已。(一)书中英文各名辞宜编著一目录。(二)英文有应行审查及修改处。例如财产刑译为 Pceuniary Punishment 未免晦涩。此语在英文有二解。甲、罚锾。乙、财与物之充公。例如赌博现获之财物。即可照此办理。(三)华文新名辞宜再扩充。(四)外国人名、地名有应斟酌。例如葡京自以立斯本之译名较为通行。若利斯本或英华大字典所列之里斯玻亚。则不甚相宜。(五)上述第四条内所称人名地名。应否专列一表。(六)现以集分页数。此后应否自第一页至末页。重列一始终相续之数。尚有一端。则中国装钉。向称松懈。辞源装钉时。宜力求坚固。兼求美观是也。以上数端。幸该馆采择。然辞源终为人人不可少之书。所宜立即购置。而无庸犹豫者耳。

(《教育杂志》1916年第8卷第9号)

《辞源》研究论文目录(1915—2008)

《辞源》出版以来,出现了很多有关《辞源》的研究文章。我们选编了这个目录,作为附录,供研究者参考。

《新字典》序　蔡元培　新字典　1914年
《新字典》书后　吴敬恒　新字典　1914年
《新字典》缘起　高凤谦　新字典　1914年
《辞源》说略　陆尔奎　东方杂志　1915年4月1日,第十二卷第四号
《辞源》之评语(未完)　教育杂志　1916年5月20日,第八卷第五号
《辞源》之评语(续第八卷第五号)　教育杂志　1916年9月20日,第八卷第九号

《辞源》续编发售预约　中国新书月报　1931,1(10/11),29
《辞源》正误　周侯于　苏中校刊　1933年第81期
《辞源》正误(续第八十一期)　周侯于　苏中校刊　1933年第86期
《辞源》正误(续八十六期)　周侯于　苏中校刊　1933年第93期
《辞源》简评　于霄汉　文化建设月刊　1935年第1卷10期
《辞源》订补序　瞿润缗　益世报(人文周刊)　1937年第5期
《辞源》订补　瞿润缗　益世报(人文周刊)　1937年第9期
《辞源》与《辞海》(上册)中天主教名词的误解　维笃　益世报(人文周刊)　1937年5月14日

《辞源》正误　瞿润缗　文学年报　1940年第6期
商务书馆筹辑新《辞源》　白莲　上海滩　1946年

《辞海》《辞源》天主教名词正误　　上智编译馆馆刊　　1947年

《辞源》将以新面貌问世——商务印书馆负责人谈修订近况　　舒典仁　　光明日报　　1962年5月19日
《辞通》《辞海》和《辞源》　　何多源　　羊城晚报　　1963年3月5日
专心搞好《辞源》修订工作　　中文系《辞源》修订小组　　广西民族学院学报　　1978年第1期
《辞源》修订工作加紧进行第一、第二分册今年内出版　　辞书研究　　1979年第1期
《辞源》（修订本）第一分册出版　　熙　　辞书研究　　1979年第2期
阅读古籍工具书《辞源》修订初稿全部完成　　人民日报　　1979年10月4日

成语引源散论——读《辞源》及《辞海·语词分册》　　梁之抑　　辞书研究　　1980年第1期
谈《辞源》释义　　赵克勤　　辞书研究　　1980年第1期
试评《辞源》修订本　　骆伟里　　辞书研究　　1980年第1期
谈"望文生义"　　胡昭镕　　辞书研究　　1980年第1期
《辞海》和《辞源》　　简介　　山西大学学报（哲学社会科学版）　　1980年第3期
"造诣"与"造诣"——《辞源》修订琐记之一　　顾绍柏　　学术论坛　　1980年第4期
"逋客"辨析——《辞源》修订琐记之四　　顾绍柏　　学术论坛　　1981年第6期
说"眼"——《辞源》修订琐记之二　　顾绍柏　　学术论坛　　1981年第1期
辨"檽"、"（聂木）"——《辞源》修订琐记之三　　顾绍柏　　学术论坛　　1981年第2期
从"（缦）"、"（缚）"二字谈起——《辞源》修订琐记之四　　顾绍柏　　学术论坛　　1981年第3期
《辞源》与《辞海》　　李云　　湖南城市学院学报　　1981年第4期
读新版《辞海》《辞源》札记　　陈增杰　　温州师范学院学报　　1981年第2期
简评修订本《辞源》（第一册）　　艾荫范　　中国语文　　1981年第1期
纠谬、补缺、充实——《辞源》修订散记　　刘叶秋　　辞书研究　　1981年第4期

前进的脚印——《辞源》修订工作的实践　舒宝璋　辞书研究　1981 年第 4 期
前人注解的取舍　顾绍柏　辞书研究　1981 年第 4 期
求源　沈岳如　辞书研究　1981 年第 4 期
人名条目的处理　郭庆山　辞书研究　1981 年第 4 期
节证的采择　张应德　辞书研究　1981 年第 4 期
一辈人接一辈人的事业——谈《辞源》的修订　吴泽炎　辞书研究　1981 年第 4 期
质量抽样分析　盛九畴　辞书研究　1981 年第 4 期
资料的积累和运用　苑育新　辞书研究　1981 年第 4 期
《辞源》(修订本)第一册中历史地名的一些错误　杨济安　地名知识　1982 年第 2 期
《辞源》(修订本)与新《辞海》　周行健　语文知识丛刊　1982 年第 4 辑
《辞源》翻检偶识　黄崇浩　黄冈师专学报　1982 年第 1 期
读新版《辞源》札记　蒋金德　语言学年刊　1982 年
论先秦不以"文"称"字"——兼谈《辞源》释"文"为"字"时所举的例证不当　周绍恒　怀化学院学报　1982 年第 2 期
新版《辞源》《辞海》"大九州岛"条驳议　朱炜　郑州师专学报　1982 年第 2 期
新版《辞源》小瑕举例　赵恩柱　教学与进修(镇江)　1982 年第 2 期
修订本《辞源》(第一、二册)综评　艾荫范等　中国语文　1982 年第 4 期
"塔"字和第一座塔考——新《辞源》"塔"条质疑　王春南　南京大学学报(哲社版)　1983 年第 4 期
《辞海》与《辞源》有什么区别　胡奇　语文学刊　1983 年第 1 期
《辞源》的历程　刘叶秋　中国出版　1983 年第 10 期
读修订本《辞源》"广部"偶识　伍仁　武汉师院学报(哲学社会科学版)　1983 年第 2 期
商务印书馆《辞源》组诸老　刘叶秋　辞书研究　1983 年第 4 期
我和词典　吴泽炎　辞书研究　1983 年第 6 期

"该"字指代义出现的时代——兼正商务《辞源》等解说之不确　古敬恒　徐州师范大学学报(哲学社会科学版)　1984年第4期

"语词为主,百科为辅"原则的体现——略谈《辞源》知识性条目的处理　苑育新　辞书研究　1984年第2期

《辞海·语词分册》新版《辞源》一些条目的补正　王承惠　台州师专学报(社科版)　1984年第1期

《辞源》(修订本)释义方面的一些问题　陈增杰　宁波师院学报(社科版)　1984年第4期

《辞源》(修订本)注音疑误举例　唐作藩　中国语文　1984年第6期

《辞源》"濠"下三条注释之失　申伯鱼　哈尔滨师专学报(社科版)　1984年第3期

《辞源》"文心雕龙"条辨正　赵坚　上海师范大学学报(哲学社会科学版)　1984年第2期

《辞源》编后琐议:汉字形义与源流关系浅见　刘基森　湖南教育学院学报(哲社版)　1984年第4期

《辞源》的单字注音　许振生　辞书研究　1984年第2期

《辞源》地名条目的编写　郭庆山　辞书研究　1984年第2期

《辞源》勘误一例　言之　学术研究　1984年第5期

《辞源》修订本1976—1983——回顾和前瞻　吴泽炎　辞书研究　1984年第2期

《辞源》修订本问世抒怀　陈原　辞书研究　1984年第2期

《辞源·一劳永逸》三误　田忠侠　社会科学辑刊　1984年第2期

啊,《辞源》　梅志　辞书研究　1984年第2期

参与编辑《辞源》之后　刘叶秋　辞书研究　1984年第3期

常用成语探源——对《辞源》所收成语有关出处引例的补正　李一华　北京大学学报(哲学社会科学版)　1984年第3期

《辞源》——修订本与其前后　吴泽炎　读书　1984年第4期

略谈辞书体例的创新——《辞源》修订例话　刘叶秋　辞书研究　1984年第2期

评《辞源》助词部分的释义　章也　文科教学　1984年第2期

《辞海》和《辞源》的区别　车吉　新闻与写作　1985年第1期

《辞源》(三)失收成语二十例探故　田忠侠　克山师专学报(哲社版)　1985年第1期

《辞源》(修订本)"河汾诸老诗集"条订正　马斗全　晋阳学刊　1985年第3期

《辞源》《辞海》注音商榷　裘锡圭　北京大学学报(哲学社会科学版)　1985年第5期

《辞源》订误二例　宦荣卿　重庆师范大学学报(哲学社会科学版)　1985年第4期

《辞源》修订本志疑小札　邓长风　古籍整理研究学刊　1985年第2期

《辞源》注音审读记略　邵荣芬　中国语文　1985年第5期

《辞源·劳苦》撮录原文有误　田忠侠　学习与探索　1985年第2期

《辞源·载酒问字》注释欠妥　田忠侠　学习与探索　1985年第4期

读《辞源》管见　鲜于煌　重庆师范大学学报(哲学社会科学版)　1985年第1期

对新版《辞源》"包弹"条的一点浅见　王开扬　淮阴师专学报(社科版)　1985年第2期

关于《辞源》的引证释义问题　熊飞　咸宁学院学报　1985年第1期

试评《辞源》的典故条目　徐成志　辞书研究　1985年第6期

修订本《辞源》(三)注释商榷　田忠侠　齐齐哈尔师范学院学报(哲社版)　1985年第1期

修订本《辞源》(三)注释商榷　田忠侠　齐齐哈尔师范学院学报(哲社版)　1985年第2期

修订本《辞源》误注通假举例　王海根　徐州师专学报　1985年第2期

读新《辞源》引证《聊斋》的词条　张毓琎　辞书研究　1985年第3期

"败北"释义探源——兼与新版《辞源》编者商榷　康苏　殷都学刊　1986年第4期

《辞源》"讽一劝百"注释商榷　黄新亮　湖南城市学院学报　1986年第4期

《辞源》订补零札　　袁宾　　广西大学学报（哲学社会科学版）　　1986年第1期
《辞源》翻检识语　　宦荣卿　　词典研究丛刊　　1986年第7期
《辞源》释义失误的原因举例　　吕友仁　　河南师范大学学报（哲学社会科学版）　　1986年第二·三期
从潮汕方言看《辞源》释义的错漏——"方言与辞典"补证　　林伦伦　　韩山师范学院学报　　1986年第2期
对《辞源》进一言　　王建国　　天津师范大学学报（社会科学版）　　1986年第3期
说《辞源》的"源"　　羊子叶　　南充师院学报（哲社版）　　1986年第3期
孙奇逢曾讲学于苏州吗——对《辞源》"孙奇逢"条的商榷　　李知文　　贵州文史丛刊　　1986年第2期
新《辞源》注音校读札记　　张企予　　西南师范大学学报（哲社版）　　1986年第2期
新版《辞源》成语定型书证补例　　李功成　　汕头大学学报（人文社会科学版）　　1986年第1期
新版《辞源》近代语词若干条目解说商兑（上）　　王锳　　语文建设　　1986年第5期
新版《辞源》近代语词若干条目解说商兑（下）　　王锳　　语文建设　　1986年第6期
修订《辞源》查书工作的几点感受　　许振生　　词典研究丛刊　　1986年第7期
《辞源》（四）若干词语释义商兑　　田忠侠　　求是学刊　　1987年第2期
《辞海》《辞源》人物条释义失误举例　　诸伟奇　　安徽大学学报（哲学社会科学版）　　1987年第1期
《辞源》（修订本）罅漏拾补　　颜洽茂　　杭州大学学报（哲社版）　　1987年第4期
《辞源》处理通用字的几个问题　　张宇平　　辽宁广播电视大学学报（社科版）　　1987年第3期
《辞源》单音节词条义项错漏举隅　　林伦伦　　《词典研究丛刊》　　1987年第8期
《辞源》翻检散记　　汪贞干　　黄石教育学院学报　　1987年第1期
《辞源》商兑二例　　陈君谋　　苏州大学学报（哲学社会科学版）　　1987年第3期
《辞源》书证疏误三则　　李文泽　　四川大学学报（哲学社会科学版）　　1987年第2期

古汉语褒贬同形词的性质及成因——兼评新老《辞源》对这类词的释义　张天望　
　　武汉大学学报（人文科学版）　1987年第2期
评台湾省《（增修）辞源》　潘杏梅　图书馆研究与工作　1987年第2期
新《辞源》词条补遗　彭逢澍　娄底师专学报　1987年第3期
修订本《辞源》第三册注释商榷（之六）　田忠侠　绥化学院学报　1987年第4期
《辞源》翻检散记（续）　汪贞干　黄石教育学院学报　1988年第1期
《辞源》翻检散记（三）　汪贞干　黄石教育学院学报　1988年第2期
《辞源》纠谬一则　杨毅　中国社会科学院研究生院学报　1988年第4期
《辞源》申集注释商榷——《辞源考订》续篇之二　田忠侠　齐齐哈尔大学学报（哲学社会科学版）　1988年第3期
《辞源》疏漏一例　欧阳世昌　学术研究　1988年第1期
《辞源》剔疵　仇仲谦　河池师专学报（文科版）　1988年第4期
《辞源》巡礼　孔仲温　国文天地（台）　1988年第3期
读《辞源》修订本札记　张蓁　天水师专学报（混合版）　1988年第2期
读新版《辞源》偶识　张涤华　安徽师范大学学报（人文社会科学版）　1988年第2期
陆尔奎与《辞源》　宗清元　文史杂志　1988年第5期
新版《辞源》成语定型书证补例（二）　李功成　汕头大学学报（人文社会科学版）　1988/Z1
修订本《辞源》（四）词语溯源考（上）　田忠侠　社会科学战线　1988年第4期
"两脚"、"旧脚"辨析——兼评《辞源》"脚"的解释　王治林　西部学坛（哲社版）　1989年第3期
《辞源》（修订本）失误补正　宫庆山　齐鲁学刊　1989年第5期
《辞源》"内部失调"举隅　伍宗文　辞书研究　1989年第4期
《辞源》八十年　许振生　《求是》　1989年第2期
《辞源》补正　杨东甫　广西师院学报（哲社版）　1989年第2期
《辞源》翻检散记（四）　汪贞干　黄石教育学院学报　1989年第1期

《辞源》翻检散记　汪贞干　黄石教育学院学报　1989年第2期

《辞源》天文词目释义献疑　徐传武　文史哲　1989年第5期

《辞源》疑误　袁庆述　社会科学　1989年第2期

《辞源》疑误——《读书识小》之四　袁庆述　甘肃社会科学　1989年第2期

《辞源》寅集注释商榷(上)——《辞源考订》续篇之十　田忠侠　绥化学院学报　1989年第4期

《辞源》酉集注释商榷(下)——《辞源考订》外篇之四　田忠侠　青海师范大学学报(哲学社会科学版)　1989年第4期

端溪　端砚考——关于《辞源》"端砚"注释考证　曾特　广东社会科学　1989年第3期

古汉语辞书的分部和归字——兼论新版《辞源》的某些失误　叶萌　辞书研究　1989年第3期

论修订本《辞源》之得失　田忠侠　中国图书评论　1989年第1期

实字、虚字不同于实词、虚词——《辞海》、《辞源》释义献疑　思奎　西部学坛　1989年第4期

新《辞源》误释联绵词例说　汪贞干　固原师专学报　1989年第3期

新版《辞源》成语溯源书证商例　李功成　汕头大学学报(人文社会科学版)　1989年第4期

修订本《辞源》(四)词语溯源考证(下)　田忠侠　社会科学战线　1989年第2期

"胘"者，毛乎？肉乎？——《辞源》的错训引起课文《五蠹》的误注　程功明　中学语文教学　1990年第10期

《辞源》(修订本)卯集注商(上)　田忠侠　管理与教学　1990年第1期

《辞源》(修订本)书证刍议　董志翘　辞书研究　1990年第4期

《辞源》"辟纑"释义辨正　张家英　中国语文　1990年第2期

《辞源》辩正一则　淮沛　暨南学报(哲学社会科学版)　1990年第3期

《辞源》补正(续)　山民　广西教育学院学报(综合版)　1990年第1期

《辞源》的疏误　姚国旺　北京师范学院学报(社科版)　1990年第2期

《辞源》翻检散记(六)　汪贞干　黄石教育学院学报　1990年第1期

《辞源》失收或收例过晚的双音词　何志华　词典研究丛刊　1990年第11辑

《辞源》释义考证　陈霞村　语文研究　1990年第3期

《辞源》午集释义商榷　何九盈　王力先生纪念论文集　商务印书馆　1990年

《辞源》修订本简评　郭良夫　词汇与词典　商务印书馆　1990年

《辞源》训释术语商榷　毛远明　四川师范学院学报(哲学社会科学版)　1990年第1期

辨《说文》段注"洟"、"沫"二篆注误兼辨《辞源》、《辞海》同字条之误　周及徐　四川师范大学学报(社会科学版)　1990年第4期

试析"辟"的词义系统:兼说《辞源》的释义缺陷　张家英　佳木斯教育学院学报　1990年第4期

新旧《辞源》浅议　张秀兰　图书与情报工作　1990年第1期

《辞源》(修订本)补正　张喆生　中国语文　1991年第6期

《辞源》(修订本)通假注释的几个问题　余大光　黔南民族师专学报(哲社版)　1991年第1期

《辞源》(修订本)在台湾出版　辞书研究　1991年第4期

《辞源》(修订本)指瑕　王彦坤　暨南学报(哲社版)　1991年第3期

《辞源》订讹一则　蒋禄信　邵阳师专学报　1991年第1期

《辞源》翻检散记(七)　汪贞干　黄石教育学院学报　1991年第1期

《辞源》翻检散记(八)　汪贞干　黄石教育学院学报　1991年第2期

《辞源》教育科举条目释义疑误　张虎刚　天津师范大学学报(社会科学版)　1991年第6期

《辞源》献疑　村夫　李翔德　博览群书　1991年第4期

《辞源》修订本的诸问题　张凤贺　唐山师专·唐山教育学院学报　1991年第6期

《(辞源)考订》反响强烈　亦木　管理与科学　1991年第1期

绳愆纠谬　嘉惠士林——评田忠侠《辞源考订》　罗邦柱　辞书研究　1991 年第 1 期

修订本《辞源》疏误举例　李步嘉　古汉语研究　1991 年第 4 期

修订本《辞源》戌集注商(中)　田忠侠　管理与教学　1991 年第 1 期

《辞源》"崆峒"释义辨正　谌东飚　长沙理工大学学报(社会科学版)　1992 年第 1 期

《辞源》辨误三则　贺永松　怀化学院学报　1992 年第 3 期

《辞源》翻检散记(九)　汪贞干　黄石教育学院学报　1992 年第 2 期

《辞源》释义补证　陈霞村　语文研究　1992 年第 2 期

《辞源》引例浅议　陈霞村　辞书研究　1992 年第 5 期

《辞源》引例考证　陈霞村　山西大学学报(哲学社会科学版)　1992 年第 1 期

《辞源》正误三则　邵冠勇　中国图书评论　1992 年第 4 期

谈《辞源》、《辞海》部分词条的疏失及其它　张家骞　文教资料　1992 年第 2 期

新版《辞源》释义补正　丁鼎　徐州师范学院学报(哲学社会科学版)　1992 年第 3 期

《辞源》记趣　朱健　读书　1992 年第 8 期

《辞源》拾遗　王立　外交学院学报　1993 年第 1 期

《辞源》释义考　史晓平　华东师范大学学报(哲社版)　1993 年第 5 期

补苴罅漏，张皇幽眇：评价田忠侠新着《辞源续考》　田兆民　北方论丛　1993 年第 5 期

大型字词工具书使用札记之一——《汉语大词典》、新版《辞源》若干条目商兑　张标　河北师范大学学报(哲学社会科学版)　1993 年第 3 期

读《辞源》(修订本)零札　张家英　哈尔滨师专学报　1993 年第 3 期

谈谈《辞源》中通用字的训释问题　朱英贵　都江教育学院学报　1993 年第 2 期

关于"反水浆"、"反坐"、"反左书"、"反侧"等词语的训释——兼与《辞源》、《辞海》、《汉语大词典》商榷　刘喜军　贵州师范大学学报(社会科学版)　1993 年第 4 期

修订版《辞源》检读零札　丁鼎　镇江师专学报(社会科学版)　1993 年第 3 期

萤雪自励,烛照学人:读田忠侠考订《辞源》二书　羊昀　中国图书评论　1993年第6期

《辞源(修订本)》引用书证举误　张家英　语言文字学　1994年第1期

《辞源》(修订本)"广"部审音商兑　王建明　孝感教育学院学报(综合版)　1994年合刊(总第三期)

《辞源》(修订本)献疑　毛远明　四川师范学院学报(哲社版)　1994年第1期

《辞源》(修订本)引用书证商补　程志兵　赵红梅　伊犁师范学院学报(社科版)　1994年第4期

《辞源》订误四则　毛远明　中国语文　1994年第4期

《辞源》所收名物词订讹——《中国古代名物大典》编写手记　李雁　天津师范大学学报(社会科学版)　1994年第4期

《中国历代文学作品选》通假字注释商榷:兼评《辞海》《辞源》对某些字的处置　黎曙光　广西民族学院学报(哲社版)　1994年第1期

20世纪中国第一部新型大词典——《辞源》编纂体制说略　杨文全　贵州社会科学　1998年第3期

白璧微瑕——《辞源》求源中的一个失误　刘运好　辞书研究　1994年第5期

高中语文通假字注释质疑——兼评《辞海》《辞源》对某些字的处置　黎曙光　语文学刊　1994年第3期

浅议《辞源》六失　刘世宜　辞书研究　1994年第6期

因声溯源　考析汉字本义——《辞源》编后琐议之二　刘基森　辞书研究　1994年第6期

《辞源》释义指瑕　董德志　许昌师专学报　1995年第1期

《辞源》修订本条目札记　陈兴伟　古汉语研究　1995年第1期

《辞源》与《辞海》的比较　李俊　辞书研究　1995年第2期

《辞源》职官词目释义订误　杜文玉　渭南师专学报　1995年第2期

当代词典研究的两部力作——评田忠侠教授《辞源考订》《辞源续考》　村夫　新闻出版交流　1995年第1期

"觑""脚""却"形音义考——兼谈《辞源》《汉语大字典》的注音　张归璧　古汉语研究　1995 年第 1 期

《辞源》翻检散记(十)　汪贞干　黄石教育学院学报　1995 年第 2 期

《辞源》举误八例　朱惠仙　台州学院学报　1996 年第 2 期

《辞源》修订史略　沈岳如　辞书研究　1996 年第 4 期

《辞源》札记十则　马振亚　沈阳师范学院学报(社科版)　1996 年第 1 期

《辞源》指疵　董德志　许昌师专学报　1996 年第 4 期

浩浩乎大哉,《辞源》　田忠侠　辞书研究　1996 年第 4 期

"百二"考——兼与《辞源》"百二"辞条解义商榷　李耀仙　四川师范学院学报(哲学社会科学版)　1997 年第 4 期

《辞源》(修订本)中的"通"、"同"及其它　陈朝阳　黔南民族师专学报(哲社版)　1997 年第 2 期

《辞源》、《辞海》、《汉语大词典》"女史"释例商榷　郑之洪　学术研究　1997 年第 8 期

《辞源》释"天骄"辨正　王宗祥　辞书研究　1997 年第 2 期

解放前商务印书馆图书差错率十六万分之一:从《辞源(改编本)》校样看事后监督　汪家熔　出版发行研究　1997 年第 1 期

《辞源》释"天骄"辨正　王宗祥　辞书研究　1997 年第 2 期

《辞源》(修订本)注音商榷　王兆鹏　语文建设　1998 年第 10 期

《辞源》翻检散记(十一)　汪贞干　黄石教育学院学报　1998 年第 2 期

《汉语大词典》《辞源》收释近代汉语词语之不足　赵红梅　程志兵　伊犁师范学院学报(社科版)　1998 年第 4 期

浅谈《辞源》与《辞海》　孙炜　语文知识　1998 年第 7 期

中国新型汉语大词典的滥觞:《辞源》述论　杨文全　广东社会科学　1998 年第 4 期

《辞源》(修订本)举误　刘勇　扬州教育学院学报　1999 年第 2 期

《辞源》"昭明太子"条注释指误　刘晟　辞书研究　1999 年第 1 期

《辞源》释"怨刺"辨析　蒋立甫　安徽师范大学学报(人文社会科学版)　1999年第4期

《辞源》摘疵　汉忠　阿坝师范高等专科学校学报　1999年第1期

百尺竿头还望高——《辞源》不足初探　陆华兴　常州工学院学报　1999年第3期

新《辞源》部分古代史实评介商榷　李绍平　湖南师范大学社会科学学报　1999年第2期

《辞源》(修订本)补正七则　张国光　遵义师范学院学报　2000年第1期

《辞源》"三礼"条目疏误例析(之一)　骆伟里　苏州教育学院学报　2000年第1期

《论语》"文莫"义辨——兼评《辞源》、《汉语大词典》有关"文莫"的词条与释义　徐前师　船山学刊　2000年第1期

为《辞源》匡正一误　陈麟德　江海学刊　2000年第1期

加强训诂研究　提高辞书质量——《辞源》释义商榷　陈霞村　山西大学学报(哲学社会科学版)　2000年第3期

《辞源》——近代第一本词书　汪家熔　出版史料　2001年第1期

对修订《辞源》的回忆　张弦生　河南图书馆学刊　2001年第1期

何谓"杀青"——关于《辞源》、《辞海》一处引文的断句　纪国泰　成都师范高等专科学校学报　2001年第1期

《辞海》、《辞源》"宫调"辞条释义商榷　杨殿斛　黔南民族师范学院学报　2001年第2期

如何便捷地利用《辞源》与《辞海》　周淑英　九江师专学报　2001年第2期

《辞源》、《辞海》匡误二则　王一军　十堰职业技术学院学报　2001年第3期

《辞源》、《辞海》的开创性　汪家熔　辞书研究　2001年第4期

《辞源》(修订本)补正　毛远明　语文辞书补正　巴蜀书社　2002

《辞源》"三礼"条目疏误例析(之二)　骆伟里　苏州教育学院学报　2002年第1

期

从《辞源》看古汉语辞书编纂应注意的问题　杨雅丽　西安电子科技大学学报(社会科学版)　2002年第1期

《诗·豳风·东山》"蜎"、"蠋"二字音议兼辨《辞源》、《辞海》、《现代汉语词典》之误　鲁国尧　鲁国尧语言学论文集　江苏教育出版社　2003年

《辞源通考》序　汪耀楠　辞书研究　2003年第1期

读《辞源》(修订本)札记　熊寿康　阿坝师范高等专科学校学报　2003年第4期

怎样使用《辞源》、《辞海》　冯惠遵　现代情报　2003年第7期

《辞源》"三礼"条目疏误例析(之三)　骆伟里　苏州教育学院学报　2003年第2期

《辞海》、《辞源》黍稷释义考辨　芮执俭　西北师大学报(社科版)　2004年第2期

《辞源》"三礼"条目疏误例析(之四)　骆伟里　苏州教育学院学报　2004年第1期

《辞源》"三礼"条目疏误例析(之五)　骆伟里　苏州教育学院学报　2004年第2期

《辞源》"三礼"条目疏误例析(之六)　骆伟里　苏州教育学院学报　2004年第3期

《辞源》"三礼"条目疏误例析(之七)　骆伟里　苏州教育学院学报　2004年第4期

《辞源》订补数则　程志兵　伊犁师范学院学报　2004年第2期

《汉语大词典》等辞书"枭"字释义商补　胡运飚　贵州大学学报(社科版)　2004年第2期

《后汉书》所见辞书未收词语续释　王彦坤　周若虹　佛山科学技术学院学报(社科版)　2004年第4期

聊斋俚曲补正《辞源》八则　董绍克　蒲松龄研究　2004年第3期

廿载辞书缘未了　白头犹著考订书——喜读田忠侠教授《辞源通考》　李兴盛　黑龙江社会科学　2004年第1期

新版《辞源》中部分词语释义、引证考　　王立　外交学院学报　2004 年第 4 期

《辞源》"三礼"条目疏误例析（之八）　　骆伟里　苏州教育学院学报　2005 年第 1 期

《辞源》"三礼"条目疏误例析（之九）　　骆伟里　苏州教育学院学报　2005 年第 2 期

《辞源》"三礼"条目疏误例析（之十）　　骆伟里　苏州教育学院学报　2005 年第 3 期

《辞源》"三礼"条目疏误例析（之十一）　　骆伟里　苏州教育学院学报　2005 年第 4 期

《辞源》《辞海》偶识举隅　　丁治民　社会科学战线　2005 年第 3 期

《辞源》《汉语大字典》《汉语大词典》标音失误辨正二则　　雷昌蛟　遵义师范学院学报　2005 年第 2 期

从《辞源》"盻"、"盼"音义释读说起　　熊良智　辞书研究　2005 年第 3 期

析《辞源》和《汉语大词典》释义失误例　　谢序华　怀化学院学报　2005 年第 3 期

新版《辞源》中部分词语释义、引证考　　王立　内蒙古师范大学学报（哲社版）　2005 年第 6 期

《辞源》（修订本）"导（三）""藁"释正　　王凤华　古籍整理研究学刊　2006 年第 4 期

《辞源》《汉语大字典》《汉语大词典》"汤"字标音失误辨正　　雷昌蛟　遵义师范学院学报　2006 年第 4 期

吴亡后"西施从范蠡作五湖之游"考辨——兼评《辞源》、《辞海》等关于西施之注　　胡昭著　韶关学院学报　2006 年第 8 期

辞书中与塞北相关五词字释义疏漏补遗——与《汉语大词典》、《辞源》等编辑商榷　　胡廷荣　赤峰学院学报（汉文哲学社会科学版）　2006 年第 3 期

穷经据典溯根源　踏破铁鞋觅辞真——说说修订《辞源》的甘苦　　顾绍柏　中国编辑　2006 年第 6 期

《辞源》等"舅母亲"条订误　　杨华　辞书研究　2007 年第 3 期

《辞源》忆旧　舒宝璋　辞书研究　2007年第4期

试论《辞源》"西席"释义的引文不当　纪国泰　时代文学(理论学术版)　2007年第5期

释"孟姜"——兼与《辞海》《辞源》商榷　王珏　周口师范学院学报　2007年第3期

什么是"福"——兼与《汉语大字典》和《辞源》商榷　王智杰　内蒙古电大学刊　2007年第3期

《辞源》修订三议　史建桥　古汉语研究　2008年第1期

浅谈《辞源》辞目的增补问题　贺卫国　古汉语研究　2008年第3期

《辞源》医学词条"疒病"考辨　章红梅　南京中医药大学学报(社会科学版)　2008年第3期

《辞源》引《周易》词语商榷　邹璐　古汉语研究　2008年第4期

《辞源》:商务印书馆百年的记忆　乔永　读书文汇周报　2008年11月28日

《辞源》编纂修订百年记事*

乔 永

《辞源》是上世纪初借鉴国外辞书编纂工艺，以现代辞书学理论为指导首创体例的第一部新型辞书，被誉为第一部中国百科全书。《辞源》创立的编写体例奠定了现代汉语辞书编纂体例和基本格局。《辞源》编撰与出版已有百年历史，回顾《辞源》编纂和修订的百年历程，对现代辞书编纂与修订和我们《辞源》新的修订有重要价值。

一

1906年（清光绪三十二年），商务印书馆成立辞典部，聘陆尔奎任部长。陆尔奎（1862—1935年），字浦生，号炜士，江苏武进人。光绪十七年（1891）举人。

1908年春（清光绪三十四年），始编《辞源》①。"欲求文化之普及，亟应创编新书。""国无辞书，无文化之可言也。""一国之文化，常与其辞书相比例。""戊申（1908）之春，遂决意编纂此书。其初同志五六人，旋增至数十人。"②

---

* 本文根据所收集到的《辞源》资料编辑而成，发表于《出版史料》2009年1期。收入本论文集略有增补。限于水平，可能仍有疏漏，挂一漏万，敬请方家补正。

① 一说认为《辞源》编纂始于1905年，前后共10年，1915年正式出书。见吴泽炎《一辈人接一辈人的事业——谈辞源修订》。许振生也认为"1905年，《辞源》的编纂工作开始了"，见《辞源》八十年。

② 见陆尔奎《辞源说略》。

《辞源》出版前,汇辑所收单字字头,编《新字典》。①

1912年9月,《新字典》分精装和线装两种出版②。线装分为六卷,前4卷为正编,按地支分为12集,后两卷为检字表、附录等。编者陆尔奎、蔡文森、傅运森、张元济、方毅、沈秉钧、高凤谦等。蔡元培作序。《新字典》是《康熙字典》后第一本新式字典。以现代辞书学理论为指导,结合时代要求,改变了传统字书的编纂模式,在收字、释义、义项排列、附图、检索、附录等等方面都有所创新。

《新字典》注意收录近代科技新字和常用俗字。"凡字典所有之字无一不备;其通俗之字(如炸、礁等)、新制之字(如钙、镍等)、日本所制之字(如腺等)为字典所无者,无不补入。"③常用字列入正编,不常用字列入补编。当月售出二万五千部。

1914年2月,《新字典》64开缩印本出版。《新字典》按照部首和笔画多少编制了检字表。创立了检字表、难检字表的编制体例和方法。

1915年10月,《辞源》出版。主编陆尔奎、高凤谦、方毅等。编者杜亚泉、孙毓珍、张元济、傅运森、蒋维乔、庄俞、孟森、顾实、殷惟和、刘秉麟、谢观等,前后参加者50多人。

根据"纸质之精粗,卷帙之大小"④,《辞源》分甲(大本12册)乙(大本二册)丙(大本二册)丁(中本二册)戊(小本二册)五种版式出版。后称《辞源》正编。初版二十万部,当月再版印刷十万部。

全书字词并重。"此书仍以新字典之单字提纲,下列复辞。"⑤在单字词目下,收列成语、掌故、典章制度、天文、地理、人名、物名、书名、地名、事件名、音乐、技艺、医卜星相、花草树木、鸟兽虫鱼等名词。内容广及政治、经济、法律、哲学、艺术、心理学、化学、医学、物理学等各个方面。共收单字1万余个,复词10万余条,按214个部首排列。共400万字,3000余页。字音的标注,采用清李光地《音韵阐微》的

---

① 见高凤谦《〈新字典〉缘起》。"……至今年而脱稿,命之曰辞源。又刺取其单辞,先付手民,命之曰新字典。"
② 见汪家熔"《辞源》《辞海》的开创性"。
③ 字典指《康熙字典》,见《新字典》预约广告。
④ 见"《辞源》之评语",华校杂志译文记载。
⑤ 见陆尔奎《辞源》说略。

反切。

《辞源》是我国第一部以语词为主、兼及百科的综合性新型大辞典。是中国现代史上第一部大型汉语语文工具书。收词以常见为主,强调实用。正文以单字字形、笔画为排列依据,将复词附于单字字头之下。这种排列方式,创立了中国近现代大型辞书编纂的基本模式。

《辞源》编纂历时8年。使用的资料10万多卷,耗资13万银元。陆尔奎作序文《辞源说略》,第一次明确了"辞书"概念和编纂思想。

与《辞源》分类相适应,编纂人名、地名、动物、植物、哲学、医学、教育、数学、矿物等大辞典,后陆续出版。①

1916年,茅盾写信赞扬"商务印书馆的出版事业常开风气之先,《辞源》又是一例",希望"引书注篇名""多收新词"。

1922年,方毅和傅运森担任国文字典委员会主任,主持《辞源》续编编纂工作。《辞源》续编主要是增补新名词。

1928年,因《辞源》编纂检字法的需要,林语堂、王云五、高凤谦等创造完善"四角号码查字法",出版《四角号码学生字典》。

1931年12月,《辞源》续编出版②。方毅、傅运森主编。增补新词三万余条。引书注篇目。方毅作《辞源续编说例》,"将正续两编性质比较,一则注重古言,一则广收新名。正书为研究书学之渊薮,此编为融贯新书之津梁。正可互救其偏"。编者方宾观、钱智修、何元、杜其堡、蒋维乔、庄俞、孟森、顾实、殷惟和、刘秉麟、谢观等。

1936年,中华书局《辞海》出版,使用新式标点,引例注篇名,形成与《辞源》竞争的局面。

1937年初,设置"《辞源》增订处",制定《增订辞源工作计划》,开始全面增订《辞源》。傅运森主持。全书加新式标点。王君复、周云青、周建人、冯宾符、杨荫深、华国章等10余人参加。

同年,开始《辞源》正续编合订本工作,傅运森、唐凌阁主持。其中,陆石生主持

---

① 见方毅《辞源续编说例》。"当《辞源》出版时,公司当局,拟即着手编纂专门辞典二十种,相辅而行。"
② 《商务印书馆110年大事记》记载1932年出版《辞源·续编》,根据《上海出版大事记》记载,应为1931年。

为《辞源》合订本编四角号码索引①。

1939年6月,《辞源》正续编合订本在香港出版。全四册。全书收单字11204个,复词87790个。合计词目98994条,约700万字。卷首有部首目录、笔画检字,卷末有四角号码索引等附件,查检较为方便。

1946年,筹辑新《辞源》。②

1947年8月,筹编《辞源》简编,专供一般读者使用。压缩篇幅为全书的三分之一,单字一万余个全部保留,复词保留一万余条,其中新名词占十分之二,旧名词占十分之八。引例加注篇名。

1949年《辞源》简编出版。后改名《辞源》改编本,1950年出版。

《辞源》正、续编及其合订本先后问世以后,都深受知识界的欢迎,共印行各种版式的《辞源》暨合订本190万部③。

40余年间,续编、增补、合订、简编等,都是在1915年《辞源》正编基础上不断地充实、完善的,体例和宗旨都没有改变。

二

1958年8月,《辞源》修订工作开始。

决定修订《辞源》、《辞海》,新编《现代汉语词典》,并明确各自的修订编纂方向。《辞源》由综合性百科辞书,修订为专门古汉语辞书。

1959年6月,商务印书馆陈翰伯接受了修订《辞源》的任务。具体明确了《辞源》修订方针任务④。根据与《辞海》《现代汉语词典》的分工,确定把《辞源》修订成

---

① 据唐锦泉"回忆王云五在商务的二十五年"记载。
② 见白莲《商务印书馆筹辑新〈辞源〉》,《上海滩》1946,(16)。
③ 据沈岳如"《辞源》修订史略"记载。另一说认为"至1949年,《辞源》印量达400万册",见《商务印书馆与中国近代文化》,史春风著,北京大学出版社,2006年。另见刘叶秋《中国字典史略》。
④ 1959年中宣部曾在部长办公会议上研究了修订《辞源》的方针任务,向中共中央作了《关于修订〈辞海〉〈辞源〉问题的请示报告》。

为阅读一般古籍用的工具书和为古典文史研究工作者用的参考书,以具有高中以上文化水平的读者为对象。商务印书馆设置了"辞源组",吴泽炎任组长,还有赵守俨、周云青、刘叶秋、吴玉如、张子厚、王庚龄、陈丙炎等。

1962年,《光明日报》报道"辞源将以新面貌问世",[①]介绍修订情况。

1964年,修订稿第一分册(征求意见稿)出版。卷首《辞源修订稿序例》将编辑修订内容概括为:删去全部新词;检查和改正立场、观点上的问题;在单字下加注汉语拼音、注音符号,并注《音韵阐微》《广韵》的反切,标出声纽。[②]

1965年,修订稿第二分册完成一半。第三、四分册完成初步加工。1966年,由于"文化大革命"修订工作中止。

这次修订,《辞源》体例、宗旨和编纂方针、读者对象等完全改变,对《辞源》影响重大。这次修订积累的经验为以后的修订工作奠定了基础。

1971年,恢复出版工作后,又继续积累了一些资料。[③]

1975年夏,《辞源》修订工作再次列入了国家辞书出版规划。中央指定由广东、广西、河南、湖南四省(区)分别成立修订机构,协助商务印书馆《辞源》编辑部共同完成修订工作。这次修订继承1958年分工,《辞源》仍为阅读古籍用的工具书和古典文史研究工作者的参考书。

1976年,召开《辞源》修订广州协作会议。制定编辑体例和修订细则。

1977年,确定修订《辞源》的方案(四稿)。提出"以语词为主,兼收百科;以常用为主,强调实用;结合书证,重在溯源"的方针。广泛收集古代汉语中常见的词语,删《辞源》中现代自然科学、社会科学和应用技术的词语。收词止于鸦片战争(1840)。单字下注汉语拼音和注音字母,并加注《广韵》反切,标出声纽以及释义、书证。《广韵》未收的字,采用《集韵》或其他韵书、字书的反切。附四角号码索引和汉语拼音索引。全面使用新式标点。

[①] 舒典仁"辞源将以新面貌问世——商务印书馆负责人谈修订近况",《光明日报》1962年5月19日。
[②] 详见沈岳如《〈辞源〉修订史略》。
[③] 陈翰伯同志一月十五日在修订《辞源》协作座谈会上的讲话。

1979年9月,《辞源》修订本修订初稿全部完成①。国庆三十周年献礼书——《辞源》第一分册出版,印20万册。单字仍按214部首排列。释义溯源及流,书证标明作者、篇目和卷次。首次采用"参见""参阅"形式,把一个词目涉及的有关条目,结成一片②。收词丰富,释义准确。对典章制度、人名、地名、书名以及天文星象、医术、技术、花鸟虫鱼等兼收并蓄,熔词汇、百科于一炉,体现了工具性、知识性和可读性。

1979年6月,叶圣陶题写《辞源》修订本书名。③ 吴泽炎20余年为《辞源》做了30万张词条卡片。

1979年9月,商务印书馆召开《辞源》修订本第一分册出版座谈会。叶圣陶、张友渔、胡愈之、白寿彝、王力、吕叔湘、陈翰伯、任继愈、王子野、吴泽炎、黄秋耘等参加。

1979年12月,《辞源》组召开《辞源》修订工作座谈会,总结《辞源》修订工作。

1980年9月,《辞源》修订本第二分册出版。印20万册。

1981年12月,《辞源》修订本第三分册出版。《辞源》第二分册港版出版,发行南洋及全世界④。

1983年9月,《辞源》修订本第四分册出版,《辞源》修订本全部完成。全书共4册,3620页。共收单字12890个,复词84134条,总计97024条,总字数1000万字。

《辞源》修订本由吴泽炎、黄秋耘、刘叶秋主编。商务印书馆辞源组有沈岳如、林衡、周行健、苑育新、徐敏霞、许少峰、许振生、郭庆山、黄筠、杨任之、赵克勤、舒宝璋等12人。广东有王涛、黎敏子和谢拼等27人。广西有王东犇、盛九畴和顾绍柏等20人。河南有赵天吏、张桁和王鸿芦等20人。湖南有方克、刘晴波和张应德等30人⑤。

---

① 见《人民日报》1979年10月4日。

② 吴泽炎《〈辞源〉修订本1976—1983》。见《辞书研究》1984年第2期。另:设"参阅"项,既可为专业研究工作者提供参考资料,扩大辞书的使用功能,也可以说明词义的解释之所以确切可信的依据。

③ 1915年出版的《辞源》书名是郑孝胥题写。

④ 见商务印书馆馆讯第73号,1981年1月12日。

⑤ 详细名单请参见《辞源》修订本第4册,参加本书修订工作的主要人员。四省区加商务《辞源》组共109人列名。

这次修订,从1975年开始,到1983年年底《辞源》四册出齐,历时八年多。前后四百多人参加修订工作。①

1987年,授权台湾远流出版公司在台湾印行《辞源》修订本。缩印成一卷。

1988年,《辞源》修订本(1—4)合订本出版。编制了完整的无新旧之分的四角号码字头和词条索引。1989年重印。

1990年,《辞源》修订本两卷本出版。

1990年,《辞源》(特精装合订本)出版。

拟出《辞源简编》《辞源语词编》《辞源成语熟语编》《辞源订补编》《辞源资料编》等。

1992年,出版《成语熟语辞典》。

1994年,《辞源》获第一届国家图书奖荣誉奖。

三

1996年12月20日,李鹏总理为商务印书馆成立百年题词:"辞源开新宇,名著集大成。"

1999年,酝酿《辞源》新一次修订。

2000年,商务印书馆辞书语料库及编纂系统立项。

2003年8月20日,召开《辞源》修订座谈会,唐作藩、郭锡良、蒋绍愚、张双棣、曹先擢、王宁等专家就《辞源》修订的定位、规模、操作等问题进行讨论。

2006年,商务印书馆"启动《辞源》再修订的报告",得到中国出版集团的批复,纳入集团的重点图书出版规划。

2007年,《新字典》(珍藏本)出版。木匣,110元。

2007年2月,《辞源》修订组正式成立。杨德炎总经理为修订组长,成员有杨

---

① 见《商务印书馆工作简讯》1980年1月19日。

德炎、江远、周洪波、赵克勤、何宛屏、史建桥、许振生。史建桥为项目负责人,成员有何宛屏、许振生、乔永、由明智、吕海春等。

《辞源》修订工作将分两步走。第一步,重排《辞源》修订本,对硬伤进行挖改;第二步,展开修订工作。大致目标是尽可能全面收录文献用字,单字条目从12919条扩展到16000—18000条左右,全书词目从10万条增至12万条左右。修订工作初步计划在五至六年完成。

编辑出版《〈辞源〉研究论文集》、《〈辞源〉修订参考资料》和《古汉语辞书编纂参考论著索引》三套资料。

2008年,在《古汉语研究》开辟"《辞源》百年"专栏。

到2008年,《辞源》编纂与修订出版经历了100年。《辞源》修订本出版以来,其印行四卷本和合订本、两卷本等330万册。

另:台湾商务印书馆分别于1957年、1968年、1970年和1978年进行了《辞源》4次修订。1984年8月出版《(增修)辞源》,分上、下两册,是1949年以后进行的第五次《辞源》修订。共收单字11491个,词目128074条。收词古今并重,兼容古今中外之百科。设置综合索引。

"编纂词典的实际经验有时是经过痛苦的、代价巨大的不断摸索才获得的。"[①]

100年前,我们的前辈编纂了《辞源》,50年前,我们的前辈修订了《辞源》。今天,回顾《辞源》编纂与修订的100年历史,我们才能深刻理解"辞书是一辈人接一辈人的事业",并沿着前辈开创的道路继续前进。

辞书要常修常新,才能保持旺盛的生命力。《辞源》编纂与修订的百年历史告诉我们,任何辞书都不是十全十美的,必须在编纂过程中,特别是修订重版过程中,不断地吸取经验教训,加以增补修改,才能精益求精。

[①] 拉迪斯拉夫·兹古斯塔《词典学概论》,商务印书馆,1983年。

我们应该记住陆尔奎、方毅等辞书界的先辈筚路蓝缕之功,还有更多的默默无闻的辞书工作者。他们几年、几十年的爬罗剔抉,为我们现代辞书的繁荣,留下了不可磨灭的贡献。

《辞源》出版者编纂与修订的经验和精神,对我们现在还有重要意义。

参考文献

《商务印书馆110年大事记》,商务印书馆,2007年。
《商务印书馆九十年》,商务印书馆,1987年。
《商务印书馆九十五年》,商务印书馆,1992年。
《商务印书馆一百年》,商务印书馆,1997年。
《商务印书馆馆史资料》(内部资料)。
《商务印书馆馆讯》第1—223号,1979年8月20日—1983年12月26日。
《商务印书馆工作简讯》(1979—1992)。
刘叶秋《中国字典史略》,中华书局1992年。
沈岳如《辞源》修订史略,见《辞书研究》1996年4期。
许振生《辞源》八十年,《求是》1989年2期。
上海出版志(大事记1893年至1928年)。

(商务印书馆汉语编辑室　北京100710)
(《出版史料》2009年1期)

(后记:几年来,在收集与整理《辞源》百年编纂与修订的资料过程中,常常为我们先辈的智慧和辛勤付出而感动。他们为我国的辞书和文化留下了宝贵财富,学习它,研究它,对我们今天的辞书事业发展有重要价值。)

跋

　　《辞源》，作为商务印书馆的一部标志性品牌辞书，自1908年开始编纂起，至今已有100年的历史。在1997年纪念商务印书馆创立100周年之际，党和国家的领导人李鹏的题辞是："辞源开新宇，名著集大成"，对《辞源》的历史性贡献作了充分肯定。100年的风风雨雨，《辞源》走过了由编纂、续编到修订的历程，《辞源》的使用者也换了一代又一代，但《辞源》作为中国辞书的一座丰碑，始终耸立在世人的心中。

　　为了纪念《辞源》编纂100周年，我们编辑了这部《〈辞源〉研究论文集》。该论文集共收论文42篇，其中既有《辞源》的编纂者、修订者对编纂修订过程的回顾和总结，也有专家学者对《辞源》历史功绩的评述，还有他们针对《辞源》的不足而提出的意见和建议。这些文章，都是研究《辞源》编纂修订史的宝贵资料，对于中国现代辞书史和辞书理论的研究，也有很高的价值；对于《辞源》的再修订，更有着重要的参考作用。有些文章，特别是上个世纪50年代以前的文章，到今天已很难见到，是从图书馆里反复搜寻而淘出来的，因而更显得珍贵。有的作者的文章因篇幅的限制而只好阙如。为此我们编制了一个《〈辞源〉研究论文目录》（1915—2008）作为附录，以作为一种补偿吧。

　　本论文集的一些作者已经作古，但他们对《辞源》作出的贡献是不可忘记的，在此向他们表示深深的敬意。其他还健在的作者对本书的编辑和出版都给予了大力的支持，著名语言学家、辞书学家，中国辞书学会原会长曹先擢先生慨然应允为本书作序，体现了一位老前辈对《辞源》的深情和期望，在此一并深表谢忱。

后学史建桥谨跋